고전서사 캐릭터 열전

캐릭터란 결국 재미있는 것이다. 그리고 캐릭터란 새롭게 창조되는 것이 아니라 민족의 집단무의식 저 밑바닥에서 건져 올린 살아서 팔딱거리는 그런 것일 터이다. 이를 위해 이 책이 한국에서 캐릭터 연구가 활성화되는데 하나의 디딤돌이 되기를 희망한다.

설중환 외

도서출판 월인

고전서사 캐릭터 열전

초판 1쇄 인쇄 · 2013년 4월 8일
초판 1쇄 발행 · 2013년 4월 12일

저 자 · 설중환 외
발행인 · 박성복
발행처 · 도서출판 월인
서울특별시 강북구 수유2동 252-9
등 록 · 제6-0364호
등록일 · 1998년 5월 4일
전 화 · (02) 912-5000
팩 스 · (02) 900-5036
www.worin.net

ISBN 978-89-8477-541-1 93810

값 22,000원

이 책을 소개하는 말

이 책은 필자와 동료교수들, 그리고 그 제자들이 쓴 글들을 모은 것이다. 그전부터 이런 책을 만들어보자고 말들이 나왔었는데 마침 이 책이 나오는 시점이 필자의 정년퇴임 때와 맞물려, 의도하였든 그렇지 않든 마치 필자의 정년퇴임기념논문집 같은 책이 되어 버리고 말았다.

필자가 대학원에 들어가 고전문학을 공부한 지 어언 40년은 되는 것 같다. 그간 이것저것 손대고 논문으로 다듬은 작품이 거의 60여 편에 이르는 것 같다. 필자의 경우를 보면, 처음에는 고소설 작품들에 관심이 갔다. 더욱 처음에는 마치 무슨 의무라도 되는 듯, 최초의 고소설인 『금오신화』를 박사논문으로 썼다. 그리고 판소리계 소설을 연구하고, 『홍길동전』, 『구운몽』, 박지원의 한문단편 등 우리 고소설사에서 주요한 위치를 차지하는 작품들을 주로 연구했다. 그것은 필자의 연구가 결국은 학생들을 잘 가르치는 데 주안점을 두었기 때문이다. 경험해보니, 아무래도 내가 잘 가르치기 위해서는 그 작품의 논문을 써보는 수밖에 없었다.

그러나 시간이 흘러 나이가 들어감에 따라 점점 우리의 뿌리에 대한 의문이 커져갔다. 과연 우리는 누구이며, 우리의 뿌리는 어디일까? 그래서 '한사상'과 '한철학'에 관심을 두면서, 동시에 고소설의 뿌리라 할 수 있는 설화 쪽의 작품들에 관심이 갔다. 설화 중에서도 특히 신화에 마음을 빼앗겼다. 그것은 설화 중에서도 신화가 그 뿌리이기 때문일 것이다.

신화 중에서도 가장 최초의 신화라 할 수 있는 단군신화를 만나면서 나는 커다란 전율과 함께 기쁨을 느꼈다. 단군신화 속에 우리 인문학의 모든 뿌리가 자리하고 있음을 보았기 때문이다. 이 단군신화에 매달려 근 십여 년간 공을 들여, 『다시 읽는 단군신화』라는 책을 출간한 바 있다. 필자가 앞으로도 공부를 계속한다면, 아마 '한사상'과 단군신화류 쪽이 될 것이다.

필자가 공부를 시작한 70년대 중반은 해방 후 초기 학자들의 기본 연구성과를 바탕으로 한국문학연구가 활발하게 피어오르기 시작한 때였다. 그러나 당시 우리 사회는 산업화와 민주화라는 양대 과제를 안고 있던 시기였다. 특히 산업화가 어느 정도 기틀이 잡힌 80년대에 들어서면서 정치사회적으로 민주화 바람이 거세게 불어닥쳤다. 대학도 사회와 고립될 수 없는 기관인 만큼 당시 국문학 연구경향은 주로 사회주의적 방법론이 주류를 이루었다고 해도 과언이 아닐 것이다. 그래서 당시 아르놀트 하우저의 『문학과 예술의 사회사』와 같은 책은 거의 모든 문학도의 필독서와 같은 것이 되어 있었다.

나 역시 그런 바람을 타고 고소설과 사회와의 관계를 다루는 논문들을 몇 편 발표한 바 있다. 그러나 나는 타고난 기질상 문학 외적인 것보다는 항상 문학 내적인 것에 관심이 많았다. 그래서 처음 발표한 논문도 춘향의 마음을 다룬 『춘향전 재고』였다. 즉 춘향은 양반세력에 저항한 여인으로 보기보다는, 춘향은 비록 기생이었지만 그의 마음속에는 양반이 되고자 하는 꿈이 있었고, 마침내 그 꿈을 이룬 처녀로 본 것이다. 이런 생각은 그 후의 모든 작품들에게도 두루 적용되었다.

필자의 이런 캐릭터 연구는 우연히 현대의 문화콘텐츠 연구와 일맥상통한 면이 있어 조금 이상한 느낌도 든다. 문학이 추구하는 것이 결국 새로운 인간성과 인간상의 창조이어서 그런 것인가 싶다. 그러나 현대의 문화콘텐츠 연구는 문화의 산업화와 맞물려 있는 것 같다. 문화의 산업화, 이것이 좋은 건지 나쁜 건지는 사실 잘 모르겠다. 그러나 추세가 그러니 어쩌겠는가.

이 책에서는 현재의 고전 인물에 대한 전사회적 관심에 부합할 수 있도록, 한국 서사문학에 나타나는 인물의 캐릭터가 어떠한 성격을 지니고 있는가에 중점을 두고 서술하였다. 연구 방법으로는 캐릭터로 나타나는 인물들을 유형화하고, 각각의 유형이 지니고 있는 특징이 서사문학에서 어떤 성격과 의의가 있는지를 밝히려 하였다. 대신에 너무 전문적이지 않게 평이하게 서술하려고 노력하였다. 왜냐하면 캐릭터에 대한 관심이 문화콘텐츠의 성격을 지닌 이상, 일반 독자들에게도 쉽게 다가설 수 있어야 하기 때문이다.

분명 캐릭터에 대한 연구가 필요하고 소개하는 것이 현대사회의 흐름에 부합되지만, 이는 어느 한 연구자가 혼자서 하기에는 벅찬 일이다. 어떤 인물의 특징을 끄집어낸다는 것은 그 인물에 대해 잘 알고 있어야만 할 수 있는 일이기 때문이다. 따라서 캐릭터 연구는 서사문학의 각 분야를 전공한 연구자들이 모여 만드는 공동 작업이 될 수밖에 없다. 이 책에서는 이런 면에 주목하여 각 저자들의 작업을 크게 네 부류로 기획하여 실어 보았다.

제1장에서는 한국의 이상적인 캐릭터상을 찾아보았다. 단군신화를 통해 대인이라는 한국의 이상적인 인간상이 어떠한지, 또한 공자가 제시한 인간상이 한국에서 어떤 모습으로 나타나는지, 한국의 참 영웅상은 어떠한지, 불교에서의 악인과 선인은 어떠한지 연구한 글들을 모아 보았다.

제2장에서는 실제 서사문학 속에 나타나는 개별 인물들 중 이른바 튀는 캐릭터라 할 수 있는 것들을 찾아보았다. <심청전>의 성녀 곽씨부인과 악녀 뺑덕어미, <춘향전>의 재롱둥이 방자, <전우치전>의 도사 전우치, <박제상설화>의 의리남 박제상이 그들이다. 이들만 놓고 보아도 우리 민족이 발전시킨 전형적인 캐릭터들이 얼마나 매력적인가를 새삼 알 수 있을 것이다.

제3장에서는 캐릭터가 당대의 어떠한 문화적 기반에서 형상화되어 나왔는가를 논의한 것들이다. 기녀, 왈자 등의 캐릭터는 기존에 잘 알

려져 있는 도시적 캐릭터들이다. 한편 언제나 우리 생활 속에 같이 있었던 장애인이나 용왕 등을 새롭게 조명하여 보았다. 이러한 캐릭터들이 현실 속의 어떤 꿈과 희망 속에 자신의 뿌리를 두고 꽃을 피웠는가에 주목하여 읽어보는 것도 재미있을 것이다.

제4장에서는 고전서사문학에 등장하는 캐릭터가 현대에 수용되고 있는 모습에 대해 살펴본 글들을 모았다. 심청, 홍부, 혜경궁 홍씨 등의 캐릭터는 현대의 다양한 매체들을 통해 활용되고 있는 만큼 이들의 비교 연구는 주목을 끌기에 충분할 것이다. 아울러 고전 캐릭터가 각 지방자치단체를 대표하는 이미지로 기능하는 모습과 광고에서 활용되고 있는 사례는 문화콘텐츠로서 캐릭터의 활용을 잘 보여준다.

이 책에 실린 것은 고전 서사작품의 캐릭터 중 극히 일부에 지나지 않는다. 앞으로 고전서사의 캐릭터 하나하나가 모두 우리 생활 속에서 되살아나도록 해야 할 것이다. 그들과 함께 울고 웃으며 그들의 활동과 운명에 함께 동참하게 되어야 할 것이다. 캐릭터란 결국 재미있는 것이다. 그리고 캐릭터란 새롭게 창조되는 것이 아니라 민족의 집단무의식 저 밑바닥에서 건져 올린 살아서 팔닥거리는 그런 것일 터이다. 이를 위해 이 책이 한국에서 캐릭터 연구가 활성화되는데 하나의 디딤돌이 되기를 희망한다.

특별히 감사의 말씀을 전할 분들이 있다. 세계적인 경제불황 속에서, 특히 출판계가 어렵다고 아단들인데 이 책의 출판을 흔쾌히 허락해 주신 월인의 박성복 사장님과 최형필 상무님, 이 책의 편집과 교정을 맡아 예쁘게 다듬어 주신 최미영 선생님께 감사드린다. 아울러 개인적인 연구활동도 바쁠텐데 흔쾌히 글을 써준 동료교수들과 제자들에게도 깊은 감사의 인사를 전한다.

2013. 3.

혜정 설 중 환 씀

목차

1장

캐릭터의 이상적 원형

2장

캐릭터의 현실적 변주

3장
캐릭터의 문화적 저변

4장
캐릭터의 현대적 수용

1장
캐릭터의 이상적 원형

한국의 이상적 인간상 : 대인(大人)

설 중 환

1. 세상 사람들의 모습

세상에는 여러 종류의 사람들이 어울려 살고 있다. 그러나 사람들이 현실적으로 발딛고 있는 땅과 사람이 이상으로 생각하고 있는 하늘을 기준으로 삼는다면, 세상 사람들을 다음과 같이 분류해 볼 수도 있지 않을까 한다.

첫째 부류는 땅에서 태어나 땅에서 살다가 땅으로 돌아가는 사람들이다. 우리들 대부분은 아마도 여기에 속하는 범인(凡人)들이 아닌가 한다.

둘째 부류는 땅에서 태어났으나 열심히 수도정진하여 하늘로 올라가는 사람들이다. 많은 사람들은 이를 이상으로 여기고 그렇게 노력하지만, 기실 하늘까지 올라가는 사람들도 그리 많지는 않다고 본다. 그렇지만 이들은 그래도 개인적으로는 일단 성공한 군자(君子)들이라 할 것이다.

마지막 부류는 땅에서 태어나 노력 끝에 하늘로 올라갔지만, 거기 하늘에 머무는 것으로 만족하지 못하여 다시 땅으로 내려와 인간세상을 교화하고 나서 다시 하늘과 하나가 된 사람들이 있다. 여기에서 말하는 하늘은 물론 이상적 하늘임은 말할 필요도 없다. 이들은 정말 드문 존재들이다. 석가나 공자, 예수나 소크라테스 같은 인물들이 여기에 속한다고 본다. 우리가 흔히 말하는 성인들로, 다른 말로 대인(大人)들이라 할 수 있을 것이다. 아무튼 사람들은 모두 이 성인내지는 대인을 가장 이상적인 인간상으로 생각하고 있다. 그래서 동서양을 막론하고 이 대인이 되는 것을 지상 과제로 삼아왔다고 할 것이다.

서양에서 헤겔은 대인이 되는 정신의 자기실현화과정을 <자연>에서 <자의식적 단계>로, 그리고 <절대정신>으로 잘 정리하고 있다. 한편 동양의 『주역』에서는 <소인>이 <군자>로, 그리고 다시 <대인>이 되는 것을 이상으로 여기고 있다. 이를 보면 동서양에 있어서 용어의 차이는 있지만 그 과정이나 역할이 거의 대동소이하다는 것을 알 수 있다. 이는 뒤에 자세히 다룰 것이다.

그러나 한국은 이와 조금 다른 게 재미있다. 즉 한국은 이들과 근본적으로는 궤를 같이 하면서도, 시작과 끝이 이들과 다른 특이한 모습을 보이고 있다. 필자는 오랫동안 고전문학, 특히 고소설과 신화 등을 공부하면서 거기서 등장하는 주인공이나 건국신화의 영웅들이 다른 나라의 인물들과는 조금 특이하다는 점을 알 수 있었다. 그것은 이들이 대개 하늘에서 내려온다는 태몽을 가지고 있다는 점이다. 아직 태몽을 가진 다른 나라의 작품을 찾으려고 해보았지만, 성경 이외에는 아직 발견하지 못하였다. 그리고 작품 말미에는 대개 신이 되거나 백일승천하는 모티브를 가지고 있다. 단군이 산신이 되고, 홍길동이 백일승천하는 것이 대표적이다.

필자는 어떻게 이런 구조가 가능한지에 대해 논리적으로 규명하고 싶었다. 그래서 처음에는 『주역』의 음양론과 변역의 논리로 이들을 해석해 보기도 하였다. 그러다가 우연히 우리의 고유경전인 『삼일신고』의 원리가 이를 해명할 수 있는 주요한 열쇠라는 것을 깨달았다. 이는 삼이 일이 되고 일이 삼이 되는 원리인데, 삼과 일이 계속 순환하는 것이다. 이를 단군신화 모티브에 대입하면 일인 환웅천왕이 하늘에서 내려오고, 삼인 단군왕검이 산신이 되어 다시 일로 되돌아가는 것이다. 이는 <하늘땅오르내리기> 구조로 한국인의 특이한 사상을 대변하는 것이다.

이에 이 글에서는 동서양의 인간관을 먼저 살펴보기로 한다. 그리고 이들 인간관과 한국인의 인관관을 『삼일신고』의 원리와 비교하여 보기로 한다. 이후 『삼일신고』의 원리로 단군신화를 분석하고, 이 원리가 다른 이야기에도 그대로 적용되는 것을 밝혀, 이가 한국의 고유한 인간관임을 입증하기로 한다.

2. 서양과 동양의 인간관

사람이 참사람이 되는 것을 누구나 인생 최고의 목표로 삼을 것이다. 이를 현대 서양심리학의 용어로 나타내면 자기실현이라 할 수 있다. 이를 불교에서는 견성성불(見性成佛)로, 유학에서는 군자가 되는 것으로, 그리고 한국에서는 홍익인간이 되는 것이라고 할 수 있다. 이에 여기서는 이들의 연관관계를 서양과 동양의 순으로 살펴보기로 한다.

먼저 서양의 인간발달상을 심리학적으로 살펴보기로 한다. 인간은 육체를 가진 정신적 존재이다. 그런데 이 정신이 발달함에 따라 성숙한 인격으로 성장한다고 본다. 이러한 발달심리학적 견해는 서양철학의 초기에서부터 나타난다. 즉 아리스토텔레스에서 헤겔, 그리고 근래에 이르기까지 그 범위와 폭은 넓다. 여기서는 헤겔과 윌버를 중심으로 서술하고자 한다. 헤겔은 『정신현상학』에서 정신의 자기실현화과정을 다음 세 단계로 나누어 설명했다. 이는 김상일의 「동학과 신서학」에 잘 정리되어 있다.

첫 번째 가장 낮은 전분별의 단계는 '자연(nature)'으로, 이는 물질, 단순 육체감각, 그리고 지각의 단계이다. 그러나 헤겔은 자연이 정신에 대립되거나 정신에서 분리된 것으로 보지는 않았다. 그래서 이 자연적인 것을 '졸고 있는 정신', 또는 '타자 속에 있는 신'이라고 했다. 이는 가장 낮은 단계의 정신으로 더 높은 정신으로 올라가야 할 정신이다. 윌버는 이런 가장 낮은 자아를 '전인격적(pre-personal)'이라고 했다.

두 번째 분별의 단계는 '자의식적 단계(self-conscious stage)'이다. 이것은 전형적인 '자아', 즉 자아의식을 하는 단계의 정신이라고 할 수 있다. 곧 자기소외를 극복한 단계이다. 윌버는 이 두 번째 자아를 '인격적(personal)'이라고 했다.

헤겔의 마지막 세 번째 초분별의 단계는 '절대정신(absolute spirit)'의 단계이다. 이 단계의 자아를 윌버는 '초인격적(trans-personal)'이라고 했다. 이들 발전론적 여러 견해들은 한결같이 정신을 변하는 것으로 관찰했으며, 변하는 것은 변하지 않는 어떤 높은 목적을 지향하여 움직이고 있다고 보았다. 헤겔은 그 최종목표를 '절대정신'이라고 했으며, 사르댕은 '오메가 포인트', 아르빈도는 '초심(super mind)'이라고 했다. 이러한 삼단계적 발전구조는 그 어휘만 다를 뿐 베르자예프 · 이로빈도 등에서도 같은 분류법이 나타나고 있다. 이는 최근에 볼드윈과 피아제에 와서 인지발달론으로 이어진다.

이렇게 서양에서는 절대정신을 획득하는 단계를 최종의 단계로 본다. 이는 동양적으로 말하면 대인이 되는 것과 같다. 이는 다음 동양의 『주역』에서 확인될 것이다.

『주역』은 동양의 대표적인 철학서이다. 고회민은 『주역철학의 이해』에서 주역철학의 두 가지 목표를 제시하고 있는데, 가까운 것으로는 '군자'이고 멀리 있는 것은 '대인'이라고 하면서, 사람들은 모두 군자가 되도록 노력하여야 하고, 더 나아가 대인이 되어야 하는 것이라고 한다. 이에 그는 군자와 대인을 구분하여, '전인격적 → 인격적 → 초인격적' 이 3과정을 『주역』에 나타나는 인간상의 3단계 발전과정에 그대로 적용하여 다음과 같은 도표를 만들었다.

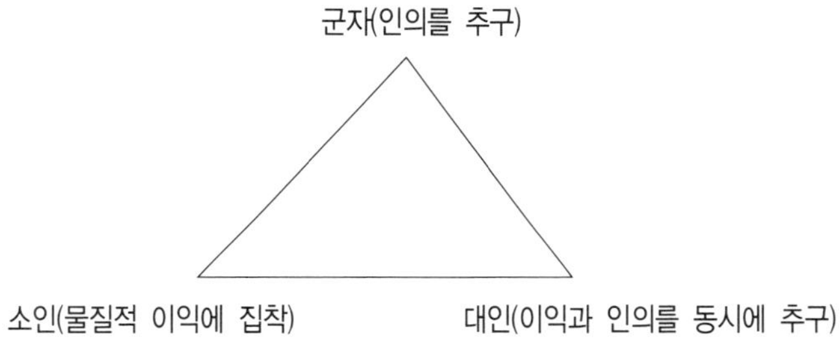

『주역』에서는 앞에서 논의한 서양의 용어를 빌리면 전분별-전자아적 인간을 '소인'이라 했고, '분별적-자아적 인간'을 '군자'라고 했으며, '초분별적-초자아적 인간'을 '대인'이라 했다. 삼각형의 위 가로선은 '천(天)'을 그리고 아래 가로선은 '지(地)'라고 할 때, 『주역』에서는 세상의 물질적 이익에 집착해서 사는 인간을 소인, 그리고 세상 이익을 떠나 하늘의 인의(仁義)을 추구하는 인간을 군자라 했다. 이는 공자가 『논어』에서 말한 바, '군자는 천도를 향하여 위로 상승하는 것이고, 소인은 사욕을 쫓아 날로 타락하는 것이다(君子上達, 小人下達)'라는 말과 일치한다. 그리고 다시 하늘에서 땅으로 되돌아온 인간을 대인(大人)이라고 했다. 대승불교에서도 최고의 깨달음이란 초월의 경지에 머무는 것이 아니라, 다시 일상으로 되돌아오는 것이라고 본다. 출세간(出世間)에 머물지 말고, 출출세간(出出世間)하라는 것이다. 앞에 언급했듯이, 『주역』에서도 대인은 군자의 단계를 넘어서 더 멀리 있다고 한다.

『주역』 문언전에 나타난 군자와 대인의 상을 읽어보면 이러한 의미를 한층 더 확인할 수 있다. 우선 군자의 상을 한번 읽어보기로 한다.

> 군자란 덕을 기르고 업을 닦는다. 참된 진실함은 덕을 기르기 위함이고, 말을 닦음에 진실함을 세우는 것은 업을 닦기 위함이다. 있을 곳을 알아 그곳에 이르면 거의 완벽함에 가깝게 된다. 끝을 알아 그곳에 이르면 함께 의를 보존할 수 있다. 이런 까닭에 윗자리에 있어도 오만하지 않고 아래에 있어도 걱정하지 않는다. 항상 쉬지 않고 노력하여 삼가하니 비록 위험에 처해도 허물이 없다.

이에서 보듯, 군자는 진실함과 말을 닦아 덕을 기르고 업을 닦아 그곳에 이르는 사람이다. 그곳은 물론 거의 완벽함에 가까운 하늘임은 말할 필요도 없을 것이다. 이처럼 군자는 보통사람으로 시작하여 천의 덕에 나아간 사람이다. 그러나 여기에 머물러서는 되지 않으니, 이는 대인이 되기 위한 출발점에 지나지 않기 때문이다.

다음으로 하늘에서 다시 땅으로 내려온 대인의 상을 한번 읽어보기로 한다.

> 무릇 대인이란 천지와 덕을 하나로 하고, 사계절과 그 순서를 하나로 하고, 귀신과 그 길흉을 하나로 합한다. 천에 앞서도 천에 어긋남이 없고, 천에 뒤늦어도 천시를 받는다. 천조차 어긋남이 없는데 하물며 사람에 있어서랴, 하물며 귀신에 있어서랴.

여기서 대인의 경계는 성덕(成德) 이후 즉 군자의 '도덕적 실천'이 이루어진 이후의 경계를 말하는 것이다. 즉 하늘에서 땅으로 내려온 이후의 일이다. 그러나 이때는 인간과 천지가 그 덕을 함께 하고 해와 달과 그 광명이 함께 하는 단계로 '인간'의 단계를 넘어서서 '천인합일(天人合一)'의 경계에 올라선 것을 말한다. 그는 하늘의 덕을 인간의 위치로 끌어내려 보통의 사람들과 같은 위치에서 살며, 일상적인 평범한 일에 참여하며 산다. 진리는 평범한 속에 있다는 말이 여기에 합당한지 모르겠다.

결국 헤겔의 정신의 자기실현의 전분별→분별→초분별의 과정이나, 『주역』의 소인, 군자, 대인의 관계가 용어의 차이를 제하면 거의 유사하게 동일하다는 것을 발견할 수 있다.

3. 한국의 특이한 인간관 : 하늘땅 오르내리기

한국의 이상적인 인간상은 서양이나 중국과 본질적으로 같으나 시작과 끝이 조금 다른 특이한 점이 있다. 즉 태몽과 백일승천이 그것이다. 이는 앞에서도 이야기 했듯이 우리의 고유경전인 『삼일신고』에 잘 나타난다. 최동환은 『삼일신고』에서 참인간의 과정을 성통공완(性通功完)으로 설명하고 있다. 이에 대해 조금 살펴보기로 한다.

성통은 일신강충(一神降衷)과 성통광명(性通光明)을 말한다. 일신강충이란 우리가 태어날 때 일신인 하나님이 우리의 중심으로 내려오신다는 말이다. 그래서 한국인은 천손민족이 된다. 이런 점이 다른 민족과는 특이한 점이다. 다른 민족은 소인으로, 전자아로 출발하지만, 우리는 하늘에서 내려오는 것으로 출발하는 것이다. 우리 민족만이 가진 태몽이 대개 하늘과 연관되는 것은 이것 때문이라고 본다. 다음으로 성통광명은 하나님의 아들인 내가 하나님과 하나되는 과정을 말한다. 곧 성통광명은 원래의 내가 하나님의 아들임을 깨닫고 하나님의 참됨으로 되돌아가는 것으로서, 자신의 본 모습을 되찾는 것이니 자기완성이라 할 수 있다. 이는 『주역』으로 말하면 군자가 되는 과정과 같다고 할 것이다. 불교에서는 이것을 견성(見性)이라 하고, 기독교에서는 이것을 성령을 받았다라 하고, 유학에서는 극기(克己)라 한다.

공완은 재세이화(在世理化)와 홍익인간(弘益人間)이다. 성통을 한 인간은 다시 땅으로 내려와 세상을 이치로 교화하니, 이가 바로 재세이화이다. 이렇게 하여 세상을 널리 이롭게 한 사람이 바로 홍익인간이니, 이는 대인과 같은 개념이다. 그러나 중국이나 서양과 다른 점은 대인 즉 홍익인간으로 끝나는 것이 아니라, 죽어서는 다시 본래 왔던 곳, 곧 하늘로 '돌아간다'는 점이다. 그래서 우리는 사람이 죽으면 죽었다고 하지 않고 '돌아가셨다'고 한다. 본래 왔던 하늘로 돌아갔다는 말이다. 백일승천의 모티브라고 할 것이다. 단군신화에서는 단군왕검이 산신이 되는 것으로 형상화했다.

결국 우리나라의 이상적인 인간상은 하늘에서 내려와 하나님과 하나되고, 다시 땅으로 내려와 재세이화를 하고는 홍익인간이 되고 죽어서는 신이 계신 하늘로 올라가는 <하늘땅오르내리기>를 하는 순환구조를 보이고 있다. 이것이 필자가 발견한 한국인의 특이한 인간상이다. 다시 말하면, 『주역』에서는 소인이 군자로, 군자는 대인으로 끝나지만, 우리는 소인도 하늘에서 내려온다고 보며, 소인은 성통광명하여 군자가 되어야 하고, 군자는 다시 땅으로 내려와 재세이화하여 홍익인간 즉 대인이 되어야 한다고 본다. 그러나 대인으로 끝나는 것이 아니라, 다시 왔던 곳 곧 하늘나라로 되돌아간다는 것이다. 시작과 끝이 순환하는 특이한 한국인의 인간관이라 아니할 수 없다.

4. 단군신화에 나타나는 한국인의 인간관

한국의 영웅상은 어떤 모습을 하고 있을까? 이에 대해서는 이제까지 외국의 영웅상에다 한국의 영웅상을 비추어보거나, 아니면 한국 영웅들에 나타나는 외면적인 공통분모를 뽑아서 한국의 영웅상이라고 한 것이 사실이다. 그러나 한국의 참 영웅상은 한국인의 집단무의식에 자리잡고 있다고 본다. K. 융의 말대로 이런 집단무의식에 존재하는 영웅원형은 시대나 장소를 달리하여 계속 반복하여 나타나는 것이다. 따라서 고대의 영웅이나 현대의 영웅이나 한국인의 영웅상은 어떤 동일한 원형을 가지고 있는 것이다.

한국이의 집단무의식은 우리 고대 신화에 잘 반영되어 있다. 따라서 여기서는 한국의 국조신화인 단군신화에서 한국인의 영웅상을 찾아보려고 한다. 단군신화는 우리나라의 가장 오래된 신화로 가장 때묻지 않은 한국의 고유신화이다. 특히 여기서는 단군신화에 나타난 『삼일신고』의 모티브로 한국인의 이상적인 인간상을 찾아보고자 한다.

1) 일신강충 모티브

일신강충이란 일신인 하나님이 인간에게 내려오신다는 말이다. 바꾸어 말하면, 모든 인간은 하나님의 아들이며, 모든 인간의 아버지는 하나님이다. 『삼일신고』에서는 이를 '스스로의 본바탕에서 하나님의 아들을 구하라. 너의 뇌에 내려와 계시느니라'라고 말하고 있다.

우리는 단군의 탄생 이야기에서 일신강충의 모티브를 찾을 수 있다. 단군왕검의 아버지는 환웅천왕이요, 어머니는 곰녀이다. 따라서 단군은 일신강충한 존재라 할 것이다. 왜냐하면 환웅천왕이 하늘에서 내려온 신이므로, 단군은 신의 아들이라 일신강충한 존재인 것이다. 우리민족은 단군의 후손이라 우리 역시 신의 아들딸인 천손민족인 것이다.

이런 사상은 우리나라의 태몽이나 한국적 나이에서 그 흔적을 찾을 수 있다. 대개 태몽은 하늘에서 유성이 떨어지듯이 하늘에서 내려오는 모티브가 주를 이루며, 한국 사람들은 나이를 잉태되는 순간부터 세기 시작하는 것이 그것이다. 즉 잉태되는 순간부터 하나님이 그에게 내려왔다는 생각에서 이런 유습이 생긴 것으로 보인다.

2) 성통광명 모티브

성통광명은 일신강충한 인간이 스스로 광명한 일신을 찾아 그와 하나가 되는 과정이다. 이것은 곧 자기완성의 길이기도 하다. 즉 하나님의 광명에 도달하는 것이 곧 성통광명이다. 땅의 사람이 하늘의 신과 하나가 되기 위해서는 성통광명한 존재가 되어야 한다.

단군신화에는 환웅천왕은 물론 단군왕검의 성통광명에 대한 이야기가 서술되어 있지 않다. 왜냐하면 환웅천왕은 천신의 아들이므로, 그 역시 하늘의 신이다. 그러므로 신화에는 환웅천왕의 일신강충이나 성통광명에 관한 서술이 없는 것은 오히려 당연하다고 하겠다. 그런데 단군왕검은 환웅천왕과 또 곰에서 사람으로 변한 곰녀 사이에서 태어났다. 곧 단군은 신과 사람 사이에서 태어난 반쪽신이다. 그러므로 단군신화에 단군왕검에 대한 성통광명의 기술이 없다는 것은 조금 이상하게 여겨진다. 이는 아마도 단군왕검이 태어나면서부터 일신강충하고 성통광명한 존재였기 때문일 것이다.

여기서 단군왕검이 완전히 일신강충하고 성통광명한 존재가 되려면, 그의 아버지는 물론 어머니조차도 완전히 일신강충하고 성통광명한 존재여야 한다는 가설이 성립된다. 왜냐하면 단군왕검의 부모 모두가 성통광명한 존재라면, 양반의 아들은 양반이 되듯이, 단군왕검 역시 태어나면서부터 성통광명한 존재가 될 수 있기 때문이다. 이제 문제는 단군의 어머니가 어떻게 일신강충하고 성통광명한 존재가 되었는지를 밝히는 것이다.

이제 이런 점을 염두에 두면서, 단군신화에서 곰이 사람이 되는 이야기를 우선 살펴보고나서 논의를 계속하기로 한다.

> 이때에 곰 한 마리와 범 한 마리가 같은 굴에 살고 있었는데 환웅신에게 늘 사람이 되고 싶다고 빌었다. 이에 사제가 신령스러운 쑥 한 줌과 마늘 스무 통을 주며 말했다. '너희들이 이것을 먹고 백일 동안 햇빛을 쐬지 않으면 곧 사람의 모습을 갖추게 될 것이다.' 곰과 범이 그것을 받아먹었는데 곰은 가르친 대로 스무하루 동안 금기한 끝에 훌륭한 여자가 되었으나, 범은 참지 못하여 훌륭한 사람이 되지 못하였다.

이 부분은 곰이 사람이 되는 부분이니, 곰이나 범 같은 존재가 어떻게 사람다운 사람이 될 수 있는가를 잘 암시해 주는 대목이다. 이는 아이가 어른이 되는 통과제의(通過祭儀)이면서, 동시에 성통광명하게 되는 이야기인 것이다.

여기의 주된 이야기는 곰이 사람이 되는 이야기이다. 곰은 문자 그대로는 동물이다. 동물이 사람이 된다는 것은 생물학적으로는 한 차원 위로 올라가는 것이다. 이 공식을 사람에게로 환원하면, 곰처럼 미련하고 어리석은 사람이 신령한 참 사람이 된다는 이야기이다. 이는 아직 스스로 일신강충한 존재임을 모르는 존재가 자신에게 신이 내려와 계시는 거룩한 존재임을 깨닫고 하나님을 찾아 성통광명한 신적인 존재가 된다는 말에 다름아니다.

흔히 인간은 동물과 신과의 중간적 존재라 한다. 그러므로 인간이 신적인 존재가 되기 위해서는 호랑이나 곰 같은 동물성을 극복해야 한다. 이것이 성통광명이다. 본문에 보면, 한 곰과 한 범이 한 동굴 속에서 살면서 항상 환웅신에게 사람이 되고 싶다고 빌었다. 여기서 곰과 범은 곰 같은 사람과 범 같은 사람으로 해석해도 문리적으로 문제가 없을 것이다. 이들이 곰이나 범 같은 사람이란 것은 아직 이들이 스스로 일신강충한 존재임을 몰랐다는 말이니, 즉 스스로 하나님의 거룩한 아들딸임을 알지 못하고 동물적으로 사는 상태임을 암시한다. 그러므로 그들은 동물들이 사는 어두운 동굴생활에서 벗어나지 못했던 것이다. 그러나 이들이 언제인가부터 환웅신에게 사람으로 탈바꿈하기를 원하였다. 이는 이들이 동물 같은 생활에서 참사람 같은 생활을 하기를 원한 것의 은유적 표현이다. 이를 바꾸어 말하면, 곰이나 호랑이 같은 미개한 사람들이 스스로에게도 하나님이 내려와 계심을 알고 신 같은 사람이 될 수 있기를 원한 것이다.

곰이나 범 같은 사람에게도 하나님은 내려와 계신다. 그들 역시 일신강충한 존재들이기 때문이다. 불교에서도 사람은 모두 불성을 가지고 있다고 하고, 유학에서도 천명을 받았다고 하며, 기독교에서도 성령을 받으라고 한다. 다만 그들은 그것을 깨닫지 못하고 있었을 뿐이다. 그러나 이제 이들도 그것을 깨닫고 성통광명한 사람이 되고자 환웅신에게 사람다운 사람이 되고자 빌었던 것이다.

이에 환웅전의 사제가 그들이 성통광명하기 위해서는 쑥과 마늘을 먹으면서 백일 동안 햇빛을 보지 말라고 했다. 이에 곰은 쑥과 마늘을 먹으면서 햇빛을 보지 못한 채 동굴 속에 삼칠일을 머문 끝에 인간으로 재생했다. 빛은 생명을 뜻하는 보편적인 종교적 상징이다. 그러므로 빛 없는 동굴 속에 있다가 다시 빛을 보게 되었다는 것은 일단 죽어서 창조 이전의 모태로 들어갔다가 다시 창조되었다는 신비에 대한 상징이다. 그리고 곰에서 여인으로 변했다는 것은 새로운 존재로 질적 변화를 가져온 종교적 체험을 상징한 것이요, 종교적 이니시에이션을 표현한 이야기다.

결국 곰녀는 이런 고난을 이겨내고 마침내 성통광명한 존재로 다시 태어났다. 즉 그녀는 동물적인 것을 버리고 신적인 존재로 거듭 태어난 것이다. 곰녀가 성통광명한 존재가 되었으므로, 환웅천왕과 곰녀의 아들인 단군 역시 성통광명한 존재로 태어났다고 할 수 있을 것이다.

3) 재세이화와 홍익인간 모티브

재세이화란 세상에서 삼라만상의 기(氣)를 이(理)로 변화시켜 이화세계(理化世界)를 건설하는 것이다. 그리고 홍익인간이란 스스로의 피와 땀과 눈물로 이룬 재세이화의 산물을 남에게 골고루 나누어주는 것이다. 이것이 6,000년 전 배달민족이 건국하면서 내세운 국시이다. 여기에서 환웅천왕과 단군왕검이 재세이화하고 홍익인간하는 사업을 각각 나누어 살펴보고자 한다.

환웅천왕은 하늘신인 환인의 아들이므로 태어나면서부터 일신강충하고 성통광명한 존재라고 하였다. 그러므로 그는 세상에 나가서 재세이화와 홍익인간의 사업을 펼쳐야 한다. 왜냐하면 『삼일신고』에 의하면 성통을 한 사람은 공완을 이루어야 하기 때문이다. 여기서는 먼저 환웅천왕이 지상에서 한 사업을 단군신화에서 살펴보기로 한다.

> 옛날 환인이 다스리던 하늘나라에서 높은 벼슬아치로 있던 환웅은 늘 천하에 뜻을 두고 인간세상을 다스리고 싶어 했다. 아버지가 아들의 뜻을 알고 아래로 세 봉오리가 하늘로 치솟은 태백산 주변이 널리 인간을 이롭게 할 수 있음을 알고는, 천부인 3개를 주고 가서 다스리게 하였다. 환웅이 추장 3천 명을 거느리고 태백산 마루턱 신단수 아래로 내려와 그곳을 신시라 하였으니, 이를 환웅천왕이라 한다. 풍백, 우사, 운사와 곡식, 인명, 질병, 형벌, 선악 등을 맡아 보는 오가들을 거느리고, 무릇 인간 3백 6십여 가지의 일들을 주관하였으니, 세상을 이치로 다스렸다.

본문을 자세히 읽어보면 아주 재미있는 사실을 감지할 수 있다. 즉 환웅은 '늘 천하에 뜻을 두고 인간세상을 구하고 싶어 했다'는 사실이다. 그는 천신인 환인의 아들로서 성통광명한 존재다. 즉 그는 이미 신인이기에, 그가 다음 단계로서 그가 할 일은 『삼일신고』에 의하면 재세이화와 홍익인간임이 분명해진다. 따라서 그는 하늘나라에 뜻이 있는 것이 아니라 하늘 아래, 즉 인간세계에 뜻이 있었던 것이다. 이 뜻은 그가 인간세계에서 재세이화와 홍익인간을 이루려는 뜻이었음은 말할 필요도 없다.

또한 그의 아버지인 환인 역시 아들이 성통광명한 존재임을 알기에 그가 다음 할 일은 재세이화와 홍익인간임을 알고 있었으니, '아래로 세 봉오리가 하늘로 치솟은 태백산 주변이 널리 인간을 이롭게 할 수 있는', 즉 홍익인간할 수 있는 곳임을 알고 그곳으로 가서 재세이화하게 했던 것이다. 이러한 명령을 받은 환웅천왕은 천부인 3개를 가지고,

추장 3,000명과 함께 세상에 내려온다. 그는 그 무리 중에 성통광명을 담당하는 풍백과, 재세이화를 주관하는 우사, 그리고 홍익인간 세계를 건설할 운사를 뽑아 거느리고, 이들과 함께 세상을 이치로 다스린다.

그리고 환웅천왕은 그가 내려온 곳을 신시라 했다. 그는 왜 하필 신시라 이름했을까? 신시란 글자 그대로 해석하면 '신이 사는 곳'이란 뜻이다. 그렇다면 환웅천왕이 신시를 건설했다면, 거기에 사는 모든 사람들은 신들이 되어야 한다. 아니면 적어도 이는 환웅천왕이 목표로 한 나라는 모든 사람들을 신으로 만들겠다는 의지의 표출로 보아야 할 것이다. 여기서 말하는 신이란, 『삼일신고』의 가르침대로 행하는 사람들이니, 달리 말하면, 신시의 백성들은 모두 일신강충한 존재들이니, 이들은 세상에서 성통광명하고, 재세이화하고, 홍익인간하고는 모두가 하늘로 다시 올라가는 사람들을 가리킨다. 이들이 바로 신들인 것이다. 왜냐하면 인간(3)이 신(1)이 되는 가르침이 바로 『삼일신고』이기 때문이다. 그러므로 모든 이들은 바로 이런 과정을 거쳐야 하는 것이다. 어리석은 백성들이 이런 과정을 거치는 것이 바로 곰과 호랑이의 삽화로 상징된 것이 아닌가 한다. 왜냐하면 환웅천왕이 신시를 건설하고 나서 바로 곰과 호랑이의 삽화가 이어지기 때문이다. 그리고 곰은 환웅천왕의 뜻대로 신시의 백성이 되었지만, 호랑이는 실패하고 다른 곳으로 쫓겨났다. 왜냐하면 그는 성통광명의 어려움을 겪어내지 못했으므로 신시의 백성이 될 자격이 없었기 때문이다.

이렇게 환웅천왕은 모든 백성을 성통광명한 신들로 만들고서는 이들을 세상에서 이치로 다스렸으니, 그는 풍백, 우사, 운사와 더불어 곡식, 인명, 질병, 형벌, 선악 등을 맡아 보살피는 오가들을 거느리고, 무릇 인간 360여 가지의 일을 주관하면서 세상을 이치로 교화하였다. 그는 모든 이들이 배부르게 먹을 수 있고, 병 없이 천명을 누리며, 형벌로써 선을 권하고 악을 징계하는 질서 있는 복된 사회를 건설하였으니, 이것이 바로 홍익인간사회의 참모습이 아닐까.

그러나 단군왕검의 통치에 대해서는 자세한 언급이 없다. 다만 단군왕검은 새로이 평양성에 도읍을 하고, 국호를 조선이라 한 사실과 그가 나라를 1,500년을 다스리다가 뒤에 숨어서 산신이 되었다는 사실만이 드러나 있다. 문자 그대로 본다면, 단군왕검이 재세이화, 홍익인간을 실천했는지 아닌지를 알 수가 없다. 그러나 문맥 전체의 흐름으로 보면, 단군왕검의 통치 역시 환웅천왕과 동일했기에 똑같은 말을 거듭 중복하여 쓰지 않았다고 보는 것이 온당할 것이다. 즉 단군왕검 역시 1,500년 동안 모든 백성을 신들로 만들기 위해 이들을 세상에서 『삼일신고』의 이치대로 다스렸으니, 그 역시 풍백, 우사, 운사와 더불어 곡식, 인명, 질병, 형벌, 선악 등을 맡아 보살피는 오가를 거느리고, 무릇 인간 360여 가지의 일을 주관하면서 세상에서 이치로 교화하였을 것이다. 만약 단군왕검의 통치술이 환웅천왕의 그것과 달랐다면 반드시 다르게 기록하였을 것이나 동일하였기에 더 이상 중복하여 기록하지 않았음은 미루어 짐작할 수 있다.

결국 단군신화에서 환웅천왕이나 단군왕검은 『삼일신고』에서 말한 대로, 태어나면서부터 일신강충하고 성통광명한 존재들이므로, 이들은 세상에서 재세이화하고 홍익인간하고는 다시 하늘로 올라가 하늘과 하나가 된 존재들임을 알 수 있다. 단군왕검이 죽어서 산신이 되었다는 것이 그것이다. 따라서 단군신화에 나타나는 이들은 모두 우리의 고유 경전인 『삼일신고』에 제시된 이상적 인간상에 다름아님을 알 수 있을 것이다. 곧 하늘에서 내려온 우리는 소인으로 살지 말고, 대인이 되어 세상을 이치로 다스려 홍익인간의 세상을 건설하고 다시 하늘로 돌아가자는 것이다. 따라서 한국의 인간상은 하늘땅오르내리기를 하는 대인이 되자는 것으로 요약된다.

특히 단군신화에 등장하는 환인이나 환웅의 이름에서 대인사상을 엿볼 수 있다. '환'은 '한'과 음가가 같은 말로 '크다, 많다, 하나' 등의 뜻을 가지고 있다. 그리고 '인(因)'은 '인(人)'으로도 읽을 수 있으며,

'웅(雄)'은 '숫컷'을 나타낸다. 그러므로 환인이나 환웅의 속뜻은 '대인'임을 알 수 있다. 더불어 『한단고기』 삼성기에 '서자지부(庶子之部)에 환웅이라는 대인(大人)이 있었는데' 하는 말에서도 우리는 환웅이 대인임을 다시 확인할 수 있다. 이처럼 우리 신화 최초의 주인공들이 대인인 것을 확인할 수 있다. 더불어 단군은 최남선의 이야기대로 '대가리', 즉 우두머리를 나타낸다. 이는 대인과 거의 유사한 의미임을 알 것이다.

나아가 단군신화에 나타나는 홍익인간은 대인과 같은 말임을 알 수 있다. 지금까지 <가이홍익인간>은 대개 '인간을 널리 이롭게 할 만한 지라'라고 번역하고 있다. 이 경우 인간을 객체로 해석한 것이 된다. 그러나 홍익인간을 단군신화의 문맥 안에서가 아니라 독립적인 개념 자체로 해석해 볼 수도 있다. 왜냐하면 <홍익인간>이란 단어가 『삼국유사』 이외의 우리 고대사서나 고유경전에도 독자적으로 쓰이고 있기 때문이다. 이때의 <홍익인간>은 인간이 주체가 된다.

류탁영은 『되새겨 보는 우리의 뿌리』에서 <홍익인간>을 조금 새롭게 해석하고 있다. 그는 홍(弘)자를 '크다, 모든 것을 용납할 만큼 크다'는 뜻으로 보고, 익(益)자를 『주역』 익괘(益卦)에서의 '돕는 것은 위를 덜어서 아래를 도우니 백성들이 기뻐함이 끝이 없다. 위에서 스스로 내려가며 도우니 그 도가 크게 빛난다.'에서 차용하여, 홍익인간은 '크게 돕는 사람', 즉 '남을 도와주는 사람'이 홍익인간의 핵심사상으로 된다고 했다. 나아가 홍익인간의 진정한 이념은 남을 해치지 않고 '돕는 사람', 즉 '대인(大人)'이 되라는 가르침이라고 했다.[1] 여기서 홍익인간은 대인을 나타내는 다른 표기임을 확인할 수 있다. 이는 또한 환인, 환웅, 단군 등과 같은 뜻임을 알 수 있다.

이렇게 단군신화에는 대인이 등장하여, 대인이 되는 법, 대인이 해야 할 일, 나아가 대인의 사후까지 기록되어 있다. 대인은 단군처럼 하나님의 아들로 태어나 곰녀처럼 하늘로 올라갔다가 환웅천왕처럼 다시 땅으로 내려와 재세이화하고 홍익인간이 되어 다시 단군처럼 산신이 되어 하늘로 되돌아가는 사람이다. 이는 우리 고유경전인 『삼일신고』의 원리와 일치하는 것으로, 환웅천왕이 하늘에서 내려오는 일신강충 모티브, 곰이 곰녀로 바뀌는 성통광명 모티브, 그리고 환웅천왕과 단군왕검이 재세이화하고 홍익인간세상을 건설하는 모티브 등이 그것이다. 이것은 모두 대인이 하는 일이다. 그러나 단군은 다시 산신이 되어 하늘로 올라간다. 하늘땅오르내리기를 하는 것이다. 이 점이 다른 나라와 다른 특이한 점으로 보인다.

한국인은 대인이 되어야 한다. 이런 사람이 '철 든 사람'이요, 제대로 '된사람'으로 홍익인간이다. 하늘에서 내려와 다시 하늘로 돌아가는 것이다. 씨앗이 열매가 되고, 열매가 다시 씨앗이 되는 것, 이것이 바로 한국인의 본래면목이 아닌가 한다.

5. 원효대사와 홍길동

여기서는 단군신화에 나타난 인간형이 다른 설화작품이나 소설에도 똑같이 나타나는지를 살펴보고자 한다. 여기서는 지면관계로 원효대사와 홍길동만 살펴보기로 한다.

- 원효대사

원효대사는 한국의 큰스님으로, 당시에 이미 국제적인 불교학자로서 널리 알려졌고, 아울러 중국과 일본에까지 사상적인 영향을 끼친 고승이다. 즉 그는 일연스님이 성사(聖師)라 했듯이, 한국이 낳은 성인인 것이다. 그런데 원효대사의 일생은 『삼일신고』의 원리에 정확히 일치하는 것을 알 수 있다. 이에 대해서는 이미 다른 글에서 자세히 밝혔으므로, 여기서는 간략하게 기술하고자 한다.

첫째, 그는 태어나면서부터 일신강충한 인물이었다.

『삼국유사』의 설화에 의하면, 그의 어머니는 유성이 품안에 들어오는 꿈을 꾸고, 그를 밤나무 아래에서 낳았다고 한다. 별은 하늘을, 또 나무는 땅과 하늘을 연결하는 상징적 의미임을 생각할 때, 우리는 원효대사가 잉태되면서부터 이미 하나님이 그에게 내려온, 일신강충한 인물임을 알 수 있다. 즉 그는 하나님의 아들인 것이다. 이는 곧 『삼일신고』의 첫 단계와 일치하는 것이다.

둘째, 그는 해골에 고인 물을 마신 사건으로, 성통광명의 경지에 이르게 된다.

젊은 날의 원효는 구름처럼 떠돌면서 낭지, 보덕, 혜공 등 여러 방면의 고승들로부터 사사를 받았다. 그러나 그의 나이 44세가 되던 해, 원효는 도반 의상과 함께 다른 승려들처럼 당나라 유학 길에 올랐다가 해골물을 마시는 뜻밖의 사건으로 오도를 하게 되었다. 그는 모든 것이 한 마음 안에 있는 것을 알았으니, 곧 일체유심조의 도리를 깨달았던 것이다. 이는 바로 『삼일신고』에서 말하는 성통광명의 경지를 말한다. 즉 원효대사는 해골물을 마시는 경험을 통해서, 하늘을 보고 하나님을 만났던 것이다. 이제 원효대사는 완전한 '철인'이 되었다.

셋째, 성통광명한 원효대사는 다시 세상으로 내려오니, 요석공주와의 사랑이야기가 그것이다. 그러므로 그의 결혼은 우발적인 파계나 실수도 아니었고, 무애도인의 도력을 자랑삼아 시험한 것도 아니었다. 세속을 떠나 불문으로 갔던 그가 다시 세속의 거리로 돌아오는 강렬한 몸짓이었을 뿐이다. 호랑이를 잡기 위해서는 호랑이굴로 들어가야만 하듯이, 세상사람들을 교화하기 위해서는 다시 세상이라는 굴로 돌아와야만 했다. 원효는 이 사실을 누구보다도 정확하게 알았고 강한 몸짓으로 왔던 것이다. 그는 요석공주와의 인연을 계기로 먹물 옷을 벗어버렸다. 이제까지의 껍질을 깨고 거듭 태어났던 것이다. 그리고는 스스로 소성거사라 칭하며, 한없이 낮은 곳으로 임했던 것이다. 석가모니도 왕좌를 떨치고 내려왔으며, 예수도 하느님의 오른쪽 보좌에서 내려왔다. 이것이 성통광명한 사람의 도리라고 『삼일신고』는 가르치고 있다.

넷째, 그는 유불의 한국화와 저술활동을 통하여 재세이화를 한다. 먼저 원효대사는 스스로 인도와 중국의 불교를 한국화하고, 나아가 아들 설총을 통하여서는 유학을 한국화하였다. 삼국시대 이래 한국의 정치, 경제, 사회, 문화 및 사상이 유학과 불교를 두 축으로 하여 내려왔다는 점을 감안한다면, 이러한 원효대사의 재세이화사업이 얼마나 크고도 넓은지 짐작하고도 남음이 있을 것이다.

특히 원효대사는 젊은 시절부터 만년에 이르기까지 꾸준히 학문활동을 계속하였다. 원효대사의 저술은 70여 부 90여 권으로부터 100여 부 240여 권에 이르기까지 그 설이 다양하나, 적어도 80여 종 이상의 저술을 했음은 틀림이 없다. 그는 우리나라뿐 아니라 당시 동아시아를 통틀어서 그 양과 질에 있어서 최고 수준의 저술가였다. 그리고 그 대부분이 중국 및 일본에 전해져 높이 평가되고 많은 영향을 주었기에 더욱 의미가 깊다. 그리고 원효의 이런 교학은 공허한 이론을 위한 학문이 아니라, 인간의 문제를 해결하고 많은 사람들을 실천으로 이끌려는 구원론적인 관심으로부터 비롯된 이론이었다. 그는 수많은 저서를 남겼지만, 현학적이거나 훈고적이지는 않는 것은 이런 점을 잘 반영하고 있다. 그의 학문과 연구는 오직 재세이화를 위한 한 방편이었기 때문이다.

다섯째, 그는 모든 사람은 자유롭고 평등한 존재임을 일깨워서, 홍익인간세계의 초석을 놓았다. 그리고 사람들의 관심을 끌기 위한 방편으로 재물과 의술을 베풀었다.

원효대사는 홍익인간의 세계를 건설하기 위하여, 먼저 인간 개개인이 자유롭고 평등한 존재임을 일깨워 주었다. 원효대사가 몸담고 살았던 신라 사회는 신분제사회였지만, 그는 불교 교리의 인간 평등사상에 대해 많은 관심과 깊은 이해를 가지고 있었다. 그는 일체중생이 여래 불성을 평등하게 소유하고 있다는 믿고, 이를 가르쳤으니, 이는 바로 인간의 본질적인 평등을 주장한 것이다. 이에 그는 천촌만락을 다니며 가난한 사람과 못 배운 사람들조차도 모두 부처님을 알고, 나미아미타불을 부르게 하였다. 이는 나라 안의 모든 사람들의 힘을 하나로 뭉치고자 했기 때문이다. 이런 사회가 바로 대동사회요, 홍익사회인 것이다.

다음으로 그는 대중들을 물질적 가난과 신체적 고통으로부터 자유롭게 하기를 게을리하지 않았다. 이는 물론 대중들을 교화하기 위한 방편이기도 하였다. 즉 그는 교리를 설하기 전에 먼저 이익을 베풀어 대중이 기꺼이 따르게 하였으니, 대중들에게 정신적・물질적 보시는 물론 의술까지도 베풀었다. 예수도 전도시 오병이어의 기적을 일으키고 많은 병자들을 치료하며 사람들을 모은 것이나 유사한 일로 보인다.

결국 원효대사는 일신강충한 인물로 태어나, 노력 끝에 해골물을 마시는 사건으로 성통광명하게 되었다. 이후 그는 다시 땅으로 내려왔으니, 요석공주와의 사랑이 그것이다. 이후 그는 아들 설총과 함께 불교와 유학을 한국화하고 많은 저술활동으로 재세이화사업을 펼쳤다. 끝으로 그는 모든 인간 개개인이 하나님으로부터 말미암았기에 스스로 주체적으로 행동할 수 있는 자유로운 존재임과 더불어 너도 나와 같은 평등한 존재임을 가르쳤다. 그리고 이를 위한 방편으로 정신적・물질적 보시는 물론 의술까지도 베풀기를 주저하지 않았던 것이다. 이는 모두가 하나 되어 홍익인간사회를 건설하기 위한 단초임은 말할 필요도 없다. 그러므로 그는 스스로의 이름을, 홍익인간의 세상을 처음으로 여는 '새벽'이란 뜻의 원효라 했는지 모른다.

마지막으로, 원효대사는 성통과 공완을 다 이루었으므로, 『삼일신고』의 논리대로라면, 그가 내려왔던 하늘로 되올라가 하나님과 하나가 되었을 것임이 분명하다. 이는 원효대사가 입적한 뒤, 그 아들인 설총이 그 유해를 갈아 원효의 소상을 빚어서 분황사에 모시고 그 곁에서 예를 올릴 때 소상이 갑자기 돌아보았다고 하는 기록에서 짐작할 수 있다. 이는 원효대사가 죽었지만 살아있다는 것을 상징적으로 나타내는 것이다. 원효대사 역시 하늘땅오르내리기를 한 것이다.

- 홍길동

『홍길동전』의 홍길동은 한국인들의 영원한 영웅상이다. 이런 홍길동도 역시 하늘땅오르내리기를 하는 한국적 영웅이다. 이제 그의 일생을 『삼일신고』적으로 간략히 분석해 보기로 한다.

첫째, 홍길동은 태어날 때부터 일신강충한 존재였다. 즉 그는 하나님의 아들이었던 것이다. 이는 두 가지 측면에서 그렇게 말할 수 있는데, 그가 하늘을 상징하는 용꿈을 태몽으로 가지고 태어난 것과 실제 그의 아버지 홍판서가 당대에 영웅으로 대접받던 위대한 인물인 것이 그것이다. 따라서 길동은 정신적으로나 육신적으로 완벽한 영웅이었으니, 곧 일신강충한 존재로 태어났던 것이다.

둘째, 일신강충한 홍길도은 성통광명한 존재로 거듭 태어난다. 그는 서자로 태어나 가정과 사회의 냉대를 받으며 자라왔다. 그러나 그는 일신강충한 존재라 자라면서 기골이 장대하고 용맹이 절륜하며 시서백가어(詩書百家語)를 통하지 않는 것이 없었다. 이는 오히려 주변의 질시와 모함을 불러일으켰으니, 그는 열한 살 때 아버지에 의해 홀로 별당에 갇힌 몸이 되고 만다. 그는 이 동굴과 같은 별당 속에서 홀로 손오(孫吳)의 병서의 이치를 통하여 귀신도 측량하지 못할 술법이며, 풍운(風雲)과 신장(神將)을 임의로 부리며 신출귀몰하는 재주를 통달하게 된다. 그는 이제 스스로 하나님의 아들임을 알고, 하나님과 하나가 된 것이다. 이제 그는 두려울 것이 없게 되자, 세상을 이치로 바로잡기 위해 집을 나서게 된다.

셋째, 성통광명한 홍길동은 이제 재세이화의 사업을 시작한다. 길동은 세상이 이치로 다스려지지 않는 이유를 크게 두 가지로 파악하였으니, 타락한 불교와 탐관오리들이었다. 그러므로 그의 재세이화사업은 이 두 무리들을 징계하고 척결하는데 모아진다.

하나는 타락한 불교를 척결하는 작업이다. 길동은 당시 타락한 불교는 세상을 속이고, 백성을 미혹하게 하며, 일하지 않고 먹으며, 신체발부(身體髮膚)를 상하게 하며, 오랑캐 모양을 숭상하며, 임금과 아비를 버리고 세금을 도적하니 이보다 나쁜 것은 없다는 것이다. 그는 이런 불교가 바로 세상을 이치에 벗어나게 한다고 보았던 것이다. 그가 세상에서 처음 한 일이 해인사의 재물을 탈취한 이유가 여기 있었던 것이다. 그는 이런 불법 대신 유학으로 세상을 다스리는 것이 이치에 맞다고 생각했기에, 이후 그는 모든 것을 유학적으로 처리한다.

둘은 부패한 관리들의 척결이다. 『홍길동전』의 작자 허균은 '호민론'에서 당시 백성들의 실정이 몹시 곤핍했고 부패한 관리들의 가렴주구가 심해 백성들의 원망이 고려말보다 더 심했다고 한다. 따라서 작품에서 길동의 활약은 거의 대부분 부패한 관리들의 척결에 모아져 있다고 해도 과언이 아니다. 그는 스스로는 물론 그의 혼백을 붙인 초인(草人)과 군사를 시켜 팔도를 누비며 옳지 못한 사람의 재물을 빼앗고 수령의 뇌물을 탈취한다. 그리고 스스로 가어사(假御使)가 되어 쌍교를 타고 다니면서 수령의 잘못을 들어 내쫓고, 혹은 불의한 곡식이 쌓인 창고를 열어 백성을 구제하고, 또 죄인을 잡아 다스리고, 또 감옥의 문을 열어 죄없는 사람을 석방하며 다녔다. 이는 모두 세상을 이치로 바로잡기 위한 행위라고 보아야 할 것이다.

넷째, 세상을 이치로 바로잡은 홍길동은 스스로 홍익인간이 되어 홍익인간의 세상을 만든다. 작품에서 보이는 홍길동은 홍익인간, 즉 대인의 모습을 보이고 있다. 그는 도둑질을 하고는 스스로 이름을 밝힌 부분이나, 그가 도둑의 동호를 활빈당(活貧黨)이라 한 데서도 이런 그의 면모가 잘 드러난다. 특히 그의 최종목적이 홍익인간의 사회, 즉 대인의 나라를 건설하는데 있었으니, 이는 그가 율도국을 건설하는데서 밝혀진다. 그가 세운 나라는 적서차별이 없는 만인평등의 나라로, 곧 산에는 도적이 없고, 해마다 풍년이 들며, 국민이 크게 평안하고, 사방에 일이 없고, 덕화가 크게 행해지고, 길이 떨어진 물건이 있어도 주워가는 사람이 없었다. 곧 율도국은 한국인의 심층무의식에 자리잡은 신시(神市)로 홍익인간의 사회였던 것이다. 아울러 이런 사회를 건설한 홍길동 또한 홍익인간이었던 것이다.

다섯째, 이 모든 일을 마친 홍길동은 그가 왔던 하늘로 되돌아간다. 그는 부인과 함께 백일승천하니, 그가 왔던 곳으로 되돌아간 것이다.

이외에도 심청이나 전우치 등 많은 인물들도 이 원리에 어긋나지 않는 생애를 보냈지만 여기서는 지면관계상 생략하기로 한다.

6. 대인 홍익인간의 모습

이제까지 한국의 인간관을 살펴보았다. 한국의 인간관은 서양이나 동양의 다른 나라와 다른 특이한 양상을 보이고 있다. 이를 한번 정리해 보기로 한다.

첫째, 사람이 하늘에서 내려온다는 일신강충 모티브를 갖고 있다. 사람은 누구나 하나님의 아들이라는 것이다. 이처럼 한국인은 무엇보다 태어나는 양식과 과정이 다른 나라와 근본적으로 다르다. 곧 하늘에서 내려왔다는 것이다. 이는 태몽으로 증명이 될 것 같다. 한국인만이 가진 이 태몽은 대개 하늘과 연결되어 있다. 원효대사처럼 하늘의 유성이 품속에 들어온다거나, 홍길동처럼 청룡이 내려왔다던가 하는 것이 그것이다. 이는 바로 우리 민족은 하나님의 아들이라는 천손민족이라는 의식의 결과일 것이다. 우리는 바로 하늘에서 내려온 환웅천왕의 아들인 단군의 후손이기 때문에 이런 무의식적 잔재가 남아있는 것이 아닌가 한다.

둘째, 사람이 하나님과 하나가 되려는 성통광명 모티브를 갖고 있다.

사람이 신과 하나가 되려는 것이다. 이런 경지 역시 다른 나라에서는 쉽게 찾기 어려울 것으로 본다. 우리는 '신명'을 즐긴다. 신명이 나야 신명나게 춤추고, 신명나게 노래하고, 신명나게 일한다. 그래서 일상용어에서도, '신난다'거나 '신명이 난다'거나 '신들렸다' 하는 말들을 많이 한다. 이처럼 사람들이 신이 오르는 것을 아주 중요시한다. 이는 앞에서 이야기한 대로 우리는 하늘에서 내려왔기에 하늘과 하나가 되어서 생활하고자 하는 의식의 반영이라고 본다.

셋째, 한국인들은 무엇보다 이치를 중시하고 이치에 맞게 다스리려는 재세이화의 모티브를 갖고 있다. 그래서 한국인들은 법보다 이치를 앞세우는 듯하다. 그래서 무슨 일이 생기면 법보다 먼저 이치에 맞는지 그렇지 않는지를 따지는 모습을 주변에서 자주 보게 된다. 그래서 경우가 없는 일을 만났을 때, '경우가 삼칠장이라'고 한다. 즉 사물의 옳고 그름과 좋고 나쁨을 가리지 못한다는 말이다. 이렇게 덕치나 법치보다 이치를 중시하는 것은 단군신화에서 환웅천왕이 세상을 이치로 다스린 재세이화에서 비롯된 것이 아닌가 한다.

넷째, 한국인들은 대인 즉 홍익인간을 가장 이상적인 인간으로 생각하는 듯하다. 그래서 한국인들은 외국인들이 놀랄 일들을 많이 한다. 김밥할머니가 자기의 전 재산을 학교에 아무런 댓가 없이 기부한다거나, 다른 사람을 구하기 위해서 자신의 생명을 바치기도 한다.

한 예를 들자면 고려대학교 세종캠퍼스 이수현 군이 일본에 연수를 갔다가 술에 취한 승객이 전철 노선에 떨어지자 그를 구하고 스스로 목숨을 잃은 적이 있었다. 이때 일본사회는 발칵 뒤집어질 정도의 놀란 반응을 보였다. 왜냐하면 일본인들은 이런 홍익인간을 처음 보았기 때문이다. 사실 이런 경우는 우리 한국에서는 너무 자주 보아왔기에 그냥 심상하게 보는 정도다. 이제까지 철도에서 남을 구하고 스스로 목숨을 잃은 사람이 그 얼마인지 알 수가 없을 정도이다. 이 사건은 미국에도 알려져 많은 사람들이 감동을 받았다고 한다. 이는 바로 대인 홍익인간의 행위로, 나와 남을 같은 하나님의 아들이라고 생각하지 않으면 할 수 없는 대인들의 삶인 것이다. 이는 기독교의 이웃을 내 몸처럼 사랑하라는 말이 바로 이런 것이 아닌가 한다.

마지막으로 한국인들은 사람이 죽으면 하늘로 되돌아간다는 모티브를 갖고 있다. 그래서 사람이 죽으면 '죽었다'고 하지 않고, '돌아가셨다'고 한다. 돌아갔다는 말은 본래 왔던 곳으로 돌아간다는 말이다. 우리는 하늘에서 왔다고 생각하니, 가는 곳도 바로 하늘나라일 것이다.

이처럼 한국인들은 하늘에서 왔다가 하늘로 되돌아가는 '하늘땅오르내리기'를 되풀이하는 특이한 민족인 것이다. 이는 모두 단군신화에서 그 근원을 찾을 수 있다. 환웅천왕은 하늘에서 내려와 세상을 다스리고 그 아들 단군은 땅에서 태어나 산신이 되어 하늘로 올라간 것이다. 단군의 후손인 우리도 모두 천손민족으로 하늘땅오르내리기를 계속하는 것이다. 이런 모티브는 신라시대의 원효대사나 최초의 한글고소설인 조선시대의 홍길동에도 나타난다. 그리고 최근의 여러 사례에서도 나타난다. 따라서 단군이래 지금까지 내려오는 이런 모습이 바로 한국인의 진면목이 아닐까 한다.

(이 글은 필자의 참고문헌을 요약한 글로 더 알고 싶으면 그 글들을 읽으면 좋을 것이다.)

조선의 이상, 공자와 <대관재기몽>

이 하 나

1. '공자(孔子)' 문화의 보편성과 특수성

이 글은 <대관재기몽>의 몽중세계인 '문장왕국'에 나타나는 공자(孔子)의 모습을 살핌으로써 조선 전기 '한국형 공자'의 모습을 확인하는 것을 목적으로 하였다.

20세기까지 <대관재기몽>에 대한 논의는 고전문학 연구자들에 의해서 '작품의 정확한 명칭 문제', '장르 결정 문제', '원소스(one source)의 정확한 해석' 등의 결과를 낳았다. 이런 논의의 성과물인 1차콘텐츠는 지금까지 <대관재기몽>이라는 작품의 특징 및 주제의 의미를 다양하고 심도 있게 파악할 수 있도록 도와주고 있다. 90년대 말, 잠시 연구가 주춤했던 <대관재기몽>은 2000년대에 이르러 엄기영에 의해 '작품의 창작 방법 연구'[1)]라는 새로운 관점으로 조명되었고, 최근에는 현대문학 전공자인 최애영을 통해 '정신분석의 관점에서 현대적 읽기의 한 시도'[2)]라는 주제로 새로운 논의의 방향을 설정하였다. 이 글에서는 <대관재기몽>에 대한 새로운 접근의 일환으로 이 작품에서 중요한 위치를 점하고 있는 '문장왕국'의 모습, 사건, 등장인물의 설정 등을 중심으로 고찰하여 이를 통해 드러나게 되는 공자의 모습에 대해서 찾아보고자 하였다.

지금까지 '공자(孔子)'라는 인물은 동아시아 국가의 중요 사상으로 자리매김한 '유학'의 창시자이자 '성인'의 모습으로 조명되었다. 그 이유는 고전에서 전해지는 공자의 삶이 인류의 보편성을 인정받았기 때문이다. 그간 공자에 대한 필자의 궁금증은 공자와 직접적인 관련이 있는 기본 자료, 즉 중국의 고전을 통해서만 해소되었다. 이런 기본적인 자료를 통해서만 찾았던 공자의 실제 모습은 거룩한 성인의 모습이라기보다 인류가 보편적으로 인정할 수 있는 한 사람의 '인간'의 모습에 더욱 가까웠다.

공자가 중국 사람이라는 사실에는 의심의 여지가 없다. 그렇다면 '우리가 중국인 공자의 모습을 찾고자하는 것인가?'를 질문한다면, 아마 답변은 '결코 그렇지 않다.'고 할 수 있을 것이다. 비록 '공자'라는 인물이 동일한 사람이라고 할지라도 공자의 사상을 민족의 사상이라고 이야기할 수 있는 동아시아의 몇몇 나라에서는 자국의 특징에 따라 서로 다른 공자의 모습이 나타났음을 확인할 수 있기 때문이다. 이는 민족과 환경이 다른 여러 국가에서 해당 문화를 향유하면서 그 국가만의 특징적인 모습으로 발전시켜 가기 때문이다.

우리나라에 공자의 문화라고 할 수 있는 유가 문화가 처음 전해진 것은 삼국시대 때이다. 유가문화로 대변되는 공자의 문화는 삼국시대부터 지금까지 우리 민족의 정신을 지배하고 있는 것이다. 이 글에서는 조선 전기에 심의가 쓴 <대관재기몽>을 통해 당시 우리나라에서 찾을 수 있는 공자의 모습을 찾고자 노력하였다.

우선 <대관재기몽>을 원소스로 설정하고 이 작품에 대한 제반사항을 고찰했다. 이 작품의 작가와 창작 배경, 서사구조를 분석하고 그에 대한 이전의 연구 결과를 살핌으로써 원소스인 <대관재기몽>에 대한 이해를 도왔다. 다음 장에서는 <대관재기몽>의 '문장왕국'에서 찾을 수 있는 공자의 모습에 대해서 이야기하였다. 이 글을 작성하는 과정에서 가장 도움을 받았던 자료는 앞서 언급한 바 있는 엄기영의 「<대관재기몽>의 창작방법 연구」라는 논문의 본론 3장에 서술된 '성균관희(成均館戱)'에 대한 논의였다. 엄기영의 '성균관희(成均館戱)' 논의를 시작으로 작가인 심의의 이상세계에 투영되어 있는 공자의 다양한 모습을 발견하는 계기를 갖게 되었다.

이 글에서는 작가와 창작배경, 명칭문제에 대해서 살피고 작품의 구조 분석을 시작으로 <대관재기몽>을 원소스(One Source)로서 고찰하였다. 원소스의 고찰을 토대로 몽중서사 부분인 '문장왕국'의 내용을 분석하여 <대관재기몽>에 나타나는 공자의 모습을 다양하게 찾을 수 있었다. 이러한 작업은 조선 전기에 '공자'라는 인물이 가진 모습과 그의 위상을 알 수 있는 '한국형 공자'의 캐릭터 모색의 시발점이 될 것이다.

2. 원소스(One Source)로서의 <대관재기몽(大觀齋記夢)> 고찰

1) <대관재기몽(大觀齋記夢)>의 작가와 창작배경

이 장의 내용 전개를 위해서 <대관재기몽>의 객관적인 내용과 텍스트는 주로 고려대학교 민족문화연구원에서 출판된 장효현 외 4인의 「대관재기몽」, 『교감본 한국한문소설, 몽유록』을 이용하였고, 국역본은 신원문화사에서 출판된 구인환의 『몽유록』을 이용하였다.

1529년에 심의(沈義)가 지은 것으로 확인되는 <대관재기몽>은 <대관재란고(大觀齋亂稿)>의 잡저 항목에 <기몽(記夢)>이라는 제명으로 수록되어 있다. 심의의 본관은 풍산(豐山), 자는 의지(義之), 호는 대관재(大觀齋)이다. 그는 태종을 도와 좌명공신이 된 심구령(沈龜齡)의 증손자이며 풍산군 심응(沈膺)의 아들이자 중종반정의 공신인 심정(沈貞)

의 동생이다. 그의 일생을 상세히 알 수 있는 자료를 발견하지 못한 까닭에 그와 관련된 여러 가지 사건의 정확한 시점과 내용을 판단하기에는 다소 무리가 있다. 그의 사망 연대를 확인할 수 없는 것도 그런 이유 때문이라고 할 수 있는 것이다.

심의의 집안은 무반에서 출발하여 훈구세력으로 성장한 가계로 그는 어린 시절에 강휘, 신용개, 김일손의 문하에서 수학했고, 문장은 매우 뛰어났지만 시대가 그를 용인하지 않았다. 1507년(중종 2년)에 진사로 증광문과 병과에 급제했으며 성종, 연산군, 중종, 인종, 명종의 5대에 이르는 혼란기에 생존한 인물이다. 진사에 급제하고도 바로 벼슬에 나가지 못했고, 중종조에 들어서야 비로소 벼슬을 역임하게 되었다. 하지만 심정의 세력이 커지며 비리가 표면화되자 치인으로 자처하여 화를 면했다는 기록[3)]을 찾을 수 있다.

당시는 훈구세력과 사림파의 반목과 대립이 지속되는 시대였는데 훈구파에서 사림파 주도의 시대로 이행하는 과정 중 훈구파의 주축세력이었던 심의는 관작을 제수 받아 자신의 이상을 실현하고자 했다. 하지만 그는 환로에서 신진사대부들의 반목과 잦은 탄핵으로 훈구세력이나 신진사대부, 어느 세력과도 타협할 수 없었던 강개지사(慷慨志士)이다.[4)]

그러므로 심의는 시대적 현실에 의해 좌절한 인물이라고 할 수 있으며, 능력이 있었음에도 불구하고 소외될 수밖에 없는 인물이었다. 심의는 이런 상황에 기인하여 이상과 현실의 괴리 속에서 살았을 것이며, 결국 그저 몇 가지 일화를 남긴 기인으로 세간에 알려졌다. 이것이 심의가 그의 나이 55세에 <대관재기몽>을 창작함으로써 현실적 불만과 이상을 피력하고자 했던 궁극적인 이유라고 판단할 수 있다.

2) <대관재기몽(大觀齋記夢)>의 명칭문제

<대관재기몽>에 대한 초기 연구에서는 명칭에 대한 논의가 활발히

이루어졌다. 장덕순은 이 작품이 『잡동산이』에 <대관재기몽>으로 기록되어 있음을 언급하면서도 <대관재몽유록>으로 개명[5]하였다. 이를 전형대가 장르 설정의 의도[6]라는 점에서 지지하였으나 설득력을 얻지 못했다. 이원주는 경북대 도서관 소장본인 필사본 <대관재란고> 4권 2책은 심의의 문집이나 권응인이 편찬한 것으로 잡저 모두에 <기몽>으로 실려 있기 때문에 제명을 <기몽>으로 바로잡아 두어야 한다는 의견[7]을 피력했다. 이규호는 이 작품의 정식 명칭은 <대관재기몽>이 옳다는 의견[8]을 보였으며 차용주는 원래 <기몽>으로 되어 있으나 <대관재몽유록>이라 하므로 이에 따른다[9]고 하였다. 양언석은 대관재가 쓴 <기몽>이라는 점에서 본 작품의 명칭을 <기몽>으로 해야 한다고 주장[10]했다.

> <대관재기몽>은 심의의 문집인 <대관재란고> 잡저 항목에 <기몽>이라는 제명으로 수록되어 있으며, 그 외 金烋(1597～1638)의 <해동문집총간>에는 <심의기몽>이란 제명으로, 안정복(1712～1791)의 <잡동산이>에는 <대관재기몽>이란 제명으로 실려 있다 …(중략)… 연구 초창기에는 <대관재몽유록>으로 불렸으나 여러 이본들에 '記夢'이란 제명이 붙어 있는 것을 고려해 보았을 때, 심의의 號를 붙여 <대관재기몽>이란 제명을 사용하는 것이 타당하다. (장효현 외, 「대관재기몽」, 『교감본 한국한문소설, 몽유록』, 고려대 민족문화연구원, 2007)

대부분의 논의에서 이 작품의 명칭은 <대관재몽유록>, <몽기>, <대관재기몽>, <기몽> 등으로 다르게 불렸으나 결과적으로는 <대관재기몽>으로 사용하는 것이 타당하다고 밝히고 있다. 이 글에서도 위의 논의에 따라 작품의 명칭을 <대관재기몽>으로 사용하고 있다.

3) <대관재기몽(大觀齋記夢)>의 서사구조

<대관재기몽>의 내용을 구조적으로 살피면 다음과 같다.

① 몽유자인 심의는 12월 16일 밤에 팔을 베고 선잠이 든다.
② 문득 큰 도시에 이르러 대궐에서 천자의 조서를 받는다.
③ 읍취헌 박은에게 문장왕국의 천자와 문장가들에 대한 소개를 받는다.
④ 천자에게 금자광록대부와 규벽부 학사에 제수 받는다.
⑤ 박은에게 문장왕국 천자의 인재 등용의 방법을 듣는다.
⑥ 천자에게 본인의 문장 능력을 인정받는다.
⑦ 천자가 조서를 내려 장형의 딸 장옥란과 약혼하도록 한다.
⑧ 천자가 당률을 너무 좋아한다는 이유로 김시습이 반란을 일으킨다.
⑨ 몽유자가 교전 없이 김시습을 투항하고 몽유자에 대한 천자의 신의가 깊어진다.
⑩ 벼슬을 한 지 20여 년에 아들을 낳고 손자를 길러 문벌이 빛났으며 집의 재산이 넘쳤다.
⑪ 상소하여 이규보를 비방한다.
⑫ 중국의 천자인 두천자의 내방을 받고, 천자 최치원은 자신의 신하들이 중국의 인재들만 못함을 한탄한다.
⑬ 한원 선생의 탄핵 상소를 받아서 천자가 대관선생이라는 호를 내리고 귀향을 명령한다.
⑭ 이색이 금도로 오장육부를 쪼개 먹즙 몇 말을 부으며 40여 년 후에 다시 부귀를 누릴 것이니 근심하지 말라고 말한다.
⑮ 잠을 깨어보니 배는 부풀어 올라 마치 북같고, 병든 아내는 곁에 누워 신음하고 있다.

<대관재기몽>의 내용을 15개의 문장으로 나누었을 때 ①은 입몽의 상태, ②~⑭는 몽중세계, ⑮는 각몽의 상태로 나눌 수 있다. 그러므

로 ①과 ⑮은 현실세계에서의 상황이고 ②~⑭는 몽중세계의 상황이다. 위의 구조는 몽유록이라는 장르의 보편적인 특징인 '현실-꿈-현실'로 순환하는 이원적 구조이며, 하나의 이야기 내부에 꿈 이야기가 들어 있다는 점에서 액자구조의 형태라고도 할 수 있다. 이 글에서는 '문장왕국'에 대한 내용을 중심으로 서술한다는 점을 감안하여 몽중세계인 ②~⑭의 내용을 토대로 살피고자 한다.

3. '문장왕국'에 내재된 공자(孔子)의 모습

몽유록의 장점은 '탁몽서사(託夢敍事)'[11]라고 할 수 있다. 김정녀는 자신의 논문에서 몽유록이 '탁몽서사'의 방식을 이용하여 "모순된 정치, 사회의 현실 속에서 작가는 꿈이라는 문학적 장치를 통해 오도된 정치 현실을 비판하고, 사회 제도의 모순을 곡진하게 그림으로써 작가의 현실 인식을 반영"하고 있다고 언급했다.

앞 장에서 말한 바와 같이 '입몽→몽중세계→각몽'이라는 몽유록의 서사구조에 의하면, 이 장이 주목하고 있는 <대관재기몽>의 '문장왕국'에 대한 이야기는 입몽과 각몽의 사이에 위치하는 몽중세계의 부분에 해당한다. 몽중세계는 현실세계에 대한 작가의 불만을 본격적으로 표출하는 부분이라고 할 수 있으며 혹은 현실에서의 불만을 충족하는 이상세계를 건설한다는 측면에서 작가가 작품을 창작한 동기와 염원이 가장 잘 드러나는 부분이라고도 할 수 있다. 그런 이유에서 <대관재기몽>의 '문장왕국'에 대한 서술이 이 작품에서 매우 중요한 위치를 차지한다는 것은 매우 당위적이다.

지금까지 <대관재기몽>을 연구했던 연구자들은 '문장왕국' 부분의 중요성을 인식하고 다양한 관점에서 연구를 진행하였는데 그중 엄기영의 논문에서 주목할만한 논의를 발견할 수 있었다. 그는 <대관재기

몽>의 문장왕국에 대한 내용이 '성균관희(成均館戱)'를 모방한 것이라는 논의를 펼쳤는데, 이 부분은 필자가 본고에서 <대관재기몽>의 모티브로서 공자(孔子)의 모습을 설명할 수 있는 결정적인 역할을 하였다. '성균관희'에 대한 내용은 『용재총화』와 『임하필기』에 수록되어 있는데 『임하필기』에는 '성균관희'의 내용과 함께 태종이 '성균관희'에 대해서 언급하는 일화도 수록되어 있다.

> 해마다 여름과 겨울에 성균관 유생이 종이에 闕자를 써서 공자를 왕으로 존경하여 받들었는데, 東學을 復聖公의 나라로 삼고 南學을 述聖公의 나라로 삼았으며, 中學을 宗聖公의 나라로 삼고 西學을 亞聖公의 나라로 삼아 제후가 천자를 우러러 봄과 같이 하였다. 성균관의 상사와 하사의 사람들을 백관의 직에 추천하되 이조가 인물을 전형하여 선발하는 일을 맡아 賢否를 변별하였다. 후보자 추천에 모두 합격하여 승지직을 배수받은 자는 은대연을 베풀며, 사람중에 孔자와 丘자 성인 사람들은 모두 宗正의 직을 주었다. 만약 불손한 자가 있으면 가느다란 띠로 목을 매어 데리고 와서 방 판자 밑에 가두고 의금부 제조에게 명하여 죄를 묻게 하며, 심하게 도리를 어기는 자는 草人의 형상을 만들어 목을 베었다. …(중략)… 釋奠祭 첫날은 이름을 뽑아 三公을 삼고 그 나머지 上舍는 모두 別名으로 伯을 봉하며, 下齋에서도 모든 직을 제수함에 차등이 있었다. 四學 儒生으로서 와서 祭記를 돕는 자에게는 장난으로 題를 삼아 製述하게 하고 그 高下의 차례를 만들어 '天場及第'라 하였으며, 榜을 뜰에서 부르고 크게 政草를 써서 大成殿 앞에 펴면 獻官先生이 모두 모여 이를 보니 조정과 다름이 없었다.(成俔, 『慵齋叢話』 卷九; 『국역대동야승』 1, 민족문화추진회, 1985)

매년 겨울과 여름에는 성균관 유생들이 종이에 '궐(闕)'자를 써 붙이고 공자(孔子)를 높여 왕(王)으로 삼고, 동학(東學)은 복성공(復成公)의 나라로 삼고 남학(南學)은 술성공(述聖公)의 나라로 삼고, 중학(中學)은 종성공(宗聖公)의

> 나라로 삼고 서학(西學)은 아성공(亞聖公)의 나라로 삼고는, 관중(館中)의 사람들로써 백관(百官)의 벼슬에 주의(注擬)를 한다. …(중략)… 태종조(太宗朝) 때 어느 내관(內官)이 급히 달려와 아뢰기를, "성균관의 유생들이 모반(謀叛)을 하였습니다."하니, 태종이 말하기를, "이는 유생들의 고례(古例)이다."하였다.(이유원 저, 「문헌지장」, 『林下筆記』 卷二十四 : 김동현 역, 『임하필기』 5, 민족문화추진회, 1999)

위의 두 문헌은 <대관재기몽>에 나타난 공자의 모습을 알아보는데 결정적인 근거를 제공하고 있다. 그럼 이를 토대로 문장왕국에서 나타나는 공자의 모습을 더욱 자세하게 살피고자 한다.

1) 심의의 이상세계와 공자의 이상세계

<대관재기몽>의 선행 연구자들은 작가인 심의가 이 작품에서 몽중세계를 '문장왕국'으로 설정한 이유에 대해서 "자신의 문장에 대한 자긍심을 드러내고 있고, 그것을 제대로 알아주지 않고 오히려 경박하다고 매도하는 현실에 대한 문제제기를 문학적으로 형상화하고 있는 것"이라는 해석에 합의하고 있다.

> "대관 선생께서는 시에 관한 공부를 함에 있어서 젊어서는 힘쓰고 늙어서도 끊임없어서 지은 시들은 우아하고 힘차고 착실하여 <국풍>이나 <이소>에 가깝습니다."(서경덕, 김희주 역, 『화담집』, 마을글방, 1992)

일반적으로 몽유록 소설에 등장하는 몽유자의 성격은 현실세계에 불만을 지닌 선비이자 강직 호방한 성품을 지니고 있고, 세상에 대한 비분과 불평의 소유자로서 현실과 타협하기 어려운 인물로 형상화[12] 되고 있는데 심의도 이런 인물 중의 한 사람이라고 할 수 있다. 훈구세력이었던 심의는 당대의 위정자가 갖추어야 할 소양으로 가장 중요하게 대두되었던 '문장'에 능한 사람이었다. 그럼에도 불구하고 그는 자신의 환로에서 신진사료들의 반목과 잦은 탄핵으로 인해 양측의 세력 중 그 어느 쪽과도 타협할 수 없었던 강개지사가 되었던 것이다.

이러한 역사적 기록을 토대로 심의가 처한 입장을 헤아려 본다면 그가 설정한 이상세계에 대한 이해가 가능하다. 심의의 내면에는 개인적, 사회적인 상황을 모두 배재하고, 그저 문장을 잘 짓는 것만이 등용의 조건이 되는 '문장왕국'을 이상적인 사회로 꿈꾸었을 가능성이 농후한 것이다. 그의 이상세계는 앞서 예측한 바와 같이 <대관재기몽>에서 잘 드러난다고 할 수 있는데 다음의 예문에서 그 증거를 찾을 수 있다.

> "지금 천자께서는 문장을 좋아하여 현부(賢否)와 귀천을 묻지 않고, 개인의 한계와 자질도 따지지 않고, 오직 문장의 고하(高下)만을 보고 관작을 올리고 내리며 제수(除授)합니다."(구인환, 「대관재몽유록」, 『몽유록』, 신원문화사, 2004)

앞서 살핀 예문은 '문장왕국'의 등용 조건을 나타낸다. 문장왕국의 등용조건은 '문장능력의 고하'이다. 그런데 여기에는 한 가지 의문이 존재한다. '왜 작가는 자신의 이상세계를 문장왕국으로 설정했을까?' 하는 것이다. <대관재기몽>의 초기 연구자들은 '문장왕국'에 등장하는 인물들의 시작법과 관련하여 작가가 이상세계를 '문장왕국'으로 설정한 이유를 설명했다.

> "천자께서 문장을 취함에 체제가 마치 당나라 율시 같아서 세상에서 지위가 높은데 이르고 사문을 거느리며, 문장을 잘하지 못하면 제후의 문하에서 청소의 역을 맡고 평민으로 검약함을 지키며, 머리가 백발이 되도록 떠돌이 생활을 합니다."(구인환, 「대관재몽유록」, 『몽유록』, 신원문화사, 2004)

예문에서 알 수 있듯이 많은 선행 연구자들은 천자인 최치원이 당률을 취한다는 부분에 초점을 맞추고 '문장왕국'의 의미를 송시풍과 당시풍의 대결로 판단했다. 중국의 천자를 두보로 설정한 점도 이와 동일한 맥락으로 보고 있다. 나아가 최치원에 대한 김시습의 반란을 심의가 해결하는 모습을 근거로 하여 이를 당시풍의 승리로 조명하고 있기도 하다.

엄기영은 <대관재기몽>에 대해서 서술한 최근 논문에서 '문장왕국'에 내포된 의미가 송시풍과 당시풍의 대결이며 당시풍의 승리라는 선행연구자들의 해석에 대해서 이견을 보였다. 그는 심의의 개인사를 돌아보았을 때 작가가 문장왕국을 통해 나타내고자 했던 상징이 당시풍의 승리라면 이는 절친했던 친구들의 시풍을 부정하는 것이기 때문에 두 시풍의 대결이라고 보기에는 무리가 있다는 점, 우리나라는 역사적으로 고려 중기부터 200여 년 동안 송시의 영향권에서 벗어나지 못했다는 점, 몽유자가 등장인물로 설정한 중국의 문장가들을 높이 평가하고 있다는 점 등을 근거로 당시풍과 송시풍의 대결이라는 해석에 이의를 제기한 것이다.

이 글에서 필자는 작가인 심의가 설정한 이상세계인 '문장왕국'의 본래 의미에 초점을 두었다. 문장왕국이란 등장인물의 '문장능력'이 최고의 가치로 받아들여질 수 있는 공간이다. <대관재기몽>의 등장인물은 대부분이 문장가이고 그들은 문장을 공부하기에 앞서 모두 유학의 기본을 공부하던 사람들이었다. 그들이 지향했던 시풍이 당시풍인지, 송시풍인지의 문제는 부차적인 것이다. 그들이 선호했던 시풍을 논하는 것은 유학의 기초를 잘 닦은 후에야 가능한 일이기 때문에 어떤 시풍을 지향하더라고 기초학문이라 할 수 있는 유학에는 정통할 수밖에 없다. 여기서 필자는 처음으로 <대관재기몽>에 나타나는 공자의 모습을 찾게 되었다.

공자는 사후에 '대성지성문선왕(大成至聖文宣王)'이라는 칭호를 얻었을 정도로 학문하는 사람에게 상징적인 존재이자 범인류의 스승으로 불리는 사람이다. 물론 공자가 살던 시대의 문장이라는 것은 <대관재기몽>에서 말하는 문장과는 본질적으로 차이가 있을 수 있다. 그러나 사람이 갖출 수 있는 다양한 능력 중에서도 벼슬하는 사람에게 유독 '문장'의 능력이 중시되었다는 것은 공자가 지향했던 세계에 대한 상징이라고 할 수 있는 것이다. <대관재기몽>에 나타나는 모든 문장가는 사서를 읽고, 오경을 공부했던 사람들이며 관직을 제수받기 위해서는 과거에 급제해야 하는 상황에 놓여있는 사람들이었다.

> 공자에게 독서는 독서를 위한 독서가 아니었다. 그에게 독서는 투입된 것이고 벼슬은 그로 인해 산출된 것으로 그것에는 매우 강렬한 공리적 목적이 있었다. 중국에서 독서를 하는 이들에게 독서를 통해 벼슬을 하는 것은 오래된 전통이었다. 『유림외사』에 나오는 '유림'은 혹은 사대부라고도 일컬어지며, 영어로는 scholar-officials라고 칭해진다. 하나의 명칭에 두 개의 신분이 부여되어 있다. 학자이기는 하나 관료와 떼려야 뗄 수 없는 인연을 맺고 있던 이들은 현임 관리가 아니면 예비 관리였다.(리링, 『논어, 세 번 찢다』, 글항아리, 2010)

리링은 『논어, 세 번 찢다』에서 "공자는 학생들을 가르칠 때 도덕을 중시하고 학문을 중시했다. 하지만 도덕이든 학문이든 그것은 벼슬을 하는 것으로 실현되어야 했다."고 말하고 있다. 이는 『논어』에서 이와 관련된 여러 구절을 통해 이해가 가능하다.

> 집에 들어가서는 부모님께 효도하고, 밖에 나가서는 웃어른을 공경하며, 과묵하고 미더우며, 널리 백성을 사랑하고 사람을 가까이 한다. 이렇게 하고도 남은 힘이 있으면 글을 배운다.(子曰 弟子入則孝, 出則弟, 謹而信, 汎愛衆, 而親仁° 行有餘力, 則以學文° 『論語』, 「學而」 1-6)

> 벼슬하면서 여유가 있으면 학문을 하고, 학문을 하면서 여유가 있으면 벼슬을 한다.(子張: 子夏曰 仕而優則學, 學而優則仕. 『論語』, 「子張」 19-13)

위 예문에 나타나는 문장, 학문, 독서는 모두 같은 맥락으로 해석할 수 있다. 이는 곧 심의가 설정한 이상세계인 '문장왕국'에서 관직을 제수받기 위해 필요한 '문장능력'이자 심의의 이상세계가 공자의 이상세계와 동일한 가치를 갖는 증거라고 할 수 있는 것이다.

2) '문장'의 의미와 '문장가'의 모습에서 찾을 수 있는 공문(孔門)의 형상

몽유자가 꿈속에서 도달한 문장왕국에는 이미 지나간 시대, 그리고 당대의 문장가들이 매우 다양하게 등장한다. 다음은 심의가 '문장왕국'에 도착하여 친구인 박은을 만나 '문장왕국'의 문장가들에 대해서 소개받는 부분이다.

> 내가 옥 섬돌 아래 엎드려 오랫동안 명을 기다리는데 죽은 읍취헌(挹翠軒) 박은(朴誾)이 와서 내 손을 잡고 말하였다. "뜻밖에 밝은 조정에서 옛 친구를 만났군요." 내가 "지금 천자는 어떤 분인가?" 하자, 박이 은밀하게 말하였다. "가야처사(伽倻處士) 최치원(崔致遠)이 현재 처사가 되었습니다. 저 분의 모습은 비만하지만 문체는 놀랄 만하며, 수상의 자리에 있는 분은 을지문덕(乙支文德)입니다. 익제 이제현과 상국 이규보는 좌우상(左右相)이고, 거사 김극기와 은대 이인로, 양촌 권근, 목은 이색, 포은 정몽주, 도은 이숭인, 태재 유방선, 사숙 강희맹, 점필재 김종직이 다 허리에 서각향낭을 차고 머리에는 옥관자(玉貫子)를 달았으며, 중요한 일을 나누어 맡고 관(館)과 각(閣)의 직책을 맡았는데, 이색은 대제학에 임명받아 지금 문형을 맡고 있답니다." 내가 "자네는 무슨 벼슬을 하고 있나?"라고 전하자, "천자께서 특별히 숭록참찬관(崇祿參贊官)에 임명하셨지요."라고 했다. 이야기를 하고 있는 가운데 주의(朱衣)

> 가 나를 금자광록대부에 제수한다고 선포하고, 관복을 내렸다. 나는 백 번 절하여 사은한 뒤, 세 번 사양했으나 윤허하지 않으셨다.(구인환, 「대관재몽유록」, 『몽유록』, 신원문화사, 2004)

<대관재기몽>에는 심의를 제외하고 44명의 역대 한국 문인과 13명의 중국 문인이 등장한다. 최치원과 을지문덕을 제외하고 이들은 대체로 심의가 살았던 시대인 고려 중기에서 조선 전기에 존재했던 인물들이라고 할 수 있다.

고려 중기 이전의 인물로는 천자인 최치원과 수상인 을지문덕이 있다. 작가인 심의가 문장왕국의 천자로 최치원을 설정한 이유는 자신과의 동질성을 갖고 있기 때문이라는 논의가 대표적이다. 을지문덕을 수상으로 설정한 이유는 <대관재기몽>의 뒷부분에서 대당국의 천자인 두보가 이백과 함께 조선의 천자인 최치원을 찾아온다는 사실에 의미를 둔 것으로 해석했다. 을지문덕이 '여수장우중문시'를 지은 공과 함께 수나라 군을 물리쳤다는 사실을 감안했을 때, 그를 수상으로 설정한 것은 <대관재기몽>이 문학적인 부분과 더불어 민족적인 주체의식을 표방하였다는 점까지도 감안한 것으로 볼 수 있다고 해석한 것이다. 최치원과 을지문덕을 제외한 등장인물들에 대해서는 '대체로 문장은 뛰어났지만 현실에서 불운한 삶을 살았던 문사들이 등장함으로써 작가의 현실인식을 표출하고 있는 것'[13]으로 조명하고 있다. 필자는 문장왕국의 모습과 등장하는 인물들을 통해 공문(孔門)의 분위기를 느낄 수 있었는데 이는 앞서 언급한 엄기영의 '성균관희(成均館戲)'의 논의를 통해 먼저 알아본 바 있다. 문장왕국의 천자인 최치원을 공자라고 가정하면 천자인 최치원의 모습과 그 신하들의 모습에서 공자의 학당을 연상할 수 있게 된다. 공자의 학당과도 같은 문장왕국의 모습은 흡사 문묘의 모습과도 닮아있다.

얼마 후 규벽부에 나아가 북벽에 서서 동벽의 진화, 서벽의 정지상과 더불어 집무하였다. 최해, 나홍유, 안경공, 이곡, 이인복, 이달충, 유숙, 이방직, 설장수, 정해 등 낭원 10명이 보좌하였는데 처결하는 일은 모두 고금 시인들의 문장을 평하는 것이었다.(「대관재몽유록」, 『몽유록』, 신원문화사, 2004)

대성전의 정위에는 공자가 모셔져 있었는데 '대성지성문선왕'이라는 시호가 붙어 있었다. 그리고 소목의 체제에 따라 정위의 동쪽과 서쪽을 번갈아가며 안자, 증자, 자사, 맹자의 네 성현을 배향했다. 다시 대성전의 동쪽과 서쪽으로 공자의 제자 가운데 가장 대표적인 인물인 십철과 송대 성리학의 정통을 이었다고 일컬어지는 주돈이, 정호, 정이, 소옹, 장재, 주희의 여섯 분을 모셨는데 이들은 배향보다는 한 단계 격이 떨어진다는 뜻으로 종향한다고 했다.(김영두, 「문묘・문묘종사」, 『선비문화』 제19호, 2011)

[표 1] <대관재기몽>의 문장왕국에 등장하는 한국 인물 44명					
일련	역할	호	이름	생몰연대	시대
1	천자	가야처사	최치원	857-미상	신라 말
2	수상	·	을지문덕	미상	고구려 영양왕 때의 명장
3	좌상	익재	이제현	1287-1367	고려 말의 시인, 성리학자
4	우상	백운거사	이규보	1168-1241	고려 고종 때의 문장가
5	분사1	노봉	김극기	미상	고려 명종 때의 학자
6	분사2	쌍명재	이인로	1152-1220	고려 명종 때의 학자
7	분사3	양촌	권근	1352-1409	조선 초의 학자・명신
8	분사/대제학	목은	이색	1328-1396	고려 말의 성리학자
9	분사5	포은	정몽주	1337-1392	고려 말의 충신, 학자
10	분사6	도은	이숭인	1347-1392	고려 말의 학자
11	분사7	태재	유방선	1388-1443	조선 초기의 학자
12	분사8	사숙재	강희맹	1424-1483	조선 초기의 명신
13	분사9	점필재	김종직	1431-1492	조선 초기의 학자
14	승록참찬관	읍취헌	박은	1479-1504	연산군 때의 청년 학자

15	외임1	사가정	서거정	1420-1488	조선 초의 문신, 학자
16	외임2	서천	어세겸	1430-1500	조선 중기의 문신
17	외임3	매죽헌	성삼문	1418-1456	조선 전기의 문신/사육신
18	외임4	허백당	홍귀달	1438-1504	연산군 때의 문신
19	가신	낭선	어무적	미상	연산군 때의 시인
20	규벽부 동벽	매호	진화	미상	고려 문인/이규보와 동시대
21	규벽부 사벽	남호	정지상	미상-1135	고려 중기의 문신
22	규벽부학사1	예산	최해	1287-130	고려 후기의 문인
23	규벽부학사2	중순당	나홍유	미상	고려 후기의 무신
24	규벽부학사3	영주	안경공	1347-1421	고려의 신하/조선 개국공신
25	규벽부학사4	가정	이곡	1298-1351	고려 말의 학자/이색의 父
26	규벽부학사5	제정	이달충	1309-1384	고려 말의 유학자, 문신
27	규벽부학사6	사암	유숙	1324-1368	고려 말의 문신
28	규벽부학사7	의곡	이방직	미상	고려 말의 문신
29	규벽부학사8	초은	이인복	1308-1374	고려말의 문신/이조년 손자
30	규벽부학사9	운재	설장수	1341-1399	고려와 조선에 걸쳐 벼슬
31	규벽부학사10	팔계	정해	1254-1305	고려 후기의 문신
32	보문각 학사1	설곡	정포	1309-1345	고려 후기의 문신
33	보문각학사2	서하	임춘	미상	고려 중,후기의문인
34	보문각학사3	삼봉	정도전	1342-1398	고려·조선 초의 정치가, 학자
35	보문각학사4	탁영	김일손	1464-1498	조선의 학자, 문신
36	보문각학사5	추강	남효온	1454-1492	생육신의 한 사람
37	사문	춘정	변계량	1369-1430	고려, 조선의 문신/명문장가
38	이서	임계	유호인	1445-1494	조선 초의 문신/시인
39	봉액지의자1	정재	박의중	1337-1403	고려 말, 조선 초기의 문신
40	봉액지의자2	교은	정이오	1347-1434	고려 말, 조선 초기의 문신
41	봉액지의자3	환옹	선탄	미상	고려 말기의 승려
42	봉액지의자4	활곡	이혜	미상	미상
43	문천군수	매월당	김시습	1435-1493	조선 초기의 학자/생육신
44	사문	몽암	이숙함	미상	조선 초기의 문관

문묘의 대성전 정위라는 곳의 방향은 북쪽이다. 북쪽에는 공자가 모셔져 있고 동쪽과 서쪽을 번갈아가며 성현을 배향한 모습과 밑줄 그은 <대관재기몽>의 집무 방식이 동일하다는 점에서도 문묘의 분위기를 읽을 수 있었다. 그렇다면 문묘에 종사되는 우리나라의 옛 성현 중에 <대관재기몽>의 등장인물은 없는 것인가? 공자와 공문십철, 70제자 등과 더불어 우리나라의 유학자 중 문묘에 종사되는 인물은 18명이다. 이들을 동국 18현이라고 하는데 그들은 고려 말기부터 몇 명씩 공자와 함께 문묘에 배향되기 시작하였다.

18명의 인물 중에서도 최치원, 설총, 안향, 정몽주 네 사람은 심의와 시대를 함께했던 사람들이다. 최치원, 설총, 안향은 고려시대에 이미 문묘에 종사되었으나 정몽주는 1517년(중종12년)에 종사된 것으로 확인된다. 이 시기는 바로 심의가 활발하게 활동하던 시기라고 할 수 있다.

심의가 살고 있었던 시대에 문묘에 종사된 네 사람 중 최치원과 정몽주는 <대관재기몽>의 등장인물로 설정되었다. 무엇보다도 작가인 심의가 문장왕국의 천자를 최치원으로 설정했다는 점에서 공자의 모습을 확연히 발견할 수 있는데 당대의 지식인들도 최치원이라는 인물을 역대 문장가 중 최고의 학식을 갖춘 인물로 인식하고 있었기 때문일 것이다.

<대관재기몽>에 대한 이전의 논의에서 작가인 심의가 이와 같이 여러 가지의 문헌과 많은 문장가들을 등장시켜 문장왕국을 건설하고 이를 통해 궁극적으로 그리고 싶었던 뜻은 천자 최치원을 비롯하여 진화, 정지상 등 자신의 문장을 알아주는 지음을 만나고 싶었던 것이며 지음들로부터 자신의 능력을 인정받고자 하는 소망을 피력한 것이라는 견해도 있었다. 이러 선행 논의에 동의하면서도 문장왕국에 등장하는 문장가들과 묘사되고 있는 상황을 통해 17세기 초반에 그려진 한국적 문묘의 모습을 살필 수 있었다.

3) 문장왕국의 천자인 최치원에 투영된 공자

심의는 자신이 설정한 몽중세계인 '문장왕국'의 천자를 최치원으로 설정하였다. 심의가 최치원을 천자로 설정한 이유에 대해서는 <대관재기몽>을 연구했던 많은 선행 연구자들에 의해 논의된 바 있다. 그중 가장 타당한 의견은 심의와 최치원 두 사람이 모두 학문적으로나 사회적으로 동질감을 가질 수 있는 인물이라는 점 때문이다.

> "지금 천자는 어떤 분인가?" 하자, 박이 은밀하게 말하였다. "가야처사(伽倻處士) 최치원(崔致遠)이 현재 처사가 되었습니다. 저 분의 모습은 비만하지만 문체는 놀랄만합니다."(구인환, 「대관재몽유록」, 『몽유록』, 신원문화사, 2004)

최치원은 신라시대 육두품 출신으로 12세에 입당하여 과거에 급제하였다. 『격황소서』를 지어 문명을 천하에 떨친 사람으로, 중국에서 선비의 꿈이라고 할 수 있는 과거급제를 이룬 사람이다. 이런 최치원의 행동은 엄격한 신분제도로 인해 실력에 따라 인재를 등용하지 않는 신라사회에 대한 불만의 표시[14]라고 할 수 있다. 과거시험의 본지인 중국에서 등용이 된 거사를 이뤄낸 최치원은 당대의 선비들에게 선망의 대상이었다. 그러나 막상 고국에 돌아와서는 어쩔 수 없었던 신분제도로 인해 선비로서의 학문과 꿈을 펼치지 못했다. 심의가 왕에게 시무와 관련하여 여러 차례 상소를 올렸던 것처럼 최치원 역시 왕에게 <시무십조>를 올려 입각의 시도를 했으나 신분제도로 인한 사회에 대한 모순을 인식하고 현실에 불만을 지닌 채 소외계층으로 은거생활을 하다가 죽음을 맞이했다. 최치원이 죽은 시점은 알 수가 없는데 그런 점에서도 심의와 최치원은 동일한 부분이 있는 것이다.

> 우리나라의 문장은 처음 최치원에서부터 발휘되었다. 최치원이 당나라에

> 들어가 급제하여 문명을 크게 떨쳐 지금토록 분묘에 배향되어 있다. 이제 그의 저서를 통하여 시구에는 능하나 정밀하지 못하고, 사륙문체에는 재주가 있으나 용어가 정제되지 못하였다. 김부식같은 이의 글은 융성하지만 화려하지 않고, 정지상의 글은 화려하지만 떨치지 못하였고, 이규보는 눌러 다듬을 줄 알았지만 결속함이 없고, 이인로는 단련되어 있으나 펴지 못하였고, 임춘은 치밀하나 통하지 못하였고 가정(이곡)은 적실하나 슬기롭지 못하였고, 익제(이제현)는 노건하나 아름답지 못하였고, 도은(이숭인)은 온자하나 길지 못하였고, 포은(정몽주)은 순수하나 종요롭지 못하였고, 삼봉(정도전)은 장대하나 검속하지 못하였다. 세상에 칭하기를 목은(이색)은 시와 글에 띠어나 집대성 하였다 하나 비루하고 소략한 태가 많아서 원나라 사람의 규율에도 미치지 못하였는데, 당송의 영역에 비길 수 있겠는가. 양촌(권근), 춘정(변계량)이 文柄을 잡기는 하였으나 목은에 미치지 못했으며 춘정은 더욱 비천하고 연약하다.(成俔, 『慵齋叢話』 卷一: 『국역대동야승』 1, 민족문화추진회, 1985, 647면)

이런 점에서 작가인 심의가 최치원을 문장왕국의 천자로 설정한 이유로 그의 문장이 뛰어났다는 객관적 사실에도 불구하고 현실적인 제약으로 인해 환로에서 좌절할 수밖에 없었던 자신과 같은 처지의 인물이었기 때문이라는 논의는 매우 타당하다. 이와 같은 심의의 천자 설정은 능력위주의 사회를 건설하고자 했던 개인적인 욕망을 작품에 반영한 것이라고 할 수 있다. 그리고 이로써 심의는 몽중세계에서라도 자신의 이상에 따라 문장능력으로만 관직을 부여하는 '문장왕국'을 건설하고자 했던 것이다.

천자인 최치원의 모습에는 공자의 모습도 투영되어 나타난다. 지금은 '성인'이라 불리는 공자의 인생도 당시 그의 삶을 표면적으로 바라본다면 실패한 인간의 삶이라 여겨질 정도로 크고 작은 난관이 존재한다. 결코 화려하거나 고귀한 혈통과는 거리가 멀었던 공자는 평생 동안 자신의 이상을 좇아 살아가지만 끝내 스스로가 추구했던 이상을 실현하지 못하고 생을 마감했던 것이다.

> 명문가 자제처럼 일찍 관직에 들어설 수 없었고, 스스로 자신감이 있어도 "등용되지 못했기 때문에 기예에 능하게 되었다." 그래서 참을성 있게 업무와 노동에 매달려 있으면서 창고 관리나 가축 관리 같은 일에서부터 시작해 관료체계 안에서 보다 중요한 자리로 서서히 승진해 올라갔다.(안핑친, 『공자평전』, 돌배개, 2010)

> 공자가 노나라 사구였으나 임금이 그를 제대로 쓰지 않았다. 그러던 중 나라에 제사가 있었는데 제사 고기를 보내지 않으니 제사 모자를 벗을 틈도 없이 바로 떠났다. 알지 못하는 이들은 고기를 받지 못해서라 생각했고 아는 이들은 노나라 지배자들이 예를 어겼기 때문이라고 생각했다.(孔子為魯司寇, 不用, 從而祭, 燔肉不至, 不稅冕而行。 不知者以為為肉也。 其知者以為為無禮也。 乃孔子則欲以微罪行, 不欲為苟去。 君子之所為, 衆人固不識也。『孟子』, 「告子下」, 6-6)

이 세 사람이 모두 벼슬길에 나아가지 못했던 것은 아니다. 심의는 진사에 급제해 잠깐이나마 벼슬을 하였고, 최치원도 6두품의 신분으로 벼슬을 하였으며, 신분이 미천했던 공자에게도 짧은 기간 동안 대사구라는 관직에 임명된 적이 있었다. 하지만 이들에게 자신들의 이상을 성취하기 위해 갈망하던 자리는 결국 허용되지 않았다. 그 결과 심의는 강개지사로 살 수밖에 없었고, 최치원은 속세를 등지고 떠났으며, 공자는 14년간 자기가 쓰일 곳을 찾아 열국을 할 수밖에 없었다. 세 사람은 모두 심한 현실과 이상의 괴리를 느꼈을 것이다. 그런 점에서 능력위주의 사회를 건설하고 싶었던 심의의 이상세계와 최치원의 이상세계, 공자의 이상세계는 동질성을 가질 수 있는 것이다.

4) 김시습의 반란 사건에서 엿볼 수 있는 공자의 사상

앞에서 언급한 바와 같이 문장왕국에서 지위의 고하는 문장의 능력에 의해서 결정된다. 심의는 몽유자를 통해 자신의 문장 능력을 선보인다.

> 신이 진학사를 돌아보며 신이 영공의 소상 8경이란 시를 낭독해 보니 "흔연히 바로 소리가 있는 그림이다"하고 또 정학사를 일러 말하기를 "달은 밤에 주렴을 걷고 삼사명이 앉아 있네"라는 시구를 외워보니 사람들로 하여금 고기 맛을 알지 못하게 함으로 "신이 감히 한 걸음 구절을 양보합니다."하니 진·정 두 학사가 일제히 대답하여 아뢰기를 "신 등이 영공의 '물결따라 일렁이는 바다 밑의 달이네.'라는 시구를 보니 이른바 '눈 위에 피어있는 매화 향기라'감히 감당하지 못하겠습니다."라고 하였다.(구인환, 「대관재몽유록」, 『몽유록』, 신원문화사, 2004)

몽유자는 고려조 시인 진화·정지상과 더불어 서로의 시구를 극찬하지만 이는 역설적으로 자신의 우월함을 드러내고 있는 것이다. 문장왕국에서 자신의 재능을 인정받고 있다는 것을 간접적으로 표현하며 이를 통해 자신의 문장 능력이 우월하다는 것을 심의 스스로가 과시하고 있는 것이다. 여기서 공자의 모습을 찾을 수 있는데 심의는 자신의 문장 능력을 과시하는 방법으로 공자의 문장을 이용하고 있는 것이다.

> 공자는 태산을 거쳐 제나라로 가서 귀족이었던 고소자의 가신이 되어 경공에게 줄을 대보려고 했다. 이때 공자는 제나라의 악관인 태사와 음악에 관해 토론하다가 '소'라는 음악을 들었다. 공자가 3개월 동안이나 고기 맛을 잊을 정도로 심취해서 그 음악을 배우니, 제나라 사람들이 그를 칭송했다.(사마천, 「공자세가」, 『사기』, 민음사, 2011)

> 공자께서 제나라에서 순임금의 소(韶)음악을 듣고 배우실 적에 삼개월 동안 고기맛을 잊어버릴 정도로 열중하셨다. 그리고 말씀하시었다. "음악이라고 하는 것이 이러한 경지에 이를 줄은 생각조차 하지 못했다."(子在齊聞韶 三月不知肉味。曰 不圖為樂之至於斯也! 『論語』, 「述而」, 7-13)

이 예문은 『사기』의 「공자세가」와 『논어』에 동일하게 들어있는 표현으로 원래 문장에 의하면 공자가 순임금의 미덕을 찬양한 노래라고 일컬어지는 '소'라는 음악을 듣고 크게 감명을 받아 3개월이나 고기맛을 잃을 정도로 심취했다는 상황을 의미하는 말이었다. <대관재기몽>의 작가인 심의는 자신의 문장능력을 과시하기 위하여 이 문장을 이용하였다. 주인공은 자신의 문장능력을 과시하기 위한 언사로 공자의 말을 인용함으로써 공자의 문장이 갖는 위상을 통해 자신의 문장능력을 과시하고자 했던 것으로 판단된다.

> 지금 천자는 성질이 편벽되고 당률을 몹시 좋아하여 마치 지초와 난초가 파리한 것과 같아 특별히 화려하고 부귀한 기상이 없다. 그러므로 벼슬길에 채찍을 날려 모두 맹교와 가도의 춥고 파리한 글 짓고 부절을 백리에 나누어 주니 모두 소식과 황정견같이 뛰어난 사람들이다.
>
> 나의 예리한 창을 들고서 저 고엽(枯葉)을 꺾고 있는 학사들의 머리를 모두 베어 버리고 천자를 바꾸어 놓는다면 자질구레한 것들을 멀리 추방할 수 있을 것이다. 우리들은 이로부터 갓을 털고 왕성히 조정에 서서 조정에서 드러나게 될 것이다.(구인환, 「대관재몽유록」, 『몽유록』, 신원문화사, 2004)

<대관재기몽>에서 김시습은 천자를 바꾸고자 반란을 일으키는 주인공으로 그려진다. 김시습은 천자가 당률에 빠져있다는 이유를 문장왕국의 인재 등용 체계의 문제로 지적하면서, 자신의 반란을 정당화한다. 반란을 일으키는 김시습의 모습에서 해석해 본다면 작가인 심의는

문장왕국을 '자신의 능력이 있다면 천자를 바꿀 수 있는 가능성이 존재하는 곳'으로 설정한 것이다. 그리고 그런 김시습의 반란도 결국 자신의 능력에 의해서 저지되었다. 이 부분에서 다시 공자의 모습을 찾아볼 수 있다.

> "중궁은 군왕의 지위에 오르게 할만하다."(子曰 雍也可使南面.『論語』,「雍也」, 6-1)

중궁은 공자의 제자로 공문십철의 한 사람이다. 중궁은 미천한 신분이나 학문과 덕행에 뛰어났고 제자들 중에 공자로부터 유일하게 군주의 자질을 인정받은 인물이었다. 군주 시대에 이와 같은 발언은 역모에 해당될 정도로 위험한 발언임에도 불구하고 공자는 제자인 중궁을 인품과 재능면에서 높게 평가하였기 때문에 이런 발언을 할 수 있었던 것이다.

> "얼룩소 새끼가 색깔이 붉고 또 뿔이 제대로 났다면 비록 쓰지 않고자 하나 산천의 신이야 어찌 그것을 버리겠는가?"(子謂仲弓曰 犂牛之子騂且角, 雖欲勿用, 山川其舍諸?『論語』,「雍也」, 6-4)

『논어』의 「옹야」에서 찾아볼 수 있는 이 말은 공자가 중궁을 평하며 한 말로 '아버지의 미천함과 행실의 악함이 그 자식의 선함을 버릴 수 없으니, 중궁과 같이 어진 인물은 스스로 마땅히 세상에 쓰여야 한다.'고 말한 것이다. 이는 신분의 제약이나 사회의 현실적인 문제로 인해 마땅히 자질이 있음에도 불구하고 세상에서 쓰이지 않는 것에 대한 문제를 언급한 것이다. 곧 <대관재기몽>의 작가인 심의가 김시습이라는 인물을 통해 능력이 있다면 천자를 바꿀 수도 있다는 '문장왕국'을 이상세계로 설정하며 능력위주의 사회에 대한 갈망을 드러낸 것과 같은 맥락이라고 할 수 있는 것이다.

그렇다면 왜 심의는 김시습을 반란의 주인공으로 설정한 것일까? 김시습이 반란의 주인공으로 설정된 이유에는 다양한 논의가 존재한다. 장덕순은 작가인 심의와 김시습이 모두 권세에 아부하지 않고 권력을 멸시하는 시대의 풍자가이자 불평자라는 동질감을 가졌을 것임에도 불구하고 김시습을 적대적으로 그렸다는 점을 이해하기는 곤란하다고 하며 심의가 김시습의 문체를 증오하거나 혹은 질투하는 입장이거나, 혹은 창작의 졸렬에서 오는 결과라고 주장하였다. 이원주는 김시습이 자신과 동질성을 가진 인물이라는 점에서 질투가 작용했을 것이라고 하였으며 김시습의 반란을 자신의 영웅심리 충족을 위한 행위로 조명하기도 하였다. 차용주, 김기동, 서대석은 김시습의 등장을 역시 당시에 대한 송시의 저항이라는 의미로 해석하고 있지만 이런 해석은 여러 가지 논거에 의해 설득력을 잃었다.

대부분의 논의는 심의와 김시습을 권력을 멸시하는 풍자가이자 불평자라는 동질적 특징을 가진 존재라는 점에서 출발하고 있으나 두 사람의 관계에는 본질적인 차이가 존재한다. 심의는 대의를 품고 있었고, 관직에 나아가 자신의 이상을 실현시키고자 했던 열망을 가지고 있었던 사람이다. 더하여 그는 자신의 문장력에 대한 자부심을 갖고 있었다. 현실적 문제에 봉착하여 치인(癡人)을 자처하고 권력에서 밀려났지만 계속해서 조정에 상소를 올리며 자신의 뜻을 펼치려고 노력했음을 알 수 있다. 그러나 김시습은 스스로 방외인을 자처했고 그의 문장역시 기이한 것을 이야기하는 이단으로 평가되었다. 그러므로 심의와 김시습에 대한 후대의 평가가 동질성을 띄고 있을 수는 있지만 <대관재기몽>이 창작될 당시에 심의는 김시습을 자신과는 다른 특징을 가진 사람으로 평가하며 그를 부정적으로 판단했기 때문에 반란의 주인공으로 설정한 것이라고 볼 수 있다. 이는 다음의 예문에서 이해가 가능하다.

신이 기운을 북돋고 혀를 펴 휘파람을 한 번 부니 적의 기운이 꺾였고, 휘파람을 두 번 부니, 만기의 군사들이 북으로 달아났다. 휘파람 소리가 격렬하다가 멀어지자 채색 구름이 피어 올랐고 난새와 봉황새가 서로 날며 바다와 산의 색이 변하여 천지가 진동하니 무릇 배반한 자들이 몇 명 남지 않고 바람따라 모두 무너졌다. 적장 김시습이 손을 뒤로 묶고 투항하여 말하기를 "문단(文壇)의 어른이신 심공(沈公)께서 오신 줄을 생각지 못했습니다."라고 하였다.(구인환, 「대관재몽유록」, 『몽유록』, 신원문화사, 2004)

엄기영에 의하면 <대관재기몽>의 심의가 <장소각호기부>에서 모방하였다는 이 부분은 '김시습의 반란'이라는 사건의 해결을 통해 자신의 문장능력에 자신감을 갖고 있다는 점을 드러내고 있는 것은 물론, 김시습을 가볍게 제압하는 본인의 모습에서 김시습에 대한 심의의 부정적 평가를 알 수 있는 것이다.

4. <대관재기몽(大觀齋記夢)>에 나타나는 조선 전기 공자(孔子)의 모습

지금까지 몽유록의 효시로 여겨지는 <대관재기몽>을 통해 '한국형 공자'의 모습을 확인해 보았다. 동아시아 국가의 사상적 원류이자 전 세계 인류의 스승이라고 할 수 있는 공자의 모습은 공자의 사상을 철저하게 따르고 보존하고자 노력했던 우리의 고전 문학작품에 그대로 반영되어 있었다. 애초 연구의 시작은 엄기영의 '성균관희(成均館戱)' 논의에서 출발하였지만 <대관재기몽>의 이상세계인 '문자왕국'의 면면에서 공자의 모습을 찾을 수 있었다. 이 글을 서술하며 <대관재기몽>을 분석한 결과 찾을 수 있었던 공자의 모습은 다음의 몇 가지로 정리할 수 있다.

첫째, 이 글에서 작가인 심의의 이상세계와 공자의 이상세계가 동질성을 갖는 것을 확인하였다. 심의가 '문장왕국'을 이상세계로 설정한 이유에 대한 다양한 선행연구가 존재하였다. 그러나 <대관재기몽>에서 가장 중요한 부분이라 할 수 있는 '문장왕국'의 인재를 등용하는 과정에서 '문장의 능력'이 중시되었다는 점은 학문을 중요시했던 공자의 사상에서 온 것이라는 점을 확인할 수 있었다. 공자가 학문을 중시했다는 것이 비단 학문 자체를 의미한 것이 아니라 학문을 하는 자세와 학문의 능력과 학문을 함으로써 발전할 수 있는 개인의 역량 등 모든 것을 감안한 것이라고 할 수 있는 것이다. 이로써 공자가 어떠한 이상세계를 그리고자 했는지를 확인할 수 있었다.

둘째, 문장왕국과 등장인물들의 모습에서 공자와 그의 제자들의 모습을 찾을 수 있었다. 이는 흡사 문묘의 모습과도 비슷했는데 이 등장인물에서 우리나라의 유학자인 최치원과 정몽주를 주요 등장인물로 설정했다는 점에 주목해 보았다. 심의의 생존 당시에 동국 18현은 단 네 사람 뿐이었는데 이들 중 조선 전기 유학의 발전에 지대한 영향을 주었던 최치원과 정몽주 두 사람을 주요 등장인물로 설정했다는 것은 공자의 학문이라고 할 수 있는 유학을 중시한 심의의 가치관을 파악할 수 있는 부분으로 이를 통해 당대 우리나라에서 공자의 위치와 모습이 어떠했는지를 확인할 수 있었다.

셋째, 천자로 설정한 최치원이라는 인물에게서 읽을 수 있는 공자의 모습에 대해서 알아보았다. 심의는 능력이 있음에도 불구하고 현실적인 문제에 봉착하여 강개지사로 살아갔던 최치원을 문장왕국의 천자로 설정하였다. 이것은 심의 자신의 모습을 최치원에게 투영한 것이기도 하다. 이런 최치원의 모습에서 현실적인 제약으로 인해 자신의 능력을 펼칠 수 없었던 심의 자신의 모습을 투영한 것은 물론, 나아가 공자의 모습도 읽을 수 있었다.

넷째, 김시습의 반란에서 공자의 생각을 엿볼 수 있었다. 심의는 능력이 있는 사람이 문장왕국의 천자를 바꿀 수도 있다는 설정을 통해 김시습을 반란의 주인공으로 투입하고 이를 자신의 문장능력을 과시하는 장치로 이용한다. 이 당시에 반란을 일으킨다는 생각을 하는 것은 역모죄에 해당하는 항목이었으나 당시의 사회에 대해 저항했던 김시습이라는 인물을 등장인물로 설정하여 이와 같은 내용에서 공자의 생각을 엿볼 수 있었다.

<대관재기몽>에서 공자의 모습을 찾을 수 있었던 것처럼 한국의 다양한 고전 소설에서 더 많은 공자의 모습을 찾을 수 있을 것이라는 기대가 된다. 앞으로 이러한 연구를 통해 유가사상을 국가의 통치 이념으로 삼았던 우리나라만의 고유한 '공자캐릭터'를 찾을 수 있을 것이라는 기대를 조심스럽게 해본다.

시간과 영토로 본 조선영웅 조웅

김 용 철

1. 들어가기

이글은 <조웅전>에 나타난 "영웅의 시간"과 "영웅의 영토"를 그래프 위에서 구현해 보고 그것과 결합한 영웅 조웅의 영웅의 특질과 인물의 특징에 대해 살펴보는 것을 목적으로 한다. 이 과정에서 장편소설 <조웅전>이 채용하고 있는 다양한 서사방법과 작중 인물의 관계가 드러나게 될 것이다.

<조웅전>이 속해있는 영웅소설은 국문학 분야에서 가장 연구가 깊이 되어 있는 고전소설 유형이다. 영웅소설의 가장 대표적인 작품 중 하나인 <조웅전>은 영웅소설을 논의하는 데 빠지지 않고 등장하였으며 영웅소설의 이론이 성립되는데도 기여하였다. <조웅전>에 대해서는 구조, 유형, 문화콘텐츠 등 다양한 분야에서 깊이있는 연구가 이루어졌다.

이글에서는 기존의 이러한 논의에 기반하여 <조웅전>을 좀 더 찬찬히 잘 읽어보자는 데서 출발한다. 이를 위해 두 가지에 주목하고자 한다. 첫째, 작품의 가장 중심이 되는 시간의 흐름을 탐색하는 것이다. <조웅전>은 영웅소설이므로 작품의 가장 중심이 되는 시간은 물론 영웅 조웅의 시간이다. 조웅의 일생 시간 곧 "영웅의 시간"을 그래프로

표현하고 일생의 각 시기가 갖는 특징을 살펴보기로 한다. 특히 영웅 조웅의 시간을 천하국가의 시간과 관련하여 살펴보기로 한다.

둘째, 영웅의 시간 그래프를 다시 "영웅의 영토"라는 시각에서 살펴 보기로 한다. 영웅소설인 <조웅전>은 천하를 두고 벌인 한판 싸움이기 때문에 영웅이 가진 힘과 사회적 세력이 무엇보다 중요하다. "영웅의 영토"란 작품 내에서 영웅이 가진 힘과 세력의 총합이다. "영웅의 영토"가 어느 만큼인가에 따라 일어나는 사건과 만나는 인물이 결정된다.

이글은 <조웅전>이라는 작품의 특성을 그래프라는 면과 선으로 이루어진 이차원적 위상기하학의 형태로 나타내 보려는 것이다. 이것은 선과 면과 같이 이차원적 평면 위에 어떤 특정한 지식의 장 전체의 모습을 보여주려는 필자의 오랜 욕망에 기초하고 있다.

전통시대에 이런 것은 지식을 다루는 일반화된 방법이었다. 이를테면 <성학십도>에서 우주에서 인간에 이르는 세계 전체에 대한 지식을 단순한 10개의 그림으로 표현하고 있는 것과 같은 욕망이 그것이다. 이에 따라 이것을 "한국의 고전구조"라 이름짓고 논의를 진행하기로 한다. 한국의 전통시대에 지식을 다루던 방법을 새롭게 채용하였기에 이렇게 이름붙인 것이다.

여기에서는 이러한 구조를 시간이라는 선과 영토라는 면의 측면을 아우르면서 진행될 것이다. 하지만 이를 통해 궁극적으로 보려고 하는 것은 <조웅전>이라고 하는 작품이 가지고 있는 서사구조와 작중인물의 질서이다.

이렇게 새로운 방법을 도입하여 작품을 읽어보려는 목적은 <조웅전>이 영웅소설 중에서 가장 많이 읽힌 작품이기 때문이기도 하다. 그렇다면 <조웅전> 내부에는 그것을 읽은 독자들의 세계관에 맞는 어떤 것이 있을 것이다. 그것은 19세기에서 20세기에 이르는 시기 동안 조선 사람들이 가장 공통적으로 추구하던 그 무엇일 것이다. 한 마디로 이 작품은 가장 많이 읽힌 작품인 만큼 조선후기와 일제시대 민중 전체의 꿈과 희망을 대변하였다 말해도 될 것이다.

"할머니 <조웅전>에 잠드시던 그날밤도"라는 이호우 시인의 시조에서 보듯이 독자는 <조웅전> 곧 조웅의 일생에서 자신의 일생과의 특별한 일치점을 찾아내고 있다. 이 꿈과 희망과 일치점이 과연 무엇인가를 살펴보는 것 또한 이글의 목적 중 하나이다. 이 글에서 대본으로 삼은 <조웅전> 이본은 완판 계묘본이다. 길이가 경판에 대해 길고 다양한 인물군이 구체적으로 묘사되어 있기 때문이다.

2. 영웅의 시간 그래프와 영웅의 특질

1) 영웅의 시간 그래프

그럼 <조웅전>에 나타난 영웅의 시간을 찬찬히 따져보는 것부터 시작하기로 한다. '전'이라고 하는 것이 한 사람의 일생를 다룬 서사이므로 <조웅'전'>을 다루면서 영웅 조웅의 시간을 이야기하는 것은 당연한 것처럼 보인다. 하지만 다시 한번 따져보면 <조웅전>에는 영웅 조웅 말고도 여러 시간들이 얽혀있다. 작품 속에는 조웅의 시간, 국가의 시간, 여러 등장인물들의 시간들이 얽혀 복잡한 상황을 연출하고 있다.

하지만 그중 작품의 핵심에 해당하는 영웅 조웅의 시간의 선은 의외에도 단순하다. 조웅이 고난을 당하고 그 사이 국가도 고난을 겪으나 조웅이 자신의 고난 해결과 국가의 고난 해결을 일치시켜 해결함으로써 극복한다는 것이다. 이 기본 시간에 다른 여러 인물들의 일생과 시간들이 서로 얽혀들어가서 <조웅전>이라는 작품 전체가 짜여진다. 이 글에서는 이러한 <조웅전>의 시간 배치를 "영웅의 시간"이라 이름짓고 살펴보고자 한다.

<조웅전>을 이야기하려면 이른바 "영웅의 일생" 구조부터 이야기하는 것이 당연한 순서일 것이다. 조동일은 이 간단한 구조로 건국신화에서 영웅소설에 이르는 갖가지 서사체들을 성공적으로 설명하고 있다. 문제는 "영웅의 일생" 구조로는 영웅소설인 <조웅전>을 재구할 수 없다는 것이다. 요컨대 "영웅의 일생" 구조에다 여러 가지 등장인물과 사건들을 붙여넣으면 영웅소설인 <조웅전>이 나와야 하는데 그렇지 않다는 것이다. 아마 "영웅의 일생" 구조가 전형적으로 재구할 수 있는 서사체는 동명왕 신화 정도일 것이다.

영웅소설에는 고귀한 혈통, 신이한 탄생, 첫 번째 고난 등이 설령 등장한다 하더라도 한 페이지 정도에서 끝난다. 구원자, 양육자를 통해 영웅으로 성장하는 과정도 작품의 3분의 1을 넘지 못한다. 나머지 부분 곧 영웅의 본격적 활약 부분에서 "영웅의 일생" 구조는 구조로써 무력하기만 하다. 이글에서 <조웅전>의 시간을 통해 작품을 살펴보려는 목적이 여기에 있다.

여기에서는 먼저 <조웅전>의 시간을 그래프로 그려서 제시하고 이 그래프를 보면서 <조웅전>의 영웅의 시간에 대해 설명해 보기로 한다. <조웅전> 내지 영웅소설은 영웅의 일생이 예시하는 바 출생부터 고난의 극복까지 단선적인 일생의 시간으로 이루어진다는 조동일의 주장과는 달리 <조웅전>의 영웅의 시간은 크게 두 갈래로 나누어져 있다. 이 두 갈래의 시간이 나누어졌다가 합쳐지는 것이 <조웅전>에 나타난 영웅의 시간이다.

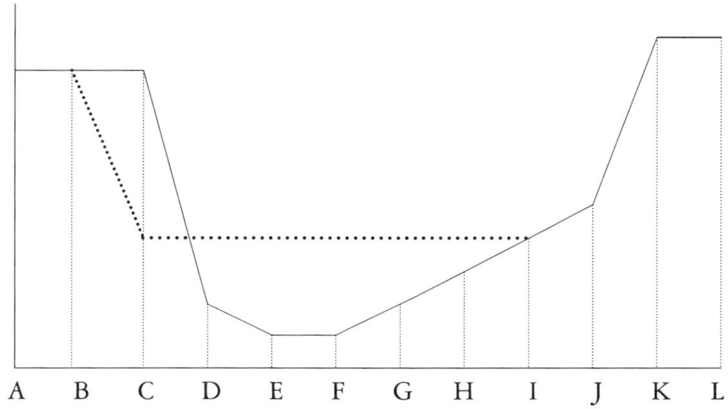

그래프에서 A-B-C-D-E-F-G-H-I-J-K-L로 이어지는 시간은 조웅의 시간이다. 그에 비해 A-B-C-I-J-K-L로 이어지는 시간은 천하 내지 국가의 시간이다. 조웅의 시간과 천하국가의 시간은 B에서 갈라졌다 I에서 합쳐진다.

A-B-C에서 영웅인 조웅은 몰락한다. 그보다 먼저 B에서 천하국가는 역신 이두병의 찬탈에 의해 몰락한다. 이두병은 찬탈 후 송태자를 태산부 계량도에 귀양보낸다. 이어 조웅은 이두병을 비난하는 벽서를 붙여 수배령이 떨어져 도망하게 된다. 송태자와 조웅은 명맥만 겨우 붙어있는 어린아이들이다. 그 결과 천하국가는 명맥만 겨우 붙어 멸망을 면하고 있다. 영웅 조웅이 영웅이 될 때 천하국가는 구원받을 수 있는 조건이 시작될 것이다.

C-D에서 왕부인과 조웅은 仙童의 구원을 받는다. 이어 D-E에서 여인의 구원을 받아 1년동안 小安의 시기를 가진다. 하지만 여인의 친척 오라비가 왕부인을 탐함으로 인해 그를 피해 길을 떠난다. E-F에서 조웅과 왕부인은 가장 하층까지 떨어진다. 그들은 전국에 수배령이 떨어진 상황에서 결국 여승과 상좌로 변장하고 다니며 걸식으로 탁발하여 잔명을 보존한다. C-F에서 왕부인과 조웅에게 가장 중요한 것은 생존

이다. 작품 전체로 보면 미래를 위한 생존이겠지만 그때 그들의 입장에서는 그런 한가한 생각을 할 수 없다. F에서 월경대사를 만남으로 그들의 고난은 끝이 난다.

F-H구간은 영웅 조웅이 영웅으로 태어나는 준비의 시간이다. 그는 F-G에서 월경대사에게 도술을 전수받고 다시 G-H에서 철관도사를 만나 도술과 검술을 연마한다. 용마도 얻고 장소저를 만나 인연도 맺는다.

H-I까지 영웅 조웅은 영웅으로서의 1단계 과업을 수행한다. 조웅은 먼저 서번의 침입을 받은 위국을 구원한다. 이어서 서번의 영토를 통과하여 태산부 계량도에 가서 사약을 받고 죽기 직전의 송태자를 구원한다. 돌아오는 길에 다시 서번국의 방해를 물리치고 위국으로 귀환한다. 요컨대 조웅은 위국을 구원함으로써 천하국가를 구원할 근거지를 확보한다. 이어서 송태자를 구원함으로써 근거지는 명분있는 정권의 맹아 형태가 된다.

이제 정통 황제는 이두병이 아니라 송태자이며 천하국가의 중심은 이두병이 있는 황성이 아니라 송태자가 있는 위국이 되는 것이다. 이를 기반으로 하여 나머지 지역을 흡수함으로써 영웅으로서의 조웅의 과업은 완수되는 것이다.

I-J에서 조웅은 왕시랑, 강백 등 주요 동조자를 규합하여 이두병 정권을 전복할 군사적 기반을 마련한다. 이어 J-K에서 이두병에 대한 군사적 공격을 감행하여 그를 사로잡는다. 조웅은 먼저 장덕, 최탄, 일대 삼형제를 격파한다. 결국 황성에서는 신하들이 이두병을 결박하여 항복한다. 영웅 조웅이 천하국가를 구원하여 영웅이 되는 것이다. K-L에서 천하가 평화를 되찾고 영웅 조웅은 서번왕이 되어 영웅으로서의 천하국가 내에서의 지위를 얻는다.

이것을 좀 더 간추려 말해보자면 A-C에서 몰락한 조웅은 C-F에서 아직 영웅의 특질을 갖지 못한 연약한 어린나이로 하층에서 온갖 고난을 다 겪는다. 그러다가 F-H까지 사이에 영웅으로서의 특질을 갖추며 성장해 간다. H-I까지 영웅 조웅은 천하를 구하기 위한 예비단계로 서번을 물리치고 위를 구원하고 결국 새로운 천하의 핵심이 될 송태자를 구원한다. 이어서 I-K에서 영웅인 조웅은 본격적으로 천하를 구하기 위한 군사적 행동에 들어가서 구원을 완료한다. 이후 K-L에서 행복하게 산다.

이 <조웅전>의 시간 그래프에서 볼 수 있는 작품 내적 장치의 백미는 조웅이라는 영웅의 시간과 천하 국가의 시간을 분리시켰다 다시 결합시켰다는 점이다. 이 시간의 분리 장치를 통해 천하 국가는 완전히 멸망하지 않고 구원받을 수 있다. A-C지점에서 조웅은 승상 조정인의 아들에서 온천하에 체포령이 떨어진 아홉살의 무력한 어린아이로 전락한다. C-F에서 고난과 구원의 과정을 거쳐 F-H에서 이 어린아이는 힘을 길러 영웅의 특질을 구비하게 된다. 한편 천하국가는 B에서 몰락하면서 B-I에서 간신히 송태자라는 명맥만 남아있는 상황이었다. 결국 천하국가는 I에서 영웅의 준비를 마친 조웅과 만나 구원받는다.

쉽게 말해 <조웅전>은 A-B-C-D-E-F-G-H-I를 통해 조웅이라는 영웅을 몰락시켜 온갖 고난을 겪으면서 천하를 구원할 영웅으로 '준비'시켰다가 A-B-C-I에서 몰락하고 멸망 직전까지 간 천하국가를 구원하도록 만든 것이다. 이것이 바로 <조웅전>의 시간이 영웅 조웅의 시간과 천하국가의 시간을 나누었다가 다시 합치도록 만든 이유이다.

<조웅전>은 조웅과 천하국가를 거의 동시에 몰락하게 만든다. 하지만 천하국가를 완전히 멸망시키지 않고 명맥은 남겨두었다가 다시 조웅으로 구원하도록 만든다. 쉽게 말해 조웅이라는 영웅을 영웅으로 준비시키는 동안 천하국가의 멸망을 잠깐 늦추는 것이다. 그 시간은 대략 10년 사이인데 이 10년의 멸망 유예기간이 천하를 멸망에서 구원하며 동시에 조웅을 영웅으로 만들며 <조웅전>을 영웅소설로 만드는 것이다.

보고있노라면 기가 막히게 짜여진 이 간단한 두 가지 시간의 분리와 결합 장치가 바로 <조웅전>을 넘어서서 영웅소설 전반을 떠받치는 기본 시간 장치임은 당연하다. "영웅의 일생" 구조가 영웅소설을 설명하기에 부족한 것은 그것이 영웅의 일생만을 다룬 단선적 시간을 채택했기 때문이다. 그에 따라 천손족인 주몽이 고난을 겪다가 결국 고구려를 창건한 건국신화를 설명할 수는 있지만, 고난을 극복한 영웅이 세상을 구원하는 영웅소설을 설명하기에는 부족했던 것이다.

2) 영웅의 특질

그럼 이어서 이 시간 그래프가 의미하는 것을 찾아보도록 한다. 이것은 그래프 중간을 관통하고 있는 선이 그 자체로 어떤 의미를 가지고 있다는 것이다. 이 선은 작품이 흐르고 있는 현장 다시 말해 작품이 형상화되고 있는 장소이다. 이 선을 따라 인물들이 등장하고 사건들이 일어나고 영웅이 영웅으로 활약하게 된다.

이런 식으로 영웅의 시간 그래프를 들여다보면 영웅소설의 창작자들이 애써 만들어낸 여러 가지 효과적인 장치들을 발견할 수 있다. 이것을 조웅은 어떤 영웅의 특질을 구비한 영웅인가와 <조웅전>에서 영웅의 시간은 어떤 모습으로 나타나며 각 단계마다 어떤 영웅의 모습과 관련되어 있는가라는 두 가지로 나누어 살펴보기로 한다.

첫째, 영웅 조웅은 어떤 영웅적 특질을 갖춘 영웅인가 이다. 영웅 조웅은 시간에 따라 성장하므로 전반부와 후반부의 시간에서 나타나는 영웅으로서의 특질이 다를 수밖에 없다. 조웅의 시간을 그래프로 나타내보면 왼쪽에서는 아래로 내려왔다가 중간에 잠시 머물다가 다시 오른쪽으로 올라가고 있다. 이 각 단계마다 조웅은 각기 다른 영웅의 특질을 구현하고 있다.

먼저 조웅의 시간에서 A-B-C-D-E-F를 거치면서 조웅은 여러 가지 고난을 이겨내고 결국 영웅으로 성장해가는 "고난형 영웅"의 전형을 보여주고 있다. 그는 세상 안에 있으면서 몰락과 고난의 시간을 견디어 낸다. 이점은 “영웅의 일생” 구조에서 고귀한 혈통과 신이한 탄생, 양육자、구원자 등을 과도하게 강조함으로써 의미가 축소되었던 부분이다.

쉽게 말해 조웅은 하층에서 올라오는 여러 가지 영웅 내지 의사영웅들의 경험을 담을 수 있는 장치들을 이 단계에서 구비하고 있는 것이다. 이러한 하층체험은 영웅이 하층민의 사정을 잘 아는 사람이므로 하층민을 위한 일을 할 것이라는 믿음을 준다. 영웅소설 중 많은 경우가 하층영웅의 성격을 갖는 것을 바로 이 때문이다. 또한 맹자가 말했던 사람, 곧 하늘이 큰 임무를 맡길 사람은 먼저 고통을 당하게 한다는 그 사람에 해당할 것이다.

다음으로 F-G-H에서 조웅은 “준비형 영웅”의 특질을 보인다. 특히 이 시기 그는 세상안에서 더 이상 버티지 못하고 세상 밖으로 나가 세상을 이길 힘을 기르는 시간을 갖는다. 이점 역시 기존 “영웅의 일생” 구조에서 간과되었던 부분이다. 이렇게 해서 조웅은 세상 밖의 인물들과 교류하면서 그 자신이 세상 밖의 인물이 된다. 하지만 세상 밖에 있음으로 해서 영웅은 오히려 세상을 구원할 힘을 얻게 되는 것이다.

다음으로 H-I-J-K-L을 거치면서 조웅은 멸망 내지 멸망 직전의 천하를 구원하는 “구원자형 영웅”이 된다. 조웅은 다시 세상 안으로 진입한다. 이점 역시 “영웅의 일생” 구조에서 간과되었던 부분이다. <조웅전> 내지 영웅소설이 출현한 조선후기는 “구원자” 내지 구세주에 대한 이야기가 범람하던 시대였다. 정감록이나 군도담, 아기장수 전설에서 보이듯이 세상을 구원할 준비를 갖추고 있다가 어느 날엔가 문득 나타나 세상을 구원할 존재를 이 시대가 목마르게 찾고 있었는지까지는 확실치 않으나 마치 다반사처럼 구원자에 대한 이야기를 향유하고 있었다. 조웅이 천하국가를 구원하는 모습은 이러한 당대에 범람하던 구원자의 한 변형형태라고 볼 수 있다.

이 셋 중에 구원자형 영웅이 <조웅전>의 영웅의 특질 전체를 포괄할 수 있는 영웅이다. 다시 말해 영웅 조웅은 세상을 구원할 구원자 영웅인 것이다. 세상을 구원하기 위해 영웅소설 <조웅전>은 주인공 조웅을 몰락시켜 하층에서 고생하게 만들고 세상 밖으로까지 내보내 준비하게 한 다음 세상을 구원하게 만드는 것이다. 이점 역시 "영웅의 일생" 구조에서 의미가 축소되었던 부분이다.

둘째, <조웅전>에서 영웅의 시간은 어떤 모습으로 나타나며 각 단계마다 어떤 영웅의 모습과 관련되어 있는가 이다. 이 시간 그래프는 영웅의 각 시간 단계마다 서로 다른 성격의 시간의 모습을 가지고 있음을 보여준다. 또한 각 단계에서 나타나는 영웅의 성격도 서로 다르다. 여기에서는 시간단계마다 달라지는 시간과 영웅의 성격을 살펴보기로 한다. 또한 어떤 한 단계에서 멈추어버리고 다음 단계로 넘어가지 않으면 무슨 일이 벌어지는가에 대한 이야기도 해보기로 한다.

먼저 1단계 A-B-C는 영웅의 몰락 전 시간이다. 이때 영웅은 아직 영웅이 아니다. 하지만 동시에 영웅이기도 하다. 이 말은 앞으로 영웅이 될 싹을 포지하고 있는, 하지만 아직 발현되지 못한 영웅이다. 이 단계에서 고난을 겪지 않고 자라나면 영웅은 그저 권문세가의 한 일원으로 되며 만약 외부의 폭압에 의해 꺾여버리면 영웅은 아기장수가 된다.

2단계 C-D-E-F는 고난의 시간이다. 이때 영웅은 그저 어린 거지에 지나지 않는다. 영웅은 자신의 모든 것을 박탈당하고 한몸 지킬 수조차 없기 때문에 그는 자신이 영웅이 될 수 있다는 것조차 자각할 수 없다. 이 상태로 계속 지속되면 영웅은 그저 하나의 거지로 끝날 것이다. 만약 영웅의 힘이 발현되지만 이 상태로 계속 남게 되면 그는 거지패 속에 자신을 숨긴 강림도령이나 풍진팔선과 같은 풍진영웅이 될 것이다.

3단계 F-G-H는 준비의 시간이다. 이때 영웅은 영웅으로서 준비를 한다. 하지만 그러기 위해 그는 오히려 세상 밖으로 나간다. 이제 영웅은 자신이 영웅이 될 수 있다는 것을 자각한다. 그리고 세상은 영웅으로서의 그를 기다리고 있다. 만약 세상이 평화로워서 다시 말해 이두병이 태평시대를 열었다면 영웅은 세상밖에 머물게 된다. 다시 말해 이 단계에서 자신이 활동할 수 있는 난세의 "때"를 만나지 못했다면 그는 세외영웅이 된다. 아마 철관도사나 일대 삼형제의 스승같은 사람이 세외영웅일 것이다. 일대 삼형제도 그들의 "때"가 아니라는 스승의 말을 듣고 세상에 나오지 않았다면 세외영웅이 되었을 것이다.

4단계 H-I-J-K는 회복의 시간이자 복수의 시간이다. 영웅은 자신이 1단계에서 가졌던 것을 회복한다. 동시에 자신을 몰락시키고 천하국가를 몰락시킨 이두병에게 복수한다. 이때 영웅이 의존하는 방법은 힘의 직접 행사인 전쟁이다. 따라서 그는 무엇보다도 먼저 전쟁영웅이다. 하지만 그가 전쟁을 통해 궁극적으로 획득하는 모습은 세상을 구원하는 구원자 영웅이자 나라를 구원하는 구국영웅이다.

4단계는 다시 세 단계로 나뉜다. 4-1단계 H-I 전반부는 서번을 굴복시키고 위국을 구원하여 거점을 마련하는 단계이다. 4-2단계 H-I 후반부는 다시 서번을 굴복시키고 송태자를 구원하여 차기 천하의 맹아 형태를 마련하는 단계이다. 4-3단계 I-J-K는 이두병 정권에 대한 직접 공격에 나서 그를 분쇄하고 천하를 되찾는 복수의 단계이다.

5단계 K-L는 누림의 시간이다. 하지만 이 단계는 다시 지킴의 시간이자 평화의 시간이다. 이제 서번왕이 된 영웅은 무엇보다도 자신의 공훈을 통해 획득한 것을 누리게 된다. 하지만 다시 한번 생각해보면 이때의 누림은 그냥 부귀영화가 아니라 자신이 만들어낸 질서를 지키는 시간이며 동시에 백성들에게 평화를 주는 시간이다. 이때 영웅은 干城의 영웅이 된다. 그는 서번 땅을 통치하면서 외부 오랑캐의 침입을 막고 국경을 평화롭게 지키는 것이다. 만약 영웅이 조정에 그대로 남아있게 된다면 천자보다 더한 위세를 가진 권신이 되어 제2의 이두병이 될 수도 있다.

3. 영웅의 영토 그래프와 인물 배치

앞절에서 "영웅의 시간"을 나타내는 시간 그래프를 그려보고 이 시간 그래프가 각 단계마다 보여주는 영웅의 모습에 대해 살펴보았다. 이절에서는 영웅의 시간 그래프가 보여주는 位相 정보에 주목하여 그래프 상에서 "영웅의 영토"와 작중인물의 질서를 찾아보기로 한다. 이때 "영웅의 시간" 그래프는 "영웅의 영토" 그래프가 된다.

1) 영웅의 영토 그래프

먼저 영웅의 시간 그래프를 다시 한번 살펴보면서 이야기를 풀어나가기로 한다.

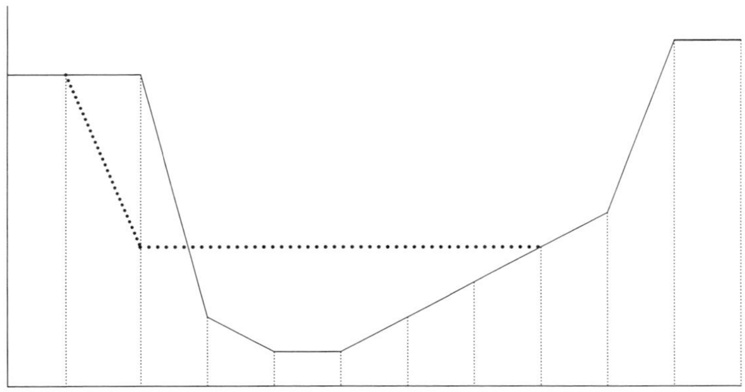

먼저 그래프 상에서 중심이 되는 선의 위와 아래의 여백들은 혹시 어떤 의미를 가지고 있지는 않은가 라는 질문에서 출발하기로 한다. 필자는 그것을 "영웅의 영토"라는 말로 설명하고자 한다. "영웅의 영토"란 말 그대로 영웅이 소유한 땅을 가리킨다. 작품의 시작인 A-C나 끝인 K-L에서 영웅 조웅은 말 그대로 천하 모두를 소유하고 있다. 반

면에 작품 중간인 D-G 사이에서 영웅 조웅은 천하의 가장 밑바닥을 헤매고 있거나 아예 세외로 숨어버려 세상에서는 존재하지 않는 것처럼 보인다. 다시 말해 선의 아랫부분만이 영웅 조웅이 이 세상에서 가지고 있는 영토이자 발딛고 있는 터전인 것이다. 반면에 선 윗부분은 영웅의 적대자 곧 이두병의 영토인 셈이다. 앞에서 말했듯 영웅의 시간 그래프는 영웅의 영토 그래프이기도 한 것이다.

간단히 말하면 그래프상에서 선을 따라 일어나는 사건들과 인물의 배치는 선 아랫부분 다시 말해 영웅의 영토의 줄어들고 늘어남에 따라 결정된다. 영웅의 영토와 아닌 곳을 가르는 선에서 영웅 조웅은 인물들을 만나며 이 인물들과의 결합을 통해 영토의 모습을 결정해 나가게 되는 것이다. 그럼 영웅의 영토 그래프 상에서 영웅의 영토가 나타나는 모습을 좀 더 자세하게 살펴보기로 한다.

영웅의 영토는 몰락전, 몰락후, 준비, 전쟁, 회복후라는 5단계로 간단하게 나눠볼 수 있다. 이 5단계는 다시 영웅이 영웅의 힘의 구비했는가 그렇지 않은가에 따라 구분된다. 그것은 영웅의 힘을 갖지 못한 몰락전, 몰락후와 영웅의 힘을 구비한 준비, 전쟁, 회복의 두 단계로 나뉘어진다. 영웅의 영토 5단계는 실제로 영웅의 힘을 어느 만큼 구비했는가에 따라 달라지는 것이다. 몰락하여 천지간에 홀로 남은 영웅이 이 세상을 구원하기 위해서는 세상을 뒤덮을 힘을 가져야 하며 영웅의 영토란 결국 이 힘의 구비 여부에 따라 나뉘어지는 것이기 때문이다.

A-B-C에서 조웅은 조정인의 아들로 태어남으로 인해 불안정하나마 아버지 조정인의 영토를 자신의 영토로 가질 수 있었다. 영웅의 영토는 천하의 거의 전부이다. 하지만 아버지 조정인이 부재한 상황에서 영웅의 영토는 사실 거의 없는 것이나 마찬가지인 명목상의 것일 뿐이다. 어린 영웅은 영웅의 힘을 아직 갖지 못했기 때문이다.

C-D-E-F에서 한번 몰락하자 그의 영토는 아예 없어져 버린다. 명목상의 영토가 현실화된다고도 말할 수 있다. 이렇게 명목상의 영토마저

사라져 버린 영웅은 곧바로 극빈층 중의 극빈층인 거지가 되는 것이다. 이 단계에서 영웅의 영토는 거지가 가질 수 있는 그만큼만 남아있다. 그만큼이 영웅이 가진 힘이기 때문이다.

F-G-H에서 그마저도 못하고 아예 세상 밖으로 나가야 한다. 영웅의 영토는 이제 이 세상엔 없다. 하지만 그의 영토는 세상을 뒤덮을 힘을 가진 세외고인 월경대사와 철관도사과 인연을 맺고 그들의 힘을 전수받으면서 역시 세상을 뒤덮을 힘을 가지게 된다. 하지만 세상 안에는 그의 영토가 없다. 영토는 없지만 힘은 가졌기에 그래프의 선은 서서히 상승하기 시작한다.

H-I-J-K에서 영웅은 전쟁을 통해 자신의 영토를 키워나간다. 위국의 위기 극복, 송태자 구원, 황성으로의 진격과 이두병 생포에 이르는 3단계를 통해 영웅의 영토는 결국 천하 전체에 이른다. 영웅이 가진 영웅의 능력이 세상 안에서 3단계를 거치며 점점 커져 천하 전체를 영웅의 영토로 현실화되는 것이다.

이 단계에서 영웅에 적대하는 자들은 흔히 영웅의 무용을 빛내주기 위한 소모품으로 처리되곤 한다. 하지만 적대자의 등장은 영웅의 영토와 관련이 있다. 영웅이 이들 적대자를 하나하나 물리칠 때마다 영웅의 영토가 점점 넓어져간다. 그에 따라 적대자도 좀 더 강력한 자들이 등장한다. 그들이 가진 영토를 영웅이 흡수하면서 자신의 영토를 넓혀나가야 하기 때문이다.

서번왕을 퇴치하고 위국을 구원하여 근거지를 마련한 영웅이 황성으로 진격하면서 만나는 좌장군 장덕, 승상 최탄, 일대 삼형제 등은 영웅의 영토가 점점 넓어져감에 따라 점점 강력한 상대가 요구되는 상황에 부응하여 나타나는 것이다. 이들을 패배시킬 때마다 영웅의 영토는 그만큼 넓어진다.

K-L은 앞단계에서 급속도로 넓어져가던 영웅의 영토가 고정되는 단계이다. 영웅의 능력은 세상을 모두 뒤덮는 것이므로 영웅의 영토 또

한 세상 모두가 되어야 하지만 그렇게 되면 영웅은 황제가 되어야 한다. 따라서 영웅은 황제의 아랫단계에서 만족한다. 그래프상으로 보면 마지막 위를 남겨두고 멈춘다. 이것은 영웅의 영토가 모종의 조정을 통해 확장을 멈춘 것을 의미한다. 이점은 아마 다른 소설과 다른 영웅소설만이 가진 가장 뚜렷한 고유한 특질이라 할 수 있을 것이다.

이상으로 영웅의 영토 그래프가 나타내는 각 단계에 대해 살펴보았다. 영웅의 영토와 영웅의 힘이라는 두 가지가 서로 섞여 작품의 각 단계를 결정하는 모습이 그것이다. 이 논의를 이어받아 영웅의 몸이라는 같지만 다른 방향에서 이야기를 한번 진행해 보기로 한다. 이때 영웅의 몸은 생물학적 몸이자 영웅의 힘이자 동시에 영웅의 영토이기도 하다.

그래프 상에서 영웅의 몸을 확인해 보면 어린시절인 왼쪽은 허약한 몸이고 오른쪽은 강대한 몸을 가졌다. 한편 그래프의 아래쪽은 허약한 몸이고 위쪽은 강대한 몸이다. 영웅은 자신의 몸의 상태에 따라 부딪치는 상황이 각기 다르며 그에 따라 해결해야 할 과제 또한 다르다.

A-B-C에서 왕부인과 영웅 조웅은 과부이자 아홉 살 어린이라는 허약한 몸을 가지고 있다. 동시에 이들은 좌승상 조정인의 가족으로 황제가 비호하는 막강한 정치적 몸을 가지고 있다. 왕부인은 자신의 동생이 시랑의 자리에 있기도 하다. 하지만 아무리 막강한 정치적 몸을 가지고 있다 하더라도 그 몸을 자신이 주체적으로 쓸 수 없으면 결국 자신의 것이 아니다. <조웅전>의 첫부분은 묘한 이질감을 주는 분위기를 가지고 있는데 이것은 영웅의 주체적 몸과 객관적 몸의 불일치에서 나오는 것이다. <조웅전>이라는 작품은 첫부분에서 설정된 이 두 몸의 불일치를 해결해 나가는 과정이기도 하다.

주체적 몸과 객관적 몸의 불일치가 몰락을 가져오지는 않는다. 하지만 몰락 후의 상황을 결정한다. 아이러니컬하게도 강력한 객관적 몸이 주체적 몸의 허약함을 보충하고 강력하게 만들어주는 것이 아니라 주체적 몸의 허약함에 맞추어 객관적 몸이 허약한 쪽으로 작품이 진행된다.

C-D-E-F에서 몰락한 후 두 모자에게 맨먼저 찾아오는 것은 생물학적 몸의 허약함이다. 왕부인은 실제로 개가나 능욕이라는 생물학적 몸에 대한 위험에 항상 노출되어 있다. 영웅 조웅은 자신의 몸조차 지키지 못한다. 이들은 먹을 것조차도 해결하지 못해 거지가 되며 거짓 중노릇도 마다하지 않는다. 하층 체험은 바로 하층의 몸에 대한 체험을 의미한다.

이러한 생물학적 몸에 대한 위협은 F에서 월경대사를 만나 극복된다. 우선 먹을 것, 잘 곳의 위협에서 해방되며 동시에 천경사라는 절과 중들 속에 들어감으로 인해 생물학적 몸의 허약함을 극복한다. F-G-H에서는 월경대사와 철관도사에게 무술과 도술을 배우면서 영웅의 몸을 가지게 된다. 영웅의 몸이란 천하를 덮는 힘을 가져야 한다. 왜냐하면 천하를 가진 이두병보다 더 강한 몸을 가져야만 이두병을 이길 수 있기 때문이다.

이 단계에서는 주체적 몸과 객관적 몸이 모두 허약한 상태에서 먼저 주체적 몸을 강력하게 만든다. 하지만 아직 객관적 몸은 거의 없는 것이나 마찬가지이다. 이 둘의 불일치를 해결해나가는 것이 앞으로 작품이 진행되어 나가는 방향이다.

H-I-J-K에서 영웅의 영토는 넓어지고 군대는 더 강해져 간다. 이것은 영웅의 객관적 몸이 점점 더 강대해져가는 모습이기도 하다. K-L에서 결국 천하가 영웅 자신의 몸이 되었다가 모종의 조정의 과정을 거쳐 서번왕이 됨으로써 서번을 자신의 몸으로 만든다. 이것은 주체적 몸의 강력함에 따라 객관적 몸이 극단적으로 팽창하다가 결국 조정의 과정을 거쳐 서번왕으로 정착되는 과정이다.

2) 인물 특질

앞절에서 영웅의 영토 그래프 상에서 面의 문제를 따지고 들어가면 영웅의 어떤 모습이 드러나는가에 대해 잠깐 살펴보았다. 여기에서는 그래프상에 面으로 구현된 영웅의 영토 위에서 결정되는 인물의 특성 몇 가지를 살펴보기로 한다.

이점을 가장 잘 드러내는 것이 이두병의 영토와 조웅의 영토이다. 누가 무어라고 해도 <조웅전>은 조웅과 이두병의 싸움이 작품의 주제이다. 하지만 <조웅전>은 조웅에 대한 이야기가 주를 이루므로 이두병은 몇 번 나오지 않는다. 그리고 이두병은 특별한 능력도 공적도 없이 그저 자신의 당파가 조정을 장악한 덕분에 찬탈에 성공한 왕망형 권신이라서 조웅의 상대가 되지 않는다. 이두병이 국가기구를 장악하고 있을 때는 지극히 강해 보이다가 정작 무너지기 시작하니까 힘 한 번 써보지 못하고 사로잡히고 마는 것은 이것 때문이다.

이때 조웅과 이두병의 대결은 가운데 선을 타고 흐르며 전개되는 것에 유의할 필요가 있다. 앞절에서 말했듯이 이 선은 영웅의 영토와 이두병의 영토를 가르는 선이다. 그리고 둘 사이의 세력의 소장에 따라 선의 위치가 달라지며 그에 따라 다양한 사건과 인물의 등장이 가능해진다.

그럼 본격적으로 작중인물에 대해 살펴보기로 한다. 첫째, 아버지의 부재, 곧 조웅과 아버지 조정인의 관계이다. 조정인은 작품 처음에 잠깐 나왔다 곧바로 자살해 버린다. 따라서 영웅소설 <조웅전>은 아버지가 부재한 상태에서 남은 여자와 아이가 이 세상에서 살아남기 위해 분투하는 과정을 그린 소설이기도 하다. <조웅전>에서 아버지의 부재는 강력한 모티프로 작동한다. 한데 문제는 다른 유형의 작품에 비해 <조웅전>에서 아버지의 부재 현상이 특이하다는 것이다. <조웅전>에서 조웅의 아버지 조정인은 작품 속에서 부재하지만 동시에 존재하는 것보다 더 강력하게 존재하고 있다.

영웅은 초반에 몰락 후 혼자 버려졌다가 나중에 구원받아 차츰 자기 세력을 형성하여 결국 이두병 정권을 전복하는 데 성공한다. 한데 진짜로 혼자 버려지는 것일까? 작품의 내용을 아는 사람에게 이 질문은 우스운 것으로 보인다. 하지만 진짜로 영웅 조웅은 혼자 버려지지 않는다. 그의 뒤에는 시도때도 없이 그의 아버지 조정인의 모습이 어른거린다. 사실 조웅은 조정인과 굳게 결합되어 있으며 끝내 조정인의 선을 벗어나지 못한다고도 할 수 있다.

작품 초반부 어린 조웅은 조정인의 아들이라는 것만으로도 황제의 기대를 받는 중요한 지위를 누린다. 부재한 조정인은 항상 존재하고 있는 것이다. 몰락하는 것도 조정인의 아들이지 조정인이 아니다. 어느 마을에 투숙했다가 도적에게 쫓겨 절망상태에 빠진 왕부인을 구원하는 것도 조정인의 선정비이다. 월경대사와의 인연은 조정인의 사후 조정인의 화상을 그려달라고 부탁하면서 이루어진 것이다. 위왕은 조정인의 친구이며 그 이후 조웅은 무엇보다 충신 조정인의 아들로 불린다.

이렇듯 조정인은 처음에 조금 나오다 말지만 그 작중 역할은 누구보다도 크다. 사실 <조웅전>은 조웅과 이두병의 대결이 아니라 조웅을 앞세운 조정인 대 이두병의 대결이라고 해야 옳은 측면도 있다. 영웅이 실세하여 세상의 밑까지 떨어졌다가 아주 세상밖으로 나가버렸을 때도 조정인의 세력은 비록 흩어진 채로이긴 하지만 세상 곳곳에 존재한다. 영웅이 다시 세상에 나와 활동하면서 자신의 세력을 모으는 것은 실은 조정인의 세력을 다시 규합하는 것이다.

필자가 하고 싶은 이야기는 영웅이 잃어버린 선 위쪽의 면에는 여전히 영웅을 기다리는 힘과 사람들이 존재하며 그것은 바로 조정인이 남긴 것이라는 것이다. 이것은 영웅이 다시 세상에 다시 나섰을 때 자신의 영웅적 힘 뿐만 아니라 대의명분에도 의지하게 되는데 이때 대의명분은 바로 조정인의 아들이라는 데에서 나온다. 이것은 이때 영웅 편에 서있는 당시 백성들의 정서 뿐만 아니라 작품을 읽는 독자들의 심정적 동조까지도 말하는 것이므로 매우 중요한 것이다. 다시 말해 이두병은 자신의 영토를 강력하게 가지고 있는 것처럼 보이지만 생각보다는 허약한 영토를 가지고 있는 셈이다.

그렇다면 조웅은 그저 조정인의 대리인이냐 하면 당연히 그렇지 않다. 영웅은 그래프 위 선을 따라가며 자신의 운명을 개척해 나간다. 그 과정에서 영웅을 도와주는 여러 힘 중 조정인의 힘이 가장 크다는 것이다. 하지만 딱 한 곳에서는 조정인의 힘이 영웅의 힘을 제어하고 조정한다. 그것은 이두병을 생포하고 새로운 정권을 만들 때이다. 영웅의 힘과 세력은 온 천하를 덮으며 모든 것은 영웅의 힘으로 만든 것이다. 영웅은 무엇이든 할 수 있다. 심지어 황제조차도 될 수 있을 것이다. 이때 영웅의 힘을 조정하고 제어하는 가장 큰 힘은 의외에도 조정인의 것이다. 조웅은 조정인의 아들로 행세했기 때문에 쉽게 송태자의 밑에 자신을 위치짓는다. 조웅은 아무리 영웅이긴 하지만 그가 규합한 세력은 조정인의 것이기에 특히 그러하다. 이렇게 조정인은 가장 결정적인 순간에 조웅의 활동과 힘을 제어하는 역할을 하는 것이다.

둘째, <조웅전>의 인물 배치에서는 그래프 위의 선을 타고 상층인물과 하층인물이 자연스럽게 어울리고 있어 작품의 편폭을 크게 해주고 있다. 왕부인과 조웅이 도망하면서 만나는 여인, 여승, 도적 등이 그들이다. 그 외 두 사람이 중으로 변장하고 걸식하고 다니면서 만났던 수많은 사람들도 그러하다. 그래프상으로 보면 그래프 아랫부분은 사회 하층부이고 윗부분은 상층부이다. 왕부인과 조웅은 아래로 떨어져 그래프 아랫부분을 유랑하면서 하층부의 세계를 경험한다. 두 사람은 다시 상층부로 올라가지만 이때의 경험을 토대로 하여 세상을 잘 다스릴 수 있는 시각을 가지고 있을 것이라는 믿음을 주고 있다. 역시 작품이 가지고 있는 영웅에 대한 심정적 동조의 한 축을 형성하고 있는 부분이다.

그래프 전체로 보면 선을 따라 움직이는 영웅은 그래프의 위아래를 오르내릴 때마다 그 자리에 맞는 인물들을 만나게 되는 것이다. 그래프의 맨 아랫부분에는 세외인과 하층인이 존재한다. 점점 위로 갈수록 위왕, 서번왕, 중급 적장, 상급 적장을 만나다 마지막에는 이두병을 만나게 된다. <조웅전>은 사실은 그래프가 면과 선이 위아래로 구분되듯이 작중 사회의 상하층을 마치 평면 위에 그리듯이 그리고 있는 것이다.

셋째, 인물에 있어서 드러남과 숨음의 문제이다. 조웅은 주인공이므로 항상 드러난 인물이라고 볼 수 있다. 하지만 실제로 그러한가? 조웅은 몰락 후 사회적으로 숨은 사람이다. 드러나면 그는 죽는다. 따라서 그는 작품상 활동에서는 드러난 사람이지만 사회적으로는 숨은 사람이다. 이 둘 사이의 괴리가 주는 긴장감이 실제로 작품 내부에 등장하는 사건들을 이끌어가는 긴장감을 형성한다. 그리고 이 긴장이 바로 그래프 위의 선에서 구현된다. 따라서 이선은 항상 떨리는 긴장으로 충만해 있어 <조웅전>의 재미를 한껏 더해주고 있다.

조웅과 마찬가지로 드러나 있지만 숨은 사람들이 있다. 사회 하층부에 있을 때 만난 여인, 도적, 월경대사, 철관도사 등이 그러하다. 송태자와 그를 따르는 충신들도 마찬가지이며 군사를 모은 왕시랑이나 강백도 마찬가지이다. 저세상에서 이세상으로 잠깐 다시 나온 황장군도 마찬가지이다. 요컨대 작품 후반부 조웅의 군세가 제법 강성해지기 전까지 인물과 사건은 작품상 드러나 있지만 사회적으로는 숨은 사람들에 의해 결정되므로 미묘한 긴장과 압력, 그만큼의 활력을 가지고 있다.

4. 나가기

이상으로 <조웅전>을 대상으로 하여 영웅의 시간 그래프와 영웅의 영토 그래프에 대해 알아보고 그 위에서 구현되는 사건과 인물에 대한 몇 가지를 살펴보았다. 이러한 측면들은 그동안 영웅소설의 인물을 다루면서 거의 다루지 않는 측면들이다. 그리고 이러한 측면에 대한 시각을 열어주는 것은 그동안 문학 연구에서 도외시 되었던 그래프라는 위상기하학의 측면이다. 앞으로 이러한 시각에 대한 연구가 많이 진행되어야 한다고 생각한다.

하지만 그래프라는 것은 결국 작품에 대한 극단적인 단순화 작업을 수반할 수 밖에 없다. 작품에는 수없이 많은 분위기와 그만큼의 다양한 빛깔들이 존재한다. 그래프를 사용하게 되면 이러한 측면에 대한 해석은 상당부분 놓치게 된다. 하지만 어떤 연구시각도 결국 작품의 한 부분만을 볼 수 있을 뿐이다. 그래프를 사용하는 연구의 한계를 명확히 파악하고 한편 가능한 연구의 부분도 명확하게 파악하는 것이 중요하다고 생각한다.

다만 그래프를 써서 작품을 보았을 때 장점 중 하나는 <조웅전>이 얼마나 다양한 인물들과 사건들을 작품 내부에 끌어들였는가를 한눈에 볼 수 있다는 것이다. 영웅 조웅이 그래프 상에서 위아래로 흘러다님에 따라 각각의 위치에 맞는 사건과 인물들이 등장할 수 있게 된다. <조웅전>이 재미있는 것은 이 때문이기도 하다.

논의를 종결지으면서 마지막으로 서두에서 말했던 독자들의 꿈과 소망에 대해 말해보기로 한다. 독자들이 <조웅전>에 열광한 것은 한 마디로 조웅이 조선영웅이기 때문일 것이다. 조웅은 신계와 인간계를 두루 다니며 자신의 힘을 과시하는 헤라클레스와 같은 개인적 영웅이 아니다. 그는 <삼국지>나 <수호지>의 영웅처럼 고통받는 민중을 위하여 현체제를 전복하고 새세상을 열어보이려는 구원자이다. 하지만 그는 유비나 송강처럼 패배하지 않는다. 왜냐하면 그는 유비나 송강이 아니라 <서유기>의 손오공과 같은 개인적 돌파력으로 세상을 깨부술 수 있는 힘을 가진 영웅이기 때문이다. 하지만 그는 새세상을 자신이 가지지 않고 송태자에게 바치고 신하로서 자리를 찾아가는 겸손한 영웅이다.

19세기 이래 새세상이 도래할 기미가 보이자 민중들은 새세상을 맞이해줄 영웅의 도래를 열광하였다. 세상에는 구원자에 대한 이야기가 흘러다녔다. 하지만 구원자는 곧 오는 존재이지 이미 온 존재가 아니다. 민중은 이에 영웅소설을 지어 자신들의 옆에 온 구원자를 상상했다. 충신의 아들로 태어나 난신적자에게 고통받고 하층으로 떨어져 온갖 고생을 다한 끝에 결국 무술과 도술을 익혀 자신의 복수와 세상의 복수를 함께 하는 영웅이 그것이다. 하지만 온다는 구원자 정도령은 자신이 모든 것을 갖기 위해 오지만 영웅소설의 영웅은 모든 것을 되찾아주기 위해 오는 영웅이다. 이것이 영웅소설 <조웅전>의 조웅이 보여주는 조선영웅의 모습이다.

민중이 이러한 영웅을 얼마나 소망했는가는 이글에서 보듯이 영웅의 행적을 그래프라는 면과 선으로 나타낼 수 있을 만큼 정형화된 형태로 만들어냈다는 데서도 볼 수 있다. 열망의 강도는 단순화의 강도와 같다. 이글에서 굳이 그래프라는 위상기하학적 방법을 써서 영웅소설 <조웅전>을 분석한 이유가 여기에 있다. 이점에서 이글을 "한국의 고전구조 시론"이라 부르고자 한다.

콩쥐팥쥐 캐릭터와 불교적 이상

이 기 대

1. 신발의 상징과 불교와의 연관성

착한 전실자식과 악한 계모의 인물 캐릭터는 서양이나 동양의 소설에서 흔하게 찾아볼 수 있다. 때문에 전실자식과 계모의 캐릭터를 가장 잘 드러낸 <콩쥐팥쥐>를 꼽을 수 있지만, 이 작품은 <신데렐라>를 번안했다거나 일본을 통해 들어왔다는 이야기들이 전해진다. 내용을 비교해 보더라도, 캐릭터들 사이에서의 공통점뿐만 아니라, 전실자식이 겪고 있는 고난을 극복하게 해줄 상위 남성과의 만남, 이 과정에서 외부 조력자들의 신이한 능력, 그리고 신발을 매개로 한 인연 등에서 두 작품의 유사점을 찾아볼 수 있다.

그렇다고 <콩쥐팥쥐>와 <신데렐라>를 같은 작품으로 보기는 어려운데, 기본적인 소재나 인물의 형상, 작품의 구조와 의미 등에 있어 다른 부분들 또한 찾아볼 수 있기 때문이다. 예를 들어 <콩쥐팥쥐>와 <신데렐라>에서 공통적으로 드러난 신발을 통한 만남 부분을 꼼꼼히 살펴보면 그 구체적인 양상은 실제로 다르다.

<신데렐라>에서의 신발은 신데렐라를 직접 본 왕자가 사라진 신데렐라를 찾기 위한 증표로서의 의미를 지닌다. 왕자는 이미 신데렐라와 함께 무도회장에서 춤을 춘 뒤라서 신데렐라를 마음 깊이 좋아하고 있

었다. 반면에 <콩쥐팥쥐>에서는 감사가 콩쥐를 보지 못한 상황에서 신발만을 보고 콩쥐에게 호감을 느낀다. 때문에 신발은 콩쥐의 신원을 확인하기 위한 수단 이상의 의미를 포함한다. 김감사가 신발을 처음 보았을 때 "이상한 서기(瑞氣)를 보고 그 곳에서 새 신발을 얻자 그 사람을 찾아보라(13면)"[1]고 말한 것에서 알 수 있는 것처럼 신발은 그 자체로 신성한 대상이 된다.

따라서 신발의 상징적 의미는 콩쥐의 신발이 콩쥐를 대신한다는 의미를 통해 <신데렐라>와 비교하여 더욱 두드러진다. 그리고 신발이 특정한 인물을 대리적으로 보여준다는 점에서 <콩쥐팥쥐>에 나타난 신발의 유래에 대해서는 다른 문화적 맥락에서의 해석이 필요하다.

이와 관련하여 불교에서 바라보는 신발에 대한 상징성은 <콩쥐팥쥐>를 이해하는데 흥미로운 단서를 제공한다. 이는 달마대사와 관련된 이야기를 통해 확인할 수 있다. 달마대사가 중국을 떠난 이후 그의 무덤을 확인하니 신발 한 짝만이 남아 있었다고 하여, 달마대사를 상징적으로 드러내기 위해 신발에 특정한 의미를 부여하고 있다.[2] 그리고 이러한 이야기는 우리의 불교 관련 문헌을 통해서도 쉽게 찾아볼 수 있다는 점에서 이와 같은 신발에 대한 상징적 의미가 보편적으로 이용되었다고 할 수 있다.

『삼국유사』를 살펴보면 「탑상(塔像)」의 <남백월이성 노힐부득 달달박박(南白月二聖 努肹夫得 怛怛朴朴)>과 <낙산이대성 관음정취조신(洛山二大聖 觀音正趣調信)>에서는 해당 인물을 대리하여 신분을 확인할 수 있는 징표로 신발을 활용하고 있다.

① 그림과 흡사하였으나 진위를 알 수 없어, 사신은 신 한 짝을 사자암의 정상에 걸어두고 돌아와 아뢰었다. 신 그림자 또한 연못에 나타나니, 황제가 기이하게 여겨 백월산이란 이름을 하사하였다. 그 후에는 연못 가운데에 그림자가 나타나지 않았다.(然未知眞僞, 以隻履懸於師子嵓頂, 使還奏聞 履影亦

現池. 帝乃異之 賜名曰白月山, 然後池中無影. 『三國遺事』 塔像, <南白月二聖 努肹夫得 怛怛朴朴>)

② 그 소나무 아래에 신 한 짝이 보였다. 법사가 이윽고 절에 이르자 관음 보살상 아래에 아까 본 신 한 짝이 놓여 있어, 앞서 만난 성녀가 바로 진신이었음을 알게 되었다.(其松下 有一隻脫鞋. 師旣到寺 觀音座下 又有前所見脫鞋一隻 方知前所 遇聖女 乃眞身也. 『三國遺事』 塔像, <洛山二大聖 觀音正趣 調信>)

위의 첫 번째 기록에서는 사신이 남겨놓은 신발을 통해 사신이 다녀온 장소를 확인하였다고 한다. 사신이 자신의 신발을 분신으로 활용하여 사자암 정상에 걸어두었고, 여기에 걸린 신 한 짝이 사신의 흔적을 드러낸다는 것이다. 두 번째 기록에서는 관음보살이 자신의 존재를 증거하기 위해 신발을 남겨 놓았다고 한다. 이를 통해 신발은 주인을 대리하는 상징으로 불교에서 활용되고 있음을 알 수 있다.

또한 『삼국유사』에서 신발을 통해 신성한 존재를 상징하는 것은 다른 기록에서도 확인할 수 있다. 「의해(義解)」에 실린 「이해동진(二惠同塵)」에는 혜숙이 죽어 구름을 타고 갔는데 그의 무덤에 신발이 남아 있었다고 하며, 감통편에 실린 「욱면비염불서승(郁面婢念佛西昇)」에서도 욱면이 승천하면서 신발을 남기고 갔다고 한다.[3)] 이와 같이 불교적 의미에서의 신발은 단순히 신원을 확인할 수 있는 대상으로서 뿐만 아니라 그 자체로 신성한 의미를 지닌다.

이처럼 신발의 상징적 의미를 통해 <콩쥐팥쥐>와 불교의 연관성을 찾아 볼 수 있다. 우선 콩쥐가 계모로부터 고난을 당하고 있을 때, 콩쥐를 도와주는 조력자로 검은 소와 두꺼비가 나타난다. 여기서 검은 소는 불교의 <십우도>에 등장하는 동물로 깨달음을 상징한다. 두꺼비도 사악한 것을 물리치며 불보를 수호하는 영물로 불교에서는 받아들여져 왔다.

내용을 살펴보아도 <콩쥐팥쥐>와 불교의 친연성은 작품이 전개되는 과정에서 연쇄적으로 대응된다. 우선 콩쥐는 부친인 최만춘이 명산의 큰 사찰에서 기도하고 불공을 드리며 사람들을 도와주고 덕을 쌓은 이후에 태어난 인물이다. 명산에서 불공을 드리는 행위는 불교가 한국적으로 토착화된 신앙으로 명산대천을 숭배하는 전통 관념과 불교가 융합한 모습이다. 또한 콩쥐가 팥쥐의 계교로 인해 죽은 이후 연꽃과 구슬로 환생하는 것도 불교의 세계관을 반영한다. 죽기 이전의 업은 윤회에 영향을 미치게 되는데 콩쥐의 환생은 바로 이러한 사고에 기반하고 있기 때문이다. 더욱이 콩쥐의 죽음 이후 환생한 연꽃과 구슬은 모두 그 자체로 불교적 의미가 뚜렷한 것들이다.

이와 같이 콩쥐는 불교와 긴밀한 관계를 맺으며 태어난 인물이며, 신발이 자신을 대리한다는 불교적 상징에 기반하여 혼인할 수 있었다. 뿐만 아니라 윤회적 사고에 따라 여러 번 환생하는 과정을 거치게 된다. 반면에 계모와 팥쥐는 불교에 대한 부정적인 태도를 노골적으로 드러낸다.

> 과일은 어디에서 났단 말이냐? 밭두렁에서 종일 해를 보냈을리도 없고 이러한 과일은 촌구석에 어디에서 났단 말이냐? 이것은 분명 불공에 쓸 과일 같은데 저 년이 정녕 아무 절 중놈에게 얻은 것이지 그렇지 않으면 이것이 어디에서 났단 말이냐?(6면)

콩쥐가 검은 소의 도움으로 밭의 김을 매고 검은 소가 준 과일을 가지고 왔을 때, 계모는 이것을 중놈이 준 것이라 단정한다. 앞서 언급한 것처럼 검은 소는 불교에서 깨달음을 상징하는 존재이기에 콩쥐가 가져온 과실은 계모가 언급한 것처럼 불공에나 올릴 귀한 것이다. 하지만 이를 비하하고 조롱하여 계모와 팥쥐는 중과 부처를 비방한 죄를 범한다. 더 나아가 계모와 팥쥐는 죽은 이후 징치를 당하는데 이들이 징치되는 지옥은 근본적으로 불교적 세계관에 근거한다.

때문에 콩쥐는 불교와의 친연성이 높고 계모와 팥쥐는 관계가 없는 것처럼 보이지만 오히려 계모와 팥쥐의 징치 과정에서 불교적 관념이 선명하게 드러난다. 따라서 <콩쥐팥쥐>는 소재적으로나 내용의 전개 과정에서 불교와의 상관성이 두드러진다. 이로 인해 <콩쥐팥쥐>에 나오는 인물들의 캐릭터를 설명하는데도 불교적 시각은 유효하며, <신데렐라>와 다른 방식으로 접근하는 것이 가능해진다.

2. 등장인물의 캐릭터와 불교적 세계관

불교의 관점에서 <콩쥐팥쥐>에 등장하는 인물들의 캐릭터를 논의하기 위해 여기서 주목하는 것은 인간에 내재되어 있는 세 가지 마음이다. 불교는 기본적으로 마음이 어떻게 작용하는가와 마음이 어떻게 갖가지 현상을 일으키고 있는가를 잘 설명해 준다. 그래서 마음으로 인해 세계를 어떻게 왜곡하여 지각하고 있는가, 마음으로 인해 어떻게 고통 받고 있는가를 진단하고, 이를 해결하기 위해 마음을 어떻게 올바르게 써서 고통으로부터 벗어날 수 있는가를 깨달음의 중요한 주제로 한다. 이러한 과정에서 드러난 인간의 마음을 탐욕(貪慾), 진에(瞋恚), 우치(愚癡)라 하여 흔히 탐진치(貪瞋癡)라 한다.

탐욕은 자신이 원하는 것을 탐내는 마음이며, 진에는 상대에 대해 분노하고 성내는 마음이며, 우치는 무지하거나 미혹되어 생기는 어리석은 마음이다. 이와 같은 탐진치는 마음을 해치는 세 가지 독이라 하여 삼독심(三毒心)으로 불리기도 한다. 그리고 인간은 탐진치의 마음을 버리고 없애는 과정을 거쳐야 비로소 고(苦)에서 벗어날 수 있다. 따라서 불교에서의 수행론은 탐진치와 관련되며, 인간적 윤리의 실천도 탐진치를 버리고 없애는 마음을 기르는 것을 이상으로 삼고 있다.

<콩쥐팥쥐>의 등장인물들도 각각 고난을 겪고 반성하고 징치되는 불완전한 삶을 살아간다는 점에서 탐진치의 마음을 대변한다. 다만 탐진치를 버리고 극복한 인물과 그렇지 못한 인물의 달라진 행보로 이들의 삶이 귀결되고 있어 인물 간의 캐릭터는 선명하게 대조된다.

1) 어리석은 최만춘과 김감사

최만춘과 김감사는 각각 콩쥐의 친아버지이고 신랑이다. <콩쥐팥쥐>의 구조는 콩쥐가 신발을 매개로 혼인하는 과정에 의해 나뉘는데, 이를 전후로 최만춘과 김감사는 각 가정의 가장이 된다. 즉 콩쥐는 혼인하기 이전까지는 최만춘이 가장인 가정의 딸이었다가 혼인한 이후에 김감사가 가장인 가정으로 옮겨간다. 그리고 최만춘은 콩쥐가 계모에게 박해당할 때에 함께 콩쥐를 구박하였다는 점에서 부정적으로 기억되고 있으나, 김감사는 콩쥐의 고난을 해결해주는 인물로서 긍정적으로 인식되어 왔다.

이렇게 상반된 것처럼 보이지만, 이들은 모두 가정 내의 문제를 인지하지 못한 인물이라는 점에서 공통적이다. 우선 최만춘에 대해 살펴보면, 콩쥐가 계모와 팥쥐에게 구박을 받는 상황에서 최만춘은 이를 알아차리지 못하고 방기한다.

> 심히 그 배씨를 사랑하며 대소사를 모두 맡기어 살림을 잡게 하고 집안일이 어떻게 되어감을 전혀 모르니(4면)

위에서 최만춘은 배씨와 혼인한 이후에, 배씨를 사랑하여 집안일을 모두 맡기게 된다. 부인을 사랑하는 것이야 당연한 것이지만, 그 사랑으로 인하여 집안의 대소사를 판별할 수 없게 되었고 가정 내에서 문제가 발생하고 있다. 이는 가장으로서 올바로 처신하지 못한 것이다. 더욱이 최만춘은 “한번 배씨를 눈에 들게 생각한 이후로 더욱 미혹함이 짝이 없을 지경(4면)"으로 어리석은 인물이 되어 간다.

그렇다고 최만춘이 콩쥐에게 애정이 없었다고 하기는 어렵다. 일찍이 최만춘은 콩쥐를 얻기 위해 산천에 제사를 지내고 불공을 드릴 정도로 정성을 다하였다. 또한 젖을 줄 사람이 없는 콩쥐를 위하여 동냥젖을 먹여가며 키운 인물이다. 이런 측면에서 최만춘은 악인이라기보다는 사실과 거짓을 제대로 파악하지 못한 인물이다. 배씨의 말에 따르느라 콩쥐의 말과 행동을 사실 그대로 판단할 수 없는 지경에 이르렀던 것이다. 따라서 배씨가 존재하는 이상 최만춘은 자신의 어리석음을 깨닫지 못한다.

최만춘이 달라진 계기는 본인이 믿었던 배씨에 의해 쫓겨난 이후 자신이 구박하던 콩쥐에 의해 다른 삶을 살게 되면서부터이다. 계모와 팥쥐가 징치된 이후에, 최만춘은 콩쥐의 도움을 받아 다시 정숙하고 덕이 있는 여자를 취하여 가정을 꾸리고, 이어서 아들과 딸을 낳고 이전과 다른 삶을 살게 된다. 그리고 이러한 삶의 과정을 통해 최만춘의 캐릭터는 악의적인 것은 아니지만, 가장으로서 사실과 거짓을 판단하지 못한 인물임에는 분명하다.

최만춘의 어리석은 캐릭터와 비교하여 신랑인 김감사도 최만춘과 비슷하다. 우선 김감사는 콩쥐를 신부로 맞이하는데, 콩쥐는 김감사의 두 번째 부인이 된다. 김감사도 최만춘과 같이 첫 번째 부인을 잃었고, 콩쥐를 두 번째 부인으로 맞이한 것이다. 아울러 최만춘이 계모를 신뢰하여 사랑하였던 것처럼, 김감사는 콩쥐와 혼인한 이후에 깊은 애정관계를 유지한다. 그래서 김감사는 공무를 마치면 항상 콩쥐와 시간을 보내고자 한다.

> 김감사는 콩쥐를 만난 후에 겨우 몇시간 공무만 끝내면 콩쥐와 차마 떨어지지 못하는 터에(15-16면)

위의 내용과 같이 김감사는 콩쥐와 잠시라도 차마 떨어지지 못할 정도였다. 하지만 상대적으로 김감사는 자신이 돌보아야 할 백성들과 관련된 공무는 겨우 몇 시간도 충실하게 하지 못하였다. 감사를 포함한 지방 수령을 목민관이라 부른 이유가 백성을 어버이의 마음으로 책임져야 하는 역할 때문인데, 김감사는 이를 소홀히 한 것이다.

따라서 김감사의 태도는 긍정적으로 보면 콩쥐에 대한 애정이 깊었다고 할 수 있지만, 부정적으로 보면 자신의 역할을 제대로 수행하지 못한 인물이라고 할 수 있다. 이는 김감사도 최만춘과 같이 이상적 인간상을 보여주는 캐릭터는 아니라는 것을 의미한다. 따라서 김감사는 콩쥐를 물에 빠트려 죽인 팥쥐가 콩쥐의 모습을 하고 등장할 때도 팥쥐와 콩쥐를 구분하지 못하고 팥쥐를 콩쥐로 오인한다. 때문에 김감사는 "콩쥐가 아닌 것을 전혀 깨닫지"(16면) 못하였기에, 이후 정체가 드러나자 "듣기를 다하고 한편으로는 자기의 불명함을 부끄러워"(19면) 하며 자신의 어리석음을 깊이 한탄한다.

김감사가 콩쥐와 팥쥐를 구분하지 못한 것은 스스로 어울리는 배필을 구했다는 만족감에 기인한다. 김감사는 콩쥐와 혼인하려 하면서 집안을 유지하겠다는 생각을 우선시하였다. 김감사는 일찍 아내를 잃고서 다시 혼인을 하지 않고 있는데 집안을 다시 이을 아내를 만나지 못했기 때문이다. 그러다가 콩쥐가 좋은 배필이 될 것이라 생각하여 "마음 속 깊이 흠모하고"(13면) 혼인을 결심한다. 김감사의 입장에서는 집안을 유지할 수 있는 신부가 필요했고 콩쥐가 여기에 부합되는 인물이 된다.

따라서 김감사는 콩쥐의 외삼촌을 통해 콩쥐와의 혼인을 요청하면서 콩쥐가 군자와 혼인할만한 좋은 배필임을 강조한다. 그리고 김감사는 자신의 생각에 따라 콩쥐의 의사와는 관계없이 혼인을 주도한다. 이러한 김감사의 태도는 결과적으로 콩쥐가 자신의 새로운 신부로서 적합한 인물이었는가 그렇지 않았는가가 중요한 문제였음을 드러낸다. 따라서 좋은 배필로서 콩쥐를 맞이하였다고 믿은 이후 더 이상 콩쥐에 대한 자신의 판단을 의심하지 않는다. 그리고 김감사는 자신의 판단에 대한 믿음으로 인해 콩쥐의 바뀐 모습을 알아차리지 못한다.

이러한 측면에서 본다면 최만춘과 김감사는 각각 가장이지만 가정을 잘 다스리지 못한 인물이며, 이러한 불명함은 불교적으로 어리석은 마음을 가진 캐릭터가 된다. 모두 진실을 거짓이라 여기고 거짓을 진실이라 고집하는 것이다. 그래서 최만춘은 배씨가 좋은 계모가 될 수 있다고 믿었기에 재혼하였지만 계모의 악행을 알지 못하였고, 김감사는 콩쥐가 좋은 신부라 믿었기에 그 달라진 모습을 눈치채지 못하였다.

하지만 최만춘과 김감사는 자신의 불민함을 깨달을 기회를 갖게 된다. 최만춘은 계모에게서 쫓겨난 이후에 비로소 자신의 처지를 이해하고 새로운 부인을 맞아 행복할 수 있었다. 김감사도 환생한 콩쥐를 통해 진실을 깨닫고 콩쥐와 백성들을 돌보는 삶을 살 수 있게 된다. 이것은 인간에게 있어 어리석은 마음을 버리고 없애야 비로소 불완전한 삶에서 벗어나 이상적 삶으로 나아갈 수 있다는 것을 보여준다.

2) 분노하는 콩쥐

콩쥐는 선한 캐릭터로 기억되지만 윤리적 관점을 엄격히 적용한다면, 구체적인 선한 행동은 작품의 마지막에 행한 보은을 통해 드러난다. 물론 콩쥐는 자신을 구박하는 계모와 팥쥐를 가족으로 받아들여 자신이 가진 것을 나누려 한 인물이었기에 선한 것만은 분명하다.

> 얼른 집에 돌아가서 아버님께도 구경시키고 어머님에게도 이야기하며 팥쥐와 똑같이 나누어 먹겠다.(5면)

위에서 콩쥐는 계모를 아버지와 같은 부모로 인정하고, 팥쥐 역시 자신의 형제로 대하고 있다. 따라서 대화하려 시도하면서 얻어온 과일도 함께 나누어 먹으려고 한다. 그런데 이와 같은 콩쥐의 모습은 선하긴 하지만 그의 행동은 가족이라는 울타리 안에 한정되어 있다. 그 결과 콩쥐는 계모가 구박하고 팥쥐가 모해한다 하더라도 이들에게 대항하지 않고 그 구박을 묵묵히 받아들인다.

따라서 이렇게 발생한 문제는 가정 안에서 최만춘이 풀어나가야 했다. 하지만 최만춘의 불명함으로 인해 계모의 구박은 더욱 그 정도가 심해져 갔다. 이 과정에서 콩쥐는 계모의 말을 그대로 따를 뿐이다. 그리고 박해가 반복되면서 계모는 콩쥐에게 수행할 수 없는 일들을 시키기에 이른다. 계모도 이 일을 콩쥐가 할 수 없는 것이라 생각하여 콩쥐가 과제를 해결할 때마다 의심하기에 이른다.

이렇게 콩쥐에게 가해진 고난의 정도가 강화되면서 고난을 극복하기 위한 외부의 조력자가 등장한다. 이런 점에서 콩쥐와 계모의 대결은 계모의 구박이 극대화되어 갈수록 콩쥐는 배제되고 이를 극복하기 위한 조력자의 등장이라는 구도로 설정된다.

때문에 콩쥐의 삶을 바꾸는 계기가 되었던 신랑과의 만남 역시 의복과 신발의 마련에서부터 신랑과 만나는 과정에 이르기까지 콩쥐는 조력자의 도움을 받을 뿐이다. 그리고 콩쥐가 신발의 주인임을 밝히는 과정도 마을 노파의 도움에 힘입고 있으며 혼인의 과정을 주도하는 것은 외삼촌이다.

> ① 콩쥐는 천연한 태도로 아는 척 아니 하고 구경만 하는데 한편에 손님으로 왔던 노인 부인 한 분이 앉아 있다가 관차가 가려 함을 보고 관차를 불러 왈 "그 신발 잃어버린 사람은 관가에서 어찌하여 찾아 드리라 하시는지 모르거니와 이 중에 콩쥐라 하는 색시가 그 신짝을 잃어버리고 찾으려 하되 부끄러워 차마 말씀을 알외지 못하는 모양이니 찾아주고 가시오. 그 색시는 생후에 처음 얻은 신이랍니다." 하고 콩쥐를 알려 주니 관차는 콩쥐를 불러 신을 신어보게 함으로 콩쥐는 곤란해 하면서 부끄러워하는 태도로 간신히 발

을 내어 얌전한 발부리를 신 안에 놓음에 살며시 쏙 들어가는 것이 부절을 합한 것과 같아 의심없는 콩쥐의 신이라 관차는 콩쥐에게 예를 하고 불시로 교군 한 채를 꾸며 가지고 와서 관가로 들어가기를 청하거늘 콩쥐는 결혼하지 않은 처녀의 몸이라 괴상한 생각도 나고 무서운 생각도 없지 않아 외삼촌에게 말씀을 여쭙고 동행하여 관가로 들어가서(12면)

② (외삼촌은) 얼떨결에 콩쥐의 한 몸은 팔자 좋게 치워 주려하나 저의 부친이 있는 처지에 자기가 단언할 수 없음으로 곧 최만춘과 의논하여 혼인을 허락하고 택일하여 감사의 재취부인으로 혼수를 준비하여 콩쥐를 시집보내었다.(16면)

콩쥐는 자신의 신발을 확인하기 위해 관차가 왔을 때도 방관자와 같은 태도를 취하며 한발 물러난다. 또 신발의 주인으로 확인되어 가마를 타고 감사에게 갈 때도 상황을 제대로 인식하지 못하여 외삼촌을 통해 문제를 해결하려 한다. 이렇게 콩쥐는 자신의 문제를 표출하는데 소극적이며, 하나하나 주위의 조력자들의 도움을 받는다.

그렇기 때문에 실제로 콩쥐가 어떤 인물이었는가는 이러한 과정을 통해 구체적으로 확인하기 어렵다. 콩쥐는 철저하게 자신의 성격을 드러내지 않는 존재인 것이다. 대신에 계모로부터 구박받는 과정을 통해 선한 모습이 상대적으로 부각되고 있을 뿐이다.

하지만 콩쥐는 팥쥐에 의해 죽은 이후 팥쥐와의 대결을 주저하지 않는다. 그리고 콩쥐의 형상도 매우 적극적으로 바뀐다.

더욱 괴상하기 심한 것은 영감만 그 방을 떠나면 팥쥐가 들어오고 나갈 적마다 그 꽃속에서 무슨 손 같은 것이 팥쥐의 머리를 바득바득 쥐어뜯는지라(16면)

팥쥐에 의해 죽음을 당한 콩쥐는 연꽃으로 환생한다. 그리고 환생한 연꽃에서 손을 뻗어 팥쥐의 머리를 쥐어뜯는다. 그런데 성내고 분노하던 콩쥐지만 특이하게도 김감사가 팥쥐와 함께 있을 때는 분노를 표출하지 않는다. 오직 팥쥐가 혼자 있을 때만 팥쥐의 머리를 쥐어뜯는다. 이것은 콩쥐가 팥쥐에게 분노를 표출한다 하더라도 그 방법이 정상적이지 않다는 것을 의미한다. 죽음 이후 원한을 신원하는 과정의 이야기들에서 신원자는 제 삼자를 통해 신원을 해왔기에 죽어 원한을 직접 갚으려는 콩쥐의 모습은 매우 낯설다.

그런 만큼 이러한 상황은 콩쥐가 얼마큼이나 팥쥐에 대하여 분노하고 있는지를 잘 드러낸다. 지금까지의 콩쥐는 가족 간의 유대감을 중시하였고, 자매와 같던 팥쥐로 인해 죽게 되면서 자신의 모든 것을 상실하였기에 분노가 극대화된 것이다.

하지만 성내고 분노하며 문제를 해결하기 위해 직접 대결하는 모습은 김감사에게도 보이고 싶지 않았던 것처럼 근본적인 해결책이 되지 못한다. 더 나아가 콩쥐는 자신의 욕망을 앞세운 팥쥐와의 대결에서 오히려 패하게 된다. 분노하는 것이나 욕심을 내는 것은 모두 불완전한 인간의 마음이라는 점에서 우열을 나눌 수 없고 콩쥐의 분노하는 마음만큼 콩쥐의 자리를 빼앗겠다는 팥쥐의 욕심 역시 강렬하기 때문이다.

> 요것은 반드시 콩쥐년의 귀신이 붙은 것이라하고 그 꽃을 뽑아 불피운 아궁이에 넣었더라. 그런 후에는 과연 머리도 뜯는 것이 없고 팥쥐의 마음은 무한히 상쾌하여 콩쥐년 제가 아무리 죽은 귀신이 비록 영 독할지라도 내가 알콩달콩 깨가 쏟아지게 사는 것이 배만 아플 뿐이지 다시는 별다른 수가 없으리라하고 그제서야 콩쥐의 세간도 뒤지며 자기 마음대로 하려하는데 … 아궁이 속의 불은 씨도 없이 꺼지고 난대 없는 오색 구슬이 한 아궁이나 대글대글함으로(16-17면)

위의 인용문에서와 같이 팥쥐는 자신의 머리를 쥐어뜯던 연꽃이 콩쥐이며 자신에게 복수하기 위한 것이었음을 알고도 놀라지 않는다. 대신에 연꽃을 그대로 아궁이에 넣어 불태워 버린다.

이처럼 분노의 마음을 가진 콩쥐가 탐욕스런 팥쥐와 대결하는 과정에서 남의 것을 탐내는 마음과 분노하는 마음을 가진 각각의 캐릭터가 선명하게 제시된다. 하지만 콩쥐가 팥쥐에게 패하는 과정에서 분노하는 마음으로는 문제를 해결할 수 없다는 것이 드러난다. 그리고 이러한 까닭으로 인해 콩쥐는 다시 오색구슬로 환생한다. 불교에서 오색구슬은 깨달음을 상징하는 존재이며, 오색구슬로 환생한 콩쥐는 더 이상 팥쥐와의 대결을 직접 시도하지 않는다. 콩쥐는 분노하며 대결하는 것이 아니라 다른 방식으로 자신의 문제를 해결할 방법을 모색한다. 이는 외부의 조력자들이 문제를 인지하고 대신하여 해결해주거나 분노를 참을 수 없어 직접 대결하던 이전의 모습과 완연히 달라진 콩쥐의 새로운 모습이다.

> 감사가 노파의 집에 이르러 상을 받으니 온갖 음식이 보기에 황홀할 정도로 없는 것이 없이 준비하였는지라. 감사가 크게 칭찬하고 술을 부어 두어잔을 마신 후에 이것 저것 맛을 볼 생각으로 젓가락을 들어 한번 상에 굴리니 한짝은 길고 한짝은 짧은 것이 손에 잡히지 아니함으로 마음 속에 노파의 소홀함을 괘씸하게 생각하여 좋지 못한 기색으로 참지 못하여 젓가락의 짝이 틀림을 말하니 노파는 미처 대답하기 전에 홀연 병풍 뒤로부터 사람의 음성이 있어 그 말에 대답하되 "젓가락의 짝이 틀린 것은 엇지 저렇게 똑똑하게 아시는 양반이 사람 짝이 틀리는 것은 엇지 그렇게 모르시는지요." 하는지라.(18면)

일단 콩쥐는 노파로 하여금 생일이라 하여 잔치를 벌이고 김감사를 초대하도록 한다. 또한 잔칫상을 푸짐하게 차리도록 하고는 젓가락의 짝을 일부러 틀리게 놓도록 한다. 그리고 짝이 맞지 않는 젓가락을 통해 김감사로 하여금 자신의 짝이 바뀐 것을 깨닫게 한다. 따라서 김감사는 젓가락이 바뀐 사소한 문제는 쉽게 포착해 내지만 자신의 신부가 바뀐 중요한 문제는 판별해내지 못하고 있는 모습으로 형상화된다. 이를 통해 콩쥐에게 있어 문제의 해결은 팥쥐와의 대결을 통해 가능한 것이 아니라 김감사가 진실과 거짓을 분별할 수 있을 때 가능하다는 것이 드러난다.

> 그 사이 자기 아내의 행동이 종종 괴상한 일이 있음을 막연하게 깨닫고 필연 콩쥐에게 무슨 일이 있는 것이라 하여 얼른 집에 돌아가 알아 보리란 마음에(18면)

위의 인용문에서 김감사는 젓가락의 짝이 틀린 것으로 인하여 콩쥐의 역할을 대신하고 있는 팥쥐의 행동에서 이상함을 알아차리고 스스로 자신의 불민함을 깨닫는다. 그리고 나서 김감사는 콩쥐의 문제를 해결하기 위하여 적극적으로 나선다.

> 병풍 뒤에서 한 미인이 녹의 홍상으로 천연히 나아와 감사에게 예를 올리며 왈 "영감이 첩을 몰라보십니까?" 하거늘 감사는 더욱 놀라서 어찌할 바를 모르고 있다가 하는 말이 "부인은 어찌 사람을 속이는 것이 이와 같이 심할 수가 있습니까? 내가 불민하던지 그대의 조롱이던지 지금까지 하는 일과 하는 말이 전연 깨달아 알 수 없으니 그럴 것이 없이 빨리 이야기 하여 사람의 답답한 가슴을 풀어 주기를 바랍니다."라고 물으니 콩쥐는 그 자리에 엎드러지며 목이 메여 말이 나오지 못하는 목소리로 하는 말이 "첩이 일찍이 팔자가 기구하다가 영감의 후의로 좋은 지위에 이르렀기에 배우지 못한 이 몸으로도 마음을 다하여 받들어 보리라 생각하였더니 불의에 의붓동생 팥쥐라는 계집 아이의 악독한 해를 입어 몸은 벌써 연못의 귀신이 되었으나 본래 첩의

> 성질이 악함이 없음으로 상제께서 특별히 세상에 다시 태어나게 하였기에 다 하지 못한 인연을 말씀드릴까 하고 주인 노파에게 신세를 끼쳤사오니 영감께서는 이제 이렇게 된 이상에 다른 생각을 하지 마시고 그 팥쥐와 함께 편안히 지내심을 바랍니다." 하고 흐느껴 울기를 그치지 아니함으로 감사는 듣기를 다하고 일변 자기의 불명함도 부끄럽고 팥쥐의 행위가 절통하여(18-19면)

지금까지 콩쥐는 계모와 팥쥐의 악행으로 인해 상대적으로 선한 인물로 인식되어 왔기에, 오히려 팥쥐와 대결하는 과정에서 분노하던 모습은 더욱 이채롭다. 하지만 불교적으로 보아 콩쥐는 분노하는 마음을 가지고 있었던 것이 선명하게 드러난다. 다만 지금까지 콩쥐는 자신의 문제를 해결하기 위해 팥쥐와 직접 대결하였지만, 이는 콩쥐의 삶을 긍정적으로 변화시킬 방법이 되지 못하였다. 때문에 정도의 차이는 있겠지만 콩쥐와 팥쥐 모두 불교적 시각에서 이상적 캐릭터로 규정하기는 어렵다. 하지만 콩쥐는 팥쥐와 달리 자신의 문제를 해결할 수 있는 방법을 깨달은 존재로 바뀌었다. 이것은 콩쥐가 분노하는 마음에서 벗어나 보다 완성된 마음을 가진 이상적 캐릭터로 바뀌고 있음을 의미한다.

3) 탐욕스러운 계모와 팥쥐

계모와 팥쥐가 콩쥐를 구박하는 모습으로 인해 이들은 부정적 캐릭터로 인식되어 왔다. 그리고 이러한 악행은 근본적으로 탐욕에서 비롯된다. <콩쥐팥쥐>에는 처음부터 계모와 팥쥐의 탐욕스러운 모습이 잘 드러난다.

> 팥쥐야! 이것을 얼른 먹어 버리고 아버지 눈에 띄지 말게 하여라. … 모녀가 마주 앉아 과일이란 과실은 저의 끼리 먹어 버리고 콩쥐는 봐도 주지 아니하되(6면)

위의 인용문에서 계모와 팥쥐는 콩쥐가 얻어온 과일을 자신들만 먹으려 한다. 또한 콩쥐뿐만 아니라 남편인 최만춘도 따돌리고 둘만이 먹어치운다. 이로 인해 남의 것이지만 욕심을 내며 소유하고 독점하려 하는 계모와 팥쥐의 모습이 구체적으로 드러난다. 그렇지만 이는 먹는 것을 탐내었다는 점에서 사소한 에피소드라 할 수 있다. 또한 계모와 팥쥐가 구박하는 대상이 콩쥐로 국한되어 있다는 점에서 악행의 정도는 약하며 달리 보면 인간의 평범한 욕망에서 크게 벗어나지 않는다고도 할 수 있다.

그렇다고 이러한 마음이 인간 사회에서 용납되는 것은 아니다. 계모와 팥쥐가 자기의 것이 아닌 신발을 가지고 억지로 욕심을 내었을 때, 이들은 분명 주위의 비난을 받는다. 그리고 사회에서의 비난과 제재는 욕망의 교정을 전재로 하고 있다. 또한 잘못된 욕망을 스스로 조절하고 변화시켜야 한다는 점에서 자율적이었다. 때문에 계모와 팥쥐도 자신들의 탐욕을 변화시켜 불행한 결말을 피해갈 기회가 있기는 있었다.

> ① 배씨의 발을 내어 놓게 하고 그 신을 신겨 본 즉 발은 중간도 채 모두 들어 놓지 못함으로 관차는 무엄함을 질책하고(12면)
>
> ② 관차를 속여 제가 잃어버린 신이라 하고 콩쥐의 복을 빼앗으려 하다가 관차에게 무안을 당하고 그 후로는 콩쥐를 미워하는 마음이 더욱 심하여지는데(14면)

위의 인용문에서 계모와 팥쥐는 콩쥐의 신발을 자신의 것이라 욕심을 내다가 신발을 가져온 관차에게 질책을 받는다. 그리고 이러한 질책을 받으면 본인의 잘못을 깨닫고 더 이상 욕망을 극대화하지 않는 것이 일반적인 태도이다. 그러나 계모와 팥쥐는 질책이 있은 이후에도 자신의 잘못을 뉘우치지 않는다. 오히려 다음의 인용문에 나타난 팥쥐의 마음에서 알 수 있는 것처럼 앙심을 품고 더 큰 탐욕을 드러낸다.

> 팥쥐조차 시샘하는 것이 폭발하여 콩쥐 저 년이 지금은 저렇게 고운 옷을 입고 단장을 하고서 감사의 부인이 되어 가게 되었지만 네가 나의 솜씨에는 응당 이를 버리고 앉아서 편안하게 호강은 못하리라하며 이를 북북 갈고 별렀다.(14면)

팥쥐는 콩쥐가 감사와 혼인하여 편안하게 호강하는 것을 시샘하여 그렇게 하지 못하겠다고 이를 갈며 벼른다. 인간 사회에서 이미 제재를 받았음에도 자신의 마음과 행동의 잘못을 깨닫지 못한 것이다. 그리고 더 나아가 팥쥐는 콩쥐를 죽이고 나서 "팥쥐는 콩쥐가 물 속으로 들어가고 물거품만 두어번 퐁퐁 솟아오르는 것을 눈으로 보고 마음이 상쾌하여 그만하면 나의 경륜이 마음대로 되는 것을 헛되이 오래도록 근심하였다며 희색이 만면"(15면)하여 자신의 욕망을 합리화하고 옹호하기에 이른다.

때문에 이러한 욕망은 우선적으로 인간사회에서부터 더 이상 용납받지 못한다. 그래서 팥쥐는 우선 감사에 의해 처단된다. 그런데 팥쥐의 욕망을 처단하는 과정에서 감사는 단독으로 이를 정하지 않는다. 감사는 팥쥐의 죄상을 위에 보고하여 알리는데, 감사라는 신분을 놓고 보면 알리는 대상은 임금이 된다. 따라서 임금으로부터 명을 받아 팥쥐를 찢어 죽이고 젓을 담근다.

> 팥쥐에게 칼을 씌워 하옥하고 사실을 상사에게 보고하여 지령을 받은 후에 수레에 묶어 찢어 죽이고 그 송장은 젓갈을 담아 항아리 속에 잘 밀봉하여 팥쥐의 어미를 찾아 전하였더라.(19면)

이렇게 팥쥐는 우선적으로 인간사회에서 처벌을 받게 된다. 여기서 인간사회의 임금이 개입하여 처벌하는 것을 통해, 콩쥐의 죄악은 인간사회에서 좌시할 수 없었다는 점을 분명히 드러낸다. 그리고 인간사회에서의 악행으로 인해 죽은 이후 저승에서도 그에 부합되는 징벌이 진행된다.

이와 같은 점에서 계모와 팥쥐는 탐욕의 마음을 가진 캐릭터를 전형적으로 보여준다. 아울러 이를 버리고 없애지 못하였다는 점에서 최만춘과 김감사 및 콩쥐와 다르며, 이 때문에 이들의 삶은 파국으로 치닫게 되었다.

3. 불교의 시각에서 본 <콩쥐팥쥐>의 의미

불교의 시각에서 <콩쥐팥쥐>에 등장하는 인물들을 보면 계모와 팥쥐뿐만 아니라 콩쥐를 비롯하여 가장인 최만춘과 김감사도 각각 탐진치의 마음을 품고 있는 캐릭터로 형상화된다. 그러나 작품이 후반부로 진행되면서 콩쥐와 최만춘, 김감사는 각각 분노에 사로잡히거나 진실과 거짓을 구별하지 못하던 캐릭터에 변화가 일어났다.

따라서 <신데렐라>와 비교의 과정에서 상대적으로 소홀하게 다루어진 <콩쥐팥쥐> 후반부를 통해 등장인물의 캐릭터는 각각 선택한 삶의 방향에 따라 바뀌어 가고 있음을 파악할 수 있다. 이런 측면에서 <콩쥐팥쥐>의 전체적인 의미 역시 작품의 전반부와 후반부를 아우르는 유기적인 구조 안에서 등장인물의 캐릭터와 긴밀하게 연관된다. 우선 <콩쥐팥쥐>의 내용을 요약하면 다음과 같다.

1. 콩쥐는 어려서 어미를 잃고 아비 최만춘에 의해 동냥 젖을 먹으며 자란다.
2. 콩쥐가 열네 살 되던 해 최만춘은 딸 팥쥐를 둔 과부 배씨를 얻는다.
3. 배씨와 팥쥐는 콩쥐를 못살게 굴지만, 콩쥐는 조력자의 도움으로 이를

해결한다.

4. 잃어버린 신발을 매개로 김감사와 콩쥐가 혼인한다.
5. 팥쥐는 콩쥐를 연못에 밀어 넣어 죽이고 김감사에게 콩쥐 행세를 한다.
6. 콩쥐는 노파를 시켜 생일이라 속이고 김감사를 초대하게 한다.
7. 김감사는 짝이 다른 젓가락을 통해 사실을 깨닫는다.
8. 콩쥐의 시신을 찾아내자 죽었던 콩쥐가 살아난다.
9. 팥쥐는 벌로 육신이 찢겨 젓갈로 담가져 배씨에게 보내지고, 이를 본 배씨가 죽는다.
10. 계모와 팥쥐는 죽어 풍도지옥에서 징치된다.
11. 콩쥐와 김감사는 덕을 베풀어 백성들에게 칭송받으며 살아간다.

전체적인 작품의 내용에서 콩쥐가 신발을 매개로 혼인하는 것은 사건의 완결을 의미하는 것이 아니라 사건의 전환을 의미한다. 또한 전반부에서 인물들의 캐릭터는 콩쥐의 혼인을 계기로 각각의 인물에 내재되어 있던 문제가 분출되며 인물들의 캐릭터도 분명하게 형상화된다.

따라서 신발을 매개로 진행된 혼인을 중심으로 작품의 의미를 해석하는 것보다 작품의 시작과 끝을 유기적인 관계로 상정하고 이를 통해 표출된 의미를 살피는 것이 필요하다. 그렇다면 이 과정에서 작품의 전반부와 후반부에 백성들이 공통적으로 등장하고 있다는 점에 관심을 가질 필요가 있다.

우선 콩쥐는 태어난 지 얼마 되지 않아 친모가 죽게 되어 고난에 빠진다. 하지만 동네의 사람들이 젖을 나누어 주었기에 굶어 죽을 지경에서 살아난다.

콩쥐를 안고 다니며 동네 사람의 젖을 얻어 먹여서 한 살 두 살 키울 적에 그 고생은 어떠하리오(3면)

어머니의 품에서 젖을 먹으며 성장하는 것이 일반적인 것이겠지만, 콩쥐는 태어나자 어머니의 품을 떠날 수밖에 없었다. 때문에 최만춘은 동네에서 젖을 얻어 콩쥐에게 먹이고, 마을의 사람들이 어머니의 역할을 대신한다. 이러한 상황을 불교적 시각에서 보면 콩쥐는 마을 사람들의 보시행을 통해 성장했다는 것을 의미한다.

또한 콩쥐의 신발을 확인하는 과정을 보면 앞서 논의한 것처럼 마을의 백성들이 콩쥐의 신발이라는 것을 알려 주었기에 콩쥐가 혼인할 수 있었다. 그리고 죽었던 콩쥐가 환생하는 과정에서 지켜보는 이들도 잔치에 모인 고을의 백성들이었으며, 팥쥐에 대한 징치를 염원한 것도 바로 이들이었다. 그래서 고을의 백성들은 "모든 관아의 인물들과 읍내 백성들까지 그 신기한 일에 놀라지 않는 사람이 없고 여러 사람이 한입으로 팥쥐년은 천번 만번 찢어 죽여야 한다는 소리가 낭자하게"(19면) 팥쥐를 징치해야 한다고 말한다. 이와 같이 콩쥐는 백성들의 도움을 받아 위기를 극복하고 있으며, 이를 통해 결과적으로 감사와의 행복한 삶을 보내게 된다. 따라서 콩쥐는 팥쥐로 인한 고난이 해결된 이후에 백성들을 돕는 데 적극적이다.

> 세상 사람에게 어진 마음을 베풀어 어려운 사람 구하기를 자기 어려움처럼 생각하여 곡식을 나누어 주는 것을 물론이고 힘써 구제하니 김감사 내외의 어진 덕은 순식간에 칭송하지 않는 사람이 없고 그 은덕은 멀리 후세까지 전하였다.(20면)

여기에서 콩쥐는 세상 사람들을 어질게 대하고, 사람들의 어려움을 자기 일처럼 생각하여 구제한다. 이전의 콩쥐가 비록 선한 인물로 여겨졌다 하더라도 구체적으로 행동한 적이 없었다는 것을 고려한다면 콩쥐의 모습은 이전과 완전히 다르다. 실제로 콩쥐는 감사와 혼인하기 이전에는 가족의 울타리 안에서만 관계를 맺고 있었고 혼인한 이후에도 팥쥐에 의해 죽임을 당하기 직전까지 연못의 연꽃만을 감상하며 신랑만을 기다리던 캐릭터였다.

하지만 재생 이후에 자신이 고난을 겪을 때 함께해 주었던 백성들을 돌보는 존재가 됨으로서 콩쥐의 삶도 달라지게 된다. 그리고 자신이 받았던 은혜를 되갚으려 하였기에, 이후 콩쥐는 김감사와 함께 그 은덕이 후세에까지 전해지는 이상적 캐릭터로 바뀐다. 이는 불교적 세계관에 따라 자신이 받은 은혜에 대해 보은하는 것이다.

반면에 악행을 저지른 팥쥐는 자신들의 죄업에 부합되는 징치를 당한다. 그리고 팥쥐가 처벌받는 과정은 불교적 세계관과 긴밀하게 연결된다. 때문에 계모와 팥쥐가 징치되는 과정은 간략하게 처리되어 있음에도 불구하고 오히려 선명한 의미를 담고 있다.

> 풍도지옥으로 모녀가 손을 이끌고 가니라(20면)

위의 인용문에서와 같이 팥쥐와 계모는 모두 죽어서 풍도지옥(風途地獄)에 간다.[4] 원래 전통적인 죽음 관념에서 지옥에 대한 인식은 없었지만, 불교가 전래되면서 지옥 관념도 확산되었다. 이런 의미에서 지옥의 등장은 실제로 <콩쥐팥쥐>의 결말이 불교와 깊은 관계에 놓여 있다는 것을 드러낸다.

우선 팥쥐가 죽어 젓갈이 되는데, 이것은 지옥에서의 특정한 죄에 대한 처벌 과정과 연관된다. 지옥은 여러 지옥으로 나누어지는데, 특히 평등왕(平等王)이 다스리는 16개의 소지옥 가운데 9번째인 양축성해(羊搐成醢) 소지옥에서의 처벌과정이 짠 소금에다가 저려서 젓갈로 담그는 것이다. 그리고 이곳은 도적질할 마음으로 남의 재물을 뺏고 생물을 죽이는 자들을 징치하는 곳이다. 따라서 팥쥐가 젓갈이 되는 징치의 과정은 팥쥐가 콩쥐를 죽인 선택의 결과에 따라 받게 되는 처벌을 형상화한 것이다.

또한 계모와 팥쥐가 함께 가게 된 지옥은 풍도지옥이다. 풍도지옥은 살을 에는 듯한 차가운 바람이 불어와 사람을 갈기갈기 찢는 곳이라고 한다. 그리고 이곳은 남의 남편을 빼앗은 죄업을 저지른 사람이 가는 곳이다. 계모와 팥쥐의 행동에서 계모는 최만춘을 버리고 다른 남자를 취하였으며 팥쥐는 콩쥐로 가장하여 김감사를 뺏으려 하였었다. 따라서 풍도지옥은 계모와 콩쥐가 생전의 삶에서 선택한 결과에 따라 마땅히 가야하는 지옥이다.

이런 측면에서 <콩쥐팥쥐>에 나타난 지옥의 관념은 구체적이다. 특히 불교의 관점에 의하면 지옥에 떨어진 인물은 여러 곳의 지옥을 거치게 되어 있는데, 팥쥐가 젓갈로 담기는 징벌을 받은 이후에 풍도지옥을 간다는 것은 죄에 따라 겪게 되는 지옥에서의 징치 과정을 단계적으로 드러낸다.

이처럼 콩쥐와 팥쥐의 처벌은 그들이 선택한 삶의 결과이다. 이렇게 본다면 비로소 이들의 이름이 '콩쥐'와 '팥쥐'로 형상화되어 있는 이유가 드러난다. 우선 콩쥐와 팥쥐의 이름에서, '쥐'는 '조이(召史)'에서 온 것으로 '여자'를 지칭하는 말이기에, 콩과 팥이 각각 의미를 지닌다.[5] 그리고 콩과 팥을 아우르면 '콩 심은데 콩나고, 팥 심은데 팥난다'라는 속담으로 수렴되는데, 이 속담은 원인과 결과가 일치한다는 불교의 연기설에 기반해 있다. 따라서 콩쥐가 보은하며 살게 된 것과, 계모와 팥쥐가 지옥에 가게 된 것은 그들의 이름에서 나타나듯이 삶의 필연적인 귀결이다.

반면에 콩과 팥으로 상징되는 연기적 세계관을 깨닫지 못한 인물은 어리석은 캐릭터로 형상화되는데, 이는 최만춘의 모습을 통해 드러난다.

> 배씨의 말이라면 팥으로 메주를 쑨다고 해도 곧이듣게 되어 죄없는 콩쥐를 오히려 구박하더라.(4면)

위의 글에서와 같이 최만춘은 계모의 말이라면 '팥으로도 메주를 쑨다'하더라도 믿었었다. 메주의 재료가 콩이라는 점에서 팥으로는 메주를 쓸 수 없다. 하지만 최만춘은 이를 부정하고 팥으로 메주를 쓴다고 믿었고, 그 결과 자신의 친딸인 콩쥐를 박해하는 어리석은 행동을 하게 된 것이다. 이러한 인물이라면 더 이상의 악업을 쌓지 않기 위해서라도 자신의 불민함을 깨달아야 한다. 그래서 최만춘과 같은 어리석은 인물은 자신의 불민함을 깨닫는 것으로 캐릭터가 바뀌었고, 변화를 선택함으로서 그의 삶은 다른 결과를 맞게 되었다.

이와 같이 <콩쥐팥쥐>는 유기적인 구조 안에서 콩쥐와 팥쥐의 삶을 중심으로 주변 인물들의 캐릭터가 구체화된다. 아울러 이들을 통해 탐진치를 버리고 없애는 불교의 이상적 캐릭터를 보여주고 있으며, 윤회와 연기 그리고 보은과 저승에서의 징치라는 불교의 세계관이 작품을 통해 드러난다고 하겠다.

2장
캐릭터의 현실적 변주

곽씨부인과 뺑덕어미

– <심청전>의 여성 형상

유 영 대

1. 머리말

판소리가 민중들뿐 아니라 양반들에게도 의미있는 예술로 자리잡아 가는 과정에서 판소리의 부분이 확장되고, 세련되어 갔다는 점은 주지의 사실이다. 원래 간단하게 아니리로 처리된 부분이 서사적 맥락에서 중요하게 인식되면서 내용을 풍부하게 하기 위하여 더늠으로 확대되었다. 형성기 판소리가 비교적 단순하면서도 일관된 서사단락을 소리로 불러왔던 것에 대하여, <성장기 판소리>[1]는 '더늠+더늠+더늠'의 형태로 부분이 확장되어가는 적층적 예술형식이 되었다. 한 부분이 더늠으로 확대되면서 다른 부분과의 모순이나 당착을 이루는 경우는 바로 이와 같은 판소리의 19세기적 확장 과정과 관련된 현상이다.

<심청전>은 중간 부분의 '범피중류' 대목을 기점으로 하여, 전반기에는 '곽씨부인의 죽음'과 '심청의 동냥' 및 '상인에게 팔려가서 죽음에 이르는 대목'까지 일관되게 하강하는 구조로 이루어지며, 후반부에는 심청이 선인들에게 구원되어 왕후가 되고, 심봉사가 뺑덕어미를 만나면서 보여주는 삶의 풍속화적 모습과, 황성 맹인 잔치 가는 길의 '방

아타령' 대목을 거쳐 맹인잔치에서 눈을 뜨고 행복을 성취하는 일련의 과정을 통하여 분위기가 급격히 상승되는, 작품의 균형이 문제되어온 특이한 작품이다. 작품의 하강-상승 구조는 인물의 형상화와 밀접하게 맞물리면서 더욱 완강하게 짜여진다.

<심청전>을 포함하여 판소리에 기반을 두고 형성되어온 고전소설들은 구체적 인물형상화가 가장 중요한 특징이라 할 수 있다. <심청전>의 본래적 주인공이라 할 수 있는 인물은 물론 심청이며, 심청에 관한 인물론이 주류를 이루고 있다. 심청이나 심봉사와 함께, 조연급 가운데서 가장 생생하게 형상화된 인물로 심봉사의 아내인 두 여성, 곽씨부인과 뺑덕어미를 들 수 있다. 이 글에서는 심봉사와 그의 아내인 곽씨부인, 뺑덕어미가 <심청전> 안에서 형상화되는 과정과, 그들 인물형상이 갖는 의미에 대하여 살펴보기로 한다. '곽씨부인' 대목과 '뺑덕어미' 대목은 <심청전> 및 <심청가>의 전승의 맥락에서 보면 '성장기 심청가' 이후의 양상이라고 지적할 수 있다. 이들 인물의 형상화 과정을 살펴보기 위하여 '성장기 심청가' 자료인 <허홍식 창본>[2]과, 문장체 소설, 완판을 포함한 현행 판소리, 그리고 <신재효본 심청가>를 중요한 텍스트로 이용하기로 한다. 신재효가 개작한 <신재효본 심청가>의 경우, 기존의 더늠을 충실하게 전재하여 소개한 부분과 자신의 의도를 표명하여 개작한 부분으로 확실히 나뉘는 특징이 있어서, 그 이전 <심청가>의 내용을 짐작하여 검토하게 하는 데도 좋은 자료가 된다.

2. <심청전>의 인물형상

1) 심봉사의 인물형상

<심청전>의 주인공으로서 심청과 심봉사의 인물론이 그동안 주목

을 받아왔다. <성장기 심청가> 형태로 분류될 수 있는 <박순호본>에는 심봉사가 "옛날 송나라 시절의 유리국 오류촌의 사는 심운이라 하는 사람이 있으되 본래 천생 맹인으로 부모를 조실하고 가세 빈한하여 가긍히 지내더니……"로 그려져서 심봉사의 신분이나 학식에 대하여 아무런 수식어가 붙어있지 않다. 심봉사의 신분상승이 진행되기는 하지만 철저하게 이루어지지 않았으며, 심봉사의 행동방식은 철이 없고, 이기적이며, 어리석은 모습으로 나타나는 것이 <성장기 심청가>의 특징이다. 심봉사의 신분이 양반으로 상승되어 있으면서도 일관되게 양반으로 그려지지 않고 있다.

> '…우리 부처님께 시주하오.' '무슨 시주 하라하오.' '공양미 삼백석만 불전에 시주하면 생전에 눈을 떠서 천지만물 보리이다.' 심봉사 반갑게 듣고 가난한 형세 아주 잊고 공양미 삼백석을 권선에 적어주고 집으로 돌아와서…"(朴順浩本)

> "'…오면 삼년내의 눈을 떠셔 좋은 세상 볼 것이오, 국록지신 되리오다.' 심봉사 이 말 듣고 반가워서 식은 웃음 허허 웃고 가산은 생각않고 눈뜨기만 좋아라고, '그리 하소.' 염려없이 공양미 삼백석을 권선의 기록하니 중이 백배 사례하고 간 연후의…"(朴順浩本 <東國 심청전이라>)

눈을 뜰 수 있게 된다는 중의 말에 좋아하는 심봉사의 모습과, 가세를 살펴보고 형세를 생각할 여지도 없이 바로 공양미 삼백석 시주를 약속하는 경솔한 심봉사의 모습이 '웃음 허허 웃고'라는 표현 가운데 잘 그려져 있다. 눈을 떠야만 한다는 욕망을 실현하기 위하여 자신의 딸을 팔게 되는 방식으로 줄거리가 진행되면서 심봉사라는 인물이 그다지 긍정적이지 않다는 점을 보여주고 있다. <성장기 심청가> 가운데 형상화된 심봉사의 모습은 배비장 · 골생원 · 옹고집 · 변강쇠 · 장끼・무숙이 등 실전 판소리에서 주요한 인물로 등장하는, 무능하고 폭력을 휘두르기도 하는 룸펜 류의 부정적 남성형상과 일정하게 연관된다.

그런데 <경판본>에는 "남군땅에 일위 명사있으되 성은 심이요 명은 현"이며, 원래 명문거족으로 공명에 뜻을 두지 않은 명유(名儒)로 되었다. 그리고 19세기 중반 <신재효본 심청가>와, 완판을 포함한 변모기 <심청가>에는 심봉사가 '누대 잠영지족'으로 바뀌어 등장하게 된다. 심봉사는 지체있는 가문 출신으로 교양을 갖춘 인물로 변화되어 우리에게 등장하게 된다. 한껏 격조를 갖춘 심봉사는 "누대 잠영지족으로 무명이 자자하더니 가운이 영체하여 조년의 눈이 머니 낙수청운의 잘자취 끊어지고 금장자수의 공명이 비었으니 향곡의 곤한 신세 강근한 친척 없고 겸하여 눈이 머니 누가 대접할까마는 양반의 후예로서 행실이 청검하고 지고가 경개하야 일종일정을 경소리 아니하니 사람이 다 알더라"고 묘사되어, 욕망을 절제하고 무게를 갖춘 이상화된 전범으로서의 양반으로 그려지고 있다. 특히 신재효는 심봉사를 철저하게 양반으로 격상시켰다. <신재효본 심청가>의 전반부에 묘사되는 심봉사는 양반 사회의 모습에 익숙한 인물로 그려진다. 물론 양반으로서의 품격을 유지하고 있으며, 가부장권을 폭력적으로 휘두르지 않는다.

신재효가 개작한, 양반품격을 잘 갖춘 심봉사의 형상을 다음 삽화를 통해 살펴보기로 한다.

> "이때에 심청이는 음식을 얻어들고 망망히 돌아와서 내력을 물은 후에 아비를 위로하고 대사에게 치하하며 얻은 음식 내어놓고 착실히 대접하니, 저 중이 먹으면서 연해 돌탄하여 '이생에 맹인되기 전생의 죄악이라. 우리 절 부처님전 정성을 들였으면 이생에 눈을 떠서 천지만물 보련마는 가세가 철빈하니 애막조지 불쌍하다.' 심청이 이말 듣고 대사에게 자세히 물어, '부처님이 사람이오.' '정반왕의 태자시지.' '지금 살아계십니까.' '불생불멸 그 공부

가 살도 죽도 안하시지.' '재물을 안드리면 보리를 아니하오.' '그러함이 아니시라 무물이면 불성이라. 정성을 드리자면 재물없이 할 수 있소.' '재물 얼마 드렸으면 정성이 될 터이요.' '우리 절 큰 법당이 풍우에 퇴락하여 중창을 하랴하고 권선문을 둘러메고 시주각댁 다니오니 백미 삼백석만 시주를 하옵시면 법당 준수한 연후에 부처님전 발원하여 눈을 뜨게 하오리다.' 심청이 대답하되 '백미 삼백석에 부친 눈을 뜨일테면 몸을 판들 못하릿가. 권선치부하옵소서.' 대사가 좋아라고 권선을 펴놓고 붉은 찌에 쓰옵기를 다한 후에 심청이 하는 말이, '가지고 가옵시면 백미 삼백석을 수이 얻어 보내리다.' 저 중이 허락하고 권선메고 가는구나. 심봉사 혼미중에 이 말을 얻어듣고, '애개 내딸 허망하다. 조석밥을 얻어서 너를 시켜 비는 터에 백미 삼백석이 어디서 나겠느냐. 불가 오계중에 거짓말이 큰죄로다……대사를 어서 불러 너 쓴 찌를 떼버려라.' 심청이 여짜오되, '왕상은 얼음 구멍에서 잉어를 얻었삽고 맹종은 눈 가운데서 죽순이 솟았으니 백미 삼백석이 그리 대단하오리까…"
(<신재효본>)

우리가 잘 알고 있듯이 신재효본 이전의 창본에서, 심봉사는 늦게 돌아오는 딸 심청을 마중 나갔다가, 개울에 빠져서 거의 죽게 된다. 이때 중이 내려와 물에 빠진 심봉사를 구해주고, 중이 시주하면 눈을 뜬다고 말하자, 심봉사는 앞뒤 살펴볼 겨를도 없이 화주승에게 덜컥 시주를 약속한다. 이와 같은 일련의 과정으로 보아 심봉사는 무능하고, 어리석고, 경솔하다. 신재효는 심봉사에게 씌워져 있는 이 같은 혐의가 못내 마음에 걸려, 인용문의 모습으로 심봉사의 형상을 바꾸었다.

신재효가 개작한 이 작품을 통하여 그의 개작 의도가 어디에 있으며, 그 이전의 <심청가>의 모습이 어떠했는지를 거꾸로 추정할 수 있다. 그의 개작본을 정리해보자. 심봉사가 개천에 빠지자 중이 건져내어 심봉사를 업고 집이 어딘지를 물어 데려와서는 옷을 짜고 말리는데, 이때 심청이가 장승상 댁에서 집으로 돌아온다. 신재효가 고쳐놓은 이 대목에서는 심청이 직접 몽은사 화주승에게 시주약속을 하는 것으로 그려지며, 심봉사는 심청에게 “애개 내딸 허망하다. 조석밥을 얻어서 너를 시켜 비는 터에 백미 삼백석이 어디서 나겠느냐. 불가 오계중에 거짓말이 큰죄로다”라고 심청을 야단치면서 그녀의 현실감각 없음을 개탄한다.

기왕의 <심청가>를 듣던 청중들에게 심봉사는 무능하며, ‘제 눈 뜨려고 딸 팔아먹은 위인’이라는 비난이 작품의 면면에 배어있었다. 신재효는 이같이 해석되는 소지를 아예 없애기 위하여, 심청이 나서서 시주를 약속하는 방식으로 내용을 철저하게 바꿨다. 심봉사에게 씌워져 있는 ‘딸 팔아먹은 자’라는 혐의를 벗기기 위하여, 필요한 서사단락 마다 신재효의 의견이 지속적으로 끼워 넣어졌다. 신재효가 특히 개작에 신경을 써서 주의를 환기시키는 대목을 함께 읽어보기로 하자. 신재효의 개작의식의 일단을 보여주는 장면이다.

> “심봉사가 억지를 마구 써 ‘그렇든지 저렇든지 너는 못가리라. 너 가면, 나 죽는다.’ 손을 쥐고 안 놓으니 선인들이 민망하여 심봉사께 빌어빌어, ‘여보 봉사님 그리 마오, 그리 마오..애자지정이야 어떤 사람 없으리까. 사세 부득이면 어쩔 수가 없기로 소중랑 돌아올제 그 아들 이별하고 등백도 도망할제 그 자식을 버렸으되 천고에 전한 사기, 시비가 없었으니 봉사님이 딸을 팔아 눈을 뜨자 하거들면 남이 시비하려니와, 낭자의 효성으로 부친 눈을 띄려 하고 자신 방매하였으니 시비할 이 뉘 있겠소. 쏜 살을 붙들겠소, 엎어진 물을 거두겠소. 우리도 중가주고 낭자를 사갈제는 사망을 바라는데, 저렇게 실행하면 사망이 없을 테니 그만 진정하옵소서.’ 심봉사 할 수 없어 심청의 손을 놓고 치궁굴 내리궁굴 마른 땅에 새우 뛰 듯, 아주 자반뒤집기를 하는구나.”(<신재효본>)

신재효는, 선인(船人)이 심봉사에게 하는 말을 빌어서 자신의 견해를 보여주고 있다. 신재효는 소중랑(小中郎)과 등백도(鄧伯道)의 자식 버린 일을 예로 삼아, 심청이 아비 때문에 뱃사람에게 팔려가는 이 같은 상황이 윤리에 어긋나는 것으로 해석될 소지가 있기는 하나, "봉사님이 딸을 팔아 눈을 뜨자 하거들면 남이 시비하려니와, 낭자의 효성으로 부친 눈을 띄려 하고 자신 방매하였으니 시비할 이 뉘 있겠"느냐고 강변하면서 실제로는 불륜이 아님을 역설하고 있다. 심청이 뱃사람에 팔려가는 지금의 경우도 이 고사와 마찬가지로 상황윤리에 의하여 부득이했기에 시비할 문제는 아니라고 하면서 심봉사의 무죄를 증명하고 변호하고 있다. 신재효 당대까지의 <심청가>가 대체로 심봉사에게 '딸 팔아먹은 혐의'를 인정하는 방식으로 전개된 것에 대하여, 신재효식으로 반발한 것이 이 대목으로, 여기서는 심봉사의 입장을 옹호하고 정당화시키려는 의도가 강화되어 있다.

심봉사는 작품의 전반부에서 양반의 품격을 유지하지만 후반부 뺑덕어미를 만나는 대목에 이르면 세속적 욕망에 충실하게 움직이는 모습을 보여줘서, 성격의 일관성만을 기준으로 본다면 작품의 균형이 심각하게 손상된다. 욕망에 충실하게 반응하는 심봉사의 행태는 <신재효본>에 이르면 과장되게 드러나며, '짝타령'이나 '파자식 대담', 그리고 '방아타령' 대목 등 도처에서 심봉사는 양반과 천민의 기질을 동시에 보여주면서, 가장 심하게 분열하는 모습을 보여준다. 욕망에 충실하게 움직이는 심봉사의 모습을 한 대목 읽어보자.

> "자고로 색계상의 영웅과 열사가 없었거든 심봉사가 견디겠나, 동네의 과부가 있는 집을 공연히 찾아다니며 선웃음 풋장담을 무한히 하는구나. '허허, 돈이라 하는 것을 땅에 묻지 못하겠소, 맹인 혼자 사는 집에 돈 두기가 미안하여 후원에 땅을 파고 돈 천이나 묻었더니, 이번에 구멍 뚫고 가만히 만져보니 꿰미는 썩고, 돈이 붙어 한 덩이를 만져보면 천연한 말 좆이제. 쌀 묵으니 우습더군, 버러지가 집을 지어 한 되씩이 엉기었제. 올해 어장이 어찌 되

> 었는고. 갯가 사람 빚 준 돈이 그렁저렁 천여 냥 고기를 잘 잡아야 수쇄(收刷)가 탈 없을 터인데. 먼데에서 보내온 좋은 약은 동삼 몇 뿌리 없을려고? 공교로이 젊었을 때 두 뿌리 먹었더니, 지금도 초저녁에 그것이 일어나면 물동이끈 당기도록 그저 뻣뻣하거든.' 이렇게 허풍을 떨고 나니."(<신재효본>)

심봉사는 심청이 인당수로 팔려간 후 동네 과부 있는 집을 공연히 찾아다니면서 견딜 수 없는 욕망을 분출할 대상을 모색한다. 심봉사는 젊어서 동삼을 먹은 탓에 "지금도 초저녁에 그것이 일어나면 물동이끈 당기도록 그저 뻣뻣하"게 살아나는 욕망에만 충실한 인물로 그려져 있다. 심봉사가 양반으로서의 일관된 인격을 가진 인물이 아니라 분열되고 파탄되어 있는 모습으로 나타나는 것은 개작자의 의식과도 일정하게 연관될 수 있다고 생각된다. 심봉사의 신분상승이 앞부분에서는 개작자의 의도를 제대로 반영하여 적절하게 이루어졌으나, 작품의 구조상 양반이 될 수 없는 곳에서는 개작되지 않은 채, 애초의 모습인 천민으로, 혹은 더욱 더 타락한 모습으로 등장하여 쉽게 화합할 수 없는 두 개의 인격으로 표출되었던 것이다.

신재효를 포함한 변모기적 개작동기에 의하여 환골탈태된 심봉사의 모습은 유교적 이념에 입각한 이상적 인물의 구현이었지만, 이와 같은 개작의 방침이 작품의 후반부에까지 지속적으로 통제력을 미치지는 못했던 것 같다. 그래서 원래부터 있어왔던 욕망에 충실한 심봉사의 모습이 이전의 <성장기 심청가>의 잔존형태를 유지하거나, 혹 비천함을 과장되게 그려 보이기도 하였던 것이다. 욕망을 실현시키고자 자신의 딸을 팔게 되고, 이에 관하여 윤리적 죄책감을 느끼게 되면서, 윤리의식은 심봉사가 감당할 수 없게 되었으며, 이로 인해 분열의 모습은 극에 달한다. 심봉사에게 요구된 도덕률과 현실적 욕망 사이의 분열된 모습은 신재효로 상징되는 조선후기 지식층의 분열된 모습과도 상통하는 측면이 있다.

심봉사는 안맹하게 되면서 자신의 곤궁한 삶을 딸인 심청에 의지하여 겨우 겨우 살아간다. 심봉사에게는 아내로 두 여인이 존재한다. 이들은 곽씨부인과 뺑덕어미이다. 심봉사와 마찬가지로 이들 두 사람도 당대의 두 유형을 실제로 반영하는 전형적 인물이라 생각된다. 이들 인물의 형상화 과정을 차례로 살펴보자.

2) 곽씨부인의 인물형상

<성장기 심청가>에는 심청의 어머니에 대한 인적 사항이 대체로 간략하게 언급된다. '정씨'나 '양씨'로 부차적으로 존재하던 심봉사의 처가 곽씨부인으로 바뀌면서 그의 인물형상이 훨씬 구체적으로 실감나게, 그리고 더 장황하게 부연된다. 곽씨부인의 인물형상은 흔히 '초압'이라고 부르는, 심봉사 집안의 가난한 현실을 보여주는 '삯바느질' 대목에 잘 드러나 있다. <성장기 심청가> 계열에서는 곽씨부인의 품을 파는 대목을 간단하게 처리하여 "심봉사 어진 아내 앞 못 보는 맹인가장 공대할제, 굽고번기 아니하기 품팔기로 한다. 삯바느질 빨래품과 공정봉양 품을 가리지 않고 벌어서, 심봉사 삼시공양, 사철 이복 시종이 여일하여"(박순호본 <동국신청전이라>)라고 간단히 불렀다. 주로 곽씨부인이 하는 품팔이의 종류를 열거하여 그와 같은, 끝도 없이 지속되는 일이 주는 고달픔을 효과적으로 보여주는 데 그 목적이 있다고 생각되는 노래이다.

그런데 19세기 중반 이후, 변모기에 이르면 양상이 달라진다. 곽씨부인이 하는 일의 종류를 훨씬 여러 가지로 늘어놓는 것은 판소리의 사설이 더늠으로 정착되는 과정과 맞물려있는 현상으로 이해할 수 있다. 곽씨부인은 '현철하여 임사(任似)의 덕(德)과 장강(莊姜)의 색(色)에다가, 예기(禮記)나 시경(詩經) 등을 읽어 교양과 덕성을 갖춘 여자'라는 작품외적 서술자의 목소리가 강하게 나타나게 된다.

"그 아내 곽씨부인 그도 또한 현철하여 임사의 덕과 장강의 고움과 목란의 효행이 있어 예기(禮記), 가례(家禮), 내칙편(內則篇)과 주남(周南), 소남(召南), 관저시(關雎詩)를 모를 것이 바이없어. 봉제사와 접빈객과 이웃과의 화목하기, 가장 공경, 살림살이, 백이숙제의 청렴이요, 안연의 가난이라. 청전구업 바이없고, 말만한 단칸 초가의 조불려석 하는구나. 송곳을 세울 땅이 없고, 응문(應門)할 아이 없어 가련한 곽씨부인 몸을 버려 품을 팔제, 삯바느질, 관대, 도복, 행의, 창의, 직령이며, 협수, 쾌자중치막, 남녀 의복 잔누비질, 상침질, 외올뜨기, 곧추누비 솔오리기, 서답 빨래, 푸새, 마전, 하절의복, 한삼 고의, 망건 꾸며 갓끈 접기, 배자, 단추, 토시, 버선 주머니, 쌈지, 약낭, 필낭, 휘양, 볼끼, 복건, 풍차, 처네, 주의, 이불이며, 베갯모의 쌍원앙과 흉배의 쌍학 놓기, 토주, 갑주, 분주, 표주, 명주, 생초, 춘포며, 삼베, 백저, 극상 세목을 삯 받고 맡아서 짜기, 청황, 적흑, 침향, 유록 온갖 염색 맡아 하기, 초상난 집의 원삼제복, 혼인 대사에 음식하기, 갖은 증편, 중계 약과, 백산 과잘, 다식, 정과, 냉면, 화채, 신선로며, 갖은 반찬 약주 빚기, 일 년 삼백육십 일을 잠시도 놀지 않고 품을 팔아 모을 적에, 푼을 모아 돈을 만들고, 돈을 모아 양을 만들어, 양을 지어 관돈 되니 일수와 장리변을 근 이웃 사람들에게 착실한 곳 빚을 주어 실수 없이 받아들여 춘추시향 봉제사, 앞 못 보는 가장공경, 시종이 여일하니, 상하 인민 노소간의 곽씨부인 어질단 말 뉘 아니 칭찬하리."(<신재효본>)

인용한 노래는 신재효가 기존의 더늠에 자신의 메시지를 담아서 재구성한 것이다. 이 노래는 두 대목으로 구성되어 있는데, 앞 대목에서는 곽씨부인의 덕과 교양을 설명하고 있으며, 뒷부분에서는 곽씨부인이 품파는 모습을 구체적으로 보여주고 있다. 앞의 곽씨의 덕목을 열거하는 대목은 추상적으로 이념화된 여군자(女君子)의 모습이고, 뒤의 품파는 곽씨는 알뜰한 살림꾼으로 묘사되어 있다. 이 두 부분이 서로 유기적으로 관련을 맺고 있지 않은 것처럼 보이는데, 품파는 대목에서는 곽씨부인이 돈버는 방법을 구체적으로 열거하면서 현실을 제시하고 있다. 곽씨는 품을 파는 데 그치지 않고, 돈을 빌려주고 이자를 받는 일을 하며 살림을 꾸려나간다. 곽씨부인의 형상화는 조선후기 한문단편에서 보이는 치산(治産)에 능한 현부(賢婦)의 모습과 닮아있다.

곽씨부인은 온갖 종류의 삯바느질과, 서답까지를 포함한 빨래, 그리고 음식 만들기 등등 임노동자의 모습으로 일을 한다. 그리고 이렇게 품팔이하여 만든 몇 푼의 돈을 이자를 주어서 착실하게 키워낸다. 곽씨부인은 이렇게 모은 돈으로 봄가을에 올리는 시제나 제사 모시는 일과 가장을 공경하는 일에 매진한다.

그리고 곽씨부인의 삶의 제반 조건은 모두 심봉사에게 집중적으로 얽혀 있다. 옹고집의 아내나 옹녀 등이 부정적인 가장에 맞서서 이들을 풍자・권면하는 모습[3)]과는 사뭇 다른 형태로 현모양처의 모습을 제시하는 하나의 전형이 되었다. 자신의 욕망은 최대한 억제하고 가군(家君)과 가족의 행복을 위하여 헌신하는 내조의 극치라 할 수 있다. 이렇게 하여 곽씨부인에게 돌아오는 칭송은 '어진 사람'이다. 곽씨부인은 동네사람의 어질다는 평판에서 구현되었듯이, 전통사회에서 요구하는 이상적 여성상의 구현이다.

곽씨부인이 심청의 태몽을 꾸는 부분의 서술은 흥미롭다. 원래 신선이자 선녀인 곽씨부인과 심청은 옥황상제에게 득죄하여 천상에서 쫓겨나게 되어, 속죄하느라 현실에서 태어나게 되었다는 내용이 간략히 소개된다. 이 모티브는 당대에 유행하던 적강소설의 구조를 작품 가운데 그대로 반영한 것이기는 하지만, 후사를 기대하는 대목에서 나타나 가부장적 질서를 존중하는 의식을 보여준다는 점에서 흥미로운 대목이다. 봉제사나 춘추시향에 임하는 곽씨부인의 태도에서도 보이지만, 곽씨부인은 가부장적 질서를 소중하게 생각하고 눈먼 가장을 대신하여 이 일을 완벽히 수행해 나가는 사람이다.

곽씨부인은 가부장적인 이념을 현창하기 위한 표상으로 제시된 것처럼 보이기도 한다. 아들을 낳지 못하고 딸을 낳았을 때 비애감에 젖은 곽씨부인의 모습에서, 작품의 주인공인 심청을 낳았다는 자신감보다는 가문을 이어갈 아들을 낳지 못한 부끄러움이 더 드러나는 장면이 제시된다. <심청전>에서 권위적이고 억압적인 가부장의 모습은 보이지 않는다. 곽씨부인은 강한 동시에 부드럽고, 엄격한 동시에 너그러운 인물이다. 자신의 호의호식에 대해서는 엄격하게 차단하면서 눈먼 가장을 공경하는 그녀의 태도는 한없이 너그럽다.

곽씨부인의 유언 대목에서도 이 같은 곽씨부인의 성격이 잘 드러난다. 곽씨부인의 알뜰함은 유언 대목에 그대로 담겨있다. "멀고 먼 황천길에 눈물겨워 어찌 가며, 앞이 막혀 어찌 갈까. 저 건너 이동지 집에 돈 열 냥 맡겼으니, 그 돈 열 냥 찾아다가 초상에 보태 쓰고, 도장 안의 양식 해복 쌀로 두었으나, 못다 먹고 죽어가니, 내 사정 절박하네. 첫 삭망이나 지낸 뒤에, 두고 양식 하옵고, 진어사댁 관복 한 벌 흉배 학을 놓다가 못다 하고 보에 싸서 아래 농에 넣었으니, 나 죽어 초상 후에 차지러 오거든 염려 말고 내어주고…(<完板本>, 6장)."라고 말하고 있다. 곽씨부인을 장례치르는 '주과포혜'와 '상두가' 등은 이상적 여인이 죽음에 이르렀을 때, 예의를 갖춰 다른 세계로 보내는 엄숙하고 비장한 노래이다. 곽씨부인은 보수적 입장에서 그려보는 여성의 모습을 표징하고 있다.

3) 뺑덕어미의 인물형상

한편 뺑덕어미는 어떻게 그려지고 있는가. 뺑덕어미는 <성장기 심청가>에서 '뺑파', '뺑덕어미'로 등장하여 이 작품의 해학적 지향을 공고히 하는 데 기여하고 있다. 지나치게 비장일변도로 진행되어온 <심청전>에 골계의 균형을 갖게 해주는 인물이 바로 뺑덕어미다. 뺑덕어미라는 인물형상에 보이는 골계적 조역에 관한 연구가 풍부하게 이루어진 것도 뺑덕어미에 대한 관심의 정도가 주목할 만하며, 그 주목에

값 할 만하다는 결론과 연관된다.[4] 그런데 뺑덕어미가 아직 정형화되지 않은 <성장기 심청가>에서는 악인형으로 등장하지 않고 그저 단순한, 개성이 뚜렷하지 않은 마을의 아낙네 정도로 그려지는 점이 이채롭다.

박순호본에 그려진 뺑덕어미는 "저 건너 동네 뺑덕어미 상부하고 혼자되어, 근근 자심하더니, 심봉사 집에 백미 오십석 있단 말을 듣고, 중매 없이 제가 와서 심봉사의 가속이 되어 분탕질을 일삼는다. 서방질 번복과 신술 단술 날마다 일삼으니, 오십석 쌀을 일년 지내어 다 먹고, 근근이 지내더니" 정도로 그려져 있다. 정출헌이 뺑덕어미를 "조선 후기 유랑하는 하층 부녀자의 한 전형"으로 본 것도 이와 같은 맥락이라 생각된다.[5] 뺑덕어미 대목이 가장 걸출하게 묘사된 <신재효본>을 보기로 한다.

> "그 동네 뺑덕어미라 하는 홀어미가 있는데, 생긴 형용, 하는 행실 만고사기(萬古史記) 다 보아도, 짝이 없는 사람이라. 인물을 볼작시면, 백등(白登) 칠일 보냈으면 묵돌정병(冒頓精兵) 풀터이요, 육궁(六宮) 분대(粉黛) 보았으면 무안색을 하겠구나. 말총 같은 머리털이 하늘을 가리키고, 됫박 이마, 홰 눈썹의 우먹 눈, 주먹 코요, 메주 볼, 송곳 턱에 이가 드문드문, 입은 큰 궤문 열어 논 듯하고, 혀는 짚신짝 같고, 어깨는 키를 거꾸로 세워 놓은 듯, 손길은 솥뚜껑을 엎어 놓은 듯, 허리는 짚동 같고, 배는 폐문 북통만하고, 엉덩이는 부잣집 대문짝, 속옷을 입어서 거기는 못 보아도, 입을 보면 짐작하고, 수종 다리, 흑각 발톱, 신은 바느질 자 길이에 반을 더 보태어 신는구나. 인물은 그러하고 행실로 볼작시면, 밤이면 마을 돌기, 낮이면 잠자기와, 양식 주고 떡 사먹기, 의복 맡기고 술 먹기와, 젯밥 올릴 때도 담뱃대는 뺄 수 없고, 월경할 적에 찼던 서답 조왕 앞에 끌러 놓기, 밥 푸다가 이 잡기와, 머슴 잡고 어린 양하기, 젊은 중놈 보면 웃기, 코 큰 총각 술 사주기, 인물 행실 이러하니, 눈 있는 사람이야 누가 돌아보겠느냐. 봉사 서넛 판을 내고 아직 서

> 방 못 얻다가, 심봉사 요부타고 자청하여 부부되니, 심봉사 눈 못 보니 얼굴이야 알 수 있나. 동포할 제 잔재주와 혀 짧은 말소리에 아주 깜빡 대혹하여 이런 야단이 없구나."<신재효본>

이 노래는 오늘날에는 오정숙 명창이 썩 실감나게 불러내기도 하는데, 뺑덕어미의 인물치레와 행동 양태를 해학적으로 잘 보여주는 대목이다. 뺑덕어미의 생긴 모습도 해학적이지만 행동양태며 돈쓰는 방식도 해학적 어조에 실어서 그려내고 있다.

뺑덕어미가 술이나 떡을 먹는 모습도 원초적 욕망과 연관된다. 뺑덕어미가 가진 여성적 특성을 신살구를 먹고 싶어하는 것으로 표현하고 있다. 욕 잘하고, 싸움 잘하는 것은 교양을 갖춘 여성으로서는 권장할 만한 덕목이 아니다. 그러나 시정 아낙네의 거칠면서도 건강한 모습을 뺑덕어미가 근사하게 담아내고 있다. 특히 머슴이며 코 큰 총각에게 우호적인 태도를 묘사하는 대목에서는 뺑덕어미의 성적인 욕망을 거칠 것 없이 적극적으로 드러내고 있다.

뺑덕어미가 이와 같은 방식으로 욕망을 충실하게 드러낸 것과 관련하여, 그에게는 적절한 징치가 마련될 수밖에 없었다. 여성이 자신의 욕망을 긍정하여 거침없이 살아가는 것이 용납되는 세상이 아니었기에 그러하다. 눈먼 심봉사의 가산을 탕진하는 것도 용서할 수 없지만, 황성길에 그를 버리고 황봉사를 따라 별다른 갈등 없이 도망하는 뺑덕어미에 이르면 이와 같은 징치의 정서는 뒤로 물러날 수 없이 공고화된다. 그러나 뺑덕어미에 대한 징치가 본질적이지는 않다. 이 모든 맹인이 다 눈을 뜨는데 황봉사만 유독 한쪽 눈을 못뜬다는 삽화는 뺑덕어미에 대한 징치가 얼마나 해학적인가를 보여주는 대목이다.

3. 곽씨부인과 뺑덕어미의 대비적 구성

앞서 지적한 대로 <심청전>은 범피중류 대목을 기준으로 삼아 전반부는 비극적 현실의 사실적 묘사가 강화되었으며, 후반부는 낭만적 이념이 환상적으로 그려진 작품이다. 따라서 중간을 기준으로 하강했다가 상승하는 미의식을 보여준다. 이 같은 작품구조는 심청의 입장에서 보면 더욱 극명하게 드러난다. 그런데 심봉사의 입장에서 보면 전반부는 곽씨부인과 심청에 의하여 보호 양육되어서 상대적으로 안일한 삶을 구가하는 것으로 되어 있으며 후반부는 고난한 현실이 중첩되는 방식으로 묘사되고 있다.

곽씨부인과 뺑덕어미는 대비적으로 구성되어 있다. 두 사람을 묘사하는 노래는 각각 자진모리의 경쾌한 빠르기로 진행되지만 그 장단의 경쾌함이 청중에게 동일한 정서를 유발시키지는 않는다. 곽씨부인이 등장하는 대목의 비극적 묘사와 뺑덕어미 등장 대목의 희극적 인식은 차별적 인식을 제공한다. <심청전> 형성과정에서 비교적 후대인 19세기 중반 이후에 이를수록 비장함이나 골계적인 부분이 더욱 강화된다는 사실도 주목된다.

곽씨부인은 심봉사에게 가부장적 권위를 세워주었으나, 그 때문에 궁극적으로 심봉사는 한없이 나약해졌으며, 자생력을 잃어버린 인물로 그려져 있다. '현철하고', '임사의 덕'을 갖춘 곽씨부인이 살아있는 동안 심봉사는 그 편안함에 안주할 수 있었으나, 곽씨부인이 죽게 되자 심봉사는 무방비 상태에 버려졌다. 심봉사는 다시 심청에게 의지하지만, 심청마저도 심봉사 곁을 떠났으며, 심봉사는 다시 세상에 노출된다. 기실 심봉사는 곽씨부인과 심청이 두 사람에 의하여 보호되고 양육되었으며, 자생력이 극히 의심되는 상태로 살아왔다. 여기까지가 <심청전>의 전반부인 셈이다.

심청이 인당수에 투신한 뒤에 심봉사는 스스로 뺑덕어미를 택하게 되었다. 심봉사가 맞닥트린 세계는 이전에 자신이 경험한 것과 전혀 차원을 달리하는 황야와도 같은 곳이었다. 그리고 뺑덕어미는 심봉사가 보호막을 제거한 다음 맞이한 가혹한 세계의 정체와 실상을 심봉사에게 제대로 인식시켜준 존재였다. 심봉사가 맞이한 새로운 세상의 모습은 충격을 흡수해줄 완충장치가 없으며, 오직 욕망에 충실하게 움직이는 것이 가치가 되는 그런 세계였다. <심청전>의 후반부는 특히 심봉사에게 냉혹한 세계의 모습을 제시해줘서 각성하게 이르게 만드는 기능을 한다.

심봉사를 버리고 도망해버린 뺑덕어미가 역설적으로 심봉사에게 세상의 실상에 눈뜨게 하였다는 측면이 있다. 뺑덕이네가 황봉사와 도망한 다음, 홀로 남은 심봉사가 탄식하는 '허허 뺑덕어미가 갔네' 대목에는 이와 같은 심봉사의 입장이 선명하게 드러난다. 함께 들어보기로 하자.

> 【진양】 허허 뺑덕이네가 갔네 그려 예기 천하 의리없고 사정없는 이년아 당초에 네가 버릴테면 있던 곳에서 마다허지 수백리 타향에다가 날 버리고 네가 무엇이 잘될소냐 이년아 귀신이라도 못되리라 이년아 오라오라 오라오라 오라 현철허신 곽씨도 죽고 살고 출천지효 내 딸 청이 생죽엄도 당했는데 네까진 년을 생각허는 내가 미친 놈이로구나……
>
> 【중모리】 주막밖을 나서드니 그래도 생각나서 그 자리를 털썩 주저 앉드니 뺑덕이네 뺑덕이네 모질고도 야속헌 년 눈 뜬 가장 배반키도 사람치고는 못헐진대 눈 어둔 날 버리고 네가 무엇 잘될거냐 네서방 따라서 잘 가거라
>
> (<정권진 창본>)

앞에서 자신을 버리고 도망가버린 뺑덕어미를 "예끼 천하 의리 없고 사정없는 이년아"라고 욕하고 완벽하게 단절할 듯이 말하지만, "주막밖을 나서드니 그래도 생각나서 그 자리를 털썩 주저 앉드니 뺑덕이네

뺑덕이네"라고 외치며 그리워하는 심봉사의 마음이 담겨 있다. 심봉사에게 뺑덕어미는 윤리적으로 악행을 저지른 인물이었고, 이에 대하여 심봉사도 후회어린 푸념을 한다. 그러나 이 말미의 심봉사 탄식은 이 같은 악행에도 불구하고 심봉사에게 뺑덕어미는 궁극적으로 그리운 존재라는 점을 역설적으로 드러내는 대목이라 생각된다.

곽씨부인과 뺑덕어미 삽화를 통해 본다면, 판소리 형성에 현실적 기반이 얼마나 중요한 영향을 미쳤는가를 잘 보여준다. 이들은 현실에 굳게 바탕을 두고 형성된 구체적 인물 유형이다. <심청전>의 형성 기반도 현실이 굳건한 무대가 되었으며, 심청의 인물 유형과 심봉사의 유형을 낳은 토양도 현실이었다. 그럼에도 곽씨부인과 뺑덕어미는 각각 이념형의 인물과 현실적 욕망에 충실한 인물을 대변한다. 그리고 이들은 심봉사의 분열된 모습과는 대조적으로 현실을 적절하게 반영한다.

곽씨부인은 심봉사에게뿐 아니라 판소리 심청객의 좌상객들에게 가부장권을 보호하고 옹호하며 유지시켜온 인물로 그려져 있다. 곽씨부인은 죽은 인물이다. 생생하게 살아있지 않고 이상적 인물로 추앙받고 있다. 곽씨부인에 대하여 예찬 일변도일 수밖에 없는 이유는 그가 저승의 인물이라는 점도 작용하고 있다.

한편, 뺑덕어미는 자신의 현실적 욕망에 충실한 인물의 전형이다. 뺑덕어미가 우리에게 보여준 행동양식은 당대 여성상과는 너무도 동떨어진 모습으로, 쉽게 용납되거나 긍정적으로 인정될 수 없는 유형이다. 그럼에도 오랜 동안 <심청전>의 애호가들이 뺑덕어미를 굳세게 사랑해왔다는 점을 지적할 수 있다. 윤리적이지 않은 대목까지 포함하여 뺑덕어미는 내칠 수 없는 인물로 민중들 사이에서 애호를 받았다. 판소리는 청중들의 선택에 의하여 존립한 장르인데, 청중들 사이에서는 뺑덕어미가 훨씬 더 의미있는 인물형으로 애호를 받았다고 할 수 있다. 뺑덕어미 더늠은 더욱 확대되었으며, 새로운 형태의 작품으로 재창작되기도 하였다. 예컨대, 마당놀이 형태나 창무극 형태로 거듭 공연된 <뺑파전>의 인기를 생각해보면 역설적으로 뺑덕어미가 더욱 사랑받은 인물이었다는 점은 흥미롭다.

4. 맺음말

이 글에서는 <심청전> 가운데서 생생하게 형상화된 두 여성 인물 곽씨부인과 뺑덕어미를 중심으로, 이들이 <심청전> 안에서 형상화되는 과정과, 그들 인물형상이 갖는 의미에 대하여 살펴보았다. 논의한 바를 요약하는 것으로 결론을 삼고자 한다.

<심청전>의 형성과정에서 성장기에 해당하는 시기에 곽씨부인과 뺑덕어미는 대체로 의미심장한 인물로 작품안에 형상화되었다. 심봉사와 곽씨부인 그리고 뺑덕어미의 형상은 판소리사에서 역사적으로 변화해왔다는 점을 지적할 수 있다. 이들 인물은 판소리의 문법에 맞게 구체적 형상화의 과정과 이념화의 절차를 거쳤다. 특히 곽씨부인은 구체적 형상화 과정과 함께 이념형의 인물로 정형화되었다. 구체적 존재이면서도, 서술자의 개입으로 이념적 성격을 갖게 되었다. 한편 뺑덕어미는 판소리 자체의 전개 맥락에서 구체적이면서 현실적 인물로 정형화되었다.

곽씨부인과 뺑덕어미는 모두 청중들에게 애호를 받았는데, 이들이 환기하는 정서는 대조적이라 할 수 있다. 특히 뺑덕어미는 현대에 들어서 새로운 형태의 작품으로 재창작되는 등 역설적으로 더욱 사랑받은 인물로 진행되었다.

고전의 단상

– 방자의 꿈

이 문 성

1. 구실아치 방자

소설 춘향전은 판소리 춘향가와 더불어 조선후기 사회에서 민(民)의 사랑을 받은 대표적인 문예물이다. 춘향전은 당대 민의 문화적 정서와 기호를 반영한 손꼽히는 작품으로 여겨진다. 춘향전은 필사본(筆寫本), 방각본(坊刻本), 활자본(活字本), 창본(唱本) 등 다양한 이본(異本)들로 유통, 향유된다.

이 이본들 속에서 방자는 이도령과 춘향의 사랑을 이어주는 심부름꾼으로 필히 자리한다. 방자는 작품의 해학적인 면을 이끄는 인물이기도 하다. 이미 알고 있는 것처럼 방자라는 명칭은 인물의 실명이 아니라 주어진 역할, 구실을 일컫는다.

이도령과 춘향의 첫 만남에 있어서 방자는 없어서는 안 될 인물이다. 이도령은 방자를 시켜 그네를 뛰는 아녀자에게 말을 전하려한다. 방자는 펄쩍 뛰며 어림없다고 엄살을 부린다. 그는 대대로 남원에서 방자 구실을 한 집안내력을 들먹이며, 여염집 여인에게 전갈(傳喝), 서신 연락은 할 수 없는 일이라고 한다. 방자는 상대 여인이 기생의 딸,

춘향이라는 사실을 알면서도 능청을 떤다. 양반인 이도령을 놀리는 인물로서 천민인 방자는 역할을 다한다.

사전적 의미로 보면, 방자(房子)는 '지방관아에서 부리던 남자 하인'을 일컫는다. 하지만 사랑의 메신저, 방자는 일반명사가 아니라 고유명사처럼 작품 속에서 사용된다. 이처럼 구실아치의 호칭인 방자가 인물의 이름처럼 사용된 이유는 무엇일까? 방자의 이름은 의미가 없었던 것일까?

여러 이본들에서 방자는 볼짝쇠, 덜렁쇠, 나용쇠, 꼴두쇠, 초득이, 박둘남, 박춘박 등의 다양한 이름으로 등장한다. 이 가운데 볼짝쇠, 덜렁쇠, 나용쇠, 꼴두쇠는 『변경쇠가』의 변강쇠처럼, 쇠 자(字) 항렬이다. 초득이는 옹녀를 도와 변강쇠의 치상(治喪)을 돕던 마종(馬從) 뎁득이와 유사한 이름이다. 박둘남, 박춘박 또한 격을 따질 만한 이름은 아니다. 이들의 이름은 전혀 고상하지 않다. 모두 천민, 서민적인 이름으로 여겨진다. 여러 이본들에서 방자의 이름은 안정적으로 자리하지 못하고 시들해진다. 작품 속에서 방자의 실명은 중요하지 않은 듯이 보인다. 그의 구실아치로서의 역할만이 중요시되는 듯하다.

이도령은 춘향에게 몸이 달아서 방자에게 춘향의 집을 안내하게 한다. 방자는 이 기회를 이용해서 이도령에게 골탕을 먹이려 한다. 방자는 이도령에게 '방자야'라고 부르지 말고 자신의 이름을 불러달라고 요구한다. '내 이름을 부르시오 … 버지라 하시오.' 방자는 이도령에게 '아버지'라고 불러보라는 것이다(홍윤표 154장본). 이처럼 방자는 해학적인 장면에서 역할이 돋보인다.

방자는 천방지축, 덤벙거리다가 이에 놀란 춘향에게 호되게 쌍욕을 먹기도 한다. '개씹으로 나와서 쇠좆을 먹고 도야지 등에서 자란 누더기 잡년의 자식.'(박순호 91장본) 이처럼 방자는 거리낌 없이 행동하고, 함부로 다루어지는 인물이다. 이러한 인물을 정의하여 작명(作名)한다면, '삼가는 태도가 없이 무례하고 건방진, 방자(放恣)'만한 이름도 없을 듯하다.

고전 문예물에서 특히, 판소리계 소설과 판소리에서 인물의 명칭은 인물 성격과 밀접한 상관성을 갖는다. 예를 들어, 인생의 봄 향기를 만끽하게 될 춘향(春香), 부자가 되어 호의호식하게 될 홍보(興甫, 興夫), 물에 빠져서 아버지의 눈을 밝힐 심청(沈淸, 沈晴) 등의 긍정적인 인물뿐만 아니라, '막히고 생장을 다한 옹이처럼 불모의 성을 지닌 옹녀'와 '쇠처럼 강한 양기를 지녔으나 호색과 방탕만을 일삼다가 장승죽음이라는 변을 당하고 마는 변강쇠' 등의 부정적인 인물의 명칭에서도 여실히 확인된다.

한편 춘향의 집을 처음 찾아가는 장면에서, 이도령은 '어서 가자'고 방자에게 거듭 재촉한다. 방자는 '웬 잔말(씀)을 그리하시오.'라고 짜증을 낸다. 방자는 이 모든 사실을 이도령의 부친이 알면 자신은 죽게 될 것이라며, 아니 가겠다고 엄살을 부린다. 방자는 손을 들어 이도령에게 춘향의 집을 일러준다. '이 길로 가다가 저 길로 곱돌아 … 이리로 저리로, 저리로 이리로 막다른 그리로 가시오.' 이도령을 조롱하는 방자는 사뭇 방자(放恣)한 인물이다(최철 61장본).

또한 이별대목에서 눈물로 아쉬워하는 이도령, 춘향, 향단을 방자는 '이별이라 하는 것이 잘 있어라. 평안이 가오. 두 마디면 그만이지. … 그만치 야단을 하고도 끝을 못 냈단 말이오.' 주제넘게 꾸짖는다(방종현 낙장 40장본). 다소 방자하지만 밉지 않은 인물이 방자이지 싶다. 방자는 작품 내 웃음을 자아내는 지점에서 궂은일을 마다하지 않는 해학적인 역할에 충실하다.

방자는 이별에 속상한 이도령을 달래려고 하는 것인지 자신의 과거 연애담(戀愛談)을 털어놓는다. 이것은 한때 경상도에서 사귀었던 계집아이에 대한 이야기이다. 춘향보다 일색이라고 자랑한다. 두 눈이 어찌나 깊던지 횃불을 잡고 종일 걸어가도 십오 리가 남고, 허리는 무명 사십 척의 허리띠를 하면 겨우 이가 맞을 정도라고 한다. 코가 몹시도 크다는 말까지 듣다보면, 이도령도 코웃음이 나겠다(계명대도서관 52장본).

심지어는 춘향전에 이런 내용까지 있을까 싶은 기괴한 장면에서도 역할을 다한다. 새끼토막으로 뒷일을 치르던 일은 과거 생활사라고 하겠지만, 참으로 민망한 장면이다. 춘향모의 엉덩이 밑을 닦아주는 방자의 꼴이란? 이처럼 험난한 장면에서 방자는 역할을 충실히 수행한다(이명선본).

때때로 춘향전의 결말에서 방자에게 춘향의 몸종인 향단과 짝을 지어주는 보상이 이루어지기도 하지만(동국대도서관 69장본), 각 이본마다 향단의 인물형상에 따라서 사정은 제각각이다. 춘향의 분신과도 같은 잘난 향단에게는 짝은커녕 그녀의 치맛자락 한끝조차 잡아보지 못하는 처량한 꼴이 방자이다(홍윤표 154장본).

2. 방자의 꿈

처량한 꼴의 방자가 꿈꾸었던 것은 무엇일까? 여러 이본들에서 방자는 고작, 관청의 고자(庫子)나 수노(首奴) 정도를 꿈꾸었던 것으로 확인된다. 관청 창고지기와 우두머리 머슴이 방자의 꿈인 듯하다(신재효 춘향가 동창).

여러 이본들에서 기생이라는 천민(賤民)의 춘향이 당당히 양반의 처, 양반이 되기를 원하던 것과는 다르게 관노(官奴)라는 천민의 방자는 관노 가운데 우두머리 관노가 되는 것이 꿈이다. 춘향의 꿈은 실로 당당한 것이지만 조선의 시대정황과 신분제도에서 보면 몹시 비현실적이고 황당하다. 반면 방자의 꿈은 누추하고 초라하다. 방자는 춘향처럼 황당무계하고 허무맹랑한 꿈을 꾸지 않는다. 그의 꿈은 지극히 현실적이고 당대 민의 사고(思考)의 한계(限界)를 엿볼 수 있는 단서라 할 만하다.

방자의 꿈인 우두머리 머슴과 창고지기는 신분제의 굴레 속에서 나름 현실적이고 지극한 바람이다. 우두머리 머슴은 양반의 수족이기는 하지만 또래집단에서 충분히 영향력을 행사할 수 있는 위치이다. 창고지기는 요령에 따라서 물자(物資)의 우수리를 챙길 수 있는 자리이다. 창고의 물품인 곡식에서 부당 이익을 취하는 창고지기의 행태는 여타의 판소리 작품에서 쉽게 확인된다(신재효 박타령).

조선의 사회에서 하층민인 노비는 가축처럼 양반의 소유, 매매, 상속의 대상물이다. 노비의 생활이란 제한과 통제만이 따를 뿐이다. 이러한 제한과 통제의 굴레에 처한 방자의 처지와 꿈에서 당대 하층민의 처참한 삶의 일면을 엿볼 수 있다.

춘향과 이도령의 흐뭇한 사랑에서 당대 민의 훈훈한 바람과 희망을 읽는다면, 제한된 굴레 속에 있을 수밖에 없는 방자의 꿈에서 하층민의 쓸쓸한 푸념과 소망을 헤아릴 수 있다. 제한적 꿈을 꾸게 하는, 꿈조차 넉넉히 가질 수 없게 하는 사회적 굴레를 상기한다. 백성이 사랑하고 아꼈던 춘향전의 방자를 통해서, 그의 꿈을 통해서 조선의 사회적 굴레를 다시금 확인한다.

지난 시대의 굴레를 오늘의 멍에에 견주어봄직도 고전(古典)을 읽고 되새기는 이유와 가치가 아닐까 한다. 사회적 굴레와 시대적 멍에를 벗어던진 방자와 민을 꿈꿔본다. 지극히 원대한 꿈을 꾸고 이루는 방자의 날, 민중(民衆)의 세상을 희망한다.

박제상 이야기를 바라보는 두 시선

신 승 호

1. 머리말

널리 알려진 대로 박제상(?～418)이라는 인물은 고구려와 일본에 억류된 두 명의 왕자를 구출하고 장렬한 죽음을 맞이한 '충절의 화신'으로 많은 사람들의 뇌리에 깊숙이 자리하고 있다. 이 박제상에 대한 이야기는 『삼국사기』 열전의 「박제상(朴堤上)」, 『삼국유사』의 「(내물왕 김제상(奈勿王 金堤上)」조[1]를 비롯하여 『일본서기(日本書紀)』 등의 역사서나 전설, 한시 등 여러 문학 장르에 걸쳐 그 이야기가 전해지거나 모티프로써 활용되며 생명력을 유지하였다. 이는 그만큼 박제상과 그의 이야기가 기록자 혹은 작가 그리고 독자들에게 상당히 의미심장하며 매력적인 것으로 여겨졌다는 것을 방증하는 것이기도 하다.

이 박제상과 박제상 이야기에 대한 기존의 연구는 그의 출자(出自)와 신분, 5세기경 신라의 정치적 상황과 당대의 국제 관계 등을 연계하여 검토하려는 역사학계의 접근[2]과, 박제상 이야기의 전승 양상을 살피고 작품의 주제 의식을 도출하거나 『삼국사기』와 『삼국유사』의 텍스트를 비교함으로써 양자 간의 문학성을 평가하려는 국문학계의 접근[3]으로 크게 나누어볼 수 있다.

이 글에서는 선행 연구의 성과를 충분히 인정하고 수용하는 바탕 위에서 박제상 이야기를 다시 읽어보고자 한다. 일반적으로 이해하듯이 박제상의 인물 형상을 '충절의 화신'으로만 보는 것이 아니라 그가 행한 일련의 행위가 어떠한 사정에서 유발된 것인가를 생각하며 또 다른 인물 형상의 면모를 엿보고자 하는 것이다. 더불어 그의 행적과 결과가 갖는 의미를 나름의 시각에서 살펴보고자 한다.

위에서 제시한 글의 목적을 드러내기 위해 우선 박제상의 출자와 신분에 대한 내용을 정리한 뒤, 두 차례의 임무 수행 과정에서 두드러지는 면모가 어떠한 것인지를 살필 것이다. 그리고 박제상의 죽음과 그 결과로 이루어진 보상에 대한 의미를 짚어보기로 한다.

2. 박제상의 출자와 신분

『삼국사기』「박제상전」의 서두에는 그의 세계(世系)와 신분에 대한 실마리가 되는 단서가 기록되어 있다.

> 박제상(朴堤上) 혹은 모말(毛末)이라고도 한다. 시조 혁거세의 후손이며, 파사 이사금의 5세손이다. 조부는 아도(阿道) 갈문왕(葛文王)이고, 아버지는 파진찬 물품(勿品)이다. 제상은 벼슬길에 나가 삽량주간(歃良州干)이 되었다.
>
> 『삼국사기』 권45 열전 박제상

위의 내용에 따르면 박제상은 박씨 혈통의 왕족이며, 일개 주(州)의 간(干)의 벼슬을 하는 인물로 밝혀진다. 여기서의 '간'이라는 직책은 삼한시기 한 소국의 지배자로 추정되기도 하고, 부장(部長)이나 재지(在地)의 유력 세력을 차별 없이 '간'이라고 부르기도 했다는 견해도 있으므로 그 실력이 구체적으로 어느 정도인지는 정확히 판단하기 어려운 측면이 있다. 하지만 두 가지 해석 모두 신라의 왕경(王京)과 구분되는

'지방을 근거지로 한다'는 점에서는 일정하게 통하는 부분이 있다. 이로써 본다면 박제상은 특정 지방[삽량주: 지금의 경남 양산 혹은 울산]의 지방관 혹은 지방 세력이었다고 추정할 수 있다.

그런데 문제가 되는 것은 주(州)라는 행정 구획명이 나타나는 시기가 대개 6세기 초 지증왕 시기라고 하기 때문에 과연 주간(州干)이라는 직책명이 적실한가라는 것이다. 이와 대응되는 내용이 『삼국유사』의 「내물왕 김제상조」에는 '삽라군태수제상(歃羅郡太守堤上)'이라고 되어 있는데, 이 '태수'라는 명칭 또한 문무왕 시기 이후에 이르러서야 부르기 시작한 것이므로 '간'과 '태수' 모두 실제 박제상이 활동했던 당시의 명칭은 아닌 것이다. 이러한 사정을 감안하다면 결국 박제상의 직책이 잘못 기재된 것은 『삼국사기』나 『삼국유사』의 찬자들이 후대에 기록하는 과정에서 착오가 있었든지, 아니면 그들이 살던 당시의 관직명에 비정하여 기록한 것으로 파악하는 것이 타당하리라 생각된다.

한편 박제상에 대한 기존의 논의에서 쟁점이 되고 있는 것은 과연 박제상이 왕경 출신인가 아니면 지방 출신인가 하는 점이다. 이에 대해 아직 뚜렷한 입장의 정리를 이루지 못하고 있는 듯 보인다. 다만 본래 귀족 계통의 왕경인인데, 정치적 이유로 이른 시기에 지방으로 가게 되었다가 후대에 다시 왕경으로 진입한 사례를 보여주는 대표적인 경우로 박제상을 이해하는 시각[4]이 절충안처럼 제시된 바 있다. 그러나 어떤 입장도 박제상의 실체에 대한 확정적인 결론을 드러내는 것은 아니다. 그러므로 이 글에서 박제상을 왕경인 혹은 지방인이라는 양자 간에 어느 한 측면으로 취택하는 것은 어려운 일이 된다. 그렇지만 우선 텍스트에 기록된 내용을 근거로 하여 박제상을 '신라 왕실과 연계되었으며 지방관의 직책을 수행했던 이력이 있는 인물'로 파악하되, '지방에서 중앙으로의 진입을 바랐던 인물'이라는 측면을 전제하고 이야기를 풀어보기로 한다.

3. 인물 형상화의 두 가지 양상

1) 변사(辯士)로서의 면모[5]—고구려행

일반적으로 박제상을 바라보는 관점은 '죽음을 불사하며 충성을 다하는 인물'이라는 것에서 벗어나지 않는다. 때문에 기존의 논의에서도 위와 같은 시각은 대개 인정하고 있는 형편이다. 고구려에 가서 왕자를 구출해 달라는 왕의 요청에 "신이 비록 어리석고 변변치 못하오나 감히 명을 받들지 않을 수 있겠습니까!"라고 하며 단번에 길을 나서는 모습은 군왕을 위해 위험을 감수하며 수고를 아끼지 않는 충신의 면모를 드러내는 대목으로 비춰진다. 그런데 생각해 볼 문제는 과연 박제상이 고구려에 들어가게 된 계기와 행적을 매우 위험천만한 것으로 받아들일 필요가 있는가 하는 것이다.

> ㉮ 드디어 사신의 예로써 고구려에 들어가 왕에게 말하였다.
>
> "신이 듣건대 이웃 나라와 교제하는 도는 성실과 신의뿐이라고 합니다. 만일 볼모를 서로 보낸다면 오패(五覇)에도 미치지 못하는 것이니 참으로 말세의 일입니다. 지금 우리 임금의 사랑하는 아우가 여기에 있은 지 거의 10년이나 되니, 우리 임금이 형제가 어려움을 서로 돕는 뜻으로서, 오랜 회포를 버리지 못하고 있습니다. 만약 대왕께서 은혜로이 돌려보내 주신다면 소 아홉 마리에서 털 하나가 떨어지는 정도와 같아서 별 손해가 없으며, 우리 임금은 대왕을 덕스럽게 생각함이 한량이 없을 것입니다. 왕은 이 점을 유념해 주소서!"
>
> [고구려] 왕은 "좋다"고 하고, 함께 돌아가는 것을 허락하였다.
>
> 『삼국사기』 권45 열전 박제상

위의 인용문은 박제상이 고구려에 들어가는 장면과 이후의 행적을 기술한 내용이다. 그런데 주목할 것은 그가 '사신의 예'로써 고구려에

갔다는 것이다. 이는 공식적인 절차를 통해 고구려에 들어갔다는 것을 의미하는데, 이는 이후 반역한 자라는 거짓 소문을 퍼뜨리고 도망치듯 일본으로 들어간다는 내용과는 확연하게 대비되는 대목이다.

성급하게 말하자면 박제상이 고구려에 들어간 사건에는 심각한 위기 상황이 반영되지 않은 것으로 생각할 수 있다. 일반적으로 당시(5세기 초)에는 고구려가 신라에 대해 상당한 정치적 영향력을 행사한 시기로 이해되는데, 이 점은 당시 신라와 고구려가 심각한 적대 세력으로 대립한 것이 아니었다는 측면으로도 이해가 가능하다. 그리고 이러한 정황은 작품 내에서도 확인된다.

> 나 그러나 고구려는 큰 나라요, 왕 역시 어진 임금이므로 신이 한 마디의 말로 깨우치게 할 수 있었습니다.
>
> 『삼국사기』 권45 열전 박제상

> 다 백제인으로서 전에 왜에 들어간 자가 신라가 고구려와 더불어 왕의 나라를 도모하려고 한다고 참소하였으므로, 왜가 드디어 군사를 보내 신라 국경 밖에서 순회 정찰케 하였다. 마침 고구려가 쳐들어와 왜의 순라군(巡邏軍)을 포로하고 죽였으므로, 왜왕은 이에 백제인의 말을 사실로 여기었다. 또한 신라왕이 미사흔과 제상의 가족을 옥에 가두었다는 말을 듣고 제상을 정말 반한 자로 여기었다.
>
> 『삼국사기』 권45 열전 박제상

> 라 눌지왕(訥祇王) 즉위3년 기미(己未)에는 구려(句麗) 장수왕(長壽王)이 사신을 보내어 내조해 가로되 "우리 임금이 대왕의 아우 보해(寶海)가 지혜(智慧)와 재예(才藝)가 특출함을 듣고 서로 친하기를 원해서 특히 소신(小臣)을 보내어 간청합니다." 하였다. 왕이 듣고 매우 다행히 여기었다. 이로 인하여 화친을 맺고 그 아우 보해를 명하여 구려(句麗)에 가게 하는 동시에 내신(內

臣) 김무알(金武謁)로 보좌를 삼아 같이 가게 하였다. 장수왕은 또 억류해 두고 보내지 아니하였다.

『삼국유사』 권1 기이 내물왕 김제상

인용문 나는 고구려에서 귀환한 박제상이 왕에게 고한 말이다. 비록 짧은 보고이긴 하지만 고구려의 국왕(장수왕)을 '말이 통하는' 인물로 긍정적으로 묘사하고 있는 점을 통해 미루어 보면 왕자를 데리고 귀환하는 것이 심각하게 어려운 일은 아니었음이 밝혀지고 있는 셈이다. 또한 다의 내용을 보면 당시 신라와 고구려가 서로 긴밀한 관계를 유지하고 있음이 문면에서 드러나 있다. 때문에 박제상의 1차 파견(고구려행)은 박제상 개인으로서나 신라라는 한 국가의 측면에서도 큰 위기감이 조성되지 않은 상태에서 이루어진 것으로 이해해 볼 수 있다. 인용문 라는 『삼국유사』 「내물왕 김제상」조의 한 부분인데 마찬가지로 보해(寶海) 파견의 결과로 양국 사이에 화친이 맺어진 것으로 나타나 있다.

물론 고구려의 정치적 압박이 가해진 결과로 인질이 파견되어 양국간의 화친이 이루어졌다는 관점에서 보면 위와 같은 해석이 납득되지 않을 수 있다. 그러나 신라가 고구려에 대하여 적극적인 대항을 행하였거나 그로 인해 양국이 심각한 대치 국면에 놓이지 않았다는 사정을 근거로 삼아 위의 인용문을 이해한다면, 박제상이 고구려에 가게 된 것은 위험을 무릅쓰는 충신의 관점에서 해석하기보다는 오히려 수완이 뛰어난 변사(辯士)의 면모가 강조된 것으로 바라볼 여지가 있다.

이는 인용문 가에서 보듯 박제상이 고구려의 국왕을 알현하는 자리에서 거리낌 없이 ①교국(交國)의 도를 말하기도 하고, ②형제가 급한 일이나 어려운 일을 당하여 서로 돕는다는 『시경』의 고사를 인용하는가 하면, ③신라의 왕자를 신라로 돌려보내는 것은 그저 '구우일모(九牛一毛)'에 불과할 것이라면서 적절히 감성을 자극하는 등 변사로서의 면모를 유감없이 발휘한 장면을 떠올리면 쉽게 이해된다. 더불어 애초에 박제상이 고구려에 사신으로 가게 된 배경을 다시 확인해보면 보다 선명하게 이해할 수 있다.

> 마 눌지왕이 즉위하자 말을 잘하는 사람을 구하여 가서 [두 아우를] 맞이해 올 것을 생각하고 있던 바, 수주촌간(水酒村干) 벌보말(伐寶靺)과 일리촌간(一利村干) 구리내(仇里), 이이촌간(利伊村干) 파로(波老) 세 사람이 현명하고 지혜가 있다는 말을 듣고 불러서 물었다.
>
> "나의 동생 두 사람이 왜와 고구려 두 나라에 볼모가 되어 여러 해가 되었어도 돌아오지 못하고 있다. 형제의 정이라서 그리운 생각을 억제할 수 없소. 제발 살아서 돌아오게 하여야겠는데 어찌하면 좋겠는가?"
>
> 세 사람이 똑같이 대답하였다.
>
> "신들은 삽량주간 제상이 성격이 강직하고 용감하며 꾀가 있다고 들었습니다. 그는 전하의 근심을 풀어 드릴 수 있을 것입니다." 이에 제상을 불러 앞으로 나오게 하여 세 신하의 말을 하며 가 주기를 청하였다.
>
> 『삼국사기』 권45 열전 박제상

위의 장면에서 눈길을 끄는 것은 눌지왕은 말을 잘하는 사람을 고구려로 보내 왕자를 데리고 올 것을 계획한 뒤 3명의 촌간을 불러들였다는 점이다. 이미 그들은 나라에서 '현명하고 지혜가 있는 자'들로 소문이 난 인물들이다. 따라서 그들은 이미 누구라도 사신으로 고구려에 파견될 가능성이 있는 존재들이다. 더욱이 그들은 고구려와 인접한 지역의 관리들이므로 오히려 박제상보다 고구려의 사정에 밝을 수 있다. 그럼에도 그들은 박제상을 적극 추천한다. 이들이 "강직하고 용감하며 꾀가 있다"고 이야기한 박제상이야말로 대국의 왕 앞에서도 할 말을 할 수 있는, 그러면서도 적절히 언어적 수사를 구사할 줄 아는 탁월한 변사의 면모를 갖춘 인물이라는 점을 재차 확인해주는 대목인 것이다.

2) 모사(謀士)로서의 면모-왜국행

(고구려에서의 일을 마치고) 귀국하자, 대왕이 기뻐하며 위로하여 말하기를 "내가 두 아우 생각하기를 좌우의 팔과 같이 하였는데, 지금 단지 한 쪽 팔만을 얻었으니 어찌 하리오?" 『삼국사기』 권45 열전 박제상

박제상은 고구려에서의 임무를 충실히 수행한 뒤 귀국하였다. 그런데도 눌지왕은 숨 돌릴 겨를도 없이 인정에 호소하며 넌지시 다른 임무 수행을 요구한다. 더구나 위의 인용문에서 보듯이 말로만 위로했을 뿐이지 실질적인 보상은 없었다. 그리고 이와 같은 상황이 박제상으로 하여금 험난한 왜국행을 결심하게 된 큰 이유가 되었을 것이다.

앞서 언급하였듯이 왕족이었지만 지방에 머물러 있었던 박제상으로서는 고구려에서의 성공적인 임무 수행의 결과로 적당한 보상—중앙으로 진입할 수 있는—을 기대했을 수 있다. 그러나 말뿐인 내물왕의 수사에 결국 다시 승부수를 던진 것이다. 그 자신이 생각하였듯 다시 돌아올 수 없는 길이 될 수 있음에도 불구하고 왜국행을 결심한 것은 결국 자신과 가문의 중앙세력화를 도모할 수 있는 마지막 기회로 인식하였기 때문으로 볼 수 있는 것이다. 결국 박제상은 목적을 이루기 위한 최후의 방편으로 왜국행에 오르게 된다.

…… 제상이 대답하였다. "신은 열등한 재목이오나 이미 몸을 나라에 바쳤으니 끝내 명을 욕되게 할 수 없습니다. 그러나 고구려는 큰 나라요, 왕 역시 어진 임금이므로 신이 한 마디의 말로 깨우치게 할 수 있었지만, ㉠ <u>왜인은 입과 혀로 달랠 수는 없으니 마땅히 거짓 꾀를 써서 왕자를 돌아오게 하겠습니다. 신이 저 곳에 가거든 청컨대 나라를 배반한 죄로 논하여, 저들로 하여금 이 소식을 듣게 하소서!"</u> ㉡ <u>이에 스스로 죽기를 맹세하고 처자도 보지 않고</u> 율포(栗浦)에 이르러 배를 띄워 왜로 향하였다. 그 아내가 듣고 달려와

> 포구에 이르러 배를 바라보며 대성통곡하면서 "잘 다녀오시오." 하였다. 제상이 뒤돌아보며 ㉢ "내가 명을 받아 적국으로 들어가니 그대는 다시 볼 것이라고 기대하지 말라." 하고는 곧바로 왜국으로 들어가서 배반하여 온 자와 같이 하였으나 왜왕이 의심하였다.
>
> 『삼국사기』 권45 열전 박제상

이 장면은 박제상의 충성심이 한층 부각된 것으로 읽혀진다. 앞서 고구려로 들어갈 때와는 사뭇 다른 비장함이 배어있기 때문이다. 특히 ㉡과 ㉢ 대목이 박제상의 충심을 극대화하는 기능을 하고 있음은 두말할 나위가 없다.

그런데 다른 한편으로는 이 부분에서 모사(謀士)로서의 면모가 두드러짐을 발견할 수 있다. ㉠에서는 스스로 모사로서의 역할을 할 수 있음을 피력함과 동시에 왜국의 성향에 대한 명확한 인식을 하고 있으며, 계획을 실행하기에 앞서 구체적 방법까지도 사전에 계산해 두었다는 인상을 준다. 귀국하자마자 왜국으로 가는 것을 결정하였음에도 불구하고 구체적 방안을 곧장 제시하였다는 것은 그가 계획적이고 순발력을 갖춘 탁월한 모사였음을 보여주는 대목이라 할 수 있는 것이다.

한편 왜국에 들어간 박제상은 그곳의 언어에도 능통하고, 때를 기다릴 줄 아는 신중한 인물로 묘사되고 있다.

> 이에 [왜왕은] 군사를 보내 장차 신라를 습격하려 하였는데, 겸하여 제상과 미사흔을 장수로 임명하는 한편 향도로 삼았다. 해중(海中) 산도(山島)에 이르러 왜의 여러 장수들이 몰래 의논하기를, '신라를 멸한 후에 제상과 미사흔의 처자를 잡아 데려 오자'고 하였다. 제상이 그것을 알고 미사흔과 더불어 배를 타고 놀며 고기와 오리를 잡는 것처럼 하자, 왜인들이 그것을 보고 딴 마음이 없다고 여겨 기뻐하였다. 이에 제상이 미사흔에게 몰래 본국으로 돌아갈 것을 권하니 미사흔이 말하기를 "제가 장군을 아버지처럼 받들었

거늘 어찌 혼자서 돌아가겠습니까?" 하였다. 제상이 말하기를 "만약 두 사람이 함께 떠나면 모의가 이루어지지 못할까 두렵습니다." 하니, 미사흔이 제상의 목을 껴안고 울며 하직하고 귀국하였다.

[다음 날] 제상이 방 안에서 혼자 자다가 늦게야 일어나니, 미사흔이 멀리 갈 수 있게 하려고 한 것이었다. 여러 사람이 묻기를 "장군은 어찌 늦게 일어났습니까?" 하니, 답하기를 "어제 배를 타서 몸이 노곤하여 일찍 일어날 수 없었다."라고 하였다.

[제상이] 밖으로 나오자, 미사흔이 도망한 것을 알고 드디어 제상을 결박하고, 배를 달려 추격하였으나 마침 안개가 연기처럼 자욱하고 어둡게 끼어 멀리 바라볼 수가 없었다.

『삼국사기』 권45 열전 박제상

위 인용문의 밑줄 친 부분을 두고 약간의 상상을 더해보면 박제상은 왜에 들어가자마자 미사흔을 만나서 자신이 왜에 오게 된 목적을 밝히지 않고 적당한 때를 기다린 것처럼 보인다. 그는 미사흔과 더불어 향도가 되고, 그로 인해 조금이라도 신라와 가까운 위치로 올라온 뒤에야 본격적으로 탈출 계획을 실행하였다. 또한 미사흔이 보다 안전하게 탈출할 수 있도록 시간을 지체하는 기지를 발휘하기도 하였다. 그 과정에서 왜어(倭語)에 능통한 면모를 엿볼 수 있고, 왜인들의 의심을 풀기 위한 제스처도 적절히 구사하며, 긴박한 상황 속에서도 여유를 잃지 않는 담대함을 보이는 인물임이 드러난다.

여기에 박제상의 죽음을 보다 극적으로 표현한 『삼국유사』 「김제상조」의 장면을 덧붙여 본다.

이에 제상을 가두고 묻기를 "너는 어찌 몰래 왕자를 보냈느냐?" 대답하되 "나는 계림(鷄林)의 신하이고, 왜국의 신하는 아니므로 이제 아군(我君)의 뜻을 이루고자 했을 따름이니, 그대에게 무엇을 말하겠는가?" 왜왕이 노하여

"너는 이미 나의 신하가 되었는데 계림의 신하라고 하니, 그러면 반드시 오형(五刑)을 갖출 것이요, 만일 왜국의 신하라 한다면 반드시 중록(重祿)을 상하겠다." 하였다. 대답하기를 "차라리 계림의 개와 돼지가 될지언정 왜국의 신하가 되고 싶지는 않으며, 차라리 계림의 형장(刑杖)을 받을지언정, 왜국의 작록(爵祿)을 받고 싶지는 않다."고 하였다. 왕이 노하여 제상의 다리 아래를 벗겨내고 갈대를 베어 그 위로 걷게 하고 [지금 갈대 위에 혈흔이 있는 것은 속설에 제상의 피라고 한다] 다시 묻기를 "너는 어느 나라의 신하인가?", "계림의 신하이다."라고 하였다. 또 달군 철 위에 세우고 "너는 어느 나라의 신하인가?" 물었다. 말하기를 "계림의 신하요."라고 하였다. 왜왕이 그를 굽히지 못할 줄을 알고 목도(木島)에서 태워 죽였다.

『삼국유사』 권1 기이 내물왕 김제상

위의 인용문에서 보듯이 박제상의 최후는 매우 장렬하다. 그리고 이 장면은 두고두고 회자되며 박제상의 충절을 강조하고 있다. 그런데 이 장면을 다시 짚어보면 조금 다른 생각을 해볼 수 있게 된다. 어째서 왜왕이 집요하게 자신의 신하가 될 것을 종용하는 것인지가 그것이다.

우리는 포로가 된 뒤 그 충절을 높이 산 적장 혹은 적국의 왕에 의해 새로운 삶을 살아갔던 인물들의 이야기를 많이 보아왔다. 때문에 왜왕의 귀순 요청 역시 비슷한 맥락으로 바라볼 수 있다. 그러나 앞서 언급한 바와 같이 박제상이 뛰어난 책략가이자 담대한 인재이며 더욱이 그들의 말도 능숙하게 구사한다는 점을 염두에 둔다면, 왜왕이 위와 같이 집요한 요청을 하는 것은 박제상의 실질적인 능력을 높이 평가한 때문으로도 볼 수 있는 것이다.

이상에서 살핀 바와 같이 왜국에 들어가 미사흔의 탈출을 계획·실행하는 과정 속에서의 박제상은 지략과 현실적 능력, 담대함을 두루 갖춘 인물로 그려졌으며, 그의 능력은 적국의 왕조차 예사롭게 볼 수 없는 것이었음을 알 수 있다.

4. 박제상의 죽음과 보상, 목적의 성취

결국 박제상은 왜국에서 죽음을 맞이한다. 그것도 온몸이 불태워진 채 참수를 당하고 말았다. 왜국을 기만하고 인질을 탈출시킨 것은 박제상의 입장에서 볼 때 성공적인 임무 완수이다. 하지만 왜왕으로서는 배신감에 화가 치밀어 오르는 것 외에도 국가적 손실까지 입은 상황이 되었으므로 무자비하게 죽인 것은 납득이 되는 대목이다. 이렇듯 극형에 처해졌다는 점은 박제상 죽음의 비장함을 부각시키는 훌륭한 장치로 기능하여 충절의 화신으로서의 박제상의 면모를 더욱 확연하게 드러낸다. 그리고 이는 곧바로 작품의 주제적 측면과 긴밀하게 연관되어 해석된다. 이러한 점은 기존의 논의에서도, 일반 독자의 시각에서도 쉽게 인정되고 있는 부분이다.

하지만 그의 죽음이 갖는 의미를 조금 다른 시각에서 본다면 어떤 해석을 내릴 수 있을까? 결론적으로 말하자면 박제상은 기어코 자신의 정치적 목적을 달성한 것으로 생각할 수 있다. 이와 관련하여 다음의 후대 기록을 살펴보자.

> 신등은 살펴보건대, …… 박제상은 삽량주에 한 늙은 간(干)일 뿐이었으므로, 왕이 일찍이 높은 지위와 후한 녹으로 대우하여 국정을 의논하게 하지 않았고, 박제상도 또한 임금의 녹을 먹거나 임금의 일을 맡고 있지 않았으니 임금을 위하여 죽을 의리가 없었습니다.
>
> 『동국통감』 제4권 삼국기 무오년

위 인용문은 박제상 이야기를 옮긴이들이 나름대로 평가를 내리는 기사이다. 물론 전문(全文)의 주지(主旨)는 박제상을 천하의 열장부(烈丈夫)로 바라보는 데에 있다. 국가로부터 큰 혜택을 받지 못했으며 조정에서도 중요한 역할을 하지 못하는 처지임에도 불구하고 기꺼이 목숨을 바쳐 충절을 구하였다는 의미이다. 그러나 이는 조선시대 사대부들의 이념 속에 확고하게 형상화된 박제상의 이미지이다.

그런데 흥미로운 점은 이 책의 찬자가 의도했건 의도하지 않았건 간에 당시 박제상의 상황을 밝히고 있다는 것이다. 박제상은 한미한 지방관이자 임금에게 충성을 다할 의무[의리]가 없는 처지로 나타나 있다. 조금 비약하자면 개인적 원망(願望)의 실현을 도모하려는 인물로 보기에 적당한 상황을 제시하고 있는 것으로도 볼 수 있으며, 이는 곧 실제적 보상을 바란 인물의 형상으로도 비춰질 수 있다.

그렇다면 박제상 이야기의 원 텍스트라 할 수 있는 『삼국사기』와 『삼국유사』에서는 그의 죽음의 결과가 어떻게 드러나 있는지 살펴볼 필요가 있다.

> 가 대왕이 이 소식을 듣고 애통해 하고 대아찬(大阿飡)을 추증하였으며, 그 가족에게 후사(厚賜)하고 미사흔으로 하여금 제상의 둘째 딸을 아내로 삼게 하는 것으로써 보답하였다. 『삼국사기』 권45 열전 박제상

> 나 [왕이] 대궐로 돌아와 잔치를 베풀고 국내에 대사령(大赦令)을 내리고 제상의 아내를 국대부인(國大夫人)을 삼고 그의 딸로써 미해공(美海公)의 부인을 삼았다. 『삼국유사』 권1 기이 내물왕 김제상

> 다 4년(461) 봄 2월에 왕이 서불한(舒弗邯) 미사흔(未斯欣)의 딸을 왕비로 삼았다 『삼국사기』 권3 신라본기 제3 자비마립간

> 라 소지마립간(炤知麻立干)이 왕위에 올랐다. 자비왕의 맏아들이고 어머니 김씨는 서불한(舒弗邯) 미사흔(未斯欣)의 딸이다.
> 『삼국사기』 권3 신라본기 제3 소지마립간

위의 인용문들은 박제상의 죽음이 알려진 직후에 내려진 보상과 그 이후의 상황을 보여주는 기록이다. 대아찬은 신라 17관등 중 5위에 해당하는 것으로 진골 이상의 신분을 지닌 자가 받을 수 있는 고위 관직에 해당한다. 이처럼 그가 대아찬에 제수된 것은 그의 신분과 직책이 온전히 중앙 귀족으로 편입되었음을 의미한다. 죽은 이후의 추증이므로 상징적인 것으로 파악할 수도 있겠으나, 박제상의 둘째 딸이 신라 왕자의 아내가 되었다는 것은 박제상이 원한 실질적인 복권이 이루어졌음을 시사하는 중요한 근거가 된다. 또한 후대에 지속적으로 왕실과 혼인 관계를 맺었다는 [다]와 [라]의 기록은 박제상 가문의 중앙 진출과 왕계로서의 자격 회복이 기정사실이 되었다는 점을 확인해 주는 근거로 이해할 수 있다. 더불어 박제상의 부인이 국대부인(國大夫人)에 봉해졌다는 사실도 위와 같은 해석을 가능하게 하는 근거로 바라볼 수 있을 것이다. 이로써 보면 박제상은 기어코 중앙 세력으로의 진입이라는 정치적 목표를 성취하였음을 알 수 있게 되며, 그 과정에서 탁월한 능력과 강인한 의지를 보인 인물임을 확인하게 된다.

5. 맺음말

이상 박제상 이야기에 드러난 박제상의 인물 형상과 그 형상화의 의미를 살펴보았다. 또한 그의 죽음의 이면에는 목적의 성취라는 다른 층위의 의미가 존재할 수 있다는 점도 아울러 고려해 보았다. 이러한 결과는 다소 박제화되어 있는 그간의 관점을 벗어난 새로운 박제상의 인물 형상을 생각해 보고자 한 의도에서 비롯된 것이다. 또한 텍스트에 대한 이해는 다양할 수 있다는 점을 환기해 보고자 한 의도이기도 하다.

그렇지만 이용한 텍스트의 문면에만 의존하여 서술된 탓에 역사적 맥락에 대한 고려가 충실하지 못했으며, 내용 전개에 비약이 있다는 한계가 있다. 그럼에도 위와 같은 이야기를 해본 것은 박제상과 그의 이야기를 바라보는 시선이 지나치게 충절로만 편향되었거나, 정치적 맥락에서만 바라보는 것이 아닌가 하는 문제를 환기해보고자 한 생각 때문이었음을 밝히고자 한다. 이제까지 논의한 내용을 두 가지 방향으로 정리하며 글을 정리한다.

우선 텍스트에 나타난 박제상의 행적에 집중하여 살핀 내용은 다음과 같다.

박제상은 고구려와 왜국에 인질로 가 있던 신라의 두 왕자를 구출하는 공을 세우고 장렬한 죽음을 맞이한 인물로 후대에 이르기까지 충절의 화신으로 확고한 이미지를 구축하고 있다. 그러나 그러한 충절의 이미지 이면에는 ① 할 말을 하면서도 적절한 수사를 덧붙여가며 목적을 달성하는 변사(辯士)로서의 면모, ② 치밀한 계획을 세우고 신중하고 대담하게 일을 처리해가는 모사(謀士)로서의 면모를 동시에 갖춘 인물로 형상화되어 있음을 확인할 수 있었다.

다음으로 전반부와 후반부의 단편적 서술에 의미를 부여하며 살핀 내용을 정리하면 다음과 같다.

박제상은 '① 왕족 계통이었지만 지방으로 내려간 뒤, 중앙으로 진출하고자 하는 욕구가 있던 인물로 ② 가시적인 성과를 이룬 고구려 파견에 대한 적절한 보상이 없자 이로 인해 왜국행을 선택하였으며 ③ 왜국에서 왕제 미사흔을 탈출시킴으로써 절대적인 공을 세우고 사절한 뒤 ④ 자신은 대아찬에 추증되고 딸이 왕가와 혼인하는 결과를 이끌어냄으로써 왕계(王系)로서의 위치를 재정립하고 복권(復權)에 성공한 인물'로 형상화되었다고 볼 수 있을 것이다.

조선의 판타지 영웅, 전우치

여 봉 수

1. 왜 다시 전우치를 이야기하는가

전우치는 우리에게 친근한 고전 캐릭터이다. 고전소설의 캐릭터들 중에서 유독 '전우치'가 인기 있는 이유는 무엇일까? 그것은 아마도 전우치가 펼치는 환상적인 '도술' 때문일 것이다. 시대가 바뀌어도 일상의 무료함은 여전히 반복된다. 현실적 삶의 관성을 이겨내기 위해서는 끊임없이 자극이 필요하다. 그 대표적인 것이 바로 서사(敍事), 즉 '이야기'이다. 새로운 이야기를 알고자 하는 욕망은 시대를 초월하여 존재한다.

전우치의 신출귀몰하는 도술은 그런 욕망을 충족시켜주기에 충분하다. 전우치가 도술을 부려 어려운 백성들을 돕는 장면에서 우리는 그의 선행에 공감대를 느낀다. 전우치가 임금을 속여 황금들보를 탈취하거나 오만한 관료들을 골탕 먹이는 장면에서는 그의 기발한 도술에 찬탄을 금치 못한다. 그런가하면 전우치는 왕명을 받고 반란 세력을 격퇴하는 충신으로 그려지기도 한다. 이처럼 전우치의 이미지는 어느 하나로 고정되어 있지 않다.

전우치는 최근 영화나 드라마로 다시 태어났다. 고전소설의 줄거리와는 전혀 다르게 재구성된 것이지만 전우치의 캐릭터가 '판타지 영웅'

으로 나타나고 있는 점은 크게 다르지 않다. 전우치가 펼치는 도술과 판타지가 현대에도 계승되고 있다는 점은 대단히 고무적인 일이다. 이처럼 전우치는 시대를 초월하여 판타지의 주인공으로 사랑을 받고 있는 흥미로운 캐릭터이다.

실존 인물이었던 전우치가 소설의 주인공으로 탄생되는 과정은 결코 간단치 않다. 따라서 관심의 영역을 조선후기 하층 남녀 독자들에게 널리 사랑을 받았던 국문소설인 경판 방각본으로 한정한다. 그 중에서도 시기적으로 가장 앞선 판본이면서 전우치의 도술 삽화를 가장 풍부하게 담고 있는 경판 37장본 <전우치전>을 기본텍스트로 한다.[1] 이 글은 실존 인물 전우치와 소설 <전우치전>의 전개 양상을 먼저 소개하고, 전우치의 도술과 판타지에 대하여 고찰한 뒤, 전우치의 캐릭터를 살펴보는 순서로 서술된다.

2. 전우치는 누구인가

전우치는 16세기 초・중반에 실존했던 인물이다. 그의 생몰연대는 정확히 알 수 없으나 잡록・야담의 기록에 따르면 중종 연간에 활동한 것으로 보인다. 전우치는 개성의 한미한 집안에서 태어나 과거를 준비하던 선비였다. 그가 살았던 연산군~중종 연간에는 무오(1498)・갑자(1504)・기묘(1519)・을사(1545)년에 네 번에 걸친 사화(士禍)가 있었다. 이런 정치적 혼란 때문에 선비들 중에는 세상에 나가기를 포기하고 산림으로 은둔하는 이들이 많았다.

전우치는 진사시에 급제하였으나 관직에 진출하기를 단념했던 것으로 보인다. 우연히 천서(天書)를 얻게 된 전우치는 천문・지리 등을 공부했다. 총명했던 그는 천서를 완벽하게 익혀 도술에 통달하게 되었다. 마침 당시에는 역질(疫疾)로 고생하는 백성들이 많았는데 전우치가 도술로 귀신을 부려 질병을 치유해주었다는 기사가 이기(李墍)의 『송와잡설(松窩雜說)』에 전한다.

조정에서는 전우치가 도술로 백성들을 도와주는 것을 달갑게 여기지 않았다. 오히려 그가 요망한 환술로 백성들을 현혹시킨다고 모함하는 신료들도 있었다. 결국 조정에서는 전우치를 체포하라는 명령을 내렸다. 전우치가 황해도 일대에서 붙잡혀 신천(信川)의 감옥에서 스스로 목숨을 끊었다는 이야기가 유몽인(柳夢寅)의 『어우야담(於于野談)』에 실려있다.

전우치가 감옥에서 죽은 뒤에 친척들이 그의 무덤을 옮기려고 관을 열었는데 그의 시체가 없었다. 때문에 사람들은 그가 시해(尸解)되었다고 믿었다. 시해란 몸만 남기고 넋이 빠져나가서 신선(神仙)이 되는 것을 말한다. 이처럼 전우치가 도술로 거짓 죽은 체 했다가 다시 돌아와 어디론가 사라졌다는 기록이 홍만종(洪萬宗)의 『해동이적(海東異蹟)』에 보인다.

전우치는 당대 최고의 문인이었다. 그는 당시 일류의 문인들을 내려다볼 정도로 뛰어난 시적 재능을 갖고 있었다. 그러나 아쉽게도 문집이나 기록이 전하지 않아 그의 시 세계를 자세히 알 수는 없다. 다만 문헌기록에 전하는 6편의 시를 통해 맑고 깨끗한 신선의 경지를 노래했던 그의 정신세계를 접할 수 있다. 허균(許筠)은 그의 『성수시화(惺叟詩話)』·『국조시산(國朝詩刪)』 등에서 전우치의 시를 소개하고 시평(詩評)을 남겼다. 전우치의 문학적 재능은 이수광(李睟光)의 『지봉유설(芝峯類說)』에서도 확인된다.

전우치에 대한 일화들은 어느덧 전국적으로 퍼져 있었다. 신출귀몰하는 그의 도술 행적은 홍길동과 함께 쌍벽을 이룰 정도였다. 전우치의 출신지 개성은 수운이 발달한 상업 도시였다. 개성 상인들은 전국 각지를 돌며 전우치에 대한 소문들을 확산시키는데 기여했던 것으로 보인다. 사대부 문인들 또한 그들의 필기·잡록에 전우치의 일화들을 많이 기록했다. 이렇게 전우치와 관련된 이야기는 문헌설화와 구비설화로 상하층에 고루 전파되었다.

전우치의 이야기는 17세기 중반 이후 전(傳) 양식으로 지어졌다. 단편적으로 기록되던 전우치의 일화가 비로소 일정한 서사 체계를 갖추게 된 것이다. 17세기 문인 죽천(竹泉) 이덕형(李德泂)에 의해 한문으로 지어진 <전우치전>이 국립중앙도서관에 소장된 필사본 『죽창한화』에 전한다. 이덕형은 전우치의 실제 행적뿐만 아니라 그가 호정(狐精)과 천서(天書)를 얻어 도술을 획득하는 과정을 소설적 허구를 가미하여 흥미롭게 기술했다.

전우치가 국문 소설의 주인공으로 등장한 것은 1847년경 경판 37장본 <전우치전>에서이다. 소설 속 전우치는 변화무쌍한 도술가로 그려진다. 홍길동・임꺽정과 같이 사회 변혁적인 영웅이 아닌 '도술'을 부리는 영웅이다. 작품의 서사는 도입부의 출생 및 도술 단락, 전개부의 도술 활용 단락, 결말부의 도술 경쟁과 입산 수련 단락 등 세 부분으로 구성된다. 작품의 내용을 간략히 살펴보자.

<도입부>

(1) 전우치는 고려 말 전숙의 만득자로 태어났다.

(2) 전우치는 전숙이 하세하고 그의 친구인 윤공 밑에서 공부하던 중 여인으로 둔갑한 여우를 만나 호정을 빼앗아 삼키고 신통력을 얻었다.

(3) 진사시에 합격했다.

(4) 구미호에게서 천서를 빼앗아 읽고 도술을 연마했다.

<전개부>

(5) 도술을 써서 선관으로 변신하여 임금으로부터 황금대들보를 탈취했다.

(6) 백발노인을 만나 그의 아들이 동네 부인과 사통하다 살인 누명을 썼다는 말을 듣고서 옥에 갇힌 백발노인의 아들을 구해주었다.

(7) 백성의 돼지머리를 빼앗아가는 관리를 징치했다.

(8) 선비들의 연회에 참석하여, 교만한 선비와 기녀를 혼내주었다.

(9) 장부 정리를 잘못하여 공금횡령죄를 뒤집어 쓴 호조의 고직이 장계창을 살려주었다.

(10) 가난뱅이 한재경에게 돈이 나오는 족자를 주어 모친을 봉양하게 했다.

(11) 한재경이 욕심을 부려 관가에 잡히자, 전운치가 창고의 식량, 돈, 군기를 더러운 벌레로 변하게 하고 그를 구출했다.

(12) 조정에 자수하여 선전관 벼슬을 제수 받았다.

(13) 선전관들이 못살게 굴자 백사장에서 허참연(許參宴: 신임 관원이 구관원에게 음식을 대접하던 일)을 열고 선전관 부인들을 기생으로 데려와 수청을 들게 했다.

(14) 나라에 충성을 다할 것을 맹세하고 난을 일으킨 도적 염준을 토벌했다.

(15) 자신을 시기하고 업신여기는 선전관을 징계했다.

(16) 한재경 사건때 벌레로 변한 호조 창고의 식량과 돈을 원상태로 돌려놓았다.

(17) 수절과부를 훼절한 중을 자신의 모습으로 변하게 하여 징벌했다.

(18) 역모 사건에 연루되어 죽게 되자, 그림 속의 나귀를 타고 도망쳤다.

(19) 임금에게 전운치를 죽이라고 말한 왕연희를 구미호로 변하게 하여 곤욕을 치르게 했다.

(20) 오생에게 미인도를 팔고 질투심 강한 그의 부인 민씨를 구렁이로 변하게 해 혼내주었다.

<결말부>

(21) 상사병에 걸린 친구 양봉한을 위해 수절과부를 데려오다가 강림도령에게 징치당했다.

(22) 화담 서경덕을 찾아가 도술 경쟁하여 패배했다.

(23) 모친의 삼년상을 마치고 구미호를 잡아 죽인 후, 서화담을 따라 선도

를 닦기 위해 영주산으로 들어갔다.

3. 전우치, 그는 어떻게 도술을 부리는가

1) 전우치의 도술

<전우치전>에서 전우치의 도술과 판타지[2)]가 어떤 양상으로 나타나는지 살펴보자. <전우치전>의 서사는 앞서 살핀 바와 같이 도입부-전개부-결말부의 순으로 전개된다. 이 중에서 가장 비중이 높은 것은 전개부의 도술 단락이다. 경판본의 도술 단락은 개별적 이야기가 병치되거나 몇 편씩 연속되는 방식으로 구성된다. <전우치전>의 도술 단락은 일정한 서사적 인과관계에 의해 순차적으로 전개되지 않고 독립적 삽화가 나열된 형태로 되어 있다. 전우치의 도술 행적들이 병렬적으로 나열되어 있기 때문에 사건들을 유형별로 분류할 필요가 있다. 여기에서는 도술의 유형에 따라 몇몇 대표적인 이야기들을 중심으로 살펴본다.

전우치의 도술은 일상적인 상황에서는 결코 설명될 수 없는 상상의 산물이다. 텍스트 속에서 도술은 '속임수'로 이해된다. 임금을 속여 재물을 탈취할 때, 목숨이 걸려 있는 위기 상황에 처했을 때, 관리들을 골탕 먹일 때 전우치는 도술로 사람들의 이목을 속이고 유유히 빠져나온다. 이처럼 도술은 '속임수'이며 판타지를 창출하는 수단이다. 전우치가 부리는 도술은 크게 다음 네 유형으로 나눌 수 있다.

첫째, '변신술(變身術)'이다. 변신술은 모든 사물을 자신의 뜻대로 변화시키는 도술이다. 전우치는 자신의 몸을 바꾸거나 사물을 자신의 뜻대로 바꾸는 변신술을 자유자재로 부린다.

먼저 자기의 몸을 바꾸는 변신술이다. 전우치가 천서를 얻어 술법을 익히고 나서 처음 부린 도술이 바로 이것이다. 전우치는 도술을 완전히 익힌 뒤에 과거공부를 중단했다. 그는 벼슬을 해서 어머님을 봉양하려면 시간이 너무 오래 거릴 것이라 생각하고 엉뚱하게도 궁중의 보물을 탈취할 생각을 했다. 전우치는 '몸을 흔들어' 선관으로 몸을 바꾼 뒤 궁중으로 들어가서 청의동자를 시켜 임금에게 황금 대들보를 진상하도록 명령했다. 이런 유형은 작품에서 가장 자주 등장하는 변신술이다.

다음은 사물을 자신의 뜻대로 바꾸는 변신술이다. 전우치는 악당을 자기처럼 변하게 하여 골려주기도 한다. 한 번은 전우치가 조정에서 쫓겨난 뒤에 산책을 하다가 나무에 올라 자살하려는 여자를 발견했다. 전우치가 이를 보고 놀라 사연을 물어보니 남편과 친했던 중이 남편이 죽은 뒤에 자신을 겁탈하여 자결한 일 때문에 자결하려 한다는 것이었다. 여자를 위로해 돌려보내고 진언을 외우며 기운을 내 입김을 부니 그 중이 변하여 전우치가 되었다. 마침 포도청에서 기찰을 나왔다가 중을 보고 전우치로 여기고 잡아 서울로 보냈다. 임금이 몸소 심문하고자 준비를 갖추게 했다. 승정원에서는 전국에서 잡아들인 전우치가 모두 360명이라고 보고했다.

또 한 번은 전우치가 자신을 모함한 조정 대신 왕연희를 자기의 모습으로 변하게 한 이야기이다. 역적으로 몰려 잡혔던 전우치는 도술을 부려 임금을 속이고 그림 속으로 사라졌다. 조정에서는 그를 수배했는데 전국에서 잡아들인 전우치가 삼백육십 명이나 되었다. 도승지 왕연희는 모두 죽여야 한다고 했다. 임금이 이 말을 듣고 모든 전우치들을 잡아들여 차례로 베고 있는데 그 중 한 사람이 나와 자신은 전우치가 아니라 도승지 왕연희라고 했다. 전우치는 몸을 왕연희로 바꾸고 왕연희의 집으로 갔다. 전우치가 내당으로 들어가 왕연희의 부인과 말을 주고받았을 때도 집안사람 누구도 전우치인 줄 전혀 알지 못했다.

이때 진짜 왕연희가 궐에서 나와 하인을 찾았으나 아무도 없었다. 이상하게 여겨 동료의 말을 빌려 타고 집에 돌아오니 하인들이 문앞에 있었다. 왕연희가 크게 화를 내면서 집에 와 있는 까닭을 묻자 하인들이 말하기를,

"소인들이 아까 상공을 모셔왔는데 어찌 또 상공이 계십니까?"

하고 얼굴을 찬찬히 살펴보았다. 왕연희가 괴이하게 여겨 내당으로 들어가 보니 시비들이 손뼉을 치며 말하기를,

"이 어찌 된 일인가? 아까 우리 상공이 나와 계시거늘, 이 어찌 된 일인가?"

하며 지껄이고 있었다.

<전우치전>, 120～121쪽

왕연희의 종들은 모두 당황했다. 왕연희가 침실로 들어가니 다른 왕연희가 부인과 이야기를 나누고 있었다. 진짜 왕연희와 가짜 왕연희가 서로 상대방을 결박하라고 하니 종들은 더욱 난감했다. 이 때 전우치가 왕연희에게 물을 뿜고 붉은 모래를 내어 발랐더니 왕연희가 구미호로 바뀌었다. 종들이 구미호를 죽이려 하자 전우치가 이를 말렸다. 전우치는 나라에 고하여 처치할 것이라 하고 왕연희를 결박하여 가두었다. 그날 밤 전우치는 왕연희를 용서해주고 앞으로 행실을 조심하라고 당부한 뒤에 '진언'을 외워 구미호를 다시 왕연희로 변하게 했다.

둘째, '둔갑술(遁甲術)'이다. 둔갑술은 남에게 보이지 않게 몸을 숨기는 도술이다.

둔갑술의 사례를 살펴보자. 전우치가 반란을 물리치고 조정에 들어갔을 때이다. 호서지방에서 한 무리가 역모를 꾀한다는 고발이 들어왔다. 붙잡힌 주동자들은 전우치를 임금으로 삼으려 했다는 거짓 진술을 했다. 임금은 즉시 전우치를 잡아 가두고 매를 쳐서 그를 죽이려하였다. 이 위급한 순간에 전우치는 꾀를 내어 임금께 마지막 소원이라며 그림을 그리게 해달라고 부탁했다.

"네 무슨 재주가 있느냐?"

"신이 그림을 잘 그리니, 나무를 그리면 점점 자라고 짐승을 그리면 걸어가고 산을 그리면 초목이 나는 고로, 세상에서 명화라 하옵나이다. 이 그림을 세상에 전하지 못하고 죽으면 원혼이 될 것이옵니다."

임금께서 생각하시기를, '이놈이 죽어 원혼이 되면 괴로운 일이 생길 것이다.' 하고 즉시 묶은 것을 끌러주고 붓과 먹, 종이를 주었다. 우치가 붓을 들어 산수를 그리니, 만학천봉에 만 길이나 되는 폭포를 산꼭대기에서 흘러내리게 하고, 시냇가에는 버들가지가 늘어지게 했다. 그 아래 안장 얹은 나귀를 그린 후에, 붓을 던지고 네 번 절하니, 임금께서 말씀하셨다.

"너는 죽을 죄인인데, 네 번 절하는 것은 무슨 뜻이냐?"

우치 아뢰기를

"신은 이제 폐하를 하직하고 산속으로 들어가나이다." 하고는 나귀 등에 올라 산속으로 들어가니, 문득 난데없이 사라졌다.

"내가 이놈에게 또 속았으니 이를 장차 어찌하리오?"

<전우치전>, 116~117쪽

위의 인용문은 전우치가 역모를 꾀한다는 모함을 당하고 처형되기 직전의 상황이다. 전우치는 종이에 나귀와 산수를 그린 후 그림 속으로 사라졌다. 이렇게 <전우치전>에서는 때때로 '그림'이 현실과 연결된다. 임금은 전우치에게 또 속은 것이 분하여 화를 내고 그림을 불태우게 하였다. 전우치가 나귀를 타고 그림 속으로 탈출한다는 옛 사람들의 상상력이 기발하다. 둔갑술은 '속임수'이면서 현실을 초현실의 세계로 연결하는 통로가 된다. <전우치전>의 판타지는 현실 속의 인물이 초현실 속으로 사라지는 경계에서 발생한다.

한편 미인도 속의 미인이 그림 밖으로 나오기도 한다. 전우치가 어떤 곳을 지나는데 여러 소년들이 족자를 감상하면서 '천하의 명화'라고 감탄하고 있었다. 전우치는 자기에게도 족자 하나가 있으니 보라면서 소매 속의 미인도를 꺼내 보내주었다. 전우치가 그림의 생기를 보여주겠다면서 '주선랑'을 부르자 미인은 동자를 데리고 나왔다. 전우치가 좌중에게 술을 부어드리라고 명하니 선랑이 두루 술잔을 돌리고 그림 속으로 들어갔다.

셋째, '분신술(分身術)'이다. 분신술은 몸을 여럿으로 나누어 적을 상대하는 도술이다. 분신은 부처가 중생을 제도하기 위해 여러 가지로 나타나는 몸을 말하는 불교 용어인데 도술을 일컫는 말로 전용(轉用)된 것이다. 분신술은 군담에서 적은 병력으로 많은 적을 상대할 때 많이 쓰인다.

전우치가 도적 염준을 물리치러 간 군담 장면에서 썼던 분신술을 살펴보자.

> 다음날 진영 문을 열고 염준이 나와 크게 외치기를,
>
> "전우치는 빨리 나와 나의 칼을 받으라. 금일은 맹세코 승부를 결정하리라"
>
> 하며 좌충우돌하니, 우치가 크게 화를 내고 말을 내몰아 칼을 춤추듯 휘두르며 바로 염준에 대항했다. 창칼을 부딪쳐 겨루기를 삼십여 번 하였으나, 염준의 창법에는 조금도 빈틈이 없었다. 운치가 생각하기를,
>
> '무예로는 염준을 당하지 못하리라'
>
> 하고 몸을 흔들어 진짜 몸은 공중에 오르게 하고 가짜 몸은 염준을 대적하면서 크게 외쳤다.
>
> "내 평생 살생은 안 했으나 네가 이제 천명을 거역하기에 마지못해 너를 죽이나니 나를 원망하지 말라."
>
> <전우치전>, 109쪽

위의 인용문은 전우치가 염준과 맞서 싸우는 장면이다. 전우치는 무예가 염준에 미치지 못함을 깨닫고 분신술을 써서 진짜 몸은 공중에 올라 피하게 하고 가짜 몸은 염준과 싸우게 했다. 그러나 전우치는 염

준을 곧바로 죽이지 않고 다시 도술을 부려 자신의 칼에서 번개가 나게 하여 염준을 기절시킨 뒤 그를 사로잡았다. 이렇게 해서 전우치는 반란을 일으킨 염준 일당을 물리치는 공을 세우고 임금에게 상을 받았다.

넷째, '진언(眞言)'이다. 진언은 귀신을 부리거나 대상을 변화하게 하는 도술이다. 진언 또한 "부처의 말씀"이나 "주문(呪文)을 왼다"는 뜻의 불교 용어에서 유래한 것이다.

<전우치전>에서 주문을 외는 장면은 전우치가 도술을 부릴 때마다 수시로 등장한다. 전우치가 염준의 무리를 격퇴하고 조정에 들어갔을 때의 일이다. 전에 전우치에게 욕을 보았던 일로 불만을 품은 선전관들이 한 사람도 그에게 축하 인사를 오지 않았다. 이에 불만을 품은 전우치는 오색구름을 타고 힘이 센 신장인 황건역사와 온갖 도깨비들을 다 모은 다음 빨리 선전관들을 잡아오라고 분부하니 금세 선전관들을 다 잡아왔다.

전우치는 구름을 타고 다니며 '진언'을 외워 도술을 부린다. 진언은 주로 귀신을 부릴 때나 어떤 대상의 모습을 변화시킬 때 쓴다. 한 번은 어떤 백성이 시장에서 돼지머리를 사서 값을 치렀다. 그런데 한 관리가 오더니 지위를 이용해 먼저 가져가겠다고 한 일이 있었다. 이것을 본 전우치가 진언을 외우자 돼지가 입을 벌려 관리의 머리를 물었던 에피소드도 있다. 전우치는 귀신을 부릴 때뿐만 아니라 어떤 도술을 행할 때마다 '진언'을 외운다.

2) 도술을 활용한 판타지

앞서 살핀 것처럼 도술은 개별적으로 나타날 때도 있지만 경우에 따라서는 두세 가지가 동시에 쓰이기도 한다. 이런 장면에서 '판타지' 효과는 극대화된다. <전우치전>은 이처럼 현실과 초현실을 넘나들면서 판타지의 세계 속으로 독자들을 빠져들게 한다. <전우치전>에서 여러 개의 도술이 동시에 사용되는 장면들을 살펴보자.

먼저 전우치가 황금 대들보 탈취 사건으로 수배를 당했을 때의 일이다. 전우치는 황금 대들보를 그대로 팔면 의심을 살까봐 꾀를 내었다. 대들보의 머리만 베어 성안으로 들어가 팔아 은자로 바꾼 것이다. 전우치는 이 돈으로 음식을 준비해 어머니께 드렸다. 나라에서 이 사실을 알고 전우치를 잡아들이기 위해 그의 집에 금부도사를 보냈다. 이때 전우치는 '먹물 담는 병'을 꺼내어 어머니와 함께 병 속으로 몸을 감추었다. 금부도사가 병 주둥이를 막고 임금에게 가져가니 임금은 명령을 내려 가마솥에 기름을 끓이고 병을 넣었다. 기름이 다 졸아들 때까지 끓이고 나서 임금은 병을 깨뜨리게 했다. 병은 산산조각이 났는데 안에는 아무것도 없고 병 조각마다 전우치로 변하여 임금 앞에 달려 나왔다. 삽시간에 아수라장이 되자 임금은 크게 노하여 그 조각들을 모아 다시 기름에 끓이게 했다. 전우치는 이렇게 위기를 탈출했다. 임금은 그러고도 성이 차지 않아 집을 헐어버리고 물을 대어 못으로 만들라고 했다. 그러나 조정에서는 우치가 스스로 나타나면 죄를 용서해주고 벼슬까지 주겠다는 회유책으로 그를 유인했다.

이처럼 전우치는 둔갑술과 변신술을 동시에 쓰기도 한다. 전우치가 어머니와 함께 병 속으로 들어간 것은 장소를 이동하여 몸을 감추는 '둔갑장신(遁甲藏身)'의 도술을 쓴 것이다. 또한 깨어진 병 조각이 모두 전우치로 변하여 임금에게 달려 나간 것은 '변신술'이다. 이처럼 전우치의 도술은 위기에 처했을 때 상대방을 속여 탈출할 수 있는 수단이 된다. 고전소설의 판타지적 상상력이 잘 드러나는 대목이다.

다음으로 전우치가 반란 세력인 염준을 물리치러 갔을 때의 일이다. 다음 장면에서도 변신과 진언이 함께 사용되어 판타지 효과가 두드러진다.

<u>㉠ 우치가 사방을 둘러본 후 독수리로 변신하여 후원에 들어가보니</u>, 염준

이 황금의자에 앉아 여러 장수를 좌우에 앉히고 그 뒤에는 미녀 수백 명이 열을 지어 앉아 잔을 받고 있었다. ㉡ 우치가 그 동정을 보고자하여 진언을 외우니, 무수한 독수리가 하늘을 덮으며 내려와 사람들 앞에 놓인 상을 다 거두어가지고 하늘로 올라갔다. ㉢ 이에 거센 바람이 크게 일어나 모래가 날리며 돌이 굴러들어오니, 그 자리에 있던 사람들이 모두 크게 놀라 눈도 뜨지 못하고 바람에 날려 쓰러졌다. 차일과 돗자리 같은 물건까지 다 날아가 공중으로 올라가니, 염준은 넋이 나가 언덕 위 나뭇등걸을 붙들고 정신을 차리지 못하고 모든 군사는 떡과 고기를 들고 바람에 날려 뒹굴뒹굴 구르며 혹 똥물을 토하기도 했다.

<전우치전>, 107쪽

위의 인용문은 '분신술'과 '진언'이 동시에 나타난 사례로써 전우치가 도술로 염준의 진영에 일격을 가하는 장면이다. 밑줄 친 ㉠에서는 전우치가 독수리로 '변신'하여 후원에 들어가 적진을 염탐하고 있으며, ㉡에서는 적들이 연회를 즐기며 무방비 상태로 있는 것을 포착한 전우치가 자기 몸을 무수한 독수리로 변신시켜 상을 거두어갔다. ㉢은 큰 바람을 일으켜 자리에 있던 모든 물건을 다 공중으로 날려 보내는 장면이다. 염준의 무리들은 모두 혼비백산하여 배설물을 입으로 토하기까지 한다. 엽기적인 장면이 아닐 수 없다. 현실에서는 절대로 일어날 수 없는 오로지 상상력만으로 구성된 판타지가 펼쳐지고 있는 것이다. 이처럼 <전우치전>은 다양한 '도술'을 활용해 상상력을 극대화함으로써 고전적 판타지의 다양한 측면을 보여주고 있다.

4. 전우치, 그는 어떻게 '판타지 영웅'이 되었는가

이제 작품을 통해 전우치의 캐릭터를 구체적으로 살펴볼 차례이다.

<전우치전>은 고전소설 중에서 환상적 성격이 가장 뚜렷한 작품의 하나이다. 주인공 전우치의 도술은 <전우치전>을 '판타지' 서사로 만들기에 충분하다. <전우치전>은 어떤 측면에서 판타지라고 할 수 있는가? 또 전우치의 어떤 면에서 영웅성을 갖는가?

'판타지(Fantasy)'는 보통 '환상(幻想)'으로 번역된다. 엄밀히 따진다면 미세한 의미상의 차이가 있겠지만 호환이 가능한 용어라 할 수 있다. '판타지 문학', 즉 '환상 문학'을 체계적으로 이론화한 토도로프(Todorov, Tzvetan)는 '환상'을 문학의 특정 '장르'로 규정하고 독자의 '망설임'을 강조했다. 그에 따르면 '망설임'이란 자연 법칙밖에 모르는 사람이 초자연적 양상을 가진 사건에 직면해서 체험하는 '애매한 지각'을 말한다. 환상은 '망설임' 동안만 계속되며, 이 '망설임'은 독자와 작중 인물에 공통된다.[3)]

전우치가 도술을 부리는 장면에서 독자들은 이러한 '망설임'의 순간을 경험한다. 전우치가 부리는 도술은 '초자연성'을 띠며 이를 인식한 독자와 작중 인물은 자연적 상태와 초자연적 상태 사이에서 망설이게 된다. 전우치가 도술을 부릴 때마다 비현실적 상황이 벌어지며, 독자들은 망설임 속에서 판타지 특유의 미감을 체험한다. 이런 점에서 <전우치전>은 전형적인 고전 판타지 소설이라고 할 수 있다.

전우치의 도술은 판타지의 조건이 될 뿐만 아니라 영웅성의 조건도 된다. 전우치의 도술은 어떤 목적을 위해 이루어지는가? 전우치의 영웅성은 크게 '체제 저항적 영웅'과 '체제 내적 영웅' 두 측면으로 구성된다. 또한 '체제 저항적 영웅'의 면모는 삽화의 유형에 따라 '백성을 위한 선행', '지배층에 대한 야유와 조롱'의 두 층위로 세분화 할 수 있다. 소설에 나타난 전우치는 어떤 인물인지 자세히 살펴보자.

첫째, 전우치는 '체제 저항적 영웅'이다. 여기서 굳이 '체제 저항적'이란 수식어를 붙인 이유는 전우치가 백성을 돕는 민중 영웅적 인물인 동시에 임금과 조정 대신들의 무능함, 사대부들의 오만함에 저항하는 인물이기 때문이다. 이 두 측면은 모두 '체제 저항적' 지향으로 수렴될 수 있다.

먼저 전우치가 도술로 백성을 돕는 삽화들을 살펴보자. 전우치는 백성들의 억울함을 잘 듣고 도술을 부려 그것을 해결해준다. 전우치의 문제 해결 방식은 대단히 단순하고 명쾌하다. 문제 해결의 열쇠는 바로 '도술'이다. 전우치는 구름을 타고 다니다가 어려운 백성을 발견하면 그에게 날아가서 억울한 사연을 듣고 곧바로 해결해준다. 전우치는 백성들의 '메시아'나 '영웅' 같은 존재이다. 그러나 그는 그다지 완벽한 영웅은 아니다. 오히려 인간적이고 허점이 매우 많은 영웅이다. 독자들이 전우치를 친근하게 느끼는 이유는 바로 여기에 있다.

전우치가 백발노인을 도와준 이야기부터 소개한다. 전우치는 어느 날 백발노인이 슬피 울고 있는 것을 발견했다. 노인의 아들은 한 유부녀와 간통을 하다가 일이 잘못되어 억울하게 살인죄를 뒤집어썼다. 상대편은 고위관리인 친척을 이용해 노인의 아들에게 누명을 씌웠다. 전우치는 죽은 사람의 모습으로 변하여 관리 앞에 나타나 사건의 진상을 밝히도록 했다.

한편 전우치는 효성스럽고 남을 잘 돕는 사람인 장계창을 도와주기도 한다. 호조의 창고지기로 있던 장계창은 문서를 잘못 작성하여 은자 이천 냥이 부족하게 되어 형벌을 받게 되었다. 전우치는 구름을 타고 형벌 받는 곳에 가서 장계창 부부를 거두어 구해주었다. 이렇게 전우치는 백성들을 일일이 만나 사연을 듣고 해결해준다. 사회 전체의 변혁을 지향하는 것이 아닌, 소외된 개인들을 하나하나 어루만져주는 방식이다.

다음으로 전우치가 체제 저항적인 면모를 보이는 삽화를 살펴보자. 전우치는 부패한 관리들을 만나면 곧바로 징치한다. 또 지배층인 양반들이 고고한 척하면서 남을 무시하는 행동을 보면 도술을 부려 그를 응징한다. 다음 삽화에서 그런 경향이 두드러진다.

어느 날 전우치는 구름을 타고 날아가던 중 우연히 풍악과 노래 소리가 들리는 연회 자리에 갔다. 전우치는 자리에 있는 선비들과 통성명을 했는데 소생과 설생이라는 선비가 가장 거만하게 굴었다. 이들의 행태를 못마땅하게 여긴 전우치가 두 사람을 향해 진언을 외웠더니 그만 그들의 생식기가 사라져버렸다.

> 우치가 웃으며 말했다.
>
> "두 형은 화내지 말고 손을 바지 속에 넣어 만져보시오."
>
> 설생이 이 말을 듣고 손으로 만져보다가 소생에게 말했다.
>
> "고환이 간데없고 판판하니, 이 어찌 된 일인가?"
>
> 소생이 보여 달라 하여 설생이 내보여주니 과연 그 자리에 아무 것도 없었다. 소생 또한 제 물건을 만져보니 역시 아무것도 없었다. 두 사람이 크게 놀라 말했다.
>
> "아까 전형이 우리를 조롱하더니 과연 이런 변이 생겼도다. 장차 이를 어찌하리오?"
>
> <전우치전>, 95~96쪽

위의 인용문은 거만한 선비들을 전우치가 골려준 장면이다. 신분제 사회에서 양반층에 대한 민중들의 누적된 감정이 소설을 통해 표출된 것이다. 전우치가 거만한 선비들을 조롱한 방식이 성적 유희라는 점도 흥미롭다. 거만한 양반들에게는 '야유'를 보내는 동시에 독자들에게는 '웃음'과 '해학'을 선사한다.

한편 전우치가 처음 선전관 벼슬을 제수 받았을 때의 일이다. 선임자들은 신참인 전우치를 못살게 굴었다. 이 일로 전우치는 백사장에서 열린 환영 연회에서 도술을 부려 선전관의 부인들을 기생으로 둔갑시켜 남편들의 수청을 들게 함으로써 욕을 보게 하였다. 그 뒤에 전우치가 염준의 반란군을 물리치고 선전관 직에 다시 복귀했을 때 선전관들은 전날의 일로 앙심을 품고 아무도 와보지 않았다. 전우치는 오색구름을 타고 힘이 센 신장인 황건역사와 온갖 도깨비들을 다 모아놓고 선전관들을 잡아오게 하여 꾸짖었다.

> "내 전날 희롱하고자 그대들의 부인을 잠깐 욕되게 하였으나 어찌 그렇듯 미워하는 마음을 품고 나를 심히 푸대접하는가? 내 일찍이 그대들을 잡아다가 지옥에 보내려고 했으나, 밤이면 천상에서 벼슬아치로 해야 할 일이 많고 낮이면 나라에서 맡긴 임무에 골몰하느라 지금까지 미뤄왔거니와, 이제는 마지못해 너희들을 지옥에 보내 고행을 겪게 하여 거만하게 사람을 업신여기던 죄를 갚게 하고자 하노라."
>
> <전우치전>, 112쪽

위의 인용문에서 전우치는 거만하고 사람을 업신여기는 선전관들의 죄를 물었다. 여기서 전우치는 지배세력 자체에 대한 반감보다는 이들의 안하무인(眼下無人)하는 행태에 불만이 있었다. 전우치는 지배층의 일원이 되고나서도 오만한 관리들을 그냥 내버려두지 않았다. 기존 체제의 유지에 충성을 다하면서도 본래의 민중적 기질만은 잃지 않고 있었다.

전우치에게 벌을 받았던 이들은 거만한 선비들이나 조정에서 그에게 적대적이었던 대신들이었다. 전우치는 그들을 벌주었지만 극단적으로 그들을 내몰지는 않았다. 전우치의 의도는 어디까지나 그들을 '교화'시키는 데 있었다. 자신에게 적대적인 인물들을 벌하되 '복수' 그 자체보다는 '개과천선'에 더 의의를 두었던 것이다. 이러한 전우치의 교화방식에서 그가 선량함과 인간미를 지닌 캐릭터임을 알 수 있다.

둘째, 전우치는 '체제 순응적 영웅'이다. 경판 37장본에서 전우치는 '체제 저항적' 인물인 동시에 이와 정반대의 캐릭터인 '체제 순응적' 성격을 보이기도 한다. 이처럼 전우치가 체제 '긍정적' 성격과 '부정적'

성격을 모두 지닌 양면적 캐릭터로 형상화된 것은 경판 37장본의 특징이라 할 수 있다.

먼저 전우치가 충성스러운 신하가 된 배경을 살펴보자. 전우치는 모친을 봉양할 돈이 없는 한재경에게 '돈이 나오는 족자'를 주었다. 그러나 재경이 '한 냥'씩만 받으라는 금기를 깬 일로 인해 그림 속 장면이 실제 상황으로 바뀌었다. 재경이 호조의 창고에 갇히게 된 것이다. 재경은 이것이 전우치가 준 족자 때문에 생긴 일임을 실토했다. 이 일로 전우치를 잡아들이라는 방이 사대문에 붙자 전우치는 스스로 대궐에 나가 자수했다. 임금은 전우치가 또 환술로 나라를 혼란스럽게 할 것을 우려하여 그에게 벌을 내리는 대신 벼슬을 내렸다. 이때부터 전우치는 임금의 충성스러운 신하가 되었다.

또한 전우치는 반란 세력을 물리쳐 국가를 위기에서 구해내기도 했다. 전우치는 자기에게 심술을 부린 선전관들을 징치한 뒤에 "내가 나라에 죽을죄를 면하고 오히려 벼슬을 받으니, 임금의 은혜가 망극하도다. 마땅히 개과천선하여 극진히 충성하리라" 다짐하고 맡은 바 관직에 충실하였다. 이때 마침 가달산에서 도적 염준이 강도 수천을 모아 반란을 일으켰는데 아무도 나서려 하지 않자 전우치는 자원하여 도적을 토벌하러 나갔다.

전우치는 '무예'로 염준을 당해내지 못할 것을 알고 도술로 그의 반군을 응징했다. 반역의 무리를 물리친 전우치는 죄를 비는 염준을 죽이는 대신 '개과천선'하라고 하면서 결박을 풀어주고 고향으로 돌려보냈다. 임금은 전우치를 칭찬하면서 많은 상을 내렸다. '황금 대들보' 장면에서 보였던 조정에 대한 '반항'적 자세는 어느덧 '충신'의 모습으로 바뀌어 있었다. 스스로 '충성'을 다짐하고, 도적의 무리를 소탕한 뒤 염준에게도 '개과천선' 하기를 권하는 장면에서 전우치 역시 봉건적 이념의 자장에서 자유로울 수 없는 인물임을 알 수 있다.

또한 전우치는 작품 전체를 통해 윤리적 일관성을 보이지 않는다.

효(孝)를 이루기 위해 임금을 속이고 '황금 대들보'를 탈취하는 불충(不忠)을 저지르기도 하며, 개인적인 원한을 갚기 위해 선전관들을 욕보이기도 한다. 전우치의 이러한 '악동'적 성격은 결말부에 가서 극대화된다. 전우치는 양봉안이라는 친구가 여자 때문에 상사병이 든 것을 보고 선관으로 변신하여 그가 사모하던 정씨를 기절시켜 공중으로 데리고 올라왔다. 정씨는 죽은 남편을 위해 절개를 지키던 여인이었다.

이것을 본 강림도령은 '열녀'의 절개를 깨뜨리려하는 전우치를 도술로 징치한다. 강림도령은 전우치가 요술로 변란을 일으킨 것을 통렬히 질타하면서 노모의 사정을 생각하여 살려준다. 이는 좌충우돌하는 '악동' 전우치를 길들이기 위해 삽입된 단락인 듯하다. 전우치의 도술을 정도(正道)가 아닌 사술(邪術)로 폄하하는 당대의 윤리관이 개입된 징벌행위로도 해석된다. 이 단락이 첨가됨으로써 전우치가 본래 갖고 있었던 민중적 '발랄함'도 일정 정도 약화되는 효과가 발생한다.

전우치는 서화담을 방문하여 다시 도술 대결에 나섰지만 또 한 번 패배한다. <전우치전>은 결국 서화담의 제자가 되어 그와 함께 영주산으로 들어가 신선의 도술을 닦는다는 것으로 마무리 된다. 이러한 결말 처리는 함부로 도술을 부리던 전우치가 고수를 만나 징치 당한 뒤 입산수도하여 신선이 되어간다는 한문본의 결말부와 유사한 방식을 보인다.

이처럼 전우치의 캐릭터가 양면성을 띠게 된 이유는 무엇일까? 그것은 경판 37장본의 형성과정에서 빚어진 모종의 부조화로 인해 발생된 것으로 보인다. 전개부의 도술 활용 단락에는 민중적 세계관이 짙은 이야기들이 많이 수용되었고, 결말부에는 지식인적 세계관이 강하게 투영된 한문본의 이야기가 수용되었다. 이밖에도 작가가 새롭게 첨가한 이야기도 있었을 터이다. 이처럼 서로 지향을 달리하는 이야기들이 일정한 기준에 의해 배제되지 않고 흥미위주로 편집되었기 때문에 경판본의 전우치 캐릭터는 양면성을 띠게 된 것이 아닌가 한다.

5. 전우치, '판타지 영웅'으로 부활하다

이상으로 경판 37장본 <전우치전>에 나타난 전우치의 캐릭터를 분석하였다. 먼저 실존인물 전우치와 소설 <전우치전>에 대해 개괄적으로 검토하고 <전우치전>의 도술과 판타지에 대하여 고찰했다. 다음으로 전우치 캐릭터의 영웅적 성격을 살펴보았다. 그 결과 전우치는 백성을 위해 도술을 펼치고, 지배세력을 조롱하기도 했던 '저항'적 영웅의 성격을 띠는 동시에 충효라는 이념의 자장에서 자유로울 수 없었던 '순응'적 영웅의 성격도 포함하는 캐릭터임을 밝혔다.

요컨대 전우치는 '양면성'을 지닌 영웅이다. 백성을 도우며 지배층에 저항하는 '체제 저항적 영웅'이면서, 동시에 충효의 이념을 지키는 '체제 내적 영웅'이기도 하다. 전우치의 캐릭터에 이 두 가지 영웅성이 함께 나타나는 이유는 문헌설화와 구비설화의 다양한 도술화소들을 취재하여 소설로 재구성하는 과정에서 서로 상충하는 세계관이 함께 수용되었기 때문이다. 이로 인해 한 작품에서 세계관의 부조화가 생겨난 것이다. 16세기 전반의 실존인물 전우치는 19세기 중반 국문소설의 주인공으로 다시 태어나 대중들의 사랑을 받았다. '환술'로 세상을 어지럽힌 '불온'한 인물로 기억되었던 전우치는 소설을 통해 '판타지 영웅'으로 화려하게 부활했던 것이다.

3장
캐릭터의 문화적 저변

고전소설에 나타난 장애인상

정 창 권

1. 조선시대 장애인사

고전문학 속에도 장애인이 등장할까? <심청전> 외에는 쉽게 떠오르지 않겠지만, 고전문학 작품들 속에서도 의외로 많은 장애인이 등장한다. 특히 시조나 가사, 판소리, 소설, 설화, 민속극 등 주로 조선후기 문학작품에 장애인이 많이 등장한다. 그러므로 우리는 먼저 조선시대 일반적인 장애인의 개념과 유형, 복지정책, 시대적 변화상 등에 대해 검토한 뒤, 조선후기 고전문학, 특히 고전소설 속에 등장하는 장애인에 대해 살펴보기로 하자. 그래야만 보다 객관적이고 구체적으로 그 형상을 파악할 수 있기 때문이다.

오늘날 우리는 흔히 '장애인'이라 칭하지만, 그것은 1980년대 초반에 장애인복지법이 제정되면서 쓰이기 시작한 것이고, 근대 이후만 해도 '불구자(不具者)'란 용어가 주로 쓰였다. 또 조선시대의 경우 정부의 공식적인 기록에선 '독질(篤疾)', '폐질(廢疾)', '잔질(殘疾)'이라 칭하였고, 민간에서는 주로 '병신'이라 칭하곤 하였다. 이로 보아 조선시대 사람들은 기본적으로 장애를 질병으로 인식했고, 장애인을 고질병에 걸린 사람으로 인식했음을 알 수 있다.

조선시대에도 오늘날 우리가 볼 수 있는 모든 장애인이 존재했다.

예컨대 시각장애인(맹인, 소경, 봉사, 판수, 청맹과니, 외눈박이, 애꾸눈), 청각장애인(귀머거리), 언어장애인(벙어리), 지체장애인(절름발이, 외다리, 곰배팔이, 앉은뱅이, 반신불수), 왜소증장애인(난장이), 척추장애인(꼽추, 곱사등이), 정신장애인(광질, 심질), 지적장애인(바보), 간질장애인(간질), 구순구개열(언청이), 성기능장애인(고자) 등이 그것이다.

조선시대 장애인 복지정책은 기본적으로 직업과 자립생활을 강조하였다. 대표적인 예로 시각장애인의 경우 점복과 독경, 음악 등 다양한 직업을 갖고 스스로 벌어먹고 살았다. 물론 정부에서는 명과학이나 명통시, 관현맹인 같은 관직이나 단체를 마련하여 그들을 지원해주었다. 또 거동이 불편한 중증장애인의 경우엔 정부가 직접 나서서 진휼 혹은 구휼을 해주었다.

이밖에도 정부는 때때로 환과고독(鰥寡孤獨: 홀아비, 과부, 고아, 자식 없는 늙은이)과 함께 장애인에게 잔치를 베풀어주고 쌀이나 베 같은 생필품을 하사했으며, 혼자 사는 나이든 장애인에겐 부양자, 곧 오늘날의 활동보조인을 제공했다. 또한 조세나 부역, 잡역 등 국역을 면제하고, 죄를 범하면 형벌을 가하지 않고 대신 벌금을 부과했으며, 연좌제에도 적용하지 않았다. 이처럼 조선시대에 장애 복지가 발달한 것은 다른 무엇보다 민본정치 이데올로기 때문인 듯하다. 주지하듯이 전통시대는 임금이 부모와 같은 심정으로 백성들을 보살펴야 했다. 그렇지 않으면 자연재해와 같은 갖가지 방법으로 하늘의 경고를 받는다고 생각했기 때문이다. 특히 장애인은 환과고독과 함께 민심을 대변하는 상징적인 존재로 여겨졌는데, 그래서 임금들은 늘 장애인 복지에 신경쓰지 않을 수 없었던 것이다.

물론 이러한 장애인 복지정책은 조선후기로 갈수록 조금씩 쇠퇴하기 시작했다. 조선전기만 해도 장애인은 엄연한 사회의 한 일원이었다. 이 시기의 장애인은 여타 사람들과 스스럼없이 어울려 살아갔고, 장애에 대한 사회적 편견도 훨씬 덜하여 심지어 과거를 보아 정1품 정승의 벼슬에까지 오를 수 있었다. 하지만 조선후기로 갈수록 장애인을 배척하는 목소리가 점점 높아져갔고, 위와 같은 장애인 복지정책도 제대로 시행되지 않았다. 특히 수직적 위계질서를 강조하던 주자학은 몸이 성치 못한 사람을 '불성인(不成人)'이라 하면서 장애인을 비하하였다. 그리하여 조선말기로 가면서 장애인의 사회적 지위는 더욱 하락하고, 심지어는 같은 처지의 민중들조차 장애인을 비하하거나 학대하기도 했다. 더 나아가 근대 이후 자본주의 산업사회의 도래로 물질만능주의 사회가 되자, 장애인은 쓸모없는 인간으로 천대받을 뿐 아니라 '복지'라는 명분으로 사회에서 밀려나 도심 외각지대에 모여 살며 유배생활을 하게 되었다. 조선후기 고전문학 속의 장애인은 바로 이러한 역사적 상황을 나름대로 충실히 반영하고 있다.

2. 고전시가 속 장애인

지금까지 우리는 별로 주목하지 않았지만, 고전시가나 고전소설, 구비문학 등 고전문학에도 장애인이 상당수 등장하고 있다. 그러므로 고전소설에 나타난 장애인상을 살펴보기에 앞서, 우선 고전시가와 구비문학에 등장하는 장애인 형상부터 개괄적으로 살펴보기로 하자.

먼저 조선시대 고전시가 중 시조에서는 크게 세 가지 형태로 장애인이 등장하고 있다. 첫째, 비유적 표현의 수단으로 장애인이 이용되고 있다. 대표적으로 퇴계 이황의 <도산십이곡> 가운데 후6곡 제2수를 예로 들 수 있다.

> 뇌정(雷霆)이 파산(破山)하여도 농자(聾者)는 못 듣나니
> 백일(白日)이 중천(中天)하여도 고자(瞽者)는 못 보나니
> 우리는 이목총명남자(耳目聰明男子)로 농고(聾瞽)같지 마로리

우레가 산을 깨트려도 귀머거리는 못 듣고 해가 중천에 떠도 소경은 못 보지만, 우리는 귀 밝고 눈 예민한 사람으로 귀머거리와 소경 같이 행동하지 말자는 것이다. 여기서 뇌정과 백일은 도(진리)를 말하는 것이고, 농자와 고자는 세속에 얽매어 그것을 깨닫지 못하는 자를 상징한다고 볼 수 있다. 즉, 사람은 모름지기 세속에 얽매어 도(진리)를 깨닫지 못해서는 안 된다는 것이다. 이처럼 시조에서는 주로 '~처럼'이나 '~같이' 장애인에 빗대어 자신의 생각을 표현하고 있다. 다시 말해 비유적 표현의 수단으로 장애인을 이용하고 있다는 것이다.

이러한 사례는 시조에서 상당히 많이 발견되는데, 다음은 작가 미상의 시조로 『고금가곡』에 실려 있는 작품이다.

> 귀먹은 소경이 되어 산중(山中)에 드러시니
> 듣는말 업거늘 볼일인들 이실손가
> 입이야 성하다마는 무슨 말을 하리오

귀먹은 소경처럼 산중에 들어 있으니, 듣는 말도 없고 볼 일도 없다. 물론 입이야 성하지만은 굳이 할 말이 없다는 것이다. 이 작품에서도 역시 자연 속에 묻혀 세상물정을 모르고 조용히 살고 싶다는 작가의 마음을 청각·언어 장애인에 빗대어 표현하고 있다.

둘째, 조롱, 즉 비웃음의 대상으로 장애인이 등장하고 있다. 다음은 작가 미상의 시조로 『화원악보』에 실려 있는 작품이다.

> 소경이 맹관이를 드룻쳐 업고
> 굽떠러진 편격지 맨발에 신고 외나무 썩은 다리로 막대 없이 앙감장감 건너가니
> 그 아래 돌부처 서있다가 앙천대소(仰天大笑)하더라

소경이 소경을 들쳐 업고, 굽 떨어진 나막신을 맨발에 신고 외나무 썩은 다리로 막대도 없이 엉금엉금 건너가니, 그 아래에 서 있던 돌부처가 하늘을 쳐다보고 크게 웃더라는 것이다. 다시 말해 눈먼 소경들이 위태로운 다리를 조심조심 건너는 모습을 보고 돌부처도 웃더라는 이야기이다. 이처럼 일부 시조에서는 조롱, 즉 비웃의 대상으로 장애인이 등장하기도 한다.

셋째, 장애인의 삶을 단순히 표현해놓은 작품도 있다. 다음은 작가 미상의 시조로 『진본청구영언』에 실려 있는 작품이다.

> 님그려 기피 든 병(病)을 어이하여 곤쳐낼고
>
> 의원(醫員) 청(請)하여 명약(命藥)하며 소경의게 푸닥거리 하고 무당 불러 당 글기 한들 이 모진 병이 하릴소냐
>
> 진실로 님한대 이시면 곳에 조흘가 하노라

님 그리워 깊이 든 병을 어떻게 고칠 수 있을까. 의원 불러 약을 짓고 소경 불러 독경을 해보고 무당 불러 푸닥거리를 한들 이 깊은 병이 나을 수 있을까. 오직 님과 함께 있으면 나을 듯하다는 것이다. 조선시대 시각장애인 중 일부는 북을 두드리며 경전을 읽어 병을 치료해주는 독경(讀經)에 종사했는데, 이 시조에서는 그것을 단순히 표현하고 있다.

조선시대 고전시가 중 가사에서는 장애인이 별로 등장하지 않는다. 대표적인 예로 조선후기 작가 미상의 여성가사인 <노처녀가>를 들 수 있는데, 당시 여성장애인의 결혼문제가 상징적이면서도 사실적으로 잘 표현되어 있다.

이 작품의 주인공 노처녀의 경우 얼굴은 얽고 귀는 멀고 한쪽 눈은 보이지 않고 왼쪽 손과 발을 쓰지 못하는, 즉 청각과 시각, 지체 장애를 모두 가지고 있는 중증장애인이다. 그래서 40살이 넘도록 출가하지

<판수독경>(김준근, 조선말기, 숭실대 한국기독교박물관)

못한 채 혼자서 노처녀로 생활하고 있다. 그렇다고 해서 그녀가 주어진 현실에 좌절하거나 포기하는 것은 결코 아니다. 그녀는 얼굴이야 단장하면 그만이고, 행실은 『효행록』과 『열녀전』 등 수신서를 무수히 읽었으며, 시집가면 시부모 봉양도 능히 해낼 수 있다고 주장한다. 그럼에도 남들이 다하는 혼인을 자신만 못하니 어찌 아니 서럽겠는가? 이에 그녀는 자신의 혼인 문제를 스스로 해결해보리라 다짐한 뒤, 비록 꿈속에서지만 평소 마음에 두고 있던 건넛마을 김도령에게 통혼하여 혼례 잔치와 첫날밤까지 치루고 만다. 즉, 꿈속에서나마 자신의 간절한 소망을 이루어낸 것이다.

3. 구비문학 속 장애인

구비문학인 속담과 설화, 민속극 등에서도 장애인이 자주 등장한다. 우선 최래옥의 연구에 의하면, 속담에서는 소경(장님, 봉사, 당달봉사,

청맹과니), 벙어리, 앉은뱅이, 귀머거리, 곱사등이, 난장이, 절름발이, 조막손과 곰배팔, 언청이 등 다양한 유형의 장애인에 관한 속담이 나타난다고 한다. 최래옥의 연구 성과를 토대로 속담에 나타난 장애인상을 간략히 지적해보면 다음과 같다.

소경에 관한 속담들은 1) 볼 수 없다('봉사 굿 보기' 등), 2) 살 수 있다('소경도 자기 방아는 굴러 찧는다' 등), 3) 점을 친다('봉사 제 점 못한다' 등), 4) 우연히 성공한다('장님이 문 바로 들어갔다' 등), 5) 막대는 필수품이다('막대 잃은 장님' 등), 6) 자존심과 명예심이 있다('소경더러 눈멀었다 하면 노여워한다' 등), 7) 더 불행한 일을 만난다('소경더러 길을 묻는다' 등), 8) 가치가 없다('눈 뜬 장님' 등) 등으로 분류할 수 있다.

벙어리에 관한 속담은 1) 말을 못해서 답답하다('꿀 먹은 벙어리' 등), 2) 눈치가 빠르다('벙어리 심부름하듯' 등), 3) 속이 들었다('벙어리 서방 만난 듯' 등), 4) 말을 못한다('벙어리 삼년' 등) 등으로 분류할 수 있다.

다음으로 최래옥은 설화에 나타난 장애인상을 1) 혹부리영감 이야기형, 2) 지성이면 감천형, 3) 외나무다리 위의 세 맹인형, 4) 장님 시어머니가 먹은 지렁이국형, 5) 양봉대감의 장님 어머니형, 6) 천수대비가형, 7) 명복(名卜) 홍계희 이야기형, 8) 반쪽이 성공형, 9) 거짓장애자 행세형 등으로 분류하고 있다.

한편, 필자의 연구에 의하면 민속극에서도 다양한 형태의 장애인이 등장하는데, 특히 언청이, 반신불수, 문둥이 등의 장애인이 주로 등장하고 있다. 그리고 민속극에서는 대부분 양반을 풍자하기 위해 장애인을 등장시키고 있다.

우선 언청이, 즉 윗입술이 벌어진 사람인 구순구개열은 <송파산대놀이>와 <봉산탈춤>, <서흥탈놀이> 등에 등장한다. 대표적인 예로 <봉산탈춤> 제6과장을 보면 양반 삼형제 중 맏양반이 언청이로 나오는데, 하인 말뚝이가 다음과 같이 말하면서 그의 권위를 계속 실추시킨다.

"쉬~ 양반 나오신다. 양반이라거니, 노론, 소론, 이조, 호조, 옥당을 다 지내고, 삼정승, 육판서를 다 지낸 퇴로재상으로 계신 양반인 줄 아지 마시오. 개잘양이라는 '양' 자에, 개다리 소반이라는 '반' 자를 쓰는 양반이 나오신단 말이오."

이처럼 민속극에서는 장애인을 이용해 양반을 풍자, 조롱하고 있다. 즉, 장애를 하나의 풍자 수단으로 이용하고 있다는 것인데, 그래서 최근엔 민속극을 과연 진정한 민중예술이라 할 수 있을지 의문이 제기되고 있다.

다음으로 반신불수, 즉 한쪽 팔다리를 쓸 수 없는 지체장애인은 <은율탈춤>, <서흥탈놀이> 등에 등장한다. 예컨대 <은율탈춤> 제4과장에서는 양반 삼형제 중 셋째 양반이 한쪽 다리와 한쪽 팔을 쓰지 못하는 반신불수로 나온다. 그는 감투를 쓰고 지팡이와 부채를 들고 이른바 '병신 걸음'으로 등장하는데, 하인 말뚝이가 그를 깔고 뭉갠다. 그래서 셋째 양반은 형님들한테 이렇게 도움을 요청한다.

"형님들! 말뚝이가 나를 깔고 앉을래요. 와서 말려주오."

하지만 말뚝이는 태연하게 변병한다.

"양반이 넘어질까봐 다리를 보호했댔습니다."

게다가 말뚝이는 셋째 양반의 아내를 범하기까지 한다.

끝으로 문둥이, 즉 나병환자 혹은 한센병 환자는 <통영오광대>, <가산오광대> 등 경남 지방의 오광대 가면극에서 잘 나타난다. 대표적으로 <통영오광대>에선 제1과장에 문둥이가 등장하는데, 여기에서도 양반의 권위를 실추시키기 위해 장애인을 하나의 수단으로 이용하고 있다. <통영오광대>에 등장하는 양반 문둥이는 안면이 찌부러져 추하고, 한쪽 팔과 다리에도 장애를 갖고 있다. 그는 막이 열리고 풍악이 울리면 장단에 맞춰 나와 무대 전면을 돌며 이른바 '병신춤'을 춘다. 그리고 풍악이 멈추면 이렇게 말하면서 자신의 권위를 스스로 실추시킨다.

"오래 뽸도 난 양반이란 말야. 저 상놈들쯤이야 내 호령 한마디에 그저 허리를 굽실 쩔쩔매야 하거든."

"양반이란 참 좋은 거지. 얼씨구 좋다. 양반 좋다."

이와 같이 민속극에선 대체로 양반을 풍자, 조롱하기 위해 장애인을 이용하고 있다.

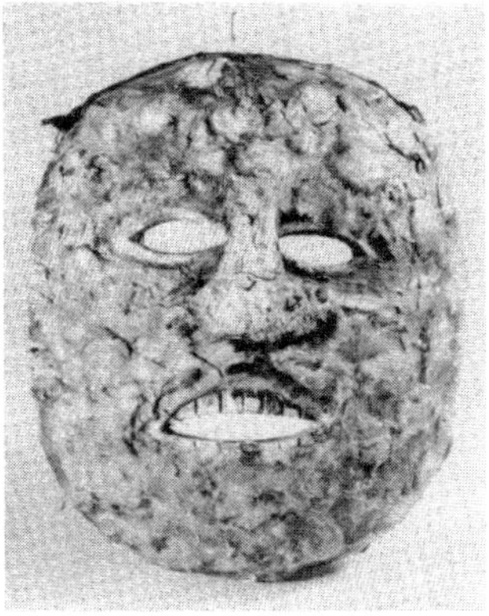

<문둥탈>(국립민속박물관 소장)

4. 고전소설에 나타난 장애인상

고전소설 속에서도 장애인이 간혹 등장하고 있다. 특히 <심청가> 등의 판소리에 자주 등장하고, 그 외에 <장화홍련전> 같은 가정소설, <옹고집전> 같은 세태소설에도 일부 등장한다. 하지만 앞에서처럼 고전시가와 구비문학에 나타난 장애인상에 대해서는 그나마 조금이라도 연구가 이루어졌으나, 고전소설에 나타난 장애인상에 대해서는 전혀 연구가 이루어지지 않았다. 그러므로 여기에서는 각 작품별로 나누어 최대한 자세히 살펴보도록 하자.

<심청가>: 시각장애인 생활문화사

<심청가>는 심학구라는 조선후기 한 시각장애인의 생활문화사를 잘 표현하고 있다. 심학구는 비록 양반의 후예이나 어렸을 때 실명하여 시각장애인이 되었다. 조선시대 시각장애인은 대개 실명하면 점복이나 독경을 배워 생계를 도모하곤 하였다. 하지만 심학구는 양반의 후예라서 그런지 결혼 후에도 특별한 직접 없이 전적으로 아내에게만 의존하여 살아갔다. 아내인 곽씨부인은 1년 360일 잠시도 쉬지 않고 품을 팔아 그를 먹여살렸던 것이다.

"곽씨부인 몸을 바쳐 품을 팔 제, 삯바느질 관대 도복 행의 창의 직령이며, 협수 쾌자 중치막 남녀의복 잔누비질 상침질 외올뜨기 곧추누비 솔오로기, …… 춘추시향(春秋時享) 봉제사(奉祭祀), 앞 못보는 가장 공경, 시종(始終)이 여일(如一)하니, 상하 인민 노소간에 곽씨부인 어질단 말 뉘 아니하리."

하지만 불행하게도 곽씨부인은 딸 심청을 낳고 죽고, 심학구는 어렵사리 젖동냥을 하며 심청을 길러낸다.

이후 하루는 심청이 혼자서 밥을 빌러 나가 늦게까지 돌아오지 않자, 심학구가 걱정되어 마중을 나가다 집 앞의 개천에 빠져 죽을 뻔한다. 다행히 몽은사의 화주승이 지나다가 발견하여 심학구를 살리게 된다. 그때 몽은사 화주승은 심청이 내어놓은 음식을 먹으며 지나가는 말로 "이생에 맹인 되기 전생의 죄악이라. 우리 절 부처님 전에 정성을 들이면 이생에 눈을 떠서 천지만물 보련마는……."이라고 하는데, 심청은 "백미 삼백 석에 부친 눈을 뜨일 테면 몸을 판들 못하리까."라고 하면서 당장 시주하겠다고 말한다. 이에 심학구가 "애개, 내 딸 허망하다. 조석밥을 널 시켜 비는 터에 백미 삼백 석을 어디서 나겠느냐?"며 얼른 시주하겠다는 말을 그만두라고 하나, 심청은 "백미 삼백 석이 무어 그리 대단하오리까. 수이 얻어 보낼 테니 염려하지 마옵소서."라고 억지를 부린다.

이리하여 심청은 백미 삼백 석에 자신을 팔아 인당수에 몸을 던지게 된다. 하지만 심학구는 결국 눈을 뜨지 못하고, 심청을 잃은 뒤로 어찌할 바를 몰라 괜히 동네 과부집을 찾아다니며 선웃음과 푯장단을 늘어놓는다.

"허, 퍼. 돈이라 하는 것을 땅에 묻지 못할 거고. 맹인 혼자 사는 집에 돈 두기가 미안키에, 후원의 땅을 파고 돈 천이나 묻었더니, 이번에 구멍 뚫고 가만히 만져 보니 궤미는 썩어지고, 삼 껍질에 돈이 붙어 한 덩이를 만져보면 공연한 말 좇이지. (……) 원원이 좋은 약은 동삼(童參) 위에 없을래라, 공교히 젊었을 제 두 뿌리를 먹었더니, 지금도 초저녁에 그것이 일어나면, 물동이꾼 당기도록 그저 뻣뻣하거든."

작가미상, 『풍속화첩』 중 <빨래터>, 국립중앙박물관 소장

그러고는 뺑덕어미를 잘못 만나 그 많은 재산을 먹고 즐기는 것으로 탕진해버리고 만다.

한편, 인당수에 빠진 심청은 용왕의 특별 지시로 수정궁에서 3년을 지낸 후에 연꽃을 타고 인간세계로 나오게 된다. 공교롭게도 심청을 인당수 제물로 바쳤던 사공들이 그 연꽃을 발견하여 황제에게 갖다 바치고, 심청은 만인의 어머니인 황후가 된다. 이후 심청은 아비를 찾기 위해 맹인잔치를 열게 된다. 그리하여 수만 명의 맹인들이 대궐로 몰려오는데, 여기서 흥미로운 대목은 그들의 직업이 매우 다양하다는 점이다.

"경 읽어 사는 봉사, 점하여 사는 봉사, 계집에게 얻어먹는 봉사, 아들에게 얻어먹는 봉사, 딸에게 얻어먹는 봉사, 풍각장이로 사는 봉사, 걸식으로 사는 봉사……."

이처럼 수많은 맹인들이 잔치에 나오고, 심청은 그중에서 아버지 심학구를 찾아낸다. 하지만 부친이 아직도 눈을 뜨지 못한 것을 한스럽게 여기며 다시 죽고자 하니, 심학구가 깜짝 놀라 "내 딸이 살아오니 눈 못 떠도 한이 없다. 죽지 마라, 죽지 마라." 하면서 갑자기 두 눈을 번쩍 뜨게 된다. 이에 감동한 다른 맹인들도 여기저기서 번쩍번쩍 하며 모두 눈을 뜨게 된다.

이와 같이 <심청가>는 비록 문학작품이라 상징적인 방식이긴 하지만, 조선후기 시각장애인의 삶과 의식을 잘 표현하고 있다. 또, 맹인 아버지에 대한 딸의 지극하면서도 유교적인 효성을 잘 보여주고 있다.

<춘향가>: 시각장애인 점복가

조선시대 시각장애인은 주로 점을 치는 점복가로 살았다. 대개 그들은 산통과 점대를 휴대하고 지팡이를 짚고 길거리를 다니면서 "신수들 보시오(問數)!" 하고 외쳤으며, 꿈 해몽을 비롯하여 과거급제, 길흉화복, 수명 등의 점을 쳐주고 제법 많은 복채를 받았다.

이러한 시각장애인의 점복 풍습은 <춘향가>에 잘 나타나 있다. 춘향이 변학도의 수청을 거부하고 옥에 갇혀 있을 때의 일이다. 밤 삼경(11시~1시)에야 겨우 잠이 들어 꿈을 꾸었는데, 옥창에 앵두꽃이 어지

<소경문수>(김준근, 조선말기, 숭실대 한국기독교박물관)

러이 떨어지고, 단장하던 몸거울의 한복판이 깨어지고, 흉악한 허수아비가 문 위에 달려 있었다. 꿈이 하도 흉해 밤새도록 탄식하고 앉았는데, 때마침 점치는 소경이 "무꾸리들 하오!"라고 점을 보라고 외치면서 옥문 밖을 지나갔다. 이에 춘향이 옥을 지키는 사령에게 부탁했다.

"여보시오, 옥쇄장이! 간밤 꿈이 하도 흉하니, 해몽(解夢)이나 하여 보게 저 봉사를 불러주오."

옥쇄장이가 소경을 불러오니, 춘향이 급히 나가 옥문 안에 비켜 서서 말하였다.

"이리 오오, 이리 오오."

"어디로 가, 어디로 가."

소경은 눈을 번뜩이며 안으로 들어가다가 감옥 문턱에 발을 탁 채이니, "댁도 편안하오?" 라고 헛 인사를 하였다. 그러고는 지팡이와 담뱃대를 발로 꽉 누르고, 두 무릎을 쭈그리고 앉으면서 물었다.

"간밤 꿈을 어찌 꾸어?"

"옥창에 앵두꽃이 어지러이 떨어지고, 단장하던 몸거울의 한복판이 깨어지고, 흉악한 허수아비 문 위에 달려 뵈니, 정령 죽을 꿈 아니오?"

그러자 소경이 은근슬쩍 말하는 것이었다.

"옥중에서 고생하는 터에 복채 달란 말이 틀렸으나, 점이라 하는 것이 신명으로 하는 것이니 무물(無物)이면 불성(不成)이라, 정성을 안 들이면 귀신이 감동 못할 터이니 복채를 내어 놓소."

춘향이 품안에서 돈 한 냥을 내놓으니, 소경은 돈을 들어 뺨으로 재어 보고 한참을 웅크렸다가 말하였다.

"으응~어허, 그 꿈 신통하네. 장히 좋은 꿈이로세. 꽃이 떨어지면 열매가 열 터이니, 열매는 목자(木字)로다. 나무 목 아래에 아들 자(子)하면 '오얏 이(李)' 자가 분명하고. 거울이 깨어진 것은 옛날 서덕현이 파경을 가지고서 옛 연분을 찾았고, 허수아비라 하는 것은 폐의파립(敝衣破笠)한 것이니, 이씨 성을 가진 사람이 옛 연분을 찾으려고 폐의파립으로 올 꿈이라. 어허~그 꿈 정말 좋다!"

그런 다음 소경은,

"내 해몽과 같아서 자네 몸이 잘 되거든 우리 같은 병신 목숨을 부디부디 잊지 마소."

라고 말하고는 복채를 집어 들고 부리나케 나갔다.

이처럼 <춘향가>에서는 조선후기 점을 치는 시각장애인의 모습이 잘 나타나 있다. 흥미롭게도 그의 꿈 해몽은 나중에 꼭 들어맞았는데, 이로 보아 당시 시각장애인의 점복 능력이 상당히 뛰어났음을 알 수 있다.

<변강쇠가>: 맹인 독경사

과거 서민들은 병이 나면 의약을 구하지 않고 맹인 독경사인 판수나 무당을 찾아가곤 하였다. 그럼 판수는 점을 쳐서 병의 원인을 찾아내고, 경문을 읽어 치료를 해준 다음, 돈이나 베, 양식 등으로 경채를 받아갔다. 이는 당시 의학이 발달하지 못한 탓도 있었지만, 일반 서민들에겐 굿이나 기도 같은 민간신앙이 의술보다 더 가깝고 편한 탓도 있었다. 이러한 서민층의 질병 치료법은 <변강쇠가>에 잘 나타나 있다.

<변강쇠가>는 평안도에서 태어난 옹녀와 전라도에서 태어난 변강쇠가 서로 만나 벌어지는 이야기이다. 둘 다 음란한 생활을 해왔는데, 옹녀는 북쪽에서 남쪽으로, 변강쇠는 남쪽에서 북쪽으로 가던 도중에 만나 함께 지리산에 들어가 살게 된다.

하루는 옹녀가 산에 가서 나무를 해오라 하니, 변강쇠가 동구 밖에서 있는 장승을 빼다가 땔감으로 써 버린다. 그러고는 동티가 나서 옴짝달싹도 못하게 되자, 옹녀가 겁이 나서 경채 한 냥을 품에 넣고 건넛마을 송봉사집을 급히 찾아가 말한다.

"봉사님 계옵시오?"

"게 누구랑께?"

"강쇠 지어미요."

"어찌?"

"그 건장하던 지아비가 밤사이 얻은 병으로 곧 죽게 되었으니, 점 한 장 하여 주오."

"어허, 말 안되었네. 방으로 들어오소."

송봉사는 급히 세수를 하고 의관을 정제한 후에 단정히 꿇어 앉아 산통을 흔들면서 길게 축사(祝辭)를 외운다. 그런 다음 산통을 누가 뺏어가기라도 하는 양 주머니에 부리나케 집어넣고서, '사목비목(似木非木) 사인비인(似人非人).'이라는 글 한 귀를 짓는다.

"나무라 할까 사람이라 할까. 어허, 그것 괴이하다."

그러자 옹녀가 말한다.

"엇그제 남정네가 장승을 패 때더니 장승 동증(動症)인가 뵈다."

"그러면 그렇지. 목신(木神)이 난동하고 주작(朱雀)이 발동하여 살기는 불가망이나, 원한이나 없게 독경이나 하여보소."

"봉사님이 오소서."

"가지."

옹녀는 한 걸음에 급히 가서 사면에 황토를 놓고, 목욕하고 재계하며, 새 의복을 내어 입고, 떡과 과일 및 채소 등을 차려놓고 앉아 있는다. 얼마 뒤 송봉사가 건너오다가 문 앞에 와 우뚝 서서 묻는다.

"어디다 차렸는가?"

"예다 차려 놓았소."

"그러면 경 읽제."

송봉사는 북을 들여놓고 방망이를 든 채 요령(鐃鈴: 놋쇠로 만든 큰 방울)을 한 손에 들고 쨍쨍 울리면서 『조왕경(竈王經)』·『성조경(成造經)』을 차례대로 읽은 후에 『동진경(東진經)』을 읽는다. 그러고는 마지막으로 왼발을 턱 구르며 말한다.

"엄엄급급 여율령 사바하 쐐."

이리하여 독경이 모두 끝나자 옹녀에게 묻는다.

"자네 경채 어이하려나?"

"경채나 서울빚이나 여기 있소."

옹녀는 이렇게 말하며 돈 한 냥을 내어준다.

"내가 언제 돈 달랬관대. 거 새곰한 것 있잖는가."

"어, 앗으시오. 점잖은 터에 그게 무슨 말씀이오."

송봉사는 무안하여 재빨리 집을 빠져나간다.

이처럼 <변강쇠가>에서는 조선후기 판수의 점복과 독경 모습이 잘 나타나 있다. 특히 옹녀는 변강쇠가 장승 동티가 나서 옴짝달싹도 못하게 되자 다른 누구보다 판수를 찾아가는데, 이는 당시 사람들의 판수에 대한 믿음이 얼마나 컸는지 상징적으로 보여준 것이라 하겠다.

<박타령>: 장애인 걸인들

<박타령>, 즉 <흥부가>에서도 장애인이 등장하기는 하지만, 비중이 그리 크지는 않다. 우선 작품 서두의 놀부의 악행을 나열하는 대목에서 시각장애인, 척추장애인, 청각장애인이 각각 등장한다.

> 사람마다 오장육부로되, 놀부는 오장칠부인 것이 심사부 하나가 왼편 갈비 밑에 병부 주머니를 찬 듯하여 밖에서 보아도 알기 쉽게 달려서 심사가 무론 사절하고 일망무제로 나오는데 똑 이렇게 나오것다. 본명방에 벌목하고, 잠사각에 집짓기와 오귀방에 이사 권코, 삼재 든 데 혼인하기, 동내 주산을 팔아먹고 남의 선산에 투장하기, 길가는 과객과 양반 재울 듯이 붙들었다가 해가 지면 내어 쫓고 ……소경 의복에 똥칠하기, 배앓이 난 놈 살구 주고, 잠든 놈에 뜸질하기, 닫는 놈에 발 내치고, 곱사등이 잦혀놓기, ……귀먹은 이더러 욕하기와 소리할 때 잔말하기, 날이 새면 행악질, 밤이 들면 도둑질을 평생에 일삼으니, 제 어미 붙을 놈이 삼강을 아느냐, 오륜을 아느냐.

이렇게 놀부는 온갖 나쁜 짓을 다하는데, 그 중 소경인 시각장애인의 의복에 똥칠하기, 곱사등이인 척추장애인을 뒤로 젖히기, 귀머거리인 청각장애인에게 욕하기 등 장애인을 학대하기도 한다. 다만 여기서 주의할 점은 놀부의 악행이 꼭 장애인에게만 국한된 것이 아닌 모든 사람들을 대상으로 광범위하게 행해졌다는 점이다.

다음으로 작품의 후반부인 놀부가 박을 타는 대목에서 온갖 장애인들이 등장한다.

> 슬근슬근 거의 타니 필채 돈꿰미가 박통 밖에 뾰조록이. 놀부가 보고 좋아라고 "애겨, 이것 돈꿰미." 쑥 잡아빼어 놓으니 줄봉사 5～6백 명이 그 줄들을 서로 잡고 꾸역꾸역 나오더니, 그 뒤에 나오는 놈 곰배팔이, 앉은뱅이, 새앙손이, 반신불수, 지겟다리에 발 디딘 놈, 밀지로 코 덮은 놈, 다리에 피 칠한 놈, 가슴에 구멍난 놈, 얼어 부푼 낯바닥에 댕강댕강 물 들은 놈, 입술이 하나 없어 잇속이 앙상한 놈, 다리가 퉁퉁 부어 모기둥만씩한 놈, 등덜미가 쑥 내밀어 큰 북통 진 듯한 놈, 키가 한자 남짓한 놈, 입이 한쪽으로 돌아간 놈, 가죽관을 쓴 놈, 쳇불관 쓴 놈, 패랭이 꼭지만 쓴 놈, 웅장건 끈 달아 쓴 놈, 물매 작대 멜빵만 진 놈, 감태 한줌 헌 공석 진 놈, 온몸에 재 칠하여 아

> 궁이에서 자고 난 놈, 헐고 헌 고의 적삼 증잔 그을음이 질음한 놈, 그저 꾸역꾸역 나오는데, 사람들 모은 수가 대구 시월령만한데 각청으로 "놀부 불러. 놀부 불러." 이런 야단이 없구나.

이처럼 놀부가 두 번째 박을 타니, 줄봉사 5~600명을 비롯해서 곰배팔이, 앉은뱅이, 새앙손이, 반신불수 등 온갖 종류의 장애인들이 줄줄이 나온다. 그러고는 배가 몹시 고프니 좋은 안주로 술을 대접하고 갖은 반찬으로 점심을 내오라고 한다. 또 놀부의 조부인 덜렁쇠가 쓰고 도망간 삼천 냥을 갚으라고 하니, 놀부가 어쩔 수 없이 돈 삼천 냥을 내주게 된다.

<장화홍련전>: 천벌을 받아 장애인이 되다

가정소설인 <장화홍련전>에서도 장애인이 단편적으로 등장한다. 계모 허씨의 아들 장쇠가 장화를 유인하여 호수에 빠트려 죽이자, 난 데 없이 큰 범이 달려들고 하늘에서 이렇게 꾸짖는다.

"네 어머니의 악행이 측량하기 어려워 애매한 자식을 모해하여 이렇듯 참혹히 죽이니, 어찌 하늘이 무심히 두리오? 너부터 죽여 없이할 것이로되, 아주 죽여 모르게 하는 것보다 병신을 만들어 평생을 고통스럽게 하는 것이 나으니, 너는 한번 견뎌 보라."

그러고는 범이 달려들어 강쇠의 두 귀와 한쪽 팔과 한쪽 다리를 베어 먹고 어디론가 사라져버린다. 이처럼 <장화홍련전>에서는 그 부모나 당사자가 지은 죄의 대가로 천벌을 받아 장애인이 된 것으로 설정하고 있다.

<옹고집전>: 장애인 노비들

세태소설인 <옹고집전>에서도 일부 장애인들이 단편적으로 등장한다. 예컨대 옹고집이 시비를 가리기 위해 관가에 가서 자기집 세간을 말하는데, 그 중 노비들에 대해서는 이렇게 말한다.

"노복 등을 이를진대 남노(男奴)가 일흔 둘 중에 연전에 한 놈 나가고 금년 정월에 또 한 놈이 달아나니, 남은 놈이 예순 아홉 명에 삼십 놈은 드난살이 하옵는데 얼치기가 둘이요 수종다리(병으로 퉁퉁 부은 다리)가 하나입니다. 계집종을 이를진대 일백 스물여섯 중에 벙어리가 둘이요, 청맹과니(겉으론 멀쩡하나 실상은 보지 못하는 눈을 가진 사람)가 둘이요, 곱추가 하나요, 봉덕이라 한 년은 임신하여 아직 해산하지 아니하고, 일소생 이소생 모두 합하면 이백 삼십 육 명이요, 도주한 년까지 합하면 일백 쉰일곱이요, 지금 있는 년이 일백 쉰세 명이옵니다."

이처럼 옹고집의 노비들 중에는 수종다리, 벙어리, 청맹과니, 곱추 등 다양한 유형의 장애인이 포함되어 있었다. 그런데 흥미롭게도 옹고집은 그들을 자신의 노비로 당당히 계산하고 있다는 점이다. 이로 보아 당시 장애인 노비들은 주인집에서 각자 맡은 일에 종사하며 살아갔으며, 주변에서도 그것을 인정하고 별로 차별하지 않았음을 알 수 있다.

5. 맺음말: 편견 없는 세상을 위하여

지금까지 우리는 고전문학 속에는 장애인이 별로 등장하지 않는 것으로 생각해왔다. 하지만 앞에서처럼 본격적으로 살펴보니 고전시가나 구비문학, 고전소설 등 고전문학에도 의외로 많은 장애인이 등장하고 있었다. 특히 고전소설의 경우만 해도 <심청가>나 <춘향가>, <변강쇠가>, <박타령> 등의 판소리나 <장화홍련전> 같은 가정소설, <옹고집전> 같은 세태소설 등 상당히 많은 작품에서, 장애인이 주연과 조연, 단역 등으로 등장하여 별다른 거부감 없이 자연스럽게 활동하고 있었다. 또한 그 유형에 있어서도 시각장애인, 청각장애인, 언어장애인,

지체장애인, 척추장애인 등 다양하게 등장하고, 그들의 역할도 점복이나 독경, 걸인, 노비 등 매우 다양하였다.

오늘날 우리는 틈만 나면 '장애인 복지', '장애인 평등'을 부르짖고 있지만, 막상 장애인을 바라보는 사람들의 시선은 여전히 차갑고 이질적이기만 하다. 정부 역시 장애인을 사회에서 격리시켜 아무 것도 할 수 없는 존재로 만들어버렸다. 하지만 앞에서처럼 조선시대 장애인은 다양한 직업을 갖고 엄연한 사회의 한 일원으로 살아갔다. 아니, 과거의 장애인에 대한 사회적 시각이 오히려 지금보다 더욱 우호적이었다고 볼 수 있다. 그래서인지 문학작품 속에서도 각종 장애인들이 아무런 거리낌 없이 등장하여 다양한 활약상을 펼치고 있다. 앞으로는 현대의 문학작품이나 대중매체 속에서도 장애인들을 자주 만나볼 수 있었으면 좋겠다.

기녀 캐릭터의 문화적 특징

윤 종 선

1. 기녀를 바라보는 불편한 시선

오늘날 사람들은 기녀 또는 기생이라 하면 성(sex)을 매개로 매음(賣淫, 또는 賣春)을 하며 생계를 유지해가는 여자들을 떠올릴 것이다. 한때 매춘산업이 활발해지면서 기생관광이란 말이 있었을 정도였으니, 기생과 성은 불가분의 관계처럼 보인다. 그러나 기녀의 본래 의미를 살펴보면 우리가 생각하던 것과는 완전히 다른 의미를 찾게 될 것이다.

역사적으로 기녀는 국가의 필요에 의해 제도화되었는데, 특히 궁중의식이나 잔치에 필요한 예악(禮樂)을 담당했던 여성들을 말한다. 주로 춤과 노래, 음악을 말하는데, 이는 오늘날까지 전해지는 전통예술을 말한다. 그러므로 기녀는 전통예술의 계승자라 할 수 있다.

기녀가 전통예술을 계승했다는 점에서 그들이 갖는 의의는 매우 크다고 할 수 있다. 그럼에도 불구하고 사람들은 여전히 기녀나 기생에 대해서는 부정적인 시선으로 바라보거나 왜곡된 이미지를 갖고 있다. 기녀를 단지 양반사회나 유흥 공간에서 남성들의 전유물이자, 웃음과 성을 매개로 삶을 유지하는 특수계층으로 인식한다는 것이다. 이러한 인식이 형성된 것은 조선후기인데, 그 후로 시대나 사회 환경이 변화하면서 그들의 역할이 변했고 그 의미도 점점 퇴색되어 왔다는 것을 간과했기 때문이다. 그러므로 기녀의 모습을 제대로 이해하지 않고 소홀히 다룬다면 그들의 모습은 왜곡될 수 밖에 없다. 따라서 기녀를 제대로 이해하기 위해서는 그들의 생활을 자세히 살펴보아야 한다.

기녀는 관(官)에 소속된 사람들로, 관에서 편찬한 『읍지』에 보면 기녀수나 그들의 운용에 대해 언급하고 있지만 자세하지는 않다. 그 대신 기녀들이 등장하는 고전이나 풍속화, 근대 사진자료를 통해 그들의 생활모습을 살펴볼 수 있다. 문학은 창작당시의 사회문제나 주변 환경을 반영하는데, 기녀가 등장하는 문학작품에는 그들의 생활상이 잘 반영되어 있다. 또 오늘날의 사진자료라 할 수 있는 풍속화를 통해 이를 확인할 수 있기 때문이다.

따라서 이 글은 문학작품을 문화사적으로 접근해 기녀의 생활상을 자세하게 들여다본 것이다. 전문예능인으로서 유흥문화를 담당해온 그들은 구체적으로 어떻게 살았는지를 미시적이면서도 입체적으로 접근하여 기녀의 본래 모습을 찾고자 하였다.

기녀가 등장하는 고전 중에는 소설이나 야담집이 있긴 하지만, 대표적인 작품은 <춘향전>이라 할 수 있다. <춘향전>은 당대의 독자들에게 많은 인기를 끌었고, 지금도 수많은 영화나 드라마, 공연 등으로 재현되고 있다. 그 이유는 남녀간의 사랑이란 시대를 초월한 보편적 주제가 들어 있으며, 그와 함께 기녀의 생활상이 사실적으로 반영되어 있기 때문이다. 게다가 <춘향전>은 판소리로 불렸던 18세기 숙종 연간에 창작되었을 것으로 보아 조선후기 기녀사를 살필 수 있는 좋은 자료라 할 수 있다.

<춘향전>에는 남원이란 구체적 장소가 나오고, 남원 관아와 기녀와의 관계에서 이야기가 전개된다. 또 춘향과 이도령 중심에서 퇴기 월매를 중심으로 보면, 기녀의 생활모습이 새롭게 보이고 작품이해도 높아진다. 그러므로 여기서는 월매와 기녀신분에 초점을 두어 생애주기별로 동기, 기녀, 퇴기 등 각 시기별 기녀의 생활상을 자세히 살펴볼

것이다.

<춘향전>이 인기 있었던 만큼 이본에 따라 내용도 조금씩 다르다. 그래서 가장 대표적인 작품인 완판 84장본 <열녀춘향수절가>를 중심으로 기녀의 생활모습을 살펴보려 한다. 그 외에도 경판계열인 <남원고사>와 신재효가 정리한 <춘향가>도 참고하였다. 특히 <열녀춘향수절가>는 춘향을 중심으로 월매의 역할이 강조되었고, 월매, 춘향, 향단 등 세 여인의 개성이 부각되어 있다. 또 관아에서 기녀들의 모습이 생생하게 묘사되어 있다.

2. 조선 시대의 기녀제도

그럼 먼저 조선시대의 그들의 역할에 대해 살펴보도록 하자. 기녀란 가무를 익혀 국가적 행사에서 여악(女樂)을 담당하는 전문예능인이었다. 매음(賣淫)을 했던 유녀(遊女)나 사가(私家)의 기첩(妓妾)과는 달랐다. 기녀는 관아에 예속(隷屬)되어 있으면서 노동력을 제공해야 했는데, 유흥공간에서 가무를 담당했던 것이다. 그와 함께 지방 수령의 불편한 생활도 도와야 했다.

기녀가 되는 경우는 여러 형태가 있었는데, 그 기원은 관비(官婢)에서 찾을 수 있다. 초기에 기녀는 전쟁포로에 의해서 되는 경우가 다수를 차지했다. 그러다가 가난으로 자식을 팔거나, 반역자의 부녀자, 화간(和姦)을 범한 여성에게 형벌을 주면서 관비로 삼았는데, 그들 중에서 재주와 용모가 뛰어난 사람을 기녀로 선발하여 교방에서 가무를 익히게 했다. 또 천자수모법(賤子隨母法)에 따라 어머니가 기녀이면 그의 딸도 기녀가 되었다. 이들은 궁중 연회에서 악기를 연주하며 노래 부르고 춤추는 일을 담당했으며, 고려시대에 이르러 관기(官妓) 제도로 정비되었다. 그 후 조선시대에 이를 계승, 발전시켰다.

조선시대 기녀는 의약이나 침선의 기술, 또는 가무의 기예를 배우고 익혀서 나라에서 필요할 때 봉사하던 여성들을 통틀어 일컫는 말이었다. 다시 말해 어떤 특별한 기능을 가진 여성이라 하여, 기녀(妓女) 또는 기생(妓生)이라는 용어가 생겼던 것이다. 이처럼 기녀는 조선 초기만 해도 의약, 침선, 여악을 담당하는 전문직 여성을 지칭했으나, 임란 이후 조선후기에 이르러 의녀나 침선비의 기능은 점차 사라지고 가무를 담당하는 여악의 기능만 남게 되었다. 그래서 기녀의 주요 역할은 여악의 기능이라 할 수 있다. 즉 조선 초기엔 춤, 노래, 기악 등 전문예능인으로서 연희문화를 담당했는데, 후기로 가면서 점점 그 의미가 퇴색하여 유흥공간에서 성적 유희물로 전락했던 것이다.

기녀들은 제도적으로 중앙관청이나 지방관아에 소속되어 있었기 때문에 관기라고도 불렀다. 신분상으로는 천인에 속했지만, 당시 지방관아엔 기(妓)와 비(婢)가 따로 존재했을 정도로 관비(官婢)와는 층위가 달랐다.

일반적으로 관(官)에 소속된 사람들은 관리 대상이었기에 따로 명부가 있었다. 관기는 관아에서 기녀의 이름을 적어 놓은 기안(妓案)이나, 기녀들의 등록대장인 기적(妓籍)에 명단이 올라가는 관리의 대상이었으므로, 그렇지 않은 경우를 기녀라 하지 않았을 것이다.

이들 관기는 다시 경기(京妓)와 지방기(地方妓 또는 外方妓)로 나뉜다. 경기에는 내의원과 혜민서 소속의 의녀, 상의원 소속의 침선비, 장악원 소속의 장악원기 등이 있었다. 지방기는 경기와 달리, 연회(宴會)에서 가무를 담당하면서 동시에 지방 수령이나 군관을 위로하고 사신을 접대하는 임무도 있었다. 이들 중에서 재주와 용모가 뛰어나면 경기의 정원을 채우기 위해 선상되기도 하였다. 이들을 선상기(選上妓)라 하며, 지방관이나 사신의 객고(客苦)를 풀어주는 수청을 맡게 되면 수청기(守廳妓), 방기(房妓) 등으로도 불렀다. 또 지방에 따라서는 급수비(汲水婢)라는 잡역비가 연회에서 기녀의 역할을 행세하기도 하였다.

기녀는 15세 때 기안(妓案)에 오르면 음률을 익히고 일정한 교육을 받았다. 관기들은 대개 15세부터 50세까지 기녀의 소임에 종사했는데, 10대 어린 기녀를 동기(童妓), 이와 반대의 경우는 노기(老妓)라 불렀고, 퇴역한 후의 기녀를 퇴기(退妓) 또는 퇴물(退物)이라 했다.

기녀는 신분상 천인이었지만, 유흥공간에서 활동하기 때문에 사치노예라 할 수 있다. 그래서 기녀는 10대 후반에서 30대 초반까지 주로 활동하다가, 그 이후가 되면 수청기에서 물러나 관아의 허드렛일을 하다가 50대가 되면 퇴직했다. 퇴기가 되면 술장사를 하며 생계를 꾸려가야 했다.

만일 그전에 기녀 신분 돈을 내거나 자신을 대신할 사람 한 명을 집어넣어 나오는 속신(贖身)을 해야 했다. 이를 대비정속(代婢定屬)이라 한다. 대개는 자신의 딸이나 조카딸 등을 대신 들여놓아야 기녀의 굴레에서 벗어날 수 있었다.

3. 남원부 관아의 특징

잘 알다시피 <춘향전>은 남원 관아를 배경으로 이야기가 전개된다. 여기에는 한때 관기였지만 퇴기가 된 월매나 기녀의 딸로 태어난 춘향, 관아에 속한 기녀들을 통해 지방기, 특히 남원부 기녀들이 등장하여 그들의 생활문화가 구체적으로 묘사되어 있다. 게다가 이 작품은 판소리를 기반으로 형성되었기 때문에, 상황에 따른 장면묘사나 사건을 중심으로 한 전후사정을 긴 사설을 통해 자세히 기술하고 있어 독자나 청중의 이해를 돕고 있다.

그럼 우선 <춘향전>의 배경이 된 남원부터 자세히 살펴보자. 지방의 기녀는 주로 병영이나 지방관아에 두었는데, 남원은 일찍부터 행정, 군사의 요충지로 관아가 설치되면서 유흥문화가 발달한 곳이다. 그에 따라 기녀도 오래 전부터 설치되어 있었다.

남원이 행정구역으로 나타나는 때는 백제시대부터인데, 평안도 지방에 한사군이 대방군을 설치하면서 남원에도 남대방군을 설치하여 군사적 요충지가 되었다. 그후 통일신라시대에는 남원 소경을 두어 전라도 일대를 다스리는 행정의 중심지로 성장하였고, 조선 효종 때는 전라좌수영이 설치되었다. 숙종 때 좌영이 운봉으로 넘어가기까지 군사도시로 성장하였음을 엿볼 수 있다.

<열녀춘향수절가>에서 퇴기가 된 월매가 아이를 갖기 위해 치성을 드리러 명산대첩을 찾아가는 과정에서 묘사된 남원 지방의 모습은 관아로서의 입지조건을 잘 나타내고 있다.

> 이날부터 沐浴목욕 齋戒재계 淨정히 하고 名山勝地명산승지 찾아갈 제 烏鵲橋오작교 썩 나서서 左右좌우 山川산천 둘러보니 西北서북에 蟜龍山교룡산은 戌亥方술해방을 막아 있고 東동으로는 長林장림 수풀 깊은 곳에 禪院寺선원사는 隱隱은은히 보이고 南남으로는 智異山지리산이 雄壯웅장한데 그 가운데 蓼川水요천수는 一帶長江일대장강 碧波벽파되어 동남으로 둘렀으니 別有乾坤별유건곤 여기로다. 靑林청림을 더위잡고 山水산수를 밟아 들어가니 智異山지리산이 여기로다. 般若峰반야봉 올라서서 四面사면을 둘러보니 名山大川명산대천 宛然완연하다.(<열녀춘향수절가>, 5~6쪽)

동양에서는 동서남북 네 방위를 정할 때 북쪽을 가장 최고의 자리로 정한 후, 동-서-남의 순서로 위계를 잡았다. 이 점에 유의하여 위의 예문에 나타난 남원의 주변 환경을 살펴보면 대략적인 위치를 생각할 수 있다. 방위를 머릿속에 그린 후 각각의 위치에 산이나 명승지를 대응시키면 쉽게 파악된다.

우선 서북쪽에 교룡산이 등지고 있고, 동쪽으로 선원사가 수풀 속에 은은히 자리 잡고 있다. 남쪽으로는 지리산이 위치해 있는데, 동남 방향으로 요천수가 흐르고 있어 앞이 트여있음을 알 수 있다. 이러한 지리적 위치는 아래 그림에서도 일치하고 있다.

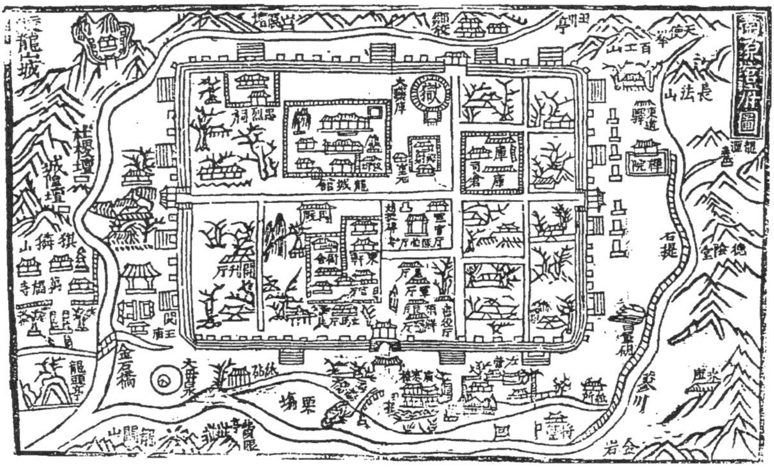

<남원관부도>

위의 그림은 18세기에 편찬된 남원읍지인 『용성지』에 실린 <남원관부도>이다. 지도에서는 위쪽이 북쪽인데, 시계방향으로 오른쪽은 동쪽, 아래쪽은 남쪽, 왼쪽은 서쪽이다. <남원관부도>를 자세히 보면 왼쪽 위로 교룡산성이 보이고, 그 아래로 지금은 터만 남은 만복사도 보인다. 오른쪽 중간쯤에는 선원사가 있고, 그 옆으로 요천이 읍성 외곽을 에워싸고 흐른다. 현재의 남원 지리상 위치를 살펴보면 지리산은 정남쪽에 있는 것이 아니라 남동쪽으로 비스듬히 위치하고 있다. 이러한 지리적 조건을 가지고 정치, 군사의 요충지로 중앙에 관아가 자리잡고 있었던 것이다.

대개 관아에는 여러 개의 건물이 있었다. 수령의 정청인 동헌, 국왕의 위패를 모셔두고 사신의 숙소로 쓰는 객사, 고을 양반의 대표자인 좌수·별감이 있는 향청, 아전의 근무처인 길청(또는 질청), 기녀와 노비들이 거처하는 관노청, 군사에 관한 사무와 무기를 보관하는 군기청, 감옥인 형옥 등이 각각 독자적인 영역을 차지한다. 이 중에서 동헌과 객사가 가장 중요한 건물이지만, 객사가 더 격이 높고 규모도 크며, 전망 좋은 곳에 위치한다.

그런데 남원부의 관아는 일반적인 관아배치와 다르다. 위의 지도에서 보듯이 남원부는 네모형 읍성이고, 읍성 안에는 +자 대로를 중심으로 객사와 동헌이 있는 두 구역으로 나뉘었다. 읍성의 중앙에 난 길 위쪽으로 보이는 용성관이 객사인데, 국왕의 위패를 모셨기 때문에 변사또가 부임했을 때나 이도령이 암행어사 출도 후에 먼저 들렀던 곳이다. 자세히 보면 객사는 밑에 보이는 동헌보다 넓고 크며 담장도 둘러 있다. 그 만큼 중요하면서도 비공개적인 장소였던 것이다. 그러므로 남원부의 객사는 외부에 쉽게 노출되지 않는 공간이었고, 사신접대를 위해 기녀들의 수발이 은밀하게 이루어지기 쉬운 장소이기도 했던 것으로 보인다.

객사 오른쪽으로는 감옥이 있다. 이도령이 춘향을 만나서 감옥에 갔을 때 월매에게 큰 소리로 춘향을 불러보라 하자, 월매는 "예서 동헌이 마주치는데 소리가 크게 나면 사또 염문할 것이니……"라 말하는 것에서 보듯, 실제로 감옥과 동헌은 가까운 곳에 있었던 듯하다. 그 외에도 중앙에 난 길 아래로는 동헌과 부속건물들이 배치되어 있는 것을 볼 수 있다.

읍성 아래쪽에 남문이 정문으로, 2층 누각으로 되어 있으며 누각이름이 완월루이다. 이곳에 오르면 주변을 둘러볼 수 있는 것으로 보아, 남원 읍성은 평평한 지대에 위치해 있었다. 이도령이 광한루나 춘향의 집을 갈 때, 변학도가 부임할 때 등 모두 이 문을 이용했다. 그러므로 남원의 관아 배치는 행정과 군영을 겸한 천연의 요새였던 것이다.

관아에서 기녀들이 머물며 수업 받던 곳을 교방이라 하는데, 그럼 교방은 어디쯤 있었을까? 대개는 지도에 교방을 표시하지 않았기 때문에 사료를 통해 유추해볼 수 밖에 없다. 하지만 19세기에 편찬된 여러 읍지를 보면 교방은 객사와 가까운 곳에 위치해 있었다고 한다. 교방을 표시한 유일한 자료인 『관동지』에는 <강원감영도>가 수록되어있는데, 강원감영이 설치된 원주의 교방은 관노방과 붙어있고 그 지척에 객사가 있었다고 한다. 강원감영 외에도 경주, 밀양, 진주 등에서도 교방은 객사와 가까운 곳에 있었다. 이는 사신을 접대하고 위로하는 기녀의 역할이나 효율적인 운영과도 관련이 있었던 것이다.

4. 생애주기별로 본 기녀들의 생활문화

남원 관아의 특징을 살펴보았으니, 이제부터는 <춘향전>에 나타난 기녀들의 생활을 살펴보자. 기녀의 생활상을 자세히 살피기 위해 정식 기녀가 되기 전인 동기 시절, 본격적인 활동이 이루어지는 기녀 시절, 기역에서 물러난 퇴기 시절로 나누어 살펴보도록 하겠다.

1) 동기(童妓) 시절

기녀는 15세가 되면 기안에 이름이 오른다. 그러면 음률을 익히고 기녀로서의 일정한 교습을 받아야 했다. 기녀는 각종 의식이나 잔치에서 흥을 돋우는 역할을 했기 때문에 춤과 노래, 악기 등 여러 가지 기예를 익히는 것은 기본이었다.

그래서 교육과정은 매우 엄격하였는데, 악기 선생으로부터 호된 꾸지람과 가혹한 회초리를 맞아가며 연습을 해야 했다. 중앙 관청에서 활동했던 경기(京妓)의 경우는 보다 체계적인 교육이 이루어졌는데, 해마다 더운 여름과 추운 겨울을 제외한 6개월 동안 하루씩 걸러 기예를 익혔다. 꼭 배워야 할 악기가 있고, 악기마다 선생이 따로 있었으며, 다 배운 뒤에는 감독(提調)이 학습 성취도를 직접 시험하였다. 그래서 서툴면 벌을 주거나 아예 보따리를 싸서 고향으로 돌려보냈다고 한다. 이렇게 기녀는 혹독한 과정을 거쳐야 전문예능인이 될 수 있었던 것이다.

지방기의 경우도 마찬가지로 15세에 기안에 올랐으며, 관아의 교방에서 음률을 익히고 기녀로서의 일정한 교육을 받았다. 그러나 기녀의 교육내용을 담은 자료가 남아있지 않아 자세히 알 수 없다. 국가 행사를 치룰 때마다 인원이 부족하면 지방에서 기예가 뛰어난 기녀들로 채웠다가 돌려보냈는데, 아마도 이들 선상기들을 통해 서울에서 행해지는 교육 내용이 지방에도 영향을 주었을 것이다.

하지만 각 지방의 기녀마다 특색도 있었다. 진주 교방에서는 8명이 군복을 입고 추는 검무를 잘 했고, 제주 기녀는 말 타는 재주가 있었다. 관동의 기녀가 관동별곡을 잘 불렀다면, 평양의 기녀는 관산융마, 호남지방의 기녀는 판소리나 단가를 잘 불렀다고 한다.

이처럼 기녀들의 교육내용은 춤과 노래, 악기 연주가 중심이었는데, 모두 연회에서 흥겨운 분위기를 연출하기 위한 것들이다. 이러한 교육은 중앙의 장악원이나 지방관아의 부속 건물인 교방에서 이루어졌다. 이외에도 기녀들은 양반층을 상대하기 때문에 가무의 예능 외에도 학식이 따라야 했으므로, 서예와 작시도 기본적으로 익혀야 했다. 그러므로 혹독한 훈련과 내적 수양을 통해야 명기로 탄생될 수 있었던 것이다.

동기들의 수업모습

<춘향전>에서도 동기들의 교육은 자세히 나와 있지 않다. 하지만 월매가 춘향을 기를 때나 이도령을 맞이하는 장면에서 어느 정도 짐작해 볼 수 있을 듯하다.

> 꿈을 깬 후에 잉태하여 십삭 차서 딸 낳으니, 도화는 봄 향기라 춘향이라 이름하여 칠세부터 글 가르쳐 일취월장하는 재조 측량할 수 없었구나. 여공의 침선이며 심지어 풍류 속을 모를 것이 바이 없었으니 대비代婢 속신贖身 집에 있어 공부하여 외인상통 아니하니 양재심규인미식養在深閨人未識에 얼굴 알 이 흖잖구나.(신재효본 <춘향가>, 9쪽)

월매는 퇴기로서 40이 넘은 후에 춘향을 낳았고 7세부터 글을 가르쳤다. 그런데 춘향은 풍류에도 모르는 것이 없었다. 시서(詩書) 음률(音律)에 능통한 춘향은 아직 10대였으니, 이 시기는 동기시절에 해당된다. 월매가 충청도, 전라도, 경상도를 아우르는 삼남의 명기였기 때문에, 춘향은 어머니의 영향을 받아 자연스럽게 기녀의 소양을 갖게 되었을 것으로 보인다. 그러나 예문에서 보듯 춘향이 대비속신한 후에는 규중 여인의 소질에 힘쓸 뿐이다.

그런데 <남원고사>에서 춘향은 이도령이 찾아왔을 때 거문고를 연주하며 자탄가를 부르고, 주안상을 대접하고는 권주가를 부르기도 한다. <남원고사>에서는 춘향을 기녀로 설정한 면도 있지만, 월매의 영향으로 동기들이 익히던 노래나 악기 연주를 자연스럽게 익혔을 지도 모를 일이다.

2) 기녀 시절

이 시기는 본격적인 기녀 생활을 하는 시기이므로, 그들의 생활상부터 자세히 살펴보자.

기녀는 관아에 매여 있고 매일 관아에 나가야 했다. 하지만 관아에 살지는 않았다. 교방은 기녀들의 대기소이자, 춤과 노래, 악기 연습 등 수업 받는 곳이었다. 그러므로 기녀들은 관아에 출퇴근하며 지냈다. 그럼 어디서 살고 있었을까?

기녀가 사는 곳

바쁜 현대인들이 직장이나 학교 근처에 거처를 정하는 것처럼, 조선시대에도 관아에서 일하는 육방 관속들은 관아 근처에 살며 출퇴근하였으며 기녀도 마찬가지였다. 다시말해 기녀는 관아에 일이 있으면 곧장 관아로 들어와야 했으므로 성읍 안이나 관아 가까이에 살았던 것이다. 경기의 경우 광통교 부근에서 살았는데, 중국사신이 드나드는 숙소인 태평관이 있었던 자리이다. 성현의 『용재총화』에서도 태평관 부근에 광대와 기녀의 집이 즐비했다고 한다. 태평관은 중앙 관아의 객사이기도 했다. <춘향전>에서 기녀점고를 할 때 변사또가 부임한 당일 기녀들이 모두 모일 수 있는 것도 가까운 거리에서 생활하고 있었기 때문이다.

그럼 퇴기 월매의 집은 어디 있었을까? <고대본 춘향전>에는 관아 동쪽 술집거리에 있었고, 신재효본 <춘향가>에서도 성시와 멀지 않은 곳에 있다고 했다. 퇴기 월매의 집도 관아와 멀지 않았을 듯하다.

하지만 아래 예문에서 보면 월매의 집은 한적한 곳에 위치해 있고 규모도 제법 큰 편이다. 집의 규모나 주위 풍경, 후원 등을 상상하며 읽어보면 월매의 집을 그려볼 수 있을 것이다. 특히 월매의 집 후원은 신경 써서 꾸민 흔적이 보인다.

> 春香춘향 母모 앞을 서서 引導인도하여 大門대문 中門중문 다시 지나서 後苑후원을 돌아가니 年久연구한 別草堂별초당에 燈籠등롱을 밝혔는데, 버들가지 늘어져 불빛을 가린 模樣모양 구슬 발이 갈공이에 걸린 듯하고 右便우편에 碧梧桐벽오동 맑은 이슬이 뚝뚝 떨어져 鶴학의 꿈을 놀래는 듯, 左便좌

편 섰는 盤松반송 淸風청풍이 건 듯 불면 老龍노룡이 굼니는 듯, 窓前창전에 심은 芭蕉파초 日暖初일난초 鳳尾長봉미장은 속잎이 빼어나고, 水心驪珠수심여주 어린 蓮연꽃 물 밖에서 겨우 떠서 玉露옥로를 받쳐 있고, 대접 같은 금붕어는 魚變成龍어변성룡하려 하고 때때마다 물결쳐서 출렁툼벙 굼실 놀 때마다 嘲弄조롱하고, 새로 나는 연잎은 받을 듯이 벌어지고, 岌然三峯급연삼봉 石假山석가산은 層層층층이 쌓였는데, 階下계하에 鶴학 두루미 사람을 보고 놀라 두 죽지를 떡 벌리고 긴 다리를 징검징검 낄룩 뚜루룩 소리하여, 桂花계화 밑에 삽살개 짖는구나. 그 中중에 반가울사 못 가운데 쌍 오리는 손님 오시노라 둥덩실 떠서 기다리는 模樣모양이요, 처마에 다다르니 그제야 저의 母親모친 命영을 딛이어서 紗窓사창을 半開반개하고 나오는데……(<열녀춘향수절가>, 51~53쪽)

조선시대 상류층의 집 구조는 안채와 사랑채, 별당, 행랑 등 몇 개의 건물로 이루어진다. 그런데 월매의 집은 평민층의 집 규모라기보다는 중상류층의 것이다. 조선 후기로 오면 시장경제의 발달로 상업자본의 유통이 활발해지면서 경제적으로 여유 있는 부자 양민들이 많아졌는데, 이들도 양반집 규모의 집을 꾸미고 살았다.

월매의 집도 대문, 중문을 거쳐서 안채로 들어갈 정도로 규모가 큰 집이다. 또 후원, 행랑채가 있고 후원에는 초당과 연못도 있다. 후원으로 들어가면 집 주위에 나무들이 울창한데, 초당 좌우에 소나무와 벽오동나무가 있고 창문 앞에는 파초도 심어 놓았다. 연못에는 연꽃이 피어 있는데, 물속에선 금붕어가 뛰놀고 물 위에서는 오리 한 쌍이 놀고 있다. 또한 돌을 쌓아 만든 조그마한 석가산이 꾸며져 있고, 그 앞에서 학과 두루미가 날아와 거니는 등 월매 집의 꾸밈새로 보아 경제적으로 상당히 풍요로운 생활을 하고 있다.

신재효본 <춘향가>에서도 월매의 집은 빼어난 주변경치와 함께, 집 안 곳곳을 각종 꽃들과 괴석으로 장식해 놓았다. 이도령은 관아 정문인 남문을 나와 한 모퉁이 두 모퉁이, 이 골목 저 골목 지나서야 월매의 집에 도착한다. 그러나 푸른 대로 울타리를 치고 지붕을 띠로 엮어 얹었을지라도, 집 뒤에는 청산이 있고 문 앞에는 시냇물이 흐르는 곳에 위치해있으며 정원 꾸밈도 잘 가꾼 흔적이 보인다.

방안 꾸밈

부유한 기녀는 방안 꾸밈도 다르다. 이것은 춘향의 방안 꾸밈을 보면 알 수 있는데, 춘향의 방안에는 갖가지 가구와 그림들로 구비해놓았다. <열녀춘향수절가>에서는 용과 봉황이 새겨진 옷장, 장신구를 넣어 두는 서랍이 많이 달린 궤 등이 있다. 여기에 유명한 글씨나 그림으로 장식해 놓고 독서와 한시에 열중하도록 해놓았다. 신재효본 <춘향가>에서는 더 자세하게 묘사하고 있다.

> 춘향 어미 깜짝 놀라 우르릇 급히 와서 도령님 옥수玉手 잡고 반기며 하는 말이,
>
> "누추한 이 내 집에 도령님 나오시기 이런 생광生光 있겠는가. 이리 오오, 이리 오오."
>
> 방안으로 모시거늘 방안을 둘러보니 방치레 정결하다.
>
> 당지 도배 각장 장판, 천정에는 개천도요, 족자에는 지도서라. 극품 화류문갑樺榴文匣 위의 필통 옆에 서책 놓고, 당필연唐筆硯에 문방사우 경대 위에 체경 괴고, 요강 · 타기 · 재떨이와 담배 서랍 · 담뱃대를 방 가운데 놓았으며, 사벽에 붙인 것은 열녀 그림뿐이로다. 동벽에 붙인 그림 소상강瀟湘江에 밤비 개고 동정호洞庭湖에 달 오르니 아롱아롱 죽림 속에 백의 입은 두 부인이 이십오현 타는 거동이요, 남벽에 붙인 그림 구의산九嶷山 가을 달에 십면매복十面埋伏하였는데 천하장사 초패왕楚霸王이 기음장중하올 적에 남자장 차린 미인 옥수로 장검 쥐고 목 찌르는 거동이며, 서벽을 바라보니 장신궁長信宮에 꽃이 지고 거친 풀이 만정한데, 지나가는 까마귀가 소양昭陽 일색 띄워

> 오니 미인이 환선紈扇 쥐고 바라보는 거동이요, 북벽을 바라보니 금곡金谷 행락 십리금장 일조풍파 웬일인고. 누전갑사樓前甲士 분여설에 사세가 위급하니 옥빈홍안玉鬢紅顔 일미인이 삼월 춘풍 낙화같이 타루하는 거동이라.(신재효본 <춘향가>, 17~18쪽)

벽은 고급 당지로 도배하고 바닥은 폭이 넓고 두꺼운 장판지로 깔았으며, 천장은 그림으로 장식했다. 거기에 최상급 화류문갑과 문방사우, 얼굴 비추는 경대와 몸단장을 위한 체경이 있다. 방 한가운데에는 요강, 타기, 재떨이, 담배서랍, 담뱃대를 놓았다. 동서남북의 벽에는 그림으로 장식했다.

그런데 일반 여성들이 거처하는 방과는 좀 다른 분위기다. 여염집 부녀자는 정숙하고 겸손함을 미덕으로 하여 방안 꾸밈도 간소하면서 정갈하게 꾸미는 것이 일반적이기 때문이다. 그에 비하면 춘향의 방은 손님을 접대하는 기방의 이미지를 떠올리게 한다.

기예가 뛰어난 기녀는 연회에 자주 불려가면서 경제적으로도 여유로웠으며, 사치를 부릴 정도로 부유하게 살기도 했다. 월매도 삼남지방의 유명한 관기였기 때문에 남들보다 부를 축척할 기회가 많았다. 그래서 집 꾸밈이나 딸 춘향의 방안 꾸밈도 화려하고 사치스러울 정도로 경제적 여유가 가득했던 것이다.

구한말 성장(盛裝)한 관기

기녀의 꾸밈새

일반적으로 기녀는 천인계층에 속했다. 하지만 특수한 직업으로 궁중연회나 관아잔치에 참석해야 했기 때문에 의례복과 일상복이 따로 있었으며, 일반 여성들의 일상복하고도 옷감이나 색깔에서 차이가 났다. 의례복인 정재복식의 기본 구성은 사진에서 보듯, 화관, 단삼(單衫), 치마(裳), 한삼(汗衫) 대(帶), 혜(鞋: 운두가 낮은 신) 등이며, 여기에 하피(霞帔: 어깨의 앞·뒤로 늘이는 긴 끈)와 비구(臂韝: 팔에 끼는 장식물)가 첨가되기도 하였다. 동기(童妓)의 복식구성은 입(笠) 또는 화관과 단의(丹衣), 상, 말군, 대, 혜, 유소(流蘇: 단의 위에 늘어뜨리는 장식품) 등이며, 무용에 따라 독특한 복식을 보여준다. 옷감은 주로 비단을 사용하고, 홍색, 녹색, 황색, 남색 등 원색을 써서 화려했다.

기녀의 일상복은 김홍도나 신윤복의 풍속화에서 쉽게 볼 수 있다. 기녀들의 옷은 일반 여성들처럼 치마와 저고리를 기본으로 하지만, 저고리는 길이가 짧고 통이 좁은 것이 특징이다. 그 대신 치마는 길이도 길고 폭도 넓었는데, 속옷을 겹겹이 입어 하체를 풍성하게 해서 여성미를 강조했다. 기녀는 일반 부녀자와 다르게 저고리 깃, 끝동, 고름의 색을 달리한 반회장저고리를 입을 수 있었는데, 신윤복의 여러 그림에서나 김홍도의 그림으로 전하는 <평안감사향연도>, 유운홍의 <기녀도>에는 겨드랑이에도 색을 달리한 삼회장을 입은 모습도 보인다. 아래 그림에서 보듯 저고리는 팔 모양이 그대로 드러나고 길이도 겨드랑이 정도까지 내려오는 정도이지만, 치마는 치렁치렁 끌릴 정도로 대단히 풍성하다.

유운홍, <기녀도>

기녀는 천인이라는 낮은 신분에도 불구하고 사치가 허용되었다. 그래서 머리장식에 금이나 은, 도금한 것을 사용할 수 있었고, 사라능단(紗羅綾緞)의 옷을 입을 수 있었다. 기녀가 입은 저고리는 어느 시대나 짧았으며 소매통이 몹시 좁아 곡선이 없는 직배래였는데, 이것이 기녀의 표시라고 한다. 그런데 이덕무의 『청장관전서』에 보면 단순화된 기녀의 저고리를 규중부인까지도 기녀 복장을 따라한다고 하여, 기녀의 복식이 당시 유행의 흐름을 주도했음을 짐작할 수 있다.

춘향이 광한루에 그네 타러갈 때의 복식도 자세히 살펴보면 머리장식부터 신발까지 일반 서민의 복식과 다른 모습을 보인다. 우선 머리모양은 '蘭草난초 같은 고운 머리 두 귀를 눌러 곱게 땋아 金鳳釵금봉차를 整齊정제' 하였다. 금봉차는 금으로 봉황을 새긴 비녀인데, 춘향은 댕기를 드리지 않은 것을 알 수 있다. 그 대신 동기의 머리모양인 새앙각시 머리 모양을 한 것이다. 이것은 귀밑머리를 곱게 두 귀를 둘러 땋아 놓고 두 가닥 쪽을 진 형태로 하나의 비녀를 꽂은 모습이다. 신발은 수당혜를 신었는데, 이것은 가죽에 수를 놓은 화려한 것으로, 양반집 부녀자가 신거나 서민층 여성이 혼례 때 신었다. 이외에도 춘향은 뒷단장에 옥이나 은으로 만든 비녀를 달았고, 앞치레는 밀화장도 은장도를 달아 치장했다. 이처럼 춘향이 입은 옷차림은 여염집 여성의 옷차림을 능가할 정도였으며, 머리꾸밈이나 장신구에서 보듯 기녀의 옷차림도 따르는 등 양면적인 모습을 보이기도 한다.

이외에도 옥중에 있던 춘향은 자신이 곧 죽게 될 거라 생각하고는 월매에게 자신이 갔고 있던 옷과 패물을 팔아 거지꼴로 온 이도령에게 옷을 마련해주라는 장면이 있다. 갖가지 비단옷과 은비녀, 밀화장도, 옥지환 같은 패물 등은 양반집 부녀자 정도 되어야 갖출 수 있는 귀중품이다. 기녀는 사치가 허용되어 양민들보다 부유하게 살 수 있었는데, 월매가 명기였고 잔치자리에 자주 불려가면서 부를 축척했기 때문에 가능한 일이었다. 이처럼 기녀의 꾸밈새는 신분과 다르게 화려하면서도 자유로웠다고 할 수 있다.

여종과 기부

부유한 기녀에게는 여종도 있었는데, 월매의 집에는 향단이가 있었다. 향단이는 월매의 집에 살면서 월매를 도와 집안일과 부엌일을 하고, 각종 심부름을 하며 시중을 든다. 춘향이가 광한루로 그네 타러 갔을 때 그네도 밀어주고 춘향이 목이 마를까 싶어 마실 귤병차도 준비한다. 이 도령이 춘향을 찾아왔을 때는 주안상을 차리고 초당에 잠자리를 마련해준다. 또 거지꼴로 돌아왔을 때는 말하지 않아도 얼른 가서 요기라도 할 수 있게 밥상을 차린다. 춘향이 옥에 갇혔을 때는 월매를 도와 옥바라지를 하는데, 춘향에게 미음을 쑤어서 갖다 주고 낙심한 월매에게 담배를 챙겨주기도 한다. 그뿐 아니라 춘향이 매를 맞고 기절했을 때는 찬물과 약을 준비해 먹이고 춘향이 무거운 칼을 쓰고 감옥으로 갈 때도 손수 칼머리를 들고 따르기도 하는 등 주인이나 주변인물에게 드러내지 않고 정성껏 일한다.

여종과 같이 기녀를 돌봐주는 남성도 있었는데, 이들을 기부(妓夫)라고 한다. 흔히 말하는 기둥서방이다. 이들은 여종과 달리, 기녀들이 매음할 때 돌봐주고 얻어먹는 존재이다. 기부의 존재는 기녀들의 생활과 사회경제구조의 변화로 부각된 것으로, 이들의 관계가 일반화된 것은 조선 후기이다. 기부의 신분은 대체로 하급관리들이었는데, 고종 때 박제형이 지은 『근세조선정감』에 따르면 대궐 안 각전(各殿)의 별감, 포도청의 군관, 승정원의 사령, 의금부의 나장, 궁가척리(宮家戚里)의 겸인(傔人, 청직이), 무사(武士)들이 기부가 되었다고 한다.

아래 예문처럼 신재효본 <춘향가>에서도 기부를 언급하고 있다. 변사또는 춘향에게 수청을 들 것을 요구하며 기부가 누군지 말하라고 하는 것이다. 기부에게 허락을 받을 요량으로 묻는 것이었다.

"……구관 책방 도령님이 네 머리를 얹었다니, 그 도령님 가신 후에 청춘 공방할 수 있나. 응당 愛夫애부 있을 테니 관속이냐, 한량이냐. 어려이 알지 말고 바른 대로 말하여라."

춘향이 정색하고 공순히 여짜오되,

"기생의 자식으로 몸은 비록 천하오나 성현의 글을 보아 행실은 아옵나니 기안탁명한 일 없고, 閭閻生長여염생장하옵더니 구관댁 도령님이 연소하신 풍정으로 소인 집에 찾아오서 서상가약 간청하니 노모가 허락하고 불망기 받은 후에 이씨댁에 허신하여 百年巾櫛백년건즐 받들기로 단단 일심 먹었더니 호사가 多魔다마하여 도령님을 이별 후에 독수공방 주야상사 찾을 날만 기다리니, 관속 한량 애부 말씀 소인에겐 당치 않소."(신재효본 <춘향가>, 30쪽)

초기에는 양반 사대부나 관리들이 기녀를 첩으로 삼는 경우가 많았지만, 이런 경우의 배우자를 기부라 부르지 않는다. 앞에서 설명했듯이, 중앙에 의술, 침선, 여악을 담당했던 기녀들의 인원이 부족하면 지방 관기 중에서 선발되어 한양에 올라왔는데, 바로 이들의 의식주를 해결하기 위한 방편으로 기부가 있었던 것이다. 그래서 기부들이 거느린 기녀는 나라에서 주어지는 임무를 다하고 일반사회에서는 기예만 팔았을 뿐 매음은 하지 않았다.

그러나 조선 초기 기녀의 설치 목적과 다르게 조선 후기에는 기녀의 역할이 위안부로서의 의미가 강해지면서 기녀를 창(娼)과 기(妓)로 구분하여 인식을 달리하는 경향이 짙어졌다. 기녀의 치장은 자비로 충당해야 했고, 또 가무의 예능 실력이 부족하면 그 사회에서 인정받지 못하게 되어 경제적으로도 궁핍해질 수 밖에 없었기 때문이다. 그래서 생계유지를 위해 매춘 같은 위안부의 생활을 하게 되면서 기부의 보호를 받았던 것이다. 즉 관청 소속의 관기(官妓)에서 개인이 소유한 창기(娼妓)나 사기(私妓)가 되어 기부의 보호 아래 위안부의 생활로 생계를 유지해나갔던 것이다. 그래서 기녀에게 고객이 올 경우에 기부는 고객에게 기녀를 양보하는 것이 관례였으며, 때에 따라서는 마찰이 생기는 경우도 있었다.

이와 비슷한 상황을 신윤복의 그림 <유곽쟁웅>에서도 찾을 수 있다. 그것은 기녀를 두고 남자들 사이에 싸움이 벌어진 것을 등지고 선 별감이 중재하고 있는 그림이다. 대개 별감은 붉은 옷에 황초립을 써서 복장부터 화려했는데, 대표적인 기부로 활동했던 사람들이었다.

사회적으로 기부의 존재가 인정되었던 것은, 국가가 기녀를 관리하는 것보다 기부가 관리하는 것이 여러 모로 효과적이었기 때문이다. 다름 아니라 기녀를 보다 철저하게 파악할 수 있고, 나아가 기녀의 생계도 보다 안정될 수 있었던 것이다.

그런데 춘향은 기안에 이름이 올라간 적이 없고 기녀도 아니었다. 그렇기 때문에 변사또의 명령을 거부할 수 있었다. 당연히 기부도 존재하지 않았다. 하지만 변사또는 월매가 기녀였기 때문에 당연히 춘향도 기녀라고 생각하고 마음대로 부릴 수 있다고 생각했던 것이다.

> "춘향이라 하는 것이 기생인 게 아니오라 퇴기 월매 딸이온데 형용・재질・기묘키로 구관 자제 도령님이 머리를 얹었읍네다."(신재효본 <춘향가>, 28쪽)

> "……구관 책방 도령님이 네 머리를 얹었다니, 그 도령님 가신 후에 청춘공방할 수 있나. 응당 애부愛夫 있을 테니 관속이냐, 한량이냐. 어려이 알지 말고 바른 대로 말하여라."(신재효본 <춘향가>, 30쪽)

기녀의 손님접대 중에는 머리얹기란 것이 있다. 이것은 정식 기녀가 되고 나서 처음 잠자리를 갖는 것을 말한다. 기녀에게는 남편을 얻은 것이나 다름없는 의미였다. 그래서 기녀가 아닌 춘향이 이도령과 첫날밤을 치른 것을 두고 주변에선 이도령과 혼인한 것으로 이해하고 있었다. 하지만 변사또는 창기로 인식하고 춘향을 불러들이려 했다.

일반 여성들이 배우자와 사별하고 절개를 지키며 수절하듯이 기녀의 경우도 인연을 맺은 남자가 생존해 있으면 수절하는 경우가 있었다고 하는데, 하물며 대비속신한 춘향에게는 천부당만부당한 일이었던 것이다.

손님접대와 주안상

기녀가 하는 일는 잔치자리에서 유흥적인 분위기를 만들거나 손님을 접대하는 것이다. 그래서 기녀는 유흥문화의 꽃이라고 할 수 있으며, 춤과 노래, 악기 연주는 기본적으로 익혀야 했다. 유흥적인 분위기에 주로 술자리가 있는 것도 당연하다. 그럼 평상시 기녀들의 손님 접대는 어떻게 할까? 이도령이 월매의 집을 찾아갔을 때의 상황을 살펴보면 어느 정도 짐작해볼 수 있을 것이다.

<남원고사>에 보면 춘향은 이도령에게 우선 담뱃불을 붙여 전해준다. 또 술자리에서 춘향은 권주가를 부르며 술을 대접하고, 거문고 연주로 흥을 돋운다. <열녀춘향수절가>에서는 월매가 먼저 이도령에게 차를 대접하고 담배대에 불을 붙여 권한 후에 권주가를 부르며 술을 따른다. 춘향의 방 꾸밈에서 담배서랍과 담배대, 재떨이가 방안에 있었는데, 손님이 오면 담배를 대접하기 위해서였던 것이다. 그런 다음 주안상이 들어온다.

> "鳳봉이 나매 凰황이 나고, 將軍장군 나매 龍馬용마 나고, 남원의 春香춘향이 나매 李花春風이화춘풍 꽃다웁다. 香丹향단아 酒盤주반 等時등대하였느냐."
>
> "예."
>
> 對答대답하고 酒肴주효를 차질 적에 安酒안주 等物등물 볼작시면 굄새도 淨潔정결하고 大胖板대양판, 가리찜, 小胖板소양판, 제육찜, 풀풀 뛰는 숭어찜, 포도동 나는 메추리 鶉湯순탕에, 東萊동래 蔚山울산 大全鰒대전복, 玳瑁

> 대모 裝刀장도 드는 칼로 孟嘗君맹상군의 눈썹 체로 어슥비슥 오려 놓고, 염통 산적, 胖양볶이와, 春雉自鳴춘치자명 生雉생치 다리 赤壁적벽 대접, 分院器분원기에 冷麵냉면조차 비벼 놓고 生栗생률, 熟栗숙률 잣송이며, 胡桃호도, 大棗대조, 石榴석류, 柚子유자, 蹲柿준시, 櫻桃앵도, 湯器탕기 같은 靑實梨청실리를 칫수 있게 괴었는데, 술瓶병 치레 볼작시면 티끌 없는 白玉瓶백옥병과, 碧海水上벽해수상 珊瑚瓶산호병과, 葉落金井엽락금정 梧桐瓶오동병과 목 긴 황새瓶병, 자라瓶병, 唐畵瓶당화병, 鎖金瓶쇄금병, 瀟湘소상 洞庭동정 竹節瓶죽절병, 그 가운데 天銀천은 알안자, 赤銅子적동자, 鎖金子쇄금자를 차례로 놓았는데 具備구비함도 갖을시고, 술 이름을 이를진대 李謫仙이적선 葡萄酒포도주와, 安期生안기생 紫霞酒자하주와, 山林處士산림처사 松葉酒송엽주와 過夏酒과하주, 方文酒방문주, 千日酒천일주, 百日酒백일주, 金露酒금로주, 팔팔 뛰는 火酒화주, 藥酒약주, 그 가운데 香氣향기로운 蓮葉酒연엽주 골라내어 알안자 가득 부어, 靑桐청동 火爐화로 白炭백탄불에 남비 冷水냉수 끓는 가운데 알안자 둘러 不寒不熱불한불열 데워내어, 金盞금잔 · 玉盞옥잔 · 鸚鵡杯앵무배를 그 가운데 데웠으니 玉京옥경 蓮花연화 피는 꽃이 太乙仙女태을선녀 蓮葉舟연엽주 띄듯, 大匡輔國대광보국 領議政영의정 芭蕉扇파초선 띄듯 둥덩실 띄워 놓고, 勸酒歌권주가 한 曲調곡조에 一杯一杯復一杯일배일배부일배라. 李道令이도령이 이른 말이
>
> "今夜금야에 하는 節次절차 보니 官廳관청이 아니어든 어이 그리 具備구비한가."(<열녀춘향수절가>, 61~63쪽)

위의 예문에 나타난 상차림에는 푸짐한 안주와 과일, 술, 그리고 그것들을 담은 술병과 술잔까지 자세히 묘사되어 있다. 그런데 지나치다 싶을 정도로 과장해서 열거해놓았다. 이는 무가 중 서울 · 경기지역의 성조가(成造歌)인 '황제푸리'에서 영향을 받아 것으로, 상황을 자세하게 묘사하기 위해 사설을 늘어놓은 것이다. 황제푸리는 집안의 온갖 것을 읊는 집사설에서 유래한 것인데, 예문에서는 여러 종류의 음식과 술,

그릇 등을 열거하고 있다.

그럼 월매가 이도령을 위해 차린 주안상을 보자. 술과 안주 위주로 차린 주안상이지만, 예문에서는 여러 종류의 술과 음식, 과일 등을 볼 수 있다. 우리나라에선 전통적으로 계절에 따라 가양주(家釀酒)를 한두 가지 준비하고 있었고, 가족이나 손님을 위하여 주안상을 차리는 일이 많았다. 주안상은 보통 전골이나 조치(찌개), 마른안주, 편, 냉채, 김치, 약주 등이었다. 하지만 이도령이 관청에서 차리는 상차림이라 할 정도로 진수성찬이다. 소고기, 돼지고기, 양고기, 물고기, 새알, 해산물 등으로 찜, 탕, 산적, 볶음 등을 하였다. 거기다 냉면에 견과류, 실과류, 술까지 음식에 따라 종류나 조리법도 다양한 것들이다. 술은 연엽주를 준비해 청동화로에 중탕(重湯)하여 먹기 좋게 데워주고 있다. 하지만 신재효본 <춘향가>에서는 조금 간소해졌다.

> 문을 열고 나가더니 향단이를 데리고서 잡술 상을 차리는데, 정결하고 맛이 있다.
>
> 나주칠羅州漆 팔모반에 행주질 정히 하고, 쇄금灑金한 외물 젓가락 상하上下 알아 씻어놓고, 계란 다섯 수란水卵하여 청채기靑彩器에 받쳐놓고, 갖은 양념 많이 넣어 초지렁을 곁들이고 문채 좋은 금쇄화기에 봉산 문배, 임실 곶감・호도・백자 곁들이고, 문어・전복・약포 조각 백채 접시 담아 놓고, 향단을 급히 시켜 서 돈어치 약주 받아, 춘향 어미 상들이며,
>
> "야간이라 섬서하오."
>
> "천만의외 말이로세."(신재효본 <춘향가>, 20쪽)

위문에서 월매는 밤에 급히 주안상을 차리느라 섬서하다며 보잘것없다고 표현한다. 하지만 수란 뜨고 견과류와 마른안주, 그리고 갖은 양념을 넣어 맛을 낸 초고추장과 김치를 얹은 주안상이다. 아마도 신재효본 <춘향가>에서 보이는 주안상이 일반적인 상차림일 듯하다.

기녀점고

이제 관아에서의 기녀생활을 살펴보자. 기녀는 관아에 소속되어 있었기 때문에 정해진 날짜마다 관아에 나가 점고를 받아야 했다. 일종의 인원점검인데, <춘향전>에서는 변사또가 부임하는 장면에서 기녀 점고를 한다.

> 사또 分付분부하되,
>
> "首奴수노 불러 妓生기생 點考점고하라."
>
> 戶長호장이 分付분부 듣고 妓生案기생안 冊책 들여 놓고 呼名호명을 차례로 부르는데, 낱낱이 글句귀로 부르는 것이었다.
>
> "雨後우후 東山동산 明月명월이."
>
> 명월이가 들어를 오는데, 羅裙나군 자락을 걷음걷음 걷어다가 細柳胸膛세류흉당 딱 붙이고 아장아장 들어를 오더니 點考점고 맞고,
>
> "나오."
>
> (중략)
>
> "바람맞은 落春낙춘이."
>
> "예, 等待등대 들어를 가오."
>
> 낙춘이가 들어를 오는데 제가 잔뜩 맵시 있게 들어오는 체하고 들어오는데 視面시면한단 말을 듣고 이마빡에서 시작하여 귀 뒤까지 파 제치고, 粉成赤분성적한단 말은 들었던가 개분 석 兩양 일곱 돈어치를 무지금하고 사다가 城성 겉에 회칠하듯 반죽하여 온 낯에다 맥질하고 들어오는데, 키는 沙斤乃사그내 長丞장승만한 년이 치마 자락을 훨씬 추어다 턱밑에 딱 붙이고 무논의 고니 걸음으로 찔룩껑충 엉금엉금 섭쩍 들어오더니 點考점고 맞고,
>
> "나오."(<열녀춘향수절가>, 123~127쪽)

기녀점고(또는 기생점고)는 한 달에 두 차례씩 초하루와 보름(朔望)에 치러졌는데, 명부에 일일이 점을 찍어 가며 기녀의 수를 조사하는

것이다. 또 고을에 사또가 새로 부임할 때도 반드시 기녀점고가 있었다. 예문인 <열녀춘향수절가>에서는 24명, 신재효본 <춘향가>에서는 15명, <남원고사>에서는 무려 50여 명이 넘는다. <평양감사향연도>에서도 많은 기녀들을 확인할 수 있다. 하지만 『남원읍지』에 보면, 숙종 때와 영조때 남원 관아의 기녀수는 기생 15명, 동기 4명으로 되어 있다.

관아에서 기녀들을 관리하는 사람들로 호장과 행수기녀가 있었다. 그 중에서도 호장의 권한이 더욱 컸다. 예문에서 점고를 주관하는 이는 호장이다. 호장은 동헌의 영창 앞 툇마루에 엎드려서 기녀의 특징을 살려 멋들어지게 호명한다. 호장은 고을 관아의 구실아치 중 우두머리로, 기안(기녀명부)을 보관하고 점고를 주관하였으며, 수청기(또는 방기), 침비, 급수비의 직무분담을 하는 것도 호장의 권한이었다.

기녀들은 몸이 불편하거나 사정이 생겨 나오지 못할 때도 호장에게 휴가를 청해야 할 만큼 호장의 권한은 컸다. 이런 까닭으로 고을 아전과 관기는 밀접한 관련을 맺고 있었다. 관기는 공물(公物)이라 여겼기에 그 생사권도 관리들에게 맡겨져 있었던 것이다. 그러므로 점고는 인원점검이면서 근무태도를 평가받기도 했던 것이다. 그래서 단순히 기녀의 수를 헤아리는 것뿐만 아니라, 기녀들이 교육내용을 잘 익히고 있는지를 파악하여 잔치 때 춤과 노래 실력을 발휘하도록 점검하는 것이었다. 예문에서 낙춘이도 호장에게 잘 보이기 위해 얼굴에 회칠하듯 화장을 짙게 하고 나타난 것이다. 이처럼 호장이 기녀들을 관리 감독하였는데, <남원고사>에서는 이도령이 암행어사로 돌아왔을 때도 기녀점고를 하며, 이때는 형장이 기녀들을 호명하기도 한다.

호장 외에 기녀들은 행수기녀에게도 복종해야 했다. 기녀의 우두머리인 행수기녀는 교방 안의 엄한 규율로 다른 기녀들을 다스렸다. 또 기녀들의 하루 일과나 자질구레한 부분까지 통제했다. 그래서 <춘향전>의 행수기녀는 변사또의 수청을 거부했을 때 집에 찾아가 춘향을 달래서 데려오기까지 한다.

관아잔치와 기녀

기녀는 가무를 익힌 예능인으로 관아잔치 같은 유흥공간에서 꼭 필요한 존재였다. 변학도의 생일잔치에도 기녀들이 동원되었던 것처럼 크고 작은 관아잔치에 기녀들은 평소 실력을 발휘하게 된다.

<열녀춘향수절가>에서는 잔치가 벌어지는 곳은 정확히 어느 장소인지 알 수 없지만, '…… 층교 보계판으로 부젹부젹 올나가니……(<남원고사>, 145쪽)와 같이 관아잔치는 광한루 같은 누정에서 벌어졌다. 그럼 잔치모습은 어떠할까?

> …… 아희기ᄉᆡᆼ 녹의홍상 어룬 기ᄉᆡᆼ 착젼립에 좌우에 버려셰고 거복ᄀᆞᆺ튼 거문고 ᄀᆡ약고 양금 ᄉᆡᆼ황 삼현쇼ᄅᆡ 반공의 어ᄅᆡ엿다 쥬안상을 드리면서 슌빅슐의 권쥬가라 홍을 겨워 한창 놀 졔 닙츔 후의 검무 보고 거문고 남창이며 희 의 녀창이라……(<남원고사>, 143~144쪽)

먼저 <남원고사>에 묘사된 잔치장면을 살펴보자. 동기, 기녀들이 좌우에 있고 음악을 연주하는 악공들도 한쪽에 자리 잡고 있는 모습이다. 풍악이 울려 퍼지고 주안상이 들어오면 기녀들은 권주가를 부르며 술시중을 들고, 분위기가 무르익으면 입춤과 검무를 춘다. 그리고 노래가 이어진다. 이때 녹의홍상을 차려입은 동기들이 먼저 손춤이라 불리는 입춤을 추고, 전립 쓰고 전복 입은 기녀들이 검무를 춘다. 입춤은 기녀들이 특별한 복장을 갖춰 입지 않은 채 둘이 마주 서서 추는 춤을 말한다. 팔만 벌려 아래위로만 움직이면서 제멋대로 추는 춤으로, 특별한 재주 없이 분위기를 띄우는 것이다. 검무는 긴 칼을 양손에 들고 추는 춤으로, 보통 2명이나 4명이 양편에 서서 마주보고 춘다.

신재효본 <춘향가>에서는 광한루에서의 잔치 자리 꾸밈, 기녀, 가객, 광대, 고인(鼓人) 등이 각기 자리를 잡고 공연하는 모습을 더욱 자세하게 묘사하고 있다.

> 그 이튿날 본관 사또 생신 잔치 차리는데 기구 매우 대단하여 광한루 주란화각 구름 속에 솟았는데 처마에 백포미장白布美帳 하늘에 닿게 치고, 사면에 두른 것은 물색 고운 청사휘장 대청에 펴놓은 것 화문花紋 보료 만화방석. 무학 신장 쟁강춤과 용알북춤, 배따라기, 풍류할 각색 기계 모두 등대하였으며, 기생・가객・광대・고인鼓人 일등만 골라 뽑아 사면으로 벌여 세고, 각읍 수령 모여들 제 호기가 대단하다. 원겸관에 운봉현감雲峰縣監, 승지 당상 순천부사順天府使, 연치年齒, 높은 곡성현감谷城縣監, 무주・용담・진안・장수・광양・낙안・홍양현감, 장홍・보성・강진이며, 화순・동복・광주 목사牧使, 능주・남평・옥과이며, 창평・담양・순창・임실 열읍 행차 들어올 제 별연別輦 앞에 권마성勸馬聲, 승교 옆에 부축 소리, 사람들이 에워싸고 어깨가 가리우고, 더운 땀을 서로 뿌려 비가 오듯 하는구나. 누상에서 서로 만나 빈주의 예를 차려 읍양揖讓하고 앉은 후에 낭자한 삼현 소리 떵더꿍 나고, 선녀같은 기생들이 손춤 끝에 검무 출 제 좌정・우정・생선풍・우조・계면 노래 소리, 나는 티끌 고요하고 가는 구름 머무른다. 하교상下交床 물리고서 대다담大茶啖 올리렬제.(신재효본 <춘향가>, 54~55쪽)

광한루 주변에 햇빛을 가리는 차일을 치고 깃발을 내걸어 장식하였으며, 사령들에게는 잡인을 금하도록 한다. 이때 악공들은 삼현육각으로 음악을 연주하여 홍겨운 분위기를 띄운다. 삼현육각은 피리가 둘, 대금, 해금, 장구, 북이 각각 하나씩 편성된 작은 악단이라 할 수 있다. 노래는 주로 가곡을 부르는데, 반주는 세피리, 대금, 해금, 가야금, 거문고, 장구 등이 쓰인다.

이러한 관아잔치의 모습은 김홍도의 그림으로 전하는 <평야감사향연도>에 묘사된 관아잔치와도 비슷하게 나타난다. 그 중에서 다음 그림은 <평양감사향연도> 중 <연광정연회도>와 <부벽루연회도>의 일부인데, <남원고사>의 장면을 <연광정연회도>에서, 신재효본 <춘향가>를 <부벽루연회도>에 비교해보면 관아잔치의 규모나 기녀들이 춤추는 모습이 거의 일치하는 듯하다.

<연광정연회도> 중 입춤

<부벽루연회도> 중 검무

<연광정연회도>를 보면 기녀들이 둘러서 있는 가운데 두 명이 마주보고 입춤을 추고 있다. 아래쪽 난간에는 초록색과 노란색 저고리에 붉은 치마를 차려입은 동기 2명이 앉아있는 것도 보인다. 그 옆 오른쪽으로 붉은 옷을 입은 악공들도 앉아있다. <부벽루연회도>에서는 차일 친 무대 앞에 양쪽으로 일상복을 입은 기녀들이 앉아 있고, 무대 중앙에서는 악공들의 반주에 맞춰 의례복을 입은 기녀들이 검무를 비롯한 여러 가지 춤을 추고 있는 것이 보인다. 악공들은 아래쪽에 앉아있고 무대 바깥으로는 사령들이 도열해서 일반사람들을 통제하고 있다. 그림에서처럼 변사또의 생일잔치에도 남원 관아에 속한 기녀들이 모두 모여 이와 비슷한 장면이 연출되었을 것이다.

기녀의 수청문제

한편 기녀의 역할로 흔히 수청을 떠올린다. 그런데 이것은 원래 불법이었다. 관아에는 공적인 공간에 마루를 설계하였는데, 대표적인 곳이 동헌이고 이곳은 수령이 머무는 곳이다. 객사 또한 중앙에는 마루로 되어 있다. 본래 수청(守廳)도 관청의 마루를 지킨다는 의미에서 공적인 임무라 할 수 있다. 그런데 '수청을 든다'는 것은 일상생활의 사소한 것을 모두 포함하여 시중드는 일이었기 때문에, 밤을 지키다보니 잠자리까지 이어졌던 것이다.

수령이 지방관으로 부임하면 대개 가족을 거느리지 못하고 혼자 부임하는 경우가 많았다. 정약용의 『목민심서』에 따르면 가족과 함께 부임하는 것을 권장하지 않고 홀로 부임하는 것을 권장했다고 한다. 가족들을 데리고 오면 수령뿐 아니라 그 가족들이 먹을 것을 마을에서 해결해야 했고, 그들의 요구를 거절할 수 없었기 때문에 백성들에게는 민폐가 되었다. 그래서 홀로 부임하는 경우 기녀의 보살핌이 필요했고 객고를 풀어주는 구실이 더해져 수청의 의미로 변했던 것이다.

<열녀춘향수절가>에서는 남원으로 부임했던 수령이 3명 나온다. 내직으로 올라가기 위해 잠시 지방근무를 해야 했던 성참판, 이몽룡의 아버지 이한림, 그리고 이한림의 뒤를 이어 변사또가 등장한다. 이중에서 이몽룡의 아버지는 부인과 이도령을 데리고 부임했고, 성참판과 변사또는 혼자서 부임했다. 이한림은 부인이 있어 다행이었지만, 성참판과 변사또는 기녀의 시중을 받아야 했다. 그래서 성참판은 월매에게 수청을 들게 하였고, 관기였던 월매는 관장의 명을 어기지 못했던 것이다. 하지만 춘향은 기안에 오른 적도 없고 관기로 관아에 간 적도 없었으니 변사또의 수청을 거부한 것은 정당한 행위였던 것이다.

그러므로 수청은 엄밀히 말해 불법이었기에, 매음은 부차적인 문제였고 규제도 있었다. 하지만 양반들은 유리한 쪽으로 이용하면서 자주 어겼으며, 실제로 처벌받는 경우도 드물었다. 그래서 기녀에게 수청은

불가분의 관계로 작용해왔다.

하지만 수청으로 인해 일부 기녀들에게는 또 다른 행운이 따르기도 했다. 월매의 경우 성참판의 소실이 되면서 일찍 기역에서 벗어날 수 있었고 춘향도 낳았다. 그리고 춘향을 일찍 대비속신시켜 기녀의 신분을 물려주지 않았다. 기녀의 굴레를 벗어나는 길은 부유한 양반의 소실이 되거나 대비속신하는 길 밖에 없었기 때문이다.

> 어사또 앉은 앞에 화로가 놓였으니 본관의 수청 기생 본관 담배 붙이려고 별간죽別簡竹 은수복銀壽福에 양초를 담아 들고, 어사또의 앞에 오니 어사또가 소매로써 한 뼘 되는 기와조대 썩 집어 내어 놓고, 쌈지에 가루담배 손바닥에 떨어 놓아, 흰 가래침 탁 뱉어서 되게 비벼 담아주며,
>
> "이 대부터 붙여 오라."
>
> 저 기생이 화를 내어,
>
> "염치도 아주 없네. 본관 수청 기생더러 담배 붙여 달라 하네."(신재효본 <춘향가>, 56쪽)

> 거상풍악擧床風樂 길게 치고 아리따운 기생들이 유리종 호박배에 계당주, 감홍로를 가득가득 부어 들고, 사이사이 늘어앉아 권주가 장진주를 엇걸어 불러낼 제, 어사또의 상 앞에는 수급비水汲婢나 올 수 있나. 순천을 또 불러서,
>
> "여보시오, 순천 영감. 사람 귀도 상하 있소."
>
> 순천이 알아 듣고,
>
> "여봐라, 기생 하나 저 손님 앞에 가서 노래로 술 권해라."
>
> 그 중에 조자粗字 기생 부득이 앞에 와서 사기 접시 모주 부어 어사또께 드릴 적에 바로 보기 뇌하다고 고개를 외로 틀고, 권주가는 과하다고 시조로 권하는데, 하오가 안 나와서 반말로 부르것다.
>
> "잡으란께, 잡으란께, 이 술 한 잔 잡으란께."(신재효본 <춘향가>, 57쪽)

예문에서 보듯 기녀의 수청은 술자리에서 담뱃불 붙이기나 술시중 같은 자질구레한 것까지도 시중을 들어주는 것이었다. 따라서 수청은 부차적인 것이었는데, 조선 후기로 오면서 기녀에 대한 사회적 인식은 본래의 의미가 퇴색되고 성적 유희물로 바라보는 시각이 대두되면서 기녀들의 인간성마저도 무시되었다. 이러한 사회문제를 의식하여 나타난 작품이 바로 <춘향전>이고, 작품 속에 등장하는 월매와 춘향이었다.

월매는 현실의 부당한 면을 알고도 현실을 받아들이는 삶을 살면서 일찍 퇴기가 되었다. 그 대신 춘향에게는 자신의 삶을 따르지 않도록 했다. 그녀의 의식은 춘향에게로 이어졌으며, 춘향은 자의식이 강한 인물로 성장해갔다. 이로 인해 춘향은 부당한 수청을 강요하는 변사또에게 조목조목 따지면서 굳은 의지를 표현할 수 있었다. 춘향의 눈에 비친 변사또는 기녀를 성적 노예로 생각하는 당대의 대표적인 인물이었고, 이러한 변사또의 모습은 당시 불법을 저지르는 양반 관리층의 모습이었다.

3) 퇴기(退妓) 시절

춘향의 엄마인 월매는 원래 관기였다가 퇴역한 경우로, 퇴기의 생활을 잘 보여준다. 관기가 퇴기가 되고나서도 양반의 소실이 되지 못하면, 주막집을 경영해서 생계를 유지해야 했다. 이런 집을 표시하기 위해 고려시대에는 푸른 깃발을 세웠는데, 조선시대에도 주막집이나 유곽에 깃발이나 등을 달아 표시했다고 한다. <고대본 춘향전>에서도 퇴기인 월매의 집은 관아의 동쪽 술집거리에 위치한 것으로 묘사되어 있다. 월매도 성참판을 만나지 못했다면 술집이나 기방을 운영했을 것이다.

하지만 월매는 술집이나 기방을 운영하지 않았다. 왜냐하면 월매는 충청, 전라, 경상도를 아우르는 삼남의 유명한 관기였고, 세상 사람들이 다 일컬을 정도로 외모도 뛰어났기 때문이다. 그래서 남원에 임시로 내려왔던 성참판의 수청을 들면서 소실이 되었으며, 그로 인해 일찍 퇴기가 될 수 있었기에 경제적으로 부유했던 것이다. 신재효본 <춘향가>에서도 월매의 명성과 인기를 짐작케 한다.

> 방자가 여짜오되,
>
> "도령님 분부거행 수화불피水火不避할 터로되 거행키는 극난한 사정 있소. 월매라 하는 계집 인물 가무 명기기로 경향京鄕에 유명하여 본읍의 여러 등내等內 인근읍 수령님께 수청守廳도 많이 들고 멋있는 아전이며 돈 있는 부자서방 풍류랑 유협객을 많이 함께 살았으되 자식이 없삽기로 사십이 넘은 후에 성천총成千總을 작배作配하여……(신재효본 <춘향가>, 12쪽)

위의 예문은 방자가 이도령에게 춘향을 소개하면서 월매를 언급한 부분이다. 여기서도 역시 월매는 인물이나 가무에서도 명기로 묘사되어 있다. 그래서 경향(京鄕)에까지 유명해서 많은 사람들에게 관심을 받았으며, 일찍 퇴기가 되어 기녀의 삶에서 벗어날 수 있었다.

월매와 같이 경제적으로 부유한 퇴기는 일반 여성들처럼 예의도 숭상하고, 여염집 부녀자들이 하는 침선과 방적 등을 하는 등 살림하고 마음을 닦으며 생활하였다. 그러다보니 기녀로서의 삶보다는 자식 낳고 살림하는 여염집 부녀자의 삶을 지향하게 된다. 그래서 후사가 없으면 명산대천을 찾아다니며 치성을 드려 자식을 낳기를 바랐고, 월매와 같이 간절히 기도하여 춘향을 낳아 정성껏 양육했다.

> "……저것을 길러낼 제 어려서 잔병조차 그리 많고 七世칠세에 소학 읽혀, 修身수신, 齊家제가, 和順心화순심을 낱낱이 가르치니 씨가 있는 자식이라 萬事만사를 達通달통이요, 三綱行實삼강행실 뉘라서 내딸이라 하리요. 家勢가세가 不足부족하니 宰相家재상가 不當부당이요, 士사, 庶人서인 上下不及

상하불급 婚姻혼인이 늦어가매 晝夜주야로 걱정이나 도련님 말씀은 잠시 春香춘향과 百年期約백년기약한단 말씀이오나, 그런 말씀 말으시고 놀으시다 가옵소서."(<열녀춘향수절가>, 57~59쪽)

위의 예문에처럼 월매는 춘향을 양반집 따님처럼 7세부터 글을 가르쳤는데 바느질과 풍류도 모를 것이 없을 정도로 행실이 바른 딸로 길러냈다. 또한 자신의 신분 때문에 재상가는 바라지 않더라도 사(士)나 서인(庶人)을 막론하고 혼인이 늦어짐을 걱정하는 일반적인 여염집 부녀자의 모습과 다름없다.

신재효본 <춘향가>에서 월매가 딸 춘향을 일찍 대비속신시킨 이유도, 자신이 기녀였기 때문에 딸도 기녀가 될 것을 염려하여 미리 대비한 것이다. 그렇기 때문에 월매는 퇴역한 기녀이고, 춘향은 기녀의 딸일 뿐 기녀가 아니고 기안에도 오르지 않았던 것이다.

그러나 이와 같은 경우는 극히 일부에 지나지 않았다. 대부분은 50세까지 관에 예속되어 물 긷고 빨래하는 등 갖은 허드렛일을 하며 보낸 후에야 비로소 기역에서 벗어날 수 있었다. 월매도 40세 이후에 퇴기가 되었으니 남들보다 10여년 일찍 기녀의 굴레에서 벗어났다. 하지만 기녀의 삶이 30대 이후로 기울어지기 때문에, 월매도 얼마동안은 관아의 허드렛일을 하지 않았을까?

5. <춘향전> 속 기녀 캐릭터

지금까지 <춘향전>에 나타난 남원부 기녀들의 생활문화를 자세히 살펴보았다. 기녀는 고전문학에서 주요소재로 등장하고 풍속화에도 자주 등장하지만, 그들의 역할이나 생활모습에 대해서는 자세히 알려 하지 않았다. 그러므로 기녀들의 삶을 미시적이면서도 입체적으로 접근해볼 필요가 있었다. 특히 <춘향전>을 퇴기 월매나 관아의 기녀들의 역할에 초점을 두고 살펴보면 조선 후기 기녀의 모습도 생생하게 드러난다. 그래서 기녀와 관아와의 관계를 살핀 후, 기녀의 삶을 생애주기별로 나누어 동기, 기녀, 퇴기의 생활을 살펴보았다.

<춘향전>에는 남원이라는 구체적 장소가 나오며, 남원을 배경으로 남원 관아와 기녀와의 관계에서 이야기가 전개된다. 남원은 예로부터 정치・행정・군사의 요충지로 유흥문화가 발달한 곳이었기 때문에 오래 전부터 기녀가 있었다. 또한 남원 관아는 일반적인 관아배치와 달랐는데, 객사가 관아 깊숙한 곳에 자리 잡고 담장으로 둘러쳐져 있는 것을 볼 수 있었다. 기녀들이 사신을 접대하고 위로하는 역할이 컸던 것을 짐작케 한다.

기녀는 15세에서 50세까지 관에 소속되어 있었고, 궁궐이나 관아 잔치자리에서 유흥적인 역할을 했다. 10대의 동기시절은 전문예능인으로 성장하기 위해 춤과 노래, 악기를 익혀야 했다. <춘향전>에서는 동기의 교육은 자세히 나와 있지 않지만, 춘향도 월매의 영향을 받았을 것으로 보인다. 특히 춘향이 풍류를 잘 알고 있었다는 점과, 노래와 악기 연주로 이도령을 접대하는 모습에서 동기들의 교육내용이 드러나 있다. 춘향은 특이하게도 머리장식에서 동기들의 모습을 따르고 있었다. 또한 월매는 춘향에게 글공부에도 많은 노력을 기울였는데, 이는 기녀들의 기본소양이기도 했다.

기녀시절에는 그들이 사는 곳과 하는 일, 관아와의 관계 등을 통해 그들의 역할을 살펴볼 수 있었다. 기녀는 관아 근처에 살았는데, 관아에 속한 사람들이기 때문에 매달 초하루와 보름에 기녀점고가 있었으며, 호장과 행수기녀의 관리 감독으로 일상생활마저 통제를 받고 있었다. 또 변사또의 생일잔치 같은 관아잔치에서는 동기와 기녀들이 모두 나와 춤추고 노래하며 유흥적인 분위기를 만드는 역할을 해야 했던 것이 그들의 주된 임무였다. 기녀는 입춤으로 흥겨운 분위기를 만들고 검무를 추거나 노래를 불렀으며, 술자리에서는 담뱃불을 붙여주거나 술시중을 들기도 했다. 특히 흥겨운 관아잔치 모습은 풍속화를 통해서도 확인할 수 있었다. 하지만 홀로 부임하는 지방관에게 기녀의 수청은 불가피한 문제로 작용했다.

퇴기는 50세가 넘어야 기역에서 벗어날 수 있었는데, 운이 좋으면 일찍 벗어날 수 있었고 여유롭게 생활할 수도 있었다. 하지만 월매와 같이 실력과 미모가 뒷받침되면서 정말 운이 좋아야 했다. 그러므로 기역에서 벗어나는 기녀들은 일부에 지나지 않았다. 대부분 주막을 운영하며 평생을 노역에 시달릴 수 밖에 없었다.

이처럼 고전소설의 미시적 연구는 이론 중심의 연구에서 나아가 문화론적 시각으로 연구범위와 방법을 확대한 것이다. <춘향전>에 나타난 남원부의 기녀들의 구체적인 생활모습은 고전을 이해하는 새로운 방법이 될 것이며, 우리 문화원형을 발굴하는 데도 기여할 것으로 보인다. 또한 고전을 활용한 콘텐츠를 개발하는데 새로운 창작소재로 활용될 수 있을 것이다. 이와 같은 연구는 고전문학을 새롭게 인식하는 섬세한 연구이자 오늘날 문화산업과 연계한 융합적 연구라 할 수 있다.

왈자 집단의 구성과 성격

이 태 화

1. 조선후기 중간계층의 성장과 왈자의 범주

왕족을 제외한다면, 신분제가 엄격하던 시대에는 양반인 사람과 그렇지 않은 사람들만 존재하였다고 해도 아주 과도한 판단은 아니다. 그리고 양반이라는 것은 불평등한 신분제의 한 지표이기도 하면서, 문화 향유에서의 독점적 권한을 상징하는 것이기도 하였다. 그렇기에 오랫동안 가시적인 형태로 계승된 문화적 산물은 대다수가 양반에 의한 것이었다고 할 수 있다. 그런데 17세기 이후의 조선에서는 양반도 평민도 아닌 중간계층이 사회·문화적인 두각을 드러내기 시작했다. 중간계층이라는 것은 언제 어디에나 있을 것이겠지만, 조선후기의 중인층은 문화·예술의 방면에서 본격적인 주역(主役)의 일군(一群)으로 떠올랐다는 점에서 그 존재적 의의가 크다.

그들은 18·19세기의 시정문화를 주도했을 뿐 아니라 당대 조선의 핵심적 문화집단이었던 것으로 보인다. 신분제가 무너져가던 도정에서 그들은 특히 경제적 여유를 동반하였고, 그에 따라 유흥적 문화 향유로 치우치기도 하였으나, 그로부터 다양하게 분출된 문화·예술적 성과들은 분명 당대의 조선을 무엇보다도 생생하게 재현하고 있기 때문이다.

그 중간계층은 주로 직업에 따라 다시 여러 가지의 계층으로 나누어진다. 그런데 이와 관련된 자료들을 살펴보면, 당시에는 나름대로 합의된 개념으로 사용되었을 법한 용어들이 현재의 관점에서는 명확히 이해되지 않는다는 문제가 드러난다. 예컨대, 포괄적인 의미로 사용되는 듯한 '왈자'나 '한량'이 그렇다. 더구나 그들은 중인이라는 계층 안에 온전히 포함될 수 있는 이들도 아니다.[1] 왈자는 중인과 같이 신분에 따라 규정될 수 있는 범주의 개념이 아니며, 한량은 왈자 집단과 큰 교집합을 이루면서 그 집단의 한 성격을 대표하는 의미를 지니고 있기 때문이다.

2. 왈자 집단의 구성

왈자와 한량이란 용어는 대체로 그들의 방탕우활한 속성에서 기인한 것으로 보인다. 왈자(曰者)란 용어의 기원을 알려주는 구체적인 자료는 아직 확인된 것이 없는데, 아마도 우리말의 '왈짜'나 '왈가닥'과 같은 말이 한자어로 정착된 것이 아닌가 한다. '왈(曰)'로 상징되는 우악스럽게 홍청대는 모습이 왈짜·왈가닥의 의미와 근사하기 때문이다. 여하간 왈자라는 명칭은 상당히 넓은 외연으로 사용되었던 것으로 보인다.

반면 한량(閑良)은 비교적 구체적 개념을 갖는 용어이다. 그러나 특별히 왈자에 비할 때 그 의미가 구체적으로 파악되는 것이지, 한량이란 용어 역시 오랫동안 혼란스럽게 사용되었다. 한량에 대한 사학계의 연구에서도 그 개념이나 성격의 규정보다는 부차적 사료들에 대한 해석의 차원에 머물기가 십상이라고 한다.[2] 기실 여말선초의 한량은 벼슬을 그만둔 사람에게 붙는 일반적 칭호인 전함관(前銜官)의 별칭으로, 한량관(閑良官)·한산(閑散)·한산관(閑散官) 등의 용어들과 함께 사용되었으며, 전함관에서부터 한량·한산의 자제와 무역인(無役人) 등에 이르는 다양한 부류에 대한 포괄적 통칭으로 사용되었다고 한다. 조선 후기에 이르러서도 한량의 개념은 여전히 다양한 신분층에 걸쳐 있었으나, 주로 무인적(武人的) 성격의 부류를 지칭하는 것으로 좁혀진 듯하다.

그런데 문학연구사에서는 왈자와 한량의 개념을 특별히 구분하지 않았던 것으로 보인다. 문학 작품에서의 한량은 대체로 왈자라고 하는 넓은 개념의 범주에 포함되어 사용되거나, 왈자 대신 사용해도 무방할 것으로 여겨지기 때문일 것이다. 게다가 당대인들조차 한량이라는 용어를 개별적인 개념으로 취급하지 않는 듯한 모습을 보인다. 뒤에서 살펴볼 <남원고사>에서의 경우가 그러하다. 그러나 한량은 왈자와 분명히 다른 개념을 갖고 있다. 용어들의 역사적 용례를 참고하면 왈자 가운데 한량이 아닌 이들이 있고 반대로 한량이지만 왈자 아닌 이들도 있을 수 있으므로, 엄밀히 따져볼 때 왈자와 한량은 어느 한쪽에 온전히 포함되거나 서로 대체될 수 있는 개념이 아니다.

왈자가 다양한 구성원들의 공통적 성격을 바탕으로 형성된 개념이라면, 한량은 그것이 구체적으로 지칭하던 대상의 성격에 변화가 오면서 그 개념의 범주가 좁아진 사례에 해당한다. 그러한 양자의 개념형성 결과가 묘한 공통성으로 합치되었을 따름인 것이다. 한량들의 기질은 대개 왈자라 불릴 만한 것이었고, 도리어 한량 특유의 기질이 왈자 전반의 성격을 상징하는 하나의 대표적 특성이 된 것이 아닌가 한다. 예컨대 앞서 언급한 무인적 성격이 그에 해당한다 할 수 있다. 왈자 집단의 성격이나 기질에 대해서는 뒤에서 살피기로 하고, 왈자의 다양한 층위를 잘 보여주는 자료로, 1860년대에 성립된 것으로 추정되는 소설 <게우사>의 일부를 우선 보자.

> 청루고당 높은 집에 어식비식 올라가니 좌반에 앉은 왈자. <u>상좌에 당하 천총, 내금위장, 소년 출신 선전관, 비별랑에 도총 경력</u> 앉아 있고, <u>그 지차 바</u>

> 라보니 각 영문 교전관에 세도하는 중방리며 각사 서리, 북경역관, 좌우포청 내행군관, 대전별감 불긋불긋 당당홍의 색색이라. 또 한편 바라보니 나장리, 정원사령, 무예별감 섞여 있고, 각전 시정, 남촌 활량, 노래 명창 황사진이, 가사 명창 백운학이, 이야기 일수 외무릎이, 거짓말 일수 허지순이, 거문고에 어진창이, 일금 일수 장계랑이, 퉁소 일수 서계수, 장고 일수 김창옥이, 젓대 일수 박보안이, 피리 일수 ○오랑이, 해금 일수 홍일등이, 선소리에 송흥록이 모흥갑이가 다 가 있구나.

인용문을 보면, 왈자 안에도 몇 단계의 층위가 있으며, 그에 따라 좌석이 적절히 나누어지고 있음을 알 수 있다. 김종철 교수는 이들을 다음과 같이 네 부류로 나눈 바 있다.

> ① 무반 : 당하 천총(千摠), 내금위장(內禁衛將), 비변랑(備邊司의 郎廳), 도총(都摠) 경력
>
> ② 중서층 : 영문(營門) 교련관, 중방, 각사 서리, 역관, 포도청 군관, 대전별감
>
> ③ 액예 : 금부나장, 정원사령, 무예별감
>
> ④ 평민층 : 시전상인, 남촌 한량

그런데 김종철 교수는 이 가운데에서 무반층은 왈자의 구성원이라기보다 그들의 후견인으로서 이 놀음의 좌상객 격으로 참석한 것 같다고 하였으며, 강명관 교수 또한 순수한 의미의 왈자와 구분되어야 할 것이라고 하였다. 그러나 왈자가 특정한 부류의 계층을 가리키는 명칭이 아니라 구성원들의 전반적 성격을 상징하는 용어인 것으로 여겨지는바, 재고의 필요가 있다. 물론 무반층이 상대적으로 왈자들의 권력적 기반 역할은 했겠으나, 왈자의 놀음에 참여하였다면 그들도 일단 왈자인 것이다.

그러나 여기에서 유의할 점은 <게우사>에서의 묘사가 반드시 위 부류의 사람들이 모두 모여 있는 상황에 대한 것이 아닐 수도 있다는 것이다. 즉 왈자 놀음의 구성을 포괄적으로 보여준 것은 장면을 극대화시키기 위한 하나의 서술방식[3]에 지나지 않을 수도 있다. 왈자놀음의 전모는 아닐지라도 가급적 모든 부류의 구성원들을 한꺼번에 보여주고자 하였으리란 것이며, 그만큼 왈자 집단의 외연이 매우 광범위함을 말하고 있는 것이기도 하다. 설령 위의 모든 인물들이 실제로 한 자리에 모여 있다고 해도, 굳이 그들을 왈자와 왈자 아닌 부류로 나눌 이유는 없다. 또한 남촌 한량 역시 간단히 평민층에 포함시킬 수는 없을 것으로 보인다. 앞서 말한 바와 같이 한량은 원래 특정한 계층을 지칭했던 용어로, 나름대로의 경계와 개별성을 갖고 있다. 그렇기 때문에 저와 같이 별개의 부류로 언급될 수 있었던 것이다. 더구나 무반가에서 자제들의 기방 출입을 막지 않았었다고 하는데,[4] 저들이 바로 무반가의 자제들일 가능성도 매우 높다.

이에 필자는 <게우사>의 이 부분을 문면에 따라 다시 나누어 보고자 한다. 기존 연구의 결과와 크게 다르지는 않겠으나, ① 상좌를 지원층으로 간주한 점, ② 남촌 한량이 단순히 평민으로 규정되어 간과된 점, ③ 둘째와 셋째 부류의 주도적 성격이 부각되지 않은 점 등을 다시 점검할 필요가 있다.

① 상좌 : 당하 천총, 내금위장, 소년 출신 선전관, 비별랑, 도총 경력
② 그 지차 : 각 영문 교전관, 세도하는 중방리, 각사 서리, 북경역관, 좌우포청 내행군관, 대전별감
③ 또 한편 : 나장리, 정원사령, 무예별감, 각전 시정, 남촌 활량 / 당대의 이름난 연희자들

왈자 집단 구성원들의 좌석을 구분하고 있는 <게우사>의 문면에

따라 다시 정리하면, 대략 세 단계의 층위가 드러난다. 먼저 '상좌(上座)'에 자리한 천총, 내금위장, 선전관, 도총 등은 상당한 지위를 갖춘 무반계층이다. 이들의 면면을 조금만 보자. 천총(千摠)은 조선 후기 각 군영에 소속되었던 정3품, 내금위장(內禁衛將)은 왕의 호위와 대궐의 숙직을 맡은 금군청(禁軍廳)의 내금위(內禁衛)를 통솔한 종2품(영조 때 정3품으로 낮아짐)의 무관직이다. 정2품 도총관(都總管)은 중앙군 지휘 기관인 오위도총부(五衛摠總府)의 우두머리이며, <계우사>에서 '소년 출신(少年 出身)'[5]이란 수식어를 달고 등장한 선전관(宣傳官)은 선전관청(宣傳官廳)에 속하여 왕의 시위(侍衛)·전령(傳令)·부신(符信)의 출납과 사졸(士卒)의 진퇴를 호령하는 형명(形名) 등을 맡아본 무관직이다. 요컨대 이들은 무반층(양반)으로서 주요한 군사기관에 속했거나 왕과 아주 밀착된 위치에서 근무하던 요직의 인사들이다. 관청 내외에서 일정한 실력을 행사할 수 있었으리란 짐작이 충분히 든다.

이들이 특별히 상좌에 위치한 것으로 보아서는 김종철 교수와 강명관 교수가 지적한 바와 같이 왈자 그 자체이기보다는 그들의 지원층인 것으로 파악할 수도 있다. 그러나 왈자놀음판에 끼어 있는 다른 구성원들 역시 대체로 무반계열에 관계된 점, 권력에 밀착되어 있어서 나름의 세도를 부릴 수 있었던 이들이라는 점, 실무에 종사하므로 경제적 기반이 있었으리라는 점 등의 공통성을 보인다는 사실에 주목할 필요가 있다. 즉 계급의 차이에 따라 좌석의 층차를 제시하기는 하였으나, 그를 바탕으로 왈자 집단 안에서의 개별적 성격에 대해 실질적인 왈자이냐 왈자들의 지원층이냐의 식으로 구분할 필요는 없다고 본다. 상좌에 자리한 이들은 말 그대로 '왈자놀음판 안에서 상석(上席)을 차지하는', 곧 계급에 따라 의례적으로 대접된 이들일 것이며, 특별히 지원자의 역할을 했을 것으로 보이지는 않는다. 왈자들의 놀음판이란 것이 기본적으로 한판 홍겹게 놀기 위한 속성의 모임이라고 할 때, 이들 상석의 부류들이 이 놀음판에서 다른 이들과 변별되어 고유한 세력으로 위치했다고 하기는 어려울 것이다. 오히려 왈자놀음판을 주관・주도하는 실력의 면모는 뒤에서 살펴볼 별감들이 더 잘 보여주며, <게우사>의 이 놀음판을 주최한 김무숙도 셋째의 부류에 속할 인물이다.

다음으로, 상좌의 아래에 배치된 이들의 면면을 보면 계급상 주로 중인에 해당하는 이들이라 할 수 있다. 수령을 따라다니며 시중을 드는 아전인 중방(中房), 본래 양인 출신으로 각종 관청에서 행정직을 맡아 폐단이 적지 않았던 것으로 잘 알려진 서리(書吏), 액정서(掖庭署) 예속(隸屬)의 하나로 대내(大內)에서 임금에게 딸린 심부름하던 대전별감(大殿別監) 등의 부류가 이 자리에 앉아 있다. 신분적으로 상좌의 무반층과 구분되기는 하나 이들은 대전별감이나 중방과 같이 권력에 밀착한 부류인가 하면, 서리나 북경역관과 같이 경제적으로 중요한 실무를 담당하는 이들로 구성되어 있다. 중인계급 가운데에서는 상당한 요직의 위치에 있는 사람들인 셈이다.

그에 비해 '또 한편'에 자리한 이들은 이상의 부류보다 비교적 낮은 직위에 있거나 아예 관직이 없는 사람들인, 이를테면 왈자 집단의 구성원 중에서 계층상 '기타'에 해당하는 사람들이다. 의금부・병조・형조・전옥서 등에 딸리어 죄인에게 매질하는 일이나 귀양 가는 죄인의 압송을 맡던 하례(下隸)인 나장(羅將), 승정원에서 심부름하던 직책인 정원사령(政院使令), 궁궐 문 옆에서 숙직하며 호위하는 일을 맡아보던 무예별감(武藝別監) 등이 이들이다. 권력의 자장과는 다소 떨어져 있는 듯 보이는 하급 액예층이 섞여 있는데다가, 각 시전의 상인들과 벼슬이 없는 무반가의 자제들 곧 남촌 한량들이 합세하여 왈자놀음판의 말석을 이루고 있는 것이다. 그러나 이들 역시 단지 말석을 이루는 하위의 '기타' 왈자인 것은 아니다. 그리고 그들의 곁에는 당대의 손꼽히는 연희자들이 앉아 있는데, 이는 왈자 집단이 대단히 수준 높은 풍류 취향을 좇았음을 나타내는 모습이자, 유흥문화 안에서의 위력을 짐작케 하는 면모라 하겠다. 다시 왈자놀음판 전체의 모습을 조망해 볼 일이다.

우선 이처럼 다양한 부류의 사람들이 왈자놀음판을 중심으로 하나의 그룹을 형성하였다는 것은 그 자체로 대단히 흥미로운 상황이다. 그런데 여기에서 우리는 왈자라는 용어가 이와 같이 매우 넓은 범주를 아우를 수 있는 개념이면서도, 그 안을 살펴보면 나름대로 대단히 공고한 공통성을 기반으로 삼고 있음을 발견하게 된다. 그러므로 상좌의 무반계층으로부터 시작되는 집단 구성이 계급상 비교적 미미한 셋째의 부류까지 포함한다는 것은 사실 그다지 별스러운 상황이 아니다. 남촌 한량과 같은 무반가의 자제들은 상석에 있는 무반관리들과의 동류의식을 바탕으로 무난히 포용되었을 것이고, 그 외의 부류들은 각자의 위치에서 일정한 실력을 행사하며 경제적 능력까지 갖추었으므로 왈자 집단의 유흥적 성향에 아주 적합한 이들이기 때문이다.

한편, 이 왈자놀음판을 주최한 사람인 김무숙은 중촌(中村)에 사는 장안갑부의 아들이다. 엄밀히 따지자면 첫째와 둘째의 부류에 들지 않는 기타의 인물, 즉 셋째의 부류에 해당하는 사람이다. 김무숙이 무반관리들까지 불러들여 성대한 놀음판을 벌일 수 있었던 것은 그에게 그만한 경제력이 있었기 때문이다. 그러므로 이 모임에 참석한 이들 중 상대적으로 계급이 낮은 다른 이들 역시 무숙의 경우처럼 경제력을 갖추고 있거나 나름의 위치에서 실력을 행사할 수 있는 이들이라 할 수 있다. 또한 왈자 집단 안에서의 성격으로 볼 때 그들이 단순히 '기타'의 부류로 취급될 군상인 것도 아니다. 비록 <게우사>의 왈자놀음판에서 말석에 자리잡고 있기는 하나 이들 부류는 한편으로 권력에 연결되어 막강한 세력을 부리던 자들이다. 그 예로 기생의 기둥서방에 대한 다음의 이야기를 보자.

> 무릇 기부(妓夫)로 되는 두어 종(種)이 있다. 각전(各殿)의 별감(別監)·포도청군관(捕盜廳軍官)·정원 사령(使令)·금부나장(禁府羅將)에서 각 궁가(宮家)와 왕실의 외척(外戚) 집 청지기 및 무사(武士)를 제한 외에는 모두 기부로

> 되지 못하였다. 대원군이 금부와 정원 하례는 다만 창부(娼夫)로 되는 것을 허가할 뿐 관기의 주인으로 되는 것은 허가하지 않았다. 관기 중에 아름다운 자를 뽑아서 번을 돌려가며 운현궁에 와서 모시도록 하고 대령기생(待令妓生)이라 불렀다. 무릇 마을의 화류계(花柳界) 사정(事情)을 대원군이 일일이 관리하니 사람들이 모두 두려워하고 꺼려해서 감히 기생을 청하지 못하고 기생도 또한 불편하게 여겼다.

위의 기사는 주로 홍선대원군의 행적을 중심으로 하여, 19세기 후반의 정황들을 기술한 것으로 보이는 『조선정감』에 들어있는 것이다. 이를 통해 볼 때, 기생의 기둥서방이 될 수 있는 이들은 주로 <게우사> 놀음판의 구성에서 셋째의 부류에 드는 이들이다. 유흥판에 기생을 동원할 수 있는 실질적 권한을 가진 이들이 왈자 집단 안에서 긴요한 위치를 차지했을 것임은 두말할 나위가 없다.

지금까지 <게우사> 왈자놀음판의 구성원들을 구체적으로 검토한 결과, 왈자는 계급이나 직책에 따라 세분될 수도 있으나, 그러한 구분은 그다지 유효한 의의를 갖지 못할 것 같다. 시정의 유흥공간에서 하나의 집단을 형성하여 놀음판을 벌이는 데에 있어서, 개별 왈자들의 비중이 그들의 계급이나 직책에 따라 뚜렷한 위계적(位階的) 층차를 드러내지는 않는 것으로 보이기 때문이다.

한편, 예의 <게우사>를 포함하여 지금까지 알려진 왈자 관련 자료들은 대체로 그 배경이 서울로 드러난다. 그렇다고 하여 왈자라는 것이 주로 서울지역에서 이루어진 집단이라 하면 성급한 판단일 될 것이다. 물론 궁궐과 주요 관청들이 서울에 위치하므로 그에 관계된 이들이 다수 왈자 집단에 포함되었음은 분명하다. 그러나 왈자에 비견될 만한 이들은 서울이 아니라도 얼마든지 찾아볼 수 있음도 물론이다. 이에 이 글에서는 왈자들의 행적이 특히 서울지역의 유흥문화를 잘 보여준다는 점에 우선 주목하여 구체적으로 살피고자 한다. 그런 다음에는 그들 자신이나 관찰자들이 사용하는 관형적(冠形的) 표현을 통해 왈자 집단의 전반적 성격을 유추해 볼 것이다. 예컨대 유협(遊俠)·협객(俠客)·활자(闊者) 등의 술어들이 그에 해당하는데, 이러한 표현의 사용을 통해 왈자들의 실상과 기질 및 왈자 집단 내·외부의 시각을 얼마간 파악할 수 있을 것이다.

3. 유흥공간 안에서의 왈자의 면모

<게우사>의 김무숙은 중촌(中村)의 왈자이다. 그리고 그가 주최한 왈자놀음판에는 서울의 각 지역에서 온 왈자들이 모여 있다. 서울을 동서남북으로 크게 나누었을 때 동촌·서촌·남촌·북촌이 양반의 주거주지라면, 그 가운데에 위치한 중촌은 중인 이하의 사람들이 많이 살던 지역이었다. 중촌의 갑부인 김무숙이, 같은 중촌에 사는 중인 및 그 이하의 사람들을 비롯하여, 서울 각지의 왈자들 중에서도 특히 무반계열의 인사들을 불러 모은 자리가 바로 <게우사>의 왈자놀음판인 것이다.

왈자들은 기생을 비롯한 각종 연희자들이 펼치는 공연을 관람하기도 하면서 나름대로의 연희를 직접 행하기도 하였다. 청루고당 안에서 펼쳐지는 <게우사>에서의 왈자놀음에 비해 훨씬 큰 스케일이었을 것으로 보이는 '승전(承傳-별감)놀음'이 <한양가(漢陽歌)>에 묘사되어 있다. <한양가>는 1884년경에 성립된 것으로 보이는 가사(歌辭)인데, 그 가운데에서 왈자의 구성이 드러나는 부분을 보자. 여기에서는 놀음판에 참여하는 부류의 범위가 <게우사>에서보다 조금 더 넓게 나타난다.

> 화려가 이러할 제 노랜들 없을소냐 / 장안소년 유협객과 공자왕손 재상자제 부상대가 전시정과 다방골 제갈동지 / 별감무감 포도군관 정원사령 나장리라 남북촌 한량들이 각색놀음 장할시고 / 선비의 시축놀음 한량의 성청놀음 공물방 선유놀음 포교의 세찬놀음 / 각사서리 수유놀음 각집겸종 화류놀음 장안의 편사놀음 장안의 호걸놀음 / 재상의 분부놀음 백성의 중포놀음 각색놀음 벌어지니 방방곡곡이 놀이처다 / 놀이처 어드맨고 누대강산 좋을시고

별감이 주최한 것으로 보이는 승전놀음(별감놀음)에 모인 왈자들을 묘사한 장면이다. 별감은 양반이 아닌 축들 가운데 최고의 출세직이었으며, 주로 왕족을 가까이에서 모셨기 때문에 제법 권세를 부리기도 하였다고 한다. 자연 이들 별감들은 왈자 집단의 핵심을 이루었을 것으로 생각되는데, 이들이 주최하는 승전놀음은 그 참가 복색에서부터 유난히 신경 써야 했을 만큼 대단한 놀이판이었던 모양이다.

그런데 이 승전놀음에 참여한 왈자들은 계층에 따라 특유의 놀음을 즐기고 있는 것으로 나타난다. 특히 주목되는 것은 선비와 한량의 모습이 같은 구절에서 제시되고 있는 점이다. 위의 인용문에 등장하는 왈자들은 대부분 앞서의 <게우사> 예문에서도 확인되던 이들이지만, 한량과 하나의 조를 이룬 선비의 존재는 자못 신선하다. 시축(詩軸)은 시를 적은 두루마리인데, 그것을 이용했을 법한 놀음인 '시축놀음'은 분명 선비를 상징하는 놀이이다. 그리고 선비와 한량이 각각 저와 같은 놀이로 승전놀음에 참여하고 있다는 사실은, 왈자라는 것이 문반·무반의 구분과 상관없이 형성되는 포괄적 개념의 집단임을 말해주는 것이라 할 수 있다. 그러나 시축놀음이 선비들에 의해 행해지는 것이 아니라, 왈자들이 선비들을 흉내 낸 놀음인 것일 가능성도 물론 있다. 그러한 점에서는 다른 놀음들도 마찬가지이다.

선비의 시축놀음이 행해지는 동안 한편에서는 '성청놀음'을 보이고

있다. 성청(成聽)이란 원래 권세가의 하인들이 위력을 부리기 위해 떼를 이루는 것을 말한다. 한량들은 놀이 삼아 그것을 흉내 내고 있는 것이다. 한량이 대체로 아직 벼슬에 나아가지 않은 무반가의 자제들이라고 할 때, 이는 요즘 식으로 치자면 청소년들이 조직폭력배의 형상을 흉내 내는 것과 비슷하다고 할 수 있다. 이러한 모습은 왈자 집단의 폭력적 성향을 잘 보여주는 것이며, 한편으로는 왈자 집단 안에서 한량으로서의 성격을 구분할 수 있게 해주는 면모이기도 하다.

한양(漢陽)이라는 제명에서 말해주듯 <한양가>는 조선후기 서울지역의 다양한 모습을 담고 있다. 특히 예의 승전놀음을 중심으로 묘사된 것들은 당시 서울지역의 유흥공간과 그 안의 왈자들을 생생하게 그려내고 있다. 왈자와 같은 인간상은 여타의 지역에도 있었을 법하지만, 대개 왈자란 것은 서울지역의 유흥공간을 상징하는 집단이 아니었나 한다.

한편, 서울지역에서 유통된 세책본일 것으로 보이는 <춘향전>의 이본 <남원고사>에는 왈자와 한량이라는 명칭이 함께 등장한다. 그러나 기대와는 달리 두 명칭이 구분되고 있지는 않은 듯하다. 왈자란 명칭이 갖는 포괄적인 개념이 작품에 투영되었고, 그에 따라 한량이 갖는 독자적 특성은 변별되지 못한 것이다. 다음의 장면은 춘향이 옥에 갇혔다는 소식을 듣고 남원의 왈자들이 찾아가는 부분이다. 그런데 이들은 남원 왈자가 아닌 서울 왈자의 모습을 하고 있다. 왈자 집단의 성행이라는 문화적 현상이 특히 서울에서 두드러진 것이었고, 그것이 그대로 작품에 들어가게 되면서도 지명(地名)은 <춘향전>의 내용에 따라 남원을 유지한 것이라 하겠다.

이때, 남원(南原) 사십팔면(四十八面) ① 왈자(曰字)들이 춘향(春香)의 매 맞은 말 풍편(風便)에 얻어 듣고 구름같이 모일 적에 누구누구 모였던고? 한숙이 태숙이 무숙이 태평이 걸보 떼중이 도질이 부딪치기 군집이 펄풍헌 준반이 회근이 축등물(等物)이, 그저 뭉게뭉게 모여들어 겹겹이 둘러싸고 사면(四面)으로 저희 각각(各各) 인사(人事)하며 위로(慰勞)할 제, 그 중(中) 한 사람이 들여다가 보고 바삐 뛰어 활터로 단총 올라가서 ② 여러 한량(閑良) 보고 숨을 아주 헐떡이며 느껴가며 목이 메어 하는 말이, …(중략)… 한 왈자(日字) 내달으며, 오냐 민강(閩薑) 사탕(砂糖) 귤병(橘餠) 예 있다. ③ 이번 북경(北京)짐에 새로 나온 것 품(品)이 좋더라 …(중략)… 이렇듯이 다투면서 ④ 여러 한량(閑良) 왈자(日字)들이 칼머리를 받아들고 구름같이 옹위(擁衛)하여 옥중(獄中)으로 내려갈 제, ⑤ 칼 멘 왈자 선소리한다. 얼널네화 남문(南門) 열고 파루(罷漏) 쳤다 계명성(啓明星)이 돋아오네. 선후(先後) 촉이 꺼져가니 발등걸이 불 밝혀라. …(중략)… ⑥ 한 왈자(日字) 노래 부르되, 공산작야우(空山昨夜雨)에 도사(道士) 만나 바둑 두고 초당금야월(草堂今夜月)에 창년 만나 주일두시백편(主一杜詩百篇)이로고나. …(중략)… ⑦ 모든 왈자(日字)들이 가사(歌辭) 하나씩 하자 하고 한 왈자(日字)가 춘면곡(春眠曲) 한다. …(중략)… ⑧ 또 한 왈자(日字)가 언문책(諺文册) 본다. …(중략)… ⑨ 한편(便)에서는 노름한다. …(중략)… ⑩ 한편(便)에서는 택견 씨름 주정(酒酊) 싸움, 이렇듯이 분란(紛亂)할 제, 옥사장(獄鎖匠)이 하는 말이, 여보시오 이리 구시다가 사또(使道) 염문(廉問)에 들면 우리들이 다 죽겠소. 한 왈자(日字) 내달으며 하는 말이 ⑪ 여보아라 사또 말고 오또가, 염문(廉問) 말고 소금문을 하면 누가 나를 발기느냐? 기생(妓生)이 수금(囚禁)하면 우리네가 출입(出入)이 응당이지 네 걱정이 웬 일이니? 한 왈자(日字) 하는 말이, 아서라 그 말 말라 우리네가 제 소일(消日)하여 주려다가 제게 해롭게 하는 것은 의(義)가 아니다. 중병(中病) 내어 그리저리 흩어지니[6)]

①, ②, ④의 용례에서 보이는 바와 같이, 이 작품에서는 왈자와 한량이 특별히 구분되지 않는다. 다만 길고 다양한 내용을 통해, 왈자들의 다양한 행위 양상과 그에 따른 그들의 특성들이 돌출되는 점을 흥미롭게 살펴볼 만하다.

③의 화자는 춘향에게 가져다 줄 음식에 대한 대화 도중에 북경 무역을 통해 새로 들어온 물건이 좋다고 한다. 그런데 <게우사>에서도

왈자 놀음에 모인 사람 중에 특별히 '북경역관'을 언급한 것을 보면, 이 화자가 바로 북경역관은 아닐지라도 이들 왈자 집단이 무역에 대한 정보와 밀착되어 있었음을 알 수 있다.

⑤는 왈자들이 선소리를 시작하는 부분이다. 그런데 그 가사를 보면 경기민요인 <경복궁타령>이거나 그와 비슷한 사설을 가진 선소리의 하나인 듯하다. 이들이 서울지역의 왈자일 가능성에 대한 한 증거인 셈이다. 한편 이와는 달리 <게우사>에서 송흥록과 모흥갑이 선소리를 한다고 언급되었을 때의 '선소리'는 입창(立唱) 방식의 통상적인 민요가 아닌 판소리를 가리키는 것이다. 이러한 사실로부터는, 판소리가 서울지역의 왈자놀음판에 수용되면서 그 당시 서울소리의 노랫조(調)에 가까워지는 변화를 보이지는 않았을까 하는 추측으로도 나아갈 수 있다.

⑥에서 부르는 노래는 노랫말로 보아 경기잡가인 <신선가>일 것이며, 이어지는 ⑦에서는 십이가사의 하나인 <춘면곡>에서 시작하여 가사(歌辭)를 돌아가면서 부르고, ⑧에서는 <삼국지>·<수호지>·<서유기>와 같은 소설을 낭독하는 모습이 나타난다. 그러다가 ⑨에 이르면 '노름'을 하는데, 어떤 노름인지는 알 수 없으며, 노름인지 놀음인지도 명확하지 않다.

그런데 ⑩에 나타나는 택견·씨름은 앞에서 나열된 유희들과는 성격이 조금 다른 것이다. 택견이나 씨름은 놀음이라기보다는 무예 연마의 한 종목들이기 때문이다. 물론 왈자들이 전반적으로 이러한 것까지 즐겼던 것으로 생각할 수도 있겠으나, 이것은 아무래도 한량들의 특성이 왈자 전반의 성격에 이어졌던 것으로 보는 것이 적절할 듯하다. 더구나 택견·씨름 뿐 아니라 주정(酒酊)과 싸움까지 벌어져 결국 난장판이 된 것을 보면, 그것이 곧 그들의 폭력적 성향을 보이는 것이 아닌가 한다.

한편, ⑪에서는 사또도 두려워하지 않는 왈자들의 기질, 그리고 기생이 수금되면 왈자들이 응당 출입한다는 사실을 보여준다. 현실의 권력을 초월하는 왈자들의 행세와, 그들이 기생과 가장 밀접하게 관계하던 당대의 현상을 단적으로 드러내는 것이다. 더구나 춘향에게 피해가 갈까 하여 참는 모습에서는 저러한 기세가 단지 허풍이 아니란 점도 짐작할 수 있다. 그리고 자신들의 그러한 행동을 의(義)라는 덕목과 연결하는 것을 보면, 왈자들이 스스로 협객(俠客)임을 자처했던 사고방식의 일단을 엿볼 수 있다. 이에 대해서는 다음 장에서 자세히 살피도록 하겠다.

다음으로 경판(京板) <흥부전>에 등장하는 왈자들의 모습을 보자.

> 박을 따다가 타고 보니 만여 명 왈자들이 나오되, 누구누구 나오던고. 이죽이 저죽이 난죽이 홧죽이 모죽이 바금이 딱정이 거절이 군평이 털평이 태평이 여숙이 무숙이 …(중략)… 휘몰아 나와 차례로 앉고 놀부를 잡아내어 참바로 찬찬 동여 나무에 거꾸로 달고, 집장질 하는 놈으로 팔 갈아가며 심심치 않게 족이며 왈자들이 공론하되, ⑫ 우리 통문 없이 이같이 모임이 쉽지 않은 일이니 놀부 놈을 종차 발길 양으로 실컷 노니다가 헤어짐이 어떠하뇨? 여러 왈자들이 좋다 하고 좌정한 후 털평이 대강장에 앉아 말을 내되, 우리 잘하나 못하나 단가 하나씩 부딪어보세. 만일 입을 못 여는 친구 있거든 떡메질 하옵세 …(중략)… 이렇듯 돌린 후에 차례로 거주를 물을 제, 저기 저분은 어디 계시오 하니 …(중략)… 군평이 하는 말이, 바닥 셋째 앉은 분은 성자를 뉘라 하시오? …(중략)… 군집이 내달아 하는 말이, 저기 저분은 무슨 생이시오? …(중략)… 이렇듯 지껄이다가 그 중의 한 왈자 내달아 하는 말이, 그렇지 않다. ⑬ 놀부 놈을 어서 내어 발기자 하니, 여러 왈자 대답하되, 우리가 수작하노라고 이때까지 두었지 벌써 찢을 놈이니라 하니, 악착이 내달아 하는 말이 그 말이 옳다 하고, 놀부를 잡아들여 찢고 차고 굴리며 주무르고 잡아뜯고 사주리를 하며 회초리로 후리며 다리 사북을 도지게 틀며 복숭아뼈를 두드리며 용심지를 하여 발샅을 담금질하여 여러 가지 형벌로 쉴 사이 없이 갈라 터져가며 족이니, 놀부 입으로 토혈하며 여러 해 묵은 똥을 싸

> 고 세 치 네 치를 부르며 애걸하니, 여러 왈자 한 번씩 두드리고 분부하되, 이 놈 들으라. ⑭ 우리가 금강산 구경 가다가 노자가 핍절하였으니 돈 오천 냥만 내어 와야 하지, 만일 그렇지 않으며 절명을 시키리라 하니, 놀부 오천 냥을 주니라.

경판 25장본 <홍부전>에서 왈자들이 등장하는 부분은 무려 작품 전체 분량의 1/5에 해당한다. 게다가 그 내용은 놀부에 대한 징치와 상관없는 것이 대부분이다. 왈자들에 의해 불리는 삽입가요들과 그들의 이름・생년 및 사는 곳에 대한 말장난들이 이렇게 많은 지면에 할애되고 있다. 왈자놀음판의 구체적 면모들을 매우 자세히 보여주고 있는 것이다. 위의 인용문에서 생략 처리한 많은 내용이 대부분 왈자들의 말장난에 해당하는 것들이다.

⑫에서 확인되는 바와 같이, 왈자들은 통문(通文)이 있어야 모이기가 용이하다. 즉 왈자 집단은 매우 다양한 장소에서 각자의 일을 하며 살아가는 이들의 복합적 결합 형태인 것이다. 그러나 기생이 수금되었거나 놀부와 같이 혼내야 할 사람이 있을 경우에는 통문이 없어도 저절로 집결되는, 자신들만의 특별한 연대의식(連帶意識)을 가진 이들이기도 하다. 아무튼 집합된 그들은 말장난하며 놀거나 ⑭에서처럼 단체로 금강산 구경을 가는 등, 한데 어울려 유흥을 즐기는 것이 주요한 목적인 집단이다. 그리고 떼로 몰려다니다가 놀부에게 생명을 위협하며 돈을 빼앗는 모습에서는 왈자 집단의 폭력적인 성향이 특히 잘 드러난다.

대체로 <홍부전>의 놀부박에서 나오는 인물들은 재물을 빼앗는 것으로서 놀부를 징치하게 된다. 이본에 따라 약간씩 차이를 보이기는 하나, <홍부전>의 이 부분에서는 왈자들뿐 아니라 여러 종류의 연희패와, 옛 상전(上典)이나 장비와 같이 놀부에게 있어 절대적으로 위압적인 존재도 등장한다. 연희패들은 일정한 연희를 보여주고 그 대가로 돈을 요구하는 것이 보통이며, 그에 비해 상전이나 장비는 무조건적인 징치를 행사하는 편이다.

그와 달리 왈자들이 놀부를 징치하는 모습은 그들만의 성격을 드러내고 있다. 왈자들 역시 다양한 연희의 모습을 보여주지만, 그것은 어디까지나 자신들만의 유흥을 즐긴 것이다. 한 바탕 잘 놀고 난 후에, 그것과는 별도로 ⑬에서처럼 놀부를 벌하고는, 느닷없이 '금강산 구경 가기 위한 노자'를 요구하는 모습에서 그 점을 확인할 수 있다. 여타의 징치자들과는 달리 왈자들이 놀부에게 돈을 요구하는 것은 단지 그들의 유흥비 마련을 위한 것이고, 그 과정에는 의로움을 자처하는 집단적 폭력 성향이 있을 뿐이다. 유흥과 폭력이야말로 왈자 집단의 성격을 보여주는 대표적인 속성인 것이다.

한편, 위의 인용문에서는 '이죽이 저죽이 난죽이 화죽이 모죽이 바금이 딱정이 거절이 군평이 털평이 태평이 여숙이 무숙이'와 같이 모인 왈자들의 이름이 나열된다. <남원고사>에서도 왈자들의 이름이 이와 비슷하게 나열되었으며,[7] <게우사>의 주인공과 이름이 같은 '무숙이'가 공통적으로 포함되어 있다. 그런데 <남원고사>에 등장하는 두 명의 군노사령은 서로를 '여숙이'와 '무숙이'로 부른다. 옥중의 춘향이를 찾아가는 왈자 패거리의 이름들이 나열될 때 '무숙이'가 포함된 점과 두 군노사령이 서로를 '여숙이'와 '무숙이'로 부르는 점은 도남문고본 <춘향전>이나 동경대본 <춘향전>에서도 마찬가지이다. 이 이본들은 해당 부분의 내용에 있어서도 <남원고사>와 거의 같다. 앞서 보았던 <게우사>에서의 왈자 집단 구성을 참조할 때 군노사령인 '여숙이'와 '무숙이' 역시 왈자놀음판에 낄 수 있는 사람들이겠는데, 이들이 이와 같은 이름을 사용하고 있다는 사실에 조금 더 주목할 필요가 있다.

예의 나열된 이름들은 왈자들의 실명이라기보다는 별명일 것이며, 이는 일종의 은어적(隱語的)·속어적(俗語的) 명명법에 의해 붙여진 것들이 아닌가 한다. 은어는 원래 특정 집단의 구성원끼리 암호와 같이 쓰는 언어이며, 무당이나 예인(藝人)·도적 등의 집단에서 그 사용의 습성을 흔히 볼 수 있다. 또한 은어는 공식적인 사회의 제도를 다소 비껴가는 집단에서 주로 사용되며, 특히 그 집단 구성원들의 소속감을 잘 보여주는 특징이 된다. 그런데 은어는 속어와 엄밀히 구분되지 않기도 한다. 속어를 사용하는 집단의 구성원들은 역시 대체로 친밀감과 동류의식을 강하게 느끼게 되는데, 격식을 부정하는 속성에서 기인하는 이러한 경향 때문에 속어가 은어로 취급되기도 하는 것이다.[8] 은어인가 속어인가에 대한 판단은 유보하더라도, 저와 같이 재미난 별명이 나열되는 모습은 그 자체로 왈자들의 동류의식을 잘 보여주는 기표(記標)라 할 수 있다.

한편, 여기서 <게우사>의 주인공 이름이 '김무숙'이라는 사실을 재음미할 필요가 있다. <춘향전>이나 <홍부전>의 경우를 참고할 때, 김무숙 역시 그의 본명이기보다는 왈자로서의 별명일 듯하다. 김무숙이 왈자임은 더 논할 바가 없거니와, 작자는 주인공을 김무숙이라 명명하는 것 자체로 <게우사>가 바로 왈자의 이야기임을 명확히 상징해낸 것이다. 그리고 판소리가 열두 바탕의 레퍼토리를 갖추고 있었던 시대에 <게우사>의 내용을 사설로 삼았으리란 작품이 <왈자타령>일 것이라 추정함에 있어서도, 그 제명이 다름 아닌 '왈자'타령이라는 사실은 매우 선명한 근거가 된다.

4. 왈자의 기질과 성격

별감이 왈자 집단을 대표하는 중심적 부류였으리라는 짐작은 1843년경에 지어진 것으로 알려진 송만재(宋晩載)의 <관우희(觀優戲)>를 통해서도 확인된다. <게우사>가 <무숙이타령>(왈자타령)의 사설 정착본임을 추정할 수 있게 해주는, <관우희>의 다음 부분에 등장하는 왈자가 바로 별감이다.

遊俠長安號曰者 (유협은 장안에서 왈자라고 부르는데)
茜衣草笠羽林兒 (붉은 옷에 초립을 쓴 우림아라네)
當歌對酒東園裏 (동원 안에서 노래하며 술 마시는데)
誰把宜娘視獲韉 (누가 의랑을 차지하여 뽐낼 것인가)

붉은 옷과 초립은 별감을 대표하는 화려한 복색이다. 그러므로, 송만재가 이 복색의 주인공을 우림아(羽林兒)라 하기는 하였으나, 그보다는 별감으로 파악하는 것이 적절할 듯하다. 붉은 옷과 초립은 별감의 화려한 외양 묘사에 있어서 거의 공식구처럼 사용된 것이었으며, 조선 후기의 풍속화에 등장하는 많은 남성 인물들 중에서 화려한 복색으로 가장 잘 분별되는 이들 역시 바로 별감이다. 한문단편 <인분적음(忍忿積蔭)>에는 별감의 타락한 생활상이 잘 묘사되어 있는데, 그 가운데에서 별감의 특성이 간결하게 드러나는 부분을 몇 가지 보자.

- 한 부잣집 아들이 외도에 빠져 가산이 많이 기울어졌지만, 별감(別監)이 된 까닭에 의복이 화려했다. 【一富家子弟 惑於外道 家産盡傾 身爲別監 故 衣服華麗】
- 노파는 홍의(紅衣)에 초립(草笠)임을 보고 필시 별감이겠거니 요량하고 【老婆見其紅衣草笠 料必是別監】
- 벽에 홍의(紅衣) 초립(草笠)이 걸렸음을 보아 그 사람이 간부임을 알 수 있었다. 【壁上掛紅衣草笠 可知其奸婦也】

<인분적음>에 등장하는 별감은 본래 부잣집의 아들이나 외도로 인해 가산을 많이 날린 인물로, <게우사>의 김무숙과 매우 닮았다. 그러나 특별한 직역이 언급되지 않은 김무숙과는 달리 별감직에 종사하고 있으며, 그 점은 홍의와 초립의 복색으로 인해 매번 금세 확인된다. 누가 보아도 곧장 알아차릴 별난 복장을 한 채로 방탕한 행동을 일삼던

위세를 가히 짐작할 만하다.

그런데 <관우희>에서는 이 별감과 같은 왈자를 유협(遊俠)이라 표현하고 있다. 또한 <한양가>에서도 승전놀음에 모인 이들을 묘사한 가운데에 '장안소년 유협객'이 있음을 확인한 바 있다. 유협(遊俠)이란 대개 협객(俠客)과 유사한 의미를 띠면서 매우 의로운 사람을 이르는 말이다. 말하자면 일정한 긍정적 가치판단이 투영된 것이며, 특히 언신행과(言信行果)와 사덕(私德)의 미덕을 보이는 부류를 가리키는 명칭이다.[9] 그리고 <관우희>에 따르면 그러한 이들이 왈자라 불린다는 것이다.

그러나 <관우희>에서 유협을 왈자라 부르는 것은 송만재가 아니라 '장안(長安)'이라는 사실에 주목해야 한다. 즉 이러한 상황은 ① 서울의 시정에서 통상적으로 유협과 왈자의 개념을 함께 사용했기 때문인 것이거나, ② 왈자들 자신이 스스로 유협임을 자처한 실정에서 기인한 것일 수도 있으며, ③ 유협이란 말이 반드시 긍정적인 가치판단의 표현인 것만은 아닐 수도 있음을 말해주는 것이다.

기실 <관우희>나 <한양가>에서 왈자들이 보여주는 방탕하고 저속한 행위들은 협객의 의미와 거리가 멀다 할 수 있다. 왈자 자신들이 스스로를 미화하는 용어로 유협이나 협객과 같은 용어를 자주 사용했을 것이며, 이러한 실정이 시정의 다른 사람들 역시 으레 그와 같은 용어를 사용하는 현상을 만들어냈던 것으로 보인다. 물론 왈자들 가운데에 유협이라 불릴 만한 이들이 더러 있었기 때문에 이러한 풍속도 성립될 수 있었을 것이다. 그러나 현재 전하는 자료들에 보이는 왈자들은 대개가 협객을 자처하는 이들일 뿐이다.

유협이나 협객이란 말이 가치평가에 따른 용어임은 앞서 언급하였거니와, 이에 대해 문무자(文無子) 이옥(李鈺)이 <장복선전(張福先傳)>에 그의 견해를 남겨 놓고 있어서 참고할 만하다. 협객의 개념을 논함에 있어 그 대상이 되는 이들이 바로 왈자들의 무리와 얼마간 겹쳐있기 때문이다. 우선 <장복선전> 서두에는 당대에 통용되던 협객이란 용어에 대한 이옥의 회의(懷疑)가 나타난다.

> 우리나라는 자고로 협객(俠客)이 없다. 가끔 협객이라 일컬어지던 사람은 모두 기생방에서 떼를 지어 노닐며 검술에 맡겨 옛날 청릉계(靑陵契)와 같은 자들이었다. 혹은 집안살림을 돌보지 않고 술을 마시며 마작이나 하는 자들이다. 이들이 어찌 참된 협객이겠는가? 【三韓古無俠人 其往往稱俠者 皆朋游花房 以身許劍 若古靑陵契者 或無顧家貲 飮酒業馬弔者也 是豈眞俠人也哉】

우리나라에서는 협객이라 할 만한 이들을 찾기 어려우며, 가끔 협객이라 불리는 자들은 모두 향락적·폭력적 성향을 보이는, 곧 방탕한 왈자들의 무리라는 것이다. 이옥은 협객이란 말이 갖는 본연의 의미를 견지하고 있으며, 진정한 협객이 존재하지 않는 상황에서 왈자들이 명실에 부합하지 않게 그 자리를 꿰차고 있음을 비판하고 있다. 이러한 평가에 따를 때, 협객은 당대의 왈자를 지칭하는 용어로 적합하지 않다. 협객 아닌 이들이 협객이란 미명 하에 과격하고 방탕한 짓을 일삼으니, 왈자들이 스스로를 미화하는 용어로 협객을 사용한 것이라고 볼 수밖에 없는 것이다.

장복선의 이야기를 진행하기에 앞서 이옥은 달문(達文)의 일화를 먼저 소개한다. 달문은 바로 연암(燕巖) 박지원(朴趾源)의 ≪방경각외전(放璚閣外傳)≫에 실린 <광문자전(廣文者傳)>의 주인공 광문으로, 조수삼(趙秀三)의 ≪추재기이(秋齋記異)≫에도 등장하며, 당시 서울의 시정에서 꽤 명성을 날리던 존재였던 것 같다. 거지 출신인 달문은 도둑으로 의심받게 된 상황에서 호방한 의기를 보인 일화를 계기로 점차 이름을 알리게 되며, 마침내는 시정의 유력한 인사로 행세하게 된다.

> <u>구달문(具達文)은 여항의 점잖은 사람이지 협객은 아니다</u>. 협객에 있어 소

중한 바는 능히 재물을 가볍게 여겨 남에게 잘 베풀고, 의기를 숭상하여 남의 곤란하고 다급한 처지를 주선해 주되 보답을 바라지 않는 데 있다. 이런 사람이야말로 협객이 아니겠는가.【具達文 閭巷之長者也 非俠也 所貴乎俠者 能輕財重施 尙義氣周困急 而不望報 斯其爲俠人乎】

이옥에 의해 '협객은 아니다(非俠也)'라는 평가가 내려진 달문은 다름 아닌 왈자이다. 달문은 당대 시정에서 최고의 보증인으로 통했으며, 서울 명기(名妓)들의 매니저와 같은 역할을 했을 뿐 아니라, 그 자신이 만석(曼碩)중놀이나 철괴무(鐵拐舞)와 같은 연희를 즐긴 사람이었다. 이옥은 당대인들에게서 협객으로 이름이 높았던 달문조차도 여항의 장자(長者)일 뿐 진정한 협객은 아니라 말하고 있다. 그러므로 이어지는 장복선의 이야기는 당대의 진정한 협객을 소개하는 것이 된다.

장복선 같은 자야말로 정말 협객이 아니겠는가? 그가 관의 재물을 축내면서 사사로이 은혜를 판 것은 법에 있어서 마땅히 사형을 당할 일이다. 그러나 만약에 장복선의 집에 쌓인 재산이 있었던들 어찌 관의 재물을 훔쳐 나라의 법을 범했겠는가?【若福先者 眞俠人乎 其爲鼠於官 市恩於私者 在法固當刑 而若使福先 家而有積金 則亦豈盜官藏干國律乎】

장복선은 평양감영의 은고(銀庫)를 맡은 창고지기였다고 한다. 신분상으로는 왈자놀음판의 말석에 자리 잡을 이들과 비슷한 부류에 속한다. 그러나 <장복선전>에서는 장복선의 의로운 행위만을 언급하고 있어서 그가 왈자일지는 판단할 수 없다. 다만, 달문이나 장복선의 예에서 보는 바와 같이 가히 협객이라 불릴 만한 이들은 재물에 얽매이지 않으며 의기로 남을 돕는 사람들이다. 이러한 명칭이 대부분의 방탕한 왈자들에게 일반적으로 붙여졌으니 얼마나 한심한 세태로 여겨졌겠는가. 가난했음에도 어려운 사람들을 도왔던 장복선과 같은 이에게 붙는 협객이란 칭호를, 외도로 인해 가세가 많이 기울었음에도 여전히 남의 아내를 얻기 위한 중매 삯으로 거금을 쾌척하는 <인분적음>에서의 별감과 같은 왈자들이 사칭하였던 것이다.

왈자를 가리키는 다른 말로 박지원은 ≪연암집(燕巖集)≫의 <발승암기(髮僧菴記)>에서 활자(闊者)를 언급하였다.

> 김(金)은 곧 활자(闊者)이다. 대개 여항간의 낭탕우활한 자들을 일컫는 것으로, 이른바 검사협객(劒士俠客)의 부류와 같다. 그가 소년일 때에는 말타기와 활쏘기를 잘하여 무과에 합격하였으며, 능히 힘으로 호랑이를 제압하거나 양쪽에 기생을 끼고 몇 길의 담을 넘었다. 녹록하게 벼슬을 구하지 않았으며 집안이 본래 부유하여 재물 쓰기를 똥이나 흙같이 하였다. 고금의 法書・名畵・劒・琴・彝器・奇花異卉 등을 곁에 모으는 데에 천금을 조금도 아까워하지 않았으며, 駿馬와 名鷹을 좌우에 두었다. 【金乃闊者 蓋閭里間浪蕩迂闊之稱 如所謂劒士俠客之流 方其少年詩 善騎射中武科 能力扼虎挾兩妓超越數仞牆 不肯碌碌求仕進 家本富厚用財如糞土 傍蓄古今法書名畵劒琴彝器奇花異卉 遇一可意不惜千金 駿馬名鷹動在左右】

협객(俠客)이라는 용어를 대하는 연암의 시각이 문무자의 그것처럼 적극적이지는 않다. 당대에 통용되던 검사협객(劒士俠客)이라는 명칭이 바로 활자를 이르는 것이라 할 뿐, 그에 대한 특별한 가치판단을 내리지는 않는다. 활자(闊者)라는 명칭은 왈자(曰者)에 비해 그 의미부여가 한층 구체적이라 할 수 있다. 그런데 김(金)은 무과에까지 합격하고도 벼슬을 하지 않았던 사람으로, 바로 한량이다. 그러므로 이러한 정황은 한량의 부류가 왈자 집단 안에서 특별히 폭력적 성향을 대표한 것이 아닌가 하는 짐작을 가능케 한다. 이옥의 평가에 따른다면 이 사람 역시 진정한 협객은 아니나, 왈자의 무인적(武人的) 기질을 매우 구체적으로 보여주는 사례인 것이다.

한편, <게우사>에서는 김무숙이 허송세월을 보내게 된 것을 그의 '화협'(활협; 闊狹) 탓이라 기술하고 있다. 그러나 이 경우의 '화협' 역시 김무숙이 실제로 활협하거나 의롭기 때문에 사용된 용어는 결코 아니다. 왈자에 관한 이런 식의 그럴싸한 관형어가 명확한 가치판단 없이 무분별하게 사용되었음을 보여주는 또 하나의 예시일 뿐이다.

왈자가 등장하는 또 다른 작품으로 이옥의 전(傳)인 <협창기문(俠娼紀聞)>이 있다. 여기에서는 왈자 집단의 성격 가운데 기생을 동반한 유흥계와의 연관성이 잘 드러난다.

> 서울에 어떤 창기가 있었는데 자색(姿色)과 기예(技藝)가 일세의 최고였다. 그 몸가짐이 매우 고급스러워, 손님의 신분이 귀하고도 요부(饒富)하지 않으면 예우하지 않았으며, 그 중에서도 용모와 신색이 아름답고 명성이 드러나고 풍류에 익숙한 사람이라야 골라 사귀었다. 이 때문에 가깝게 지내는 사람이 반드시 많지는 않았다. 일시 가까이한 사람에 문반(文班)으로는 혹 홍문관・승정원 사람이요, 무반(武班)으로는 절도사였고, 이 밖에는 오히려 여염의 요부한 자제(子弟)로 화려한 옷, 날랜 말로 행세하는 자들이었다. 【京師有一娼 姿色技藝 爲一世最 律其身甚高 客非貴與富 不爲禮於其中 又必擇美容神聲 名著于世 閑於風流者 而後友之 是故暱者不必衆 其一與押者 文而或玉堂銀臺 武則節度使 外此 猶閭里富子弟 花衣怒馬行者也】

상대에 대한 조건이 매우 까다로운 기생이 저명한 관료들 이외에 허락하는 또 하나의 부류가 바로 '여염의 요부의 자제로 화려한 옷, 날랜 말로 행세하는 자', 곧 왈자이다. 외양으로 볼 때 이들이 바로 별감이 아닐까 하는 생각이 드나, 화려한 옷을 입었다고 해서 곧장 별감으로 간주할 수는 없다. 유유상종(類類相從)으로, 별감이 포함된 왈자 집단의 사람들에게는 화려한 복색이 유행과도 같은 것이었을 수 있기 때문이다. 여하간 이름난 기방에의 출입 문제에 있어서도 왈자들의 위력은 고위의 관리들에 못지않을 정도로 대단하였던 모양이다.

저와 같이 고관 양반들 못지않게 유흥계에서 행세할 수 있었던 왈자들은, 일견 풍류 혹은 예술에 대한 조예가 매우 깊었을 것으로 생각되기도 한다. 그러나 한편으로는 대개의 그들이 고급의 예술을 충분히 향유할 만한 수준을 갖추었다기보다는, 한판 흥청거리는 유흥의 분위기 자체만을 즐긴 것은 아닌가 하는 생각이 든다. 해금의 명수였던 유우춘(柳遇春)의 토로가 그 점을 잘 보여준다.

> 시종별감(侍從別監)들과 오입장이 한량들이 무계(武溪)의 물가에서 노닐 적에, 침기(針妓)・의녀(醫女) 들이 높이 쪽찐 머리에 기름을 자르르 바르고 날씬한 말에 홍담요를 깔고 앉아 줄을 지어 나타납니다. 놀음놀이와 풍악이 벌어지는 한편에 익살꾼이 섞여 앉아서 신소리를 늘어놓지요. …(중략)… 쑥대머리 밤송이 수염에 갓이 쭈그러지고 옷이 찢어진 꼬락서니들이 머리를 끄떡끄떡, 눈깔을 까막까막하다가 부채로 땅을 치며 '좋다, 좋아!' 하며, 그 곡이 가장 호탕한 양 여기고 오히려 하잘 것 없는 것임을 깨닫지 못합니다. 【羽林俠斜少年 出遊乎武溪之濱 針妓醫娘 高髻油罩 跨細馬薦紅氈 絡繹而至 演戲度曲 滑稽之客 雜坐詼調 …(中略)… 蓬頭突鬢 壞冠破衣之倫 搖頭瞬目 以扇擊地曰 善哉善哉 此爲豪暢 猶不省其微微爾】[10)]

이 인용문의 화자인 유우춘은 왈자들의 놀음판에 악공으로 참여하였으며, 그들이 음악을 제대로 이해하지 못함을 불평하고 있다. 이는 물론 유우춘이라고 하는 당대 최고 예인의 탄식에 섞여 나온 말이므로, 예술을 대하는 왈자들의 자질이 대체로 그가 말한 바와 같으리라는 판단으로 이어질 수는 없다.[11)] 다만 유우춘의 비판 덕에, 예술의 깊이는 알지 못한 채 노는 것 자체에만 몰두하던 왈자들의 향락적 취향이 일부 탄로난 셈이다. 협객임을 자처하며 제법 호기를 부렸을 왈자들의 모습이 눈앞에 그려지는 듯하다. 더불어 왈자들을 객체적으로 인식하는 유우춘의 저러한 시각을 참고할 때, 왈자놀음판에 참여한 연희자들은 일차적으로 왈자 집단에 포함시킬 수 없는 부류라 할 수 있다.

왈자들이 폭력적 성향을 띠고 있으며, 특히 한량의 성격과 밀접히 연결될 수 있을 무인적 기질은 앞서 언급하였다. 무인적 기질이란 긍정적으로 진행되었을 때에는 협객에 근사한 이미지가 되지만, 반대의 경우에는 한낱 저급한 폭력배에 지나지 않게 된다. 왈자의 폭력적 성향을 잘 보여주는 집단인 '검계(劍契)'에 관한 기록을 보자. 이규상의 ≪일몽선생문집(一夢先生文集)≫에 실린 <장대장전(張大將傳)>의 내용이다.

> 서울에는 오랫동안 무뢰한 이들의 모임이 있었으니 '검계'라 하였다. '계'란 우리나라에서 사람들의 모임을 이르는 말이다. 검계 사람들은 옷을 벗어 칼에 베인 흔적이 없으면 받아들이지 않는다. 낮에는 잠을 자고 밤에 돌아다니는데, 속에는 비단옷을 입고 겉에는 낡은 옷을 입는다. 맑은 날에는 나막신을 신고 비오는 날에는 가죽신을 신는다. 위에 구멍을 뚫은 삿갓을 눌러쓰고, 그 구멍으로 사람을 내려다본다. 혹은 칭하기를 왈자라고 하며, 도박장과 창가에 두루 종적이 미친다. 쓰는 재물은 모두 사람을 죽이고 빼앗은 것이다. 양가의 여자들이 많이 겁간을 당하지만, 대부분이 호가의 자식들이라 오랫동안 제압할 수 없었다. 【京城 久有無賴者相聚者曰劍契 契者 我國聚人之名也 劍契人 裸身無劍痕 不入也 晝睡而夜行 裏錦繡外弊衣 晴日攝木履 雨曳革鞋 穿笠上孔 低笠而以孔瞰人 或者稱曰曰者 博場娼肆遍踪跡焉 用財盡殺人掠之 良家女多見㤼 然多豪家子 久而未之制】

검계는 그야말로 조직폭력배이다. 게다가 이들을 왈자라 칭하기도 하였는데, 앞에서 살펴본 자료들에 의하면 이 모습이 바로 협객의 류(類)로 자처함에 다름 아니다. 이들은 일반적인 도적떼와 같은 무리가 아니라, '호가의 자식들'을 주축으로 한 왈자 집단이다. 그리고 호가의 자식들이란 대체로 한량을 중심으로 한 부류일 것으로 보인다. <한양

가>에서 성청(成聽)놀음을 행하던 왈자들이 바로 이들과 비슷한 자들일 것이며, 별감의 부류가 상징하는 화려하고 날랜 형상과는 또 다른 차원으로 왈자의 성격을 보여준다 하겠다.

지금까지 살펴본 여러 용어들과 왈자들의 모습을 통해, 우리는 몇 가지의 정리된 개념을 취할 수 있다. 우선 별감은, 왈자놀음을 주도하던 부류로서 세간에서는 협객으로 통하기도 하였던 모양이다. 그러나 협객은 대체로 왈자들이 스스로에게 부여했던 명칭인 것으로 나타났다. 또한 한량은 왈자 집단을 구성하는 막연한 의미의 하위 집단이 아니었다. 별감이 주로 화려한 외양과 권력밀착적인 면에서 왈자의 성격을 대표한다면, 한량은 특히 폭력적 성향에 있어서 왈자의 성격을 드러내는 부류였던 것으로 보인다. 그리고 왈자는 이처럼 다양한 의미의 부류들을 통칭하는 용어이다.

그렇기 때문에 포괄적 개념의 명칭으로서 왈자가 제시된 맥락에서는, 왈자 집단을 구성하는 다양한 계층의 독특한 특성들이 곳곳에서 부분적으로 드러나게 되는 것이라 할 수 있다. 즉, 계층에 따라 세밀히 분류하였을 때에는 각 계층의 특성이 개별적으로 가시화되지만, 다시 왈자라는 이름으로 묶이게 되면 당대의 시정을 주름잡던 복잡다단한 성격 그 자체가 왈자 집단의 특성이 되는 것이다. 이 글에서는 주로 별감과 한량의 면모를 살펴보았으나, 여타 부류의 왈자들이 갖는 성격을 보다 구체화시켜 설명할 수 있다면 더욱 흥미롭고 풍부한 결과를 얻을 수 있을 것이다.

5. 왈자 집단의 사회·문화적 의미

왈자는 문화·예술이 번성하던 조선후기 시정의 풍속을 매우 잘 보여주는 흥미로운 집단이다. 왈자라는 명칭은 당시의 중간계층을 곧장 이르는 것이 아니며, 특정한 직업이나 계층의 부류를 일컫는 말도 아니다. 다양한 계층의 시정인들이 일정한 공통적 성향을 바탕으로 형성한 집단이며, 왈자라는 말은 바로 그 공통성을 상징하는 용어라 할 수 있다.

왈자는 궁궐이 있으며 물산의 유통이 활발했던 서울지역에서 특히 왕성하였던 집단이라 할 수 있다. 권력에 밀착되어 상당한 위세를 부릴 수 있었던 사회적 위치나, 다양한 직책에 있었음에도 자주 무리를 이루어 놀음판 즐기기를 가능케 하였던 경제적 기반은, 왈자 집단의 전반적 성격을 고찰함에 있어서 매우 중요한 참조가 된다.

왈자 집단은 비교적 상층에 속하는 무반 관리에서부터 시정의 상인들에 이르기까지 매우 다양한 부류의 사람들로 구성되기 때문에, 그에 관련된 명칭이나 관형적 표현 또한 여러 가지로 나타난다. 이 글에서는 왈자 집단의 성격 가운데 특히 유흥적 · 폭력적인 면모를 살펴보았다. 애초의 왈자라는 명칭은 협객의 개념에 근사했었을 듯하지만, 후대로 올수록 그들 스스로 혹은 시정에서 통상적으로 지칭하던 협객 등의 이미지에는 적합하지 않은 집단으로 변한 것으로 보인다. 그러나 향락적이고 폭력적인 성향이 점차 커졌음에도 그들이 여전히 조선 후기의 문화 · 예술을 주도했던 세력이었으리란 짐작에는 변함이 없다.

용왕 캐릭터의 연원(淵源)과 전변(轉變)

– 한·중 문학 작품을 중심으로

이 진 오

1. 용왕 캐릭터에 주목하는 이유

용왕(龍王)은 용(龍)의 우두머리이자 수신(水神)으로, 바다나 하천의 용궁을 거처로 삼으며, 강우(降雨)를 주관하는 존재로 알려져 있다. 용왕은 용에서 비롯된 상상의 인물로 실재하지 않는다. 다만 오랫동안 믿음의 대상이 되어온 존재다. 21세기인 현재에도 바닷가의 마을에서는 배연신굿, 법성포 단오제, 동해안 풍어제 등 용왕굿을 지내며, 뱃사람의 안녕과 풍어(豊漁)를 기원한다. 더불어 수중의 고혼이 된 이의 넋을 기리기도 한다. 용왕의 흔적은 어촌에만 남아 있는 건 아니다. 물론 흔치 않은 풍경이지만, 농촌에서도 우물과 하천을 중심으로 용왕에게 제를 지내는 곳이 아직까지 학계에 보고 되고 있다. 농촌에서의 용왕제는 용왕이 농사에 필요한 강우(降雨)를 주관한다는 믿음을 바탕으로 한다. 용왕의 면모는 불교 사찰의 건물명이나 탱화에서도 흔히 발견할 수 있다. 용왕은 민간과 무속뿐 아니라 불교라는 공식화된 종교에서 폭넓게 확인되는 존재인 것이다.

한편 용왕은 고전소설 속에서도 심심찮게 발견되는 캐릭터라고 할 수 있다. 고전소설에서 용왕 캐릭터가 가장 다채롭게 그려지는 작품은 <토끼전>이라고 할 수 있겠다. <토끼전>의 이본 관계는 매우 복잡한 편이지만, 모든 <토끼전>의 이본에서 용왕은 병을 얻게 된다. 그리고 용왕의 병을 낫게 할 특효약으로 토끼의 간(肝)이 필요하면서부터 본격적인 사건이 시작된다고 할 수 있다. <토끼전>에서 용왕은 사건의 단초가 되기에 빠질 수 없는 존재인 셈이다. 물론 <토끼전>의 판소리 버전인 <수궁가>에서도 용왕은 반드시 등장해야 하는 인물이다. <수궁가>라는 제명(題名)에서 짐작할 수 있듯, 판소리 <수궁가>에서는 수중세계에서의 사건이 좀 더 디테일하게 묘사된다. 용왕은 <심청전>에서도 확인되는 캐릭터다. 심청은 부친의 개안(開眼)을 위해 자신을 몸을 인당수에 내던진다. 하지만 물에 빠진 심청은 죽지 않고 용왕에게 인도되며, 훗날 용왕은 심청을 연꽃에 실어 세상 밖으로 내보낸다. 이는 판소리 <심청가>에서도 마찬가지다. 판소리계 소설과 판소리에서뿐만이 아니라 <구운몽>에서도 용왕의 등장을 확인할 수 있다. <구운몽>에서 성진(性眞)은 동정용왕(洞庭龍王)의 초대를 받아 용궁에 다녀온다. 그리고 훗날 인간세계에서 양소유(楊少游)로 환생한 성진은 동정용왕의 딸인 백능파(白凌波)와 결연을 맺는다.

이렇듯 용왕은 우리의 민간과 종교 그리고 고전소설 등에서 빈번히 발견되는 캐릭터임을 알 수 있다. 그런데 용왕이라는 캐릭터가 어떻게 만들어졌으며, 어떠한 과정 속에서 전래되고, 소설에 형상화 되었는지 활발한 논의가 이루어진 바는 없다. 특히 문학 작품을 중심으로 살핀 경우는 거의 없었다. 다만, 용왕 캐릭터는 인도에서 중국으로 유입되었다가 국내로 전래된, 그 바탕에는 불교의 영향이 깔려 있을 것으로 인식되어 왔을 뿐이다. 용왕 캐릭터의 연원과 전변에 대해서 한번쯤은 짚어볼 필요성이 제기된다고 하겠다. 이러한 이유로 이 글에서는 용왕의 등장 배경, 그리고 용왕의 형상화, 문학 작품에 반영된 용왕의 모습을 살펴보고자 한다.

2. 용왕 캐릭터의 등장 배경

조선후기 병풍에 그려진 12지신(支神) 중 용(龍)

용왕(龍王)은 용(龍)과 수족(水族)의 제왕이며 수국(水國)의 지배자라고 할 수 있다. 용왕은 용이 의인화된 존재다. 때문에 용왕의 연원(淵源)에 대하여 알기 위해서는 필수적으로 용의 기원과 유래에 대해서 살펴볼 필요가 있다.

지난 2012년을 임진년(壬辰年) 또는 흑룡(黑龍)의 해라고 부르기도 한다. '임(壬)'은 천간(天干)의 열한 번째로 색깔로는 '흑색(黑色)'을 의미하며, '진(辰)'은 지지(地支) 중에서 다섯 번째로 '용(龍)'을 상징한다. 사람들이 '임진년(壬辰年)'을 '흑룡해'라고 부르는 것은 이 때문이다. 열두 지지(地支)는 주로 땅 위의 대표적인 동물들로 구성된다. 하지만, 용은 실제로 존재하는 동물이 아니다. 다만 예전에 누군가가 용(龍)을 지상(地上)을 대표하는 존재의 하나로 생각했기에 12지지(地支)에 넣었을 것이라고 추정할 수 있을 뿐이다.

용은 상상 속에서 하늘을 날아다니기도 하며, 바다의 용궁을 거처로 삼기도 한다. 중국의 오랜 문헌인 『설문해자(說文解字)』에서 용의 용모는 '얼굴은 낙타, 뿔은 사슴, 눈은 토끼, 몸은 뱀, 머리털은 사자, 비늘은 물고기, 발톱은 매, 발은 호랑이, 귀는 소'로 표현된다. 중국 신화의 첫머리를 장식하는 창세신화에서 복희(伏羲)와 여와(女媧)는 인두용신(人頭龍神) 또는 사신인면(人面蛇身)으로 설명된다. 이를 보면, 용과 뱀

사이에 공통분모가 성립되어 있음을 알 수 있다. 실제로 용을 본 사람은 없지만, 우리는 용이 긴 몸통을 가졌을 것으로 상상한다. 그리고 그 긴 몸통에는 비늘이 덮여 있을 것으로 떠올린다. 이러한 인식에서 용은 뱀과 유사하다. 12지지(地支) 중에 용[辰] 바로 뒤에 뱀[巳]이 있는 것을 보면, 더욱 가까워 보인다. 용이 땅을 대표하는 동물들로 구성된 지지(地支)에 들게 된 것은, 메마른 땅에 단비가 내릴 때, 대지 위에 생기는 물길에서 용을 연상해냈기 때문이라고도 한다. 이 주장은 12지지에 용이 들어간 이유를 설명하는 데에 타당한 설득력을 제공하는 동시에, 용의 기원을 지상(地上)에 둠으로써 뱀과의 관련성을 더욱 공고하게 만든다.

용과 뱀의 관련성은 인도의 설화에서 더욱 선명하게 드러난다. 고대 인도에서는 뱀을 숭상했다. 특히 인도의 힌두교에서는 뱀을 신격화한 '나가(Nāga)'라는 존재를 숭배했다고 한다. 나가(Nāga)는 '뱀의 꼬리, 코브라의 목, 사람의 얼굴'을 가졌으며, '보석들이 박힌 수면(水面) 아래의 궁전에서 거주하며 춤과 노래를 즐기며 지낸'다고 한다. 여기서 나가(Nāga)는 기본적으로 뱀을 신격화한 것이다. 인도 힌두교에서 나가(Nāga)는 비, 바람, 구름을 관장하며, 사자(死者)를 저승으로 인도하는 역할을 담당하는 신(神)으로 숭배해왔다. 인도의 힌두교에서 비롯된 뱀인 나가(Nāga)는 인도 불교의 설화에서도 등장한다. 부처가 깨달음을 얻고자 나무 아래서 수행하던 도중에 폭풍우가 몰아쳤다고 하는데, 그 때 나무 아래 구멍에 살던 뱀[Nāga]이 기어나와, 부처의 몸을 일곱 번 휘감고, 머리를 거대한 우산처럼 펴서 비

힌두교의 신 비슈누(Vishnu)와
그를 감싸고 있는 나가(Nāga)

태국, 캄보디아 등 동남아의 불화, 불상에서 발견되는 부처와 나가(Nāga). 무차린다(Muchalinda)로도 불림

를 막아주었다는 이야기다. 이 설화는 힌두교의 신격화된 뱀[Nāga]이 불교에 흡수되는 과정을 보여주는 것이라 하겠다.

힌두교에서 신격화된 뱀인 나가(Nāga)가 불교 설화에 들어가게 된 것은 기원전 2세기경이라고 한다. 나가(Nāga)를 토템으로 삼은 나가족(Nāga族)의 문장은 '卍'과 같은 형태였다고 한다. '卍'의 형상은 코브라가 머리와 목 부분을 부풀린 것을 본딴 것이라고 하는데, 이는 불교의 대표적인 상징인 '만(卍)'과 같다. 인도의 힌두교에서 신격화된 뱀 즉, 나가(Nāga)라는 존재는 불교에 유입되면서 중요한 의미로 수용되었음을 짐작케 한다.

인도에서 나가(Nāga)를 숭배했던 부족을 '나가족(Nāga族)'이라 불렀고, 그 부족장을 '나가라자(Nāgaraja)'라고 칭했다고도 한다. 헌데 불교에서 유입된 나가(Nāga)는 용으로, 나가족의 부족장으로 언급됐던 나가라자(Nāgaraja)는 용왕으로 그 의미가 확장된 것으로 보인다. 불교에서 흡수된 나가(Nāga)는 천룡팔부[天龍八部: 천(天)・용(龍)・야차(夜叉)・건달바(乾闥婆)・아수라(阿修羅)・가루라(迦樓羅)・긴나라(緊那羅)・마후라가(摩睺羅伽)]의 하나인 용(龍)으로 승격된 것으로 여겨지는데, 이들은 부처와 불법을 수호하는 역할을 맡게 된다. 이렇게 나가(Nāga)가 천룡팔부의 하나인 용으로 승격되면서, 나가(Nāga)의 우두머리였던 나가라자(Nāgaraja)는 용들의 왕인 용왕(龍王)의 지위를 획득하게 되었던 것으로 생각된다.

그럼에도 우리가 상상하는 용의 이미지는, 인도의 뱀인 나가(Nāga)보다는 중국 고대 설화에의 용과 더 가깝다. 『광아(廣雅)』에서 용은 '춘분에 하늘로 올라갔다가 추분 때 연못에 잠기'는 존재로 설명된다. 중국의 문헌에 전해지는 용은 하늘을 날며, 물속 세계인 연못에 기거한다는 속성에서, 우리의 상상 속의 용과 유사성을 확인할 수 있게 된다. 『산해경(山海經)』에는 황제헌원(黃帝軒轅)과 치우(蚩尤)가 천하를 두고 탁록(涿鹿)을 벌이는 장면이 언급되어 있다. 이때 헌원(軒轅)의 편에서, 치우의 풍백(風伯), 우사(雨師)와 대적한 것으로 응룡(應龍)이 지목된다. 여기서 응룡은 비바람과 구름을 부리는 존재로 묘사된다. 응룡은 치수(治水)와 강수(降水)를 담당했다고 하는데, 중국의 고대 설화 속의 전형적인 용이라고 할 수 있다. 인도의 나가(Nāga)와 중국의 용(龍)은 몸통이 길며, 강우(降雨)의 능력을 가진, 신격화된 존재들이라는 공통점이 있다. 하지만 나가(Nāga)는 그 근원이 애초 뱀이 신격화된 나가(Nāga)라는 점에서, 속성에 있어서 뱀과 관련성이 깊다고 하겠다. 이는 나가(Nāga)와 중국 고대 설화에서의 용이 애초에 서로 거리를 두고 형성된 존재임을 뜻한다. 나가(Nāga)는 사자(死者)를 저승으로 인도하는 역할까지 담당했다는 것을 보면, 확실히 뱀을 연상시키는 부분이 있다. 용에게서는 그러한 역할을 발견하기 어렵다. 또한 중국 고대 설화의 용에게서는 그 우두머리 격인 용왕(龍王)이 특별히 언급되지 않는다. 용과는 비교적 관련성이 적은, 하백(河伯)과 같은 수신(水神)이 존재했을 뿐이다. 인도의 나가(Nāga)는 나가라자(Nāgaraja)와 종속관계가 성립되어 있었지만, 용은 중국의 수신(水神)과 긴밀한 관계를 맺고 있지 않았다.

인도에서 발생한 불교가 중국에 유입되기 시작했을 때, 불교는 낯선 외래 종교였을 뿐이었다. 부처뿐 아니라, 천룡팔부를 비롯한 불교의 하위신들 역시 이질감을 주는 존재들이었을 것이다. 그렇다면 외래의 불교가 중국에서의 포교를 위해 선택할 수 있는 방법은 무엇이 있었을까.

부처야 불교 최상위의 신이므로, 중국의 다른 존재로 대체하는 데에 어느 정도 한계가 있었겠지만, 나가(Nāga)와 나가라자(Nāgaraja)는 부처보다 신격이 낮은 존재들이었기 때문에 충분히 변형을 시키거나 유사한 속성을 가진 것으로의 대체가 가능했을 것이다. 마침 중국에는 나가(Nāga), 나가라자(Nāgaraja)와 비견되는 용, 수신(水神)이 존재했다. 나가(Nāga)와 나가라자(Nāgaraja)는 중국에 불교가 전해지기 이전에, 이미 인도의 불교에서 종속관계인 용과 용왕으로 자리잡고 있었지만, 중국에서는 사정이 좀 달랐다. 불교가 유입되기 전 중국에서 용을 부리거나, 용의 우두머리로서의 역할은 수신(水神)으로 고정되어 있지 않았다. 그러므로 용과 용왕의 전형적인 캐릭터와 종속관계의 형성은, 불교가 중국으로 유입된 이후에 어느 정도 과도기를 필요로 했던 것으로 보인다. 중국에서 기존의 용과 수신(水神)은 인도의 나가(Nāga), 나가라자(Nāgaraja)와의 융합을 한 뒤에야, 중국의 문화권 내에서 캐릭터 설정이 명확해지고, 각각의 역할이 보다 분명해졌던 것으로 판단된다.

3. 용왕 캐릭터의 부상

1) 용과 용왕의 분리

중국 역사에 있어 당나라는 문화가 특히 발전하고, 외국과의 교류가 활발했던 시기로 알려져 있다. 이러한 당나라에는 용과 용왕과 관련한 몇 가지 주목되는 것이 있다. 먼저 당(唐)의 왕실에서 공식적인 왕실의 문장(文章)으로 용을 사용하기 시작했으며, 용에 제사를 지내게 되었다는 점을 지목할 수 있겠다. 당나라 현종(玄宗)은 오룡단(五龍壇) 제사를 공식적인 국가 제사에 편입시켜 기우제를 지냈다. 오룡단이란 용(龍)과 오방신(五方神)을 결합한 제단을 의미한 것으로 보이는데, 도교의 관념이 어느 정도 작용한 것으로 판단된다. 동양의 중세 봉건 국가에서 용은 곧 왕을 상징한다. 왕의 얼굴은 '용안(龍顔)'으로, 왕의 옷은 '용포(龍袍)', 왕의 눈물을 '용루(龍淚)', 왕의 자리를 '용좌(龍座)' 등으로 불렀다. 이러한 명명법은 본격적으로 당나라 때부터 비롯된 것으로 알려져 있다. 용은 신비로운 존재이며, 하늘의 사자(使者)로서의 상징을 내포하고 있었다. 그래서 동양의 군주들은 용의 권위를 자신에게 덧입히려고 했다.

또 한 가지 놓치지 말아야 할 것은, 당나라는 불교가 크게 융성하고 유행했던 시기라는 점이다. 중국에서 용왕은 불경에서부터 그 존재감을 드러낸다. 당나라 이전 동진(東晋) 시대에는 불타발타라(佛陀跋陀羅, Buddhabhadra)가 인도로부터 『화엄경(華嚴經)』을 들여왔으며, 당나라 때에는 실차난타(實叉難陀, Siksananda)가 『화엄경(華嚴經)』을 다시금 한역(漢譯)하여 중국 각지에 전파했다. 이들 불경에는 용과 용왕에 대한 언급이 적지 않다. 『법화경(法華經)』 역시 당나라 이전에 중국으로 유입되어 아시아 전역으로 전래된 불경인데, 여기에 팔대용왕(八代龍王)이 언급된다.

용(龍)과 용왕(龍王)은 당대(唐代) 이전에 인도로부터 전래되었다. 용은 기왕에 민간에 퍼져 있는 신성한 대상이었다. 그런데 용왕은 용과는 처지가 조금 달랐다. 용왕은 비록 부처의 하위신이었지만, 불교가 중국으로 들어오기 이전인 인도에서부터 이미 제왕으로서의 위상을 갖고 있었으며, 수중세계의 지배자로 설정된 존재였다. 용은 신비로운 신수(神獸)로서, 왕의 상징이 될 수 있었지만, 이미 제왕의 지위를 갖고 있던 용왕은 사정이 달랐다. 용왕은 다른 세계의 지배자였으며, 인격화된 존재였다. 더욱이 천하에 천자 또는 왕이 둘이 있을 수 없다는 중세적 관념도 일정부분 영향을 주었을 것이다. 물론 용과 용왕 캐릭터의 분리에는 여러 요인들이 반영되었겠지만, 이러한 중세의 정치적 배경 역시 적지 않게 작용했던 것으로 보인다.

2) 사해용왕(四海龍王)으로의 재편

바로 앞에서 『법화경(法華經)』의 팔대용왕(八代龍王)을 언급했었다. 불교에서 팔대용왕은 난타용왕(難陀龍王)·발난타용왕(跋難陀龍王)·사가라용왕(娑伽羅龍王)·화수길용왕(和脩吉龍王)·덕차가용왕(德叉伽龍王)·아나바달다용왕(阿那婆達多龍王)·마나사용왕(摩那斯龍王)·우발라용왕(優鉢羅龍王)이라고 불린다. 여기서 팔대용왕의 왕명(王名)은 인도의 산스크리트어(Sanskrit語)를 그대로 옮겨 적은 것이다. 이는 인도식 명칭이지, 중국의 세계관이 반영된 한자식 명명법이 적용된 것은 아니다.

당나라에는 용을 왕실의 공식적인 상징으로 채택했다. 그리고 천자에 관련한 용어엔 '용(龍)'과 관련한 단어를 파생시킴으로써 천자와 용을 동일시하였으며, 오룡단(五龍壇)을 지어 오방(五方)의 용에게 제사를 지냈다. 이는 주로 당현종(唐玄宗) 때에 이루어진 것이다. 당나라의 고승인 현장(玄奘)이 인도에 다녀와 『대당서역기(大唐西域記)』를 편찬한 것도 이 무렵이다. 두우(杜佑)의 『통전(通典)』에는 당현종 천보연간(天寶年間)에 사해(四海)를 용왕으로 봉한다는 내용이 들어 있다. 여기에서 동해는 '광덕왕(廣德王)', 남해는 '광리왕(廣利王)', 서해는 '광윤왕(廣潤王)', 북해는 '광택왕(廣澤王)'으로, 사해(四海)에 용왕의 왕명(王名)이 붙여졌음을 확인할 수 있다. 이러한 용왕의 명명법은 오룡단(五龍壇)의 경우에서처럼 가운데를 중심으로 동서남북의 네 방향을 중시했던, 도교의 관념이 적용된 것이라고 할 수 있다. 『통전』의 기록은 한자식 용왕의 왕명이 거의 최초로 지정됐다는 점에서 의의가 있다.

명나라의 오승은(吳承恩, 1500~1582)은 『서유기(西遊記)』를 편찬하였는데, 여기서 주인공 손오공(孫悟空)은 삼장법사를 만나기 이전, 동해용왕을 비롯한 사해용왕에게 보물을 빼앗는 장면이 들어 있다. 이때 동해용왕은 창녕덕왕(滄寧德王) 오광(敖光), 남해용왕은 적안홍성제왕(赤安洪聖濟王) 오윤(敖潤), 서해용왕은 소청윤왕(素淸潤王) 오흠(敖欽),

북해용왕은 완순택왕(浣旬澤王) 오순(敖順)으로 언급된다. 『서유기』에서도 용왕은 사해의 용왕으로 그려진다.

이처럼 용왕은 당나라 때 용과 분리된 존재가 되면서, 수중세계 그 중에서도 사해(四海)의 지배자로 인식되는 경향을 보인다. 이는 도교의 세계관이 반영되면서, 불교의 팔대용왕(八代龍王)을 비롯한 여러 용왕들이 사해용왕(四海龍王)으로 재편된 것이라 하겠다. 그리고 그 와중에 용왕의 왕명(王名)도 중국의 한자식 명명법이 반영된 것으로 여겨진다. 눈에 띄는 것은 『통전』에 최초 언급된 사대용왕의 왕명(王名)은 이후 중국의 문학작품에서도 꾸준히 등장한다는 점이다. 『통전』에 언급된 사해용왕 중에서도 특히 남해 광리왕(廣利王)이 자주 부각된다. 당나라 배형(裵鉶)의 『전기(傳奇)』 소재 <장무파(張無頗)>, 원말명초 구우(瞿佑)의 『전등신화(剪燈新話)』 소재 <수궁경회록(水宮慶會錄)>, 조선 후기 <토끼전>과 <수궁가>에는 남해용왕 광리왕(廣利王)이 지속적으로 노출되며, 작품에서 주요인물로서의 다양한 면모를 보여준다.

3) 용왕의 딸, 용녀(龍女)의 등장

인도의 불교는 힌두교의 나가(Nāga)와 나가라자(Nāgaraja)를 흡수하여 신격화 했다. 그리고 불교가 중국에 소개되면서 나가(Nāga)는 비슷한 속성을 갖는 중국의 용(龍)과 결합한다. 한편 나가라자(Nāgaraja)는 팔대용왕(八代龍王)으로 정형화 되어, 중국에 유입된 것으로 보인다. 인도 불교가 중국으로 전래되어 나가(Nāga)가 비슷한 속성을 가진 중국의 용(龍)과 습합한 것처럼, 나가라자(Nāgaraja)도 그와 유사한 존재와 결합한다. 하지만 중국에서 용의 우두머리는 특정한 존재로 고정되어 있지 않았다. 중국에서 나가라자(Nāgaraja)와 유사한 위상을 가진 존재는 수신(水神)으로 파악된다. 『초사(楚辭)』와 『산해경(山海經)』에는 중국의 수신(水神)이 여럿 언급된다. 그 중에 해신(海神)으로는 해약(海若)이, 하신(河神)으로 하백(河伯)・상군(湘君)・상부인(湘夫人) 등이 등장한다. 인도에서 전래된 불교의 나가라자(Nāgaraja) 즉, 불교의 팔대용왕은 이들과 함께 이미지의 접합을 도모했던 것으로 여겨진다. 그러면서 동양의 전형적인 '용왕(龍王)'의 이미지가 형성되고, 용왕의 거처도 하천(河川)에서 바다로, 무대의 중심을 옮겨갔던 것으로 보인다.

그러한 단서는 송나라 사람 조언위(趙彦衛)의 『운록만초(雲麓漫鈔)』에서 찾을 수 있는데, 『운록만초』에서 '옛날에 수신(水神)은 하백으로 불렀으나, 불경이 들어오면서부터 중국에서는 용왕의 얘기만 들릴 뿐 하백이 사라졌다'고 언급하고 있다. 송나라 훨씬 이전 굴원(屈原, BC. 340∼BC. 278)은 『초사(楚辭)』 「구가(九歌)」의 <하백(河伯)>에서 하백의 거처를 '물고기의 비늘로 지은 집이 용당(龍堂)이요, 자줏빛 조개껍질로 지은 궁궐이 주궁(朱宮)'이라고 묘사했다. 여기서 하백이 매우 화려한 궁궐에 살았다는 언급은 인도의 나가라자(Nāgaraja)와 유사한 설정이다. 중국의 수신(水神)에는 여러 인물들이 있었지만, 중국을 대표하는 수신(水神)은 하백(河伯)에 관한 기록이 압도한다. 때문에 인도에서 전래된 나가라자(Nāgaraja)는 주로 하백과 융합되었던 것으로 여겨진다.

남조(南朝) 송(宋)나라의 유의경(劉義慶, 403∼444)이 집필한 『유명록(幽明錄)』 소재 <하백(河伯)>에서는 하백이 인간을 물속으로 불러들여 자신의 딸과 혼인 시키는 내용이 들어 있다. 하백의 딸이 등장하기 시작했다는 것은 매우 중요한 사건이다. 현장(玄奘, 602∼664)이 인도를 다녀와서 집필한 『대당서역기』 권3에는 석종(釋種)이란 인물이 용녀(龍女)와 결혼하기 위해 용왕의 부름을 받고 용궁으로 들어가는 내용이 들어있다. 이에 좀 앞서서 동진(東晋) 때 불타발타라(佛陀跋陀羅, Buddhabhadra)는 『화엄경(華嚴經)』뿐 아니라, 『마가승지율(摩訶僧祇律)』을 인도에서 가져왔다고 전해지는데, 『마가승지율』에는 용녀(龍女)가 자신의 생명을 구해준 상인(商人)에게 팔병금(八餠金)을 선물하는 내용이 있다. 한편 『법화경』의 「제파달다품(提婆達多品)」에는 팔세용녀(八

世龍女)가 영취산(靈鷲山) 아래서 부처의 설법을 듣다가 남자의 몸으로 변하여 부처가 되었다는 내용이 언급되어 있다. 여기서 용녀(龍女)는 『법화경』에서 팔대용왕 중 하나로 언급된 사가라용왕(娑伽羅龍王)의 딸이다. 사가라용왕(娑伽羅龍王)은 산스크리트어로 '사가라나가자라(Sāgaranāgaraja)'로 표기하는데, '사가라(Sāgara)'는 '큰 바다'를, '나가자라(Nāgaraja)'는 앞서 언급했듯 나가(Nāga)의 우두머리 즉, '용왕'을 뜻한다. 사가라용왕은 팔대용왕 중에서도 비, 구름, 강수(降水)를 담당하는 용왕이다. 그리고 사가라용왕은 바다의 용왕으로 기우(祈雨)의 본존(本尊)이며, 바다 속에 있는 그의 용궁에 보물을 소장하고 있다고 전한다. 사가라용왕은 그야말로 전형적인 용왕 캐릭터에 가깝다고 할 수 있다.

인도에서 들어온 불교의 신격 중 나가라자(Nāgaraja)는 팔대용왕 중 대표적인 용왕으로 중국에 유입되었다. 그런데 중국에는 그와 유사한 속성을 갖는 수신(水神)이 있었다. 불교의 팔대용왕 중 사가라용왕(娑伽羅龍王)과 중국의 수신(水神)을 대표하는 하백(河伯)은 모두 수중 세계의 지배자이며, 강수를 담당했으며, 수중에 화려한 거처를 갖고 있다는 점을 공유하고 있었다. 특히 사가라용왕과 하백의 설화에는 그들의 딸이 등장하는 장면을 적지 않게 갖고 있었는데, 이는 동양의 용왕 캐릭터를 구체화 시키고, 용왕과 관련한 서사의 폭을 넓히는 데 기여했다고 할 수 있다.

4. 문학 작품과 용왕 캐릭터의 전변

1) 당나라에 들어서 용

당나라에 들어서 용, 용왕에 대한 관심은 왕실에서뿐 아니라, 문인들에게도 영향을 미친다. 하지만 용은 이미 왕권을 상징했기 때문에, 문인들은 용보다는 용왕에게 더 관심을 둘 수박에 없었던 것으로 보인다.

그리고 용왕은 인격화된 존재였기 때문에, 당대의 작가에게는 막연한 상상 속의 동물인 용보다는 용왕이 인간의 삶을 투영하는 데에 적합한 소재가 되었을 것이다. 이때, 무엇보다도 용왕과 관련한 서사 확장에는 전기(傳奇)라는 문학 양식의 등장이 적지않은 영향을 미쳤다. 물론 그 바탕에는 민간에서의 불교와 도교 그리고 이계(異界) 등에 대한 관심이 마련되어 있었기에 가능했다고 볼 수 있다. 이러한 과정에서 주목되는 것은 용왕, 용궁의 설정과 용녀의 등장이라고 할 수 있다. 특히 용녀(龍女)의 등장은 당대에 '용녀보은(龍女報恩)' 유형의 고사(故事)를 유행시키는 역할을 했다고도 한다.

당나라에서 용, 용왕과 관련한 설화들은 대체로 북송 태종(太宗) 때에 편찬된 『태평광기(太平廣記)』에서 확인할 수 있다. 특히 『태평광기』의 권418부터 권425에는 '용(龍)'이라는 항목으로 용과 용왕에 대한 설화가 집중적으로 실려 있음을 확인할 수 있다. 『태평광기』 권418에 실려있는 ＜진택동(震澤洞)＞에는 진택동(震澤洞) 남쪽 동굴에 동해용왕의 일곱 번째 딸이 진주를 감추고 있다는 내용이 들어 있다. 『태평광기』 권418에 실려 있는 ＜이정(李靖)＞에서는 주인공 이정(李靖)이 산 속에서 용궁을 우연히 발견하는 것으로 되어 있다. 『태평광기』 권419의 ＜유의(柳毅)＞에서 주인공 유의(柳毅)는 용녀(龍女)의 부탁으로 서신을 전달하기 위해 동정호(洞庭湖)에 들어가고, 용녀와 결연까지 하게 된다. 『태평광기』 권492의 ＜영응전(靈應傳)＞에서 주인공 정승부(鄭承符)는 선녀추(仙女湫) 용녀의 요청으로 용궁세계로 진입하는 내용이 들어 있다. 이들 작품에서는 용왕의 딸인 용녀(龍女)가 등장한다는 공통점을 발견할 수 있다.

당나라 단성식(段成式, 803～863)의 『유양잡조(酉陽雜俎)』나 두광정(杜光庭, 850～933)의 『녹이기(錄異記)』에는 용궁이 섬이나 바닷가에 위치하는 것으로 그려져 있다. 이처럼 당대(唐代)의 문인들의 관심은 용궁은 반드시 바다에 있어야 한다는 것에서 빗겨나 있었다고 할 수도 있었다. 당대의 문인들을 통해 그려지는 용왕의 거처는 바다가 아닌, 섬, 동정호(洞庭湖), 바닷가, 산속 등으로 설정된다. 이는 당대의 문인들이 용왕은 바다 속에 거처하는 존재라는 것을 크게 인식하지 않았다는 것을 의미하며, 그들은 나름의 이상세계를 그리는 데에 관심을 두었음을 짐작케 하는 대목이라고 할 수 있다.

용녀(龍女)라는 존재는 당나라 중후반기에도 여전히 주목되는 모티프였던 것으로 보인다. 만당(晩唐)시절 배형(裵鉶)이 편찬한 『전기(傳奇)』 소재 <장무파(張無頗)>라는 작품에서도 용녀는 확인된다. 이 작품에서 주인공 장무파(張無頗)는 점쟁이 원대랑(猿大娘)에게 옥룡고(玉龍膏)를 받게 된다. 이후 장무파는 원대랑에게서 얻은 옥룡고로 용왕인 광리왕(廣利王)의 딸 용녀(龍女)의 병을 치유한다. 여기서 광리왕은 『통전』에서 남해용왕에 봉해졌다고 언급된 용왕임을 알 수 있다. 『전기』에 수록된 또다른 작품인 <소광(蕭曠)>에서 주인공인 소광(蕭曠)이 낙포신녀(洛浦神女)와 직초낭자(織綃娘子)라는 인물과 대화를 나누는 장면이 있는데, 이때 직초낭자는 원래 용녀(龍女)였던 것으로 드러난다. 당나라에서는 인도에서 유입된 불교의 영향으로 인해 용왕(龍王)의 존재가 강조되기 시작하였고, 불교의 용왕은 중국의 대표적인 수신(水神)인 하백(河伯)과 융합하면서, 용녀(龍女)를 부각시키는 계기를 조성하였다. 한편 용왕의 거처도 하천(河川) 또는 불특정 장소에서 바다로 확장되는 경향을 보이게 되는데, 이러한 경향들은 용왕과 관련한 서사의 폭을 넓혔다고 할 수 있겠다.

다음으로 눈여겨 볼 것은 원말명초(元末明初)에 활동했던 구우(瞿佑, 1341~1427)의 『전등신화(剪燈新話)』를 꼽을 수 있다. 『전등신화』에서도 용왕은 등장한다. 『전등신화』에서 용왕이 등장하는 작품은 <수궁경회록(水宮慶會錄)>과 <용당영회록(龍堂靈會錄)>이다. <수궁경회록>에서 남해용왕 광리왕은 영덕전(靈德殿)을 새로 짓고, 조주사인(潮州士人) 여선문(余善文)을 초대하여 상량문을 짓게 한다. 여기서 남해용왕의 신하로 원참군(黿參軍), 별주부(鱉主簿)가 등장한다. 또한 여선문이 상량문을 다 짓자, 동해・서해・북해용왕이 남해용왕을 찾아오게 된다. 이때 동해용왕이 여선문과 인사를 나누려 하자, 동해용왕의 신하인 적혼공(赤鯶公)이 나서서 여선문의 무례함을 꾸짖는 장면이 들어 있다. <수궁경회록>에서는 용왕들뿐 아니라, 원참군(黿參軍)・별주부(鱉主簿)・적혼공(赤鯶公) 등 용왕의 신하들이 등장한다는 점이 주목된다. 한편 <용당영회록>에서는 자술(子述)이란 사람이 오강(吳江) 용왕을 만나, 시를 짓고, 월(越)나라의 범려(范蠡)・진(晉)나라의 장한(張翰)・당(唐)나라의 육구몽(陸龜蒙)・초(楚)나라의 오자서(伍子胥) 등 불우했던 인물들을 만나 대화를 나눈 뒤 육지로 돌아오는 것으로 되어 있다. <용당영회록>의 용왕은 <수궁경회록>의 용왕과 비교해볼 때, 특별한 역할이 두드러지지 않는다. 용왕의 신하도 등장하지 않는다. 16세기 전반 베트남에서는 완서(阮嶼)가 『전기만록(傳奇漫錄)』을 편찬하였다. 『전기만록』은 구우의 『전등신화』의 영향으로 창작된 것인데, 특히 <용정대송록(龍庭對訟錄)>과 <남창여자록(南昌女子錄)>에는 여선문(余善文)이 용왕의 초대를 받아 용궁에서 상량문을 지었다거나 작중 인물이 남해 광리왕의 부인이라는 내용이 들어 있어 눈길을 끈다. 이는 <수궁경회록>의 영향력을 반증하는 대목이라 하겠다.

명나라의 오승은(吳承恩, 1500～1582)은 기왕의 불교설화와 당나라의 고승(高僧)인 현장(玄奘)이 편찬한 『대당서역기』 등을 참조하여, 100회 분량의 『서유기(西遊記)』를 창작했다. 그런데 『서유기』의 몇 장면에서도 용왕과 관련된 사건을 포착할 수 있다. 『서유기』 2회에서 손오공은 삼장법사와 만나기 전 동해용왕을 찾아가서 여의금고봉(如意金箍棒)을 강탈한다. 이때 동해용왕의 가족으로 용자(龍子)・용손(龍孫)・용파(龍婆)・용녀(龍女)가, 용왕의 신하로 쏘가리도사[鱖都司]・방어제독[鯿提督]・잉어총병[鯉總兵] 등이 등장한다. 손오공은 동해용왕에게서 여의금고봉을 얻은 후에도, 갑옷과 투구를 요구하며 소란을 피운다.

이에 동해용왕은 질겁하며 자신의 동생인 남해・북해・서해용왕을 부른다. 결국 손오공은 동해용왕에게는 여의금고봉(如意金箍棒)을 강탈하고, 남해용왕에게는 봉시자금관(鳳翅紫金冠)을, 북해용왕에게는 구름 위를 걸을 수 있는 보운리(步雲履)를, 그리고 서해용왕에게는 황금쇄자갑(黃金鎖子甲)을 빼앗아 자신의 것으로 만들게 된다. 이 장면에서 사해용왕이 모두 등장한 셈이다.

한편 『서유기』 10회에서는 경하(涇河)용왕의 등장이 눈에 띈다. 경하용왕은 용한 점쟁이로 알려져 있는 원수성(袁守誠)과 강우(降雨) 시점에 대한 내기를 하게 된다. 경하용왕은 원수성과의 내기에서 지지않기 위해, 옥황상제(玉皇上帝)의 명을 어기고 강수(降水) 시기를 멋대로 조정하게 된다. 이를 알게 된 옥황상제는 당태종(唐太宗)의 장군인 위징(魏徵)에게 경하용왕을 참하게끔 조치를 하게 되고, 경하용왕은 점쟁이 원수성을 통해 그 사실을 미리 알게 된다. 경하용왕은 당태종에게 찾아가 위징이 자신을 참하는 것을 막아달라고 하지만, 끝내 경하용왕은 위징에게 참수되기에 이른다. 이 장면에서도 경하용왕뿐 아니라, 용자(龍子)・용손(龍孫)・새우신하[蝦臣]・게역사[蟹士]・준치참모[鰣參謀]・쏘가리소경[鱖少卿]・잉어태재[鯉太宰] 등 용왕의 신하들이 등장한다. 『서유기』에서는 다양한 용왕 캐릭터가 등장할 뿐 아니라, 그의 가족과 다수의 신하들까지 등장하며, 용궁 세계가 매우 입체적으로 묘사되고 있음을 알 수 있다.

용왕은 당나라에서 전기(傳奇)라는 문학 양식을 만나게 되어, 바다 속 용궁(龍宮)의 배경을 얻게 되며, 용녀(龍女)가 등장함으로써 서사의 폭을 확장시킬 수 있는 단초를 획득하게 된다. 이후 용왕은 문학 작품에서 심심찮게 등장하게 되는데, 구우(瞿佑)의 『전등신화』 소재 <수궁경회록>과 <용당영회록>, 오승은(吳承恩)의 『서유기』에 이르면, 수중 세계 즉, 바다 속 용궁(龍宮)의 사건이 다채롭게 전개되기에 이른다. 그 와중에 용왕의 딸인 용녀(龍女)뿐 아니라, 용자(龍子)・용손(龍孫) 등의 용왕의 가족들과 여러 수족(水族) 신하들이 등장하여 서사의 방향을 다양하게 파생시키게 된다. 『서유기』 10회에서 경하용왕(涇河龍王)의 경우에는, 비를 잘못 내려 옥황상제의 명에 의해 참수되는 장면까지 등장하게 되는데, 이러한 모티프는 그 뒤에도 조선 후기의 <당태종전>, <토끼전> 일부에 차용되기도 한다. 이렇듯 중국의 문학에서 두드러진 캐릭터로 파생되기에 이른 용왕은, 차츰 동양의 전형적인 캐릭터로서 자리잡게 된다.

2) 국내에서의 형상화

중국의 당나라 이후 설화와 소설에서 용왕과 관련한 특징적인 면모는 용왕의 딸인, 용녀(龍女)의 등장을 주요한 요소로 꼽았다. 이는 앞서 유의경(劉義慶)의 『유명록(幽明錄)』 소재 <하백(河伯)>과 불경 등을 통해 확인했던 바다. 헌데, 고구려의 건국신화에도 비슷한 장면이 포착된다. 『삼국유사(三國遺事)』 「북부여조(北夫餘條)」에서 해모수(解慕漱)는 오룡거(五龍車)를 타고 땅으로 강림한다. 그리고 해모수는 하백(河伯)의 딸인 유화부인(柳花夫人)과 결연하여 고구려의 시조인 동명성왕(東明聖王)을 낳는다. 고구려 건국신화에서 해모수와 동명성왕을 잠시 빗겨놓고 보면, 수신(水神)인 하백(河伯)과 그의 딸인 유화부인(柳花夫人)이 남게 된다. 여기서 하백(河伯)은 낯선 인물이 아니다. 하백은 중국의 고대 설화에서 적지 않게 등장했던 수신(水神)이며, 유화부인 또한 댕대(唐代)의 전기(傳奇)등에 등장했던 수신의 딸, 용녀와 유사한 면이 있다.

『삼국사기(三國史記)』의 「김유신(金庾信條)」에는 <구토지설(龜兎之說)>이 실려 있다. 김춘추(金春秋)가 고구려에 구원병을 청하러 갔다가 보장왕에 의해 구금이 되고, 김춘추는 보장왕의 총신인 선도해에게 뇌물을 주어 무사귀환의 방법을 도모한다. 이때 선도해가 들려준 이야기가 <구토지설>이다. 여기서도 용왕과 용녀가 등장한다. 헌데 주목되는 점은 용왕이 토간(兎肝)을 구하기 위해 거북을 육지로 보내는 이유가

충북 옥천군의 용암사 소재 <용왕탱화>

자신의 신변문제가 아닌, 자신의 딸인 용녀(龍女)의 병을 치료하기 위해서라는 것이다. 여기서도 용왕과 용녀(龍女)가 등장한다는 것은 당대(唐代)의 설화와 불교의 영향을 가늠케 한다는 점에서 중요한 의미를 지닌다.

『송고승전(宋高僧傳)』에는 신라의 고승인 원효(元曉)와 의상(義湘)의 기록이 있는데, 원효는 용왕이 보낸 사신의 이야기를 듣고, 『금강삼매경론(金剛三昧經論)』을 저술하고 불교를 전파했다는 내용이 들어 있다. 당나라로 유학갔던 의상은 뱃길로 신라로 귀국하였는데, 이때 의상을 사모했던 선묘(善妙)라는 여자가 용녀(龍女)로 화하여, 의상의 귀국길을 호위했다는 기록이 확인된다. 원효와 의상이 신라의 고승이지만, 송나라의 고승전(高僧傳)에 실려 있다는 점과, 이들과 관련한 설화에 용왕과 용녀(龍女)가 등장한 점은 눈에 띄는 장면이라고 할 수 있겠다.

『제왕운기(帝王韻記)』에는 고려 왕실이 용왕의 혈통과 밀접한 관련이 있다고 서술되는 부분이 있다. 고려 태조 왕건(王建)의 조부(祖父)인 작제건(作帝建)이 자신의 부친인 당황제(唐皇帝)를 찾아갔다가, 서해용왕의 딸과 혼인하여 융(隆)을 낳았다는 기록이 그것이다. 여기서 융(隆)

은 왕건의 부친이다. 『제왕운기』에 실린 작제건과 서해용왕의 딸의 결연은 고려 왕실의 혈통을 신성시하기 위해 만들어진 설화겠지만, 앞의 기록들에서처럼 용왕의 딸이 등장한다는 점에서 주목된다.

본격적인 우리의 고전소설로 지목되기도 하는, 김시습(金時習, 1435～1493)의 『금오신화(金鰲新話)』에서도 용왕은 등장한다. 김시습은 구우(瞿佑)의 『전등신화(剪燈新話)』를 읽고, 『금오신화(金鰲新話)』를 창작해 냈다고 알려져 있다. 『금오신화』에 실려 있는 <용궁부연록(龍宮赴宴錄)>은 『전등신화』의 <수궁경회록>과 <용당영회록>을 차용한 듯한데, <용궁부연록>에서는 개성(開城) 박연폭포의 용왕인 신왕(神王)이 등장한다. 작품에서 주인공 한생(韓生)은 글재주가 높았지만 출세의 기회를 얻지 못한다. 그러던 어느 날 문득 잠에 들었던 한생은 박연폭포의 신왕(神王)에게 초대된다. 한생은 용궁에서 자신의 글짓기 재능을 마음껏 펼치고 용궁을 구경하는 환대를 받는다. 그리고 용왕에게 선물을 받아 돌아오는 길에 꿈에서 깬다. <용궁부연록>에서 용왕은 하천이나 바다의 용왕이 아닌 박연폭포의 신왕(神王)으로, 김시습의 창작적 설정이 덧입혀졌다고 평가할 수 있다. 하지만 <용궁부연록>의 신왕은 『전등신화』 소재 <수궁경회록>에서의 남해용왕보다 그 역할이 많이 축소되어 있다고 할 수 있겠다. 신광한(申光漢, 1484～1555)의 『기재기이(企齋記異)』 소재 <최생우진기(崔生遇眞記)>에도 실의에 빠진 선비인 최생(崔生)가 용궁에 다녀온 내용이 들어있다. 하지만 <최생우진기>는 보다 신선세계에 관심이 집중되어 있기 때문에, <용궁부연록>에서의 신왕만큼이나 그 역할이 크게 부각되지는 않았다.

김만중(金萬重, 1637～1692)의 <구운몽(九雲夢)>에서는 동정용왕(洞庭龍王)과 그의 딸인 동정용녀(洞庭龍女) 백능파(白凌波), 남해용왕의 태자가 등장한다. <구운몽>의 서두에서 주인공 성진은 육관대사의 제자로, 어느 날 육관대사가 동정용왕(洞庭龍王)에게 인사를 전하라는 데에, 용궁(龍宮)에 가기를 자청하여 나선다. 용궁에 들어간 성진은 용왕의 융숭한 대접을 받는데, 용왕이 청하는 술잔을 거절하지 못하고, 서너 잔의 술을 마시게 된다. 또한 성진은 용궁(龍宮)에서 돌아오던 중 계곡 다리 위에서 팔선녀(八仙女)를 만나 수작을 건다. 결국 육관대사는 성진이 술을 마시고 팔선녀에게 마음을 둔 것을 알고는, 성진을 세상으로 내치게 된다. 성진은 인간세상에서 양소유(楊少游) 환생하여 입신양명하게 되는데, 그와 마찬가지로 인간세상에 적강한 팔선녀와 각각 인연을 맺게 된다. 그런데 양소유가 마지막으로 연을 맺는 사람이 백능파(白凌波)다. 마침 백능파는 동정호(洞庭湖) 용왕의 딸인 동정용녀(洞庭龍女)로, 남해용왕의 태자와 억지 혼인을 하게 되어 있었다. 하지만 양소유는 백능파와 먼저 인연을 맺게 되고, 이에 화가 난 남해태자(南海太子)는 수족정병(水族精兵)을 이끌고 양소유의 군대와 전쟁을 벌이게 된다. 마침내 양소유는 수족정병을 정벌하여, 원참군(黿參軍)・별주부(鱉主簿)・잉어제독[鯉提督]을 한 칼에 베고, 남해태자를 사로잡는다. <구운몽>에서는 동정용왕(洞庭龍王)과 그의 딸인 백능파뿐 아니라, 남해태자・원참군(黿參軍)・별주부(鱉主簿)・잉어제독[鯉提督] 등 수궁의 제인물이 등장하면서, 기왕의 작품들보다 용궁과 관련한 사건이 복잡해짐을 확인할 수 있다.

<구운몽도(九雲夢圖)> 양소유에게 쫓기는 남해태자(南海太子)와 수족정병(水族精兵)

한편 <숙향전(淑香傳)>에서는 동해용녀(東海龍女)가 잠시 등장한다. 숙향이 자결하기 위해 강물로 뛰어들 때, 동해용왕의 둘째 딸이 숙향

을 구해준다. 그 이전에 숙향의 부친인 김전(金鈿)은 금거북을 구해준 적이 있는데, 그 금거북은 본디 동해용왕의 둘째 딸로, 자신을 구해준 김전에게 은혜를 갚고자 숙향의 목숨을 구해낸 것이다. <숙향전>에서 동해용녀의 등장은 기왕의 중국과 우리나라에 정착한 용녀보은(龍女報恩) 모티프가 영향을 끼친 것으로 보인다.

다음으로는 판소리계 소설에서 등장하는 용왕을 언급할 필요가 있다. 판소리계 소설 중에는 주로 바다를 배경으로 한 <심청전>과 <토끼전>에 용왕이 등장한다. <심청전>의 경우 심청이 인당수에 뛰어든 후 용왕을 만나게 된다. 그런데 <심청전>에서는 이 대목이 경판본과 완판본이 약간 다른 양상으로 그려져 있다. 경판본에서는 심청은 인당수에 몸을 던진 뒤, 동해용왕이 보낸 시녀를 따라 용궁에 들어가게 된다. 심청은 그곳에서 동해용왕을 만나게 되는데, 자신이 동해용왕의 딸인 규성(奎星)임을 알게 된다. 동해용왕의 딸이었던 규성은 서왕모(西王母)의 잔치에서 노군성(老君星)과 사사로이 정을 두어, 인간세상으로 적강하였으며, 규성은 심청이, 노군성은 심청의 부친인 심현이 되었다는 사실을 알게 된다. 완판본에서는 심청이 인당수에 몸을 던지자, 옥황상제가 인당수 용왕, 사해용왕, 지부왕에게 심청을 3년간 잘 보살피라고 명한다. 이에 원참군, 별주부, 승지 도미, 빈랑 낙지, 감찰왕 잉어,

경북 상주시의 남장사 소재 <토끼전> 벽화.
우측의 부기(附記)는 "龍王臥病 用藥負兎"

수문장 메기 등 수국의 신하까지도 심청을 맞이하기 위해 나선다. 심청은 남해용왕 광리왕의 수정궁에 거처하게 되는데, 여기서 심청은 용왕의 딸이 아닌, 전생에 광한전(廣寒殿) 옥진부인(玉眞夫人)의 딸로 설정된다. 그리고 옥진부인은 현세에 심청을 낳고 죽은 곽씨부인이었던 것으로 언급된다. <심청전>에서 등장하는 용왕은 경판본에서는 동해용왕이, 완판본에서는 남해용왕이 등장한다는 점에서 차이를 보인다.

<토끼전>에서의 용왕은 매우 복잡한 양상으로 나타난다. 일단 <토끼전>에서 사건의 발단이 되는 것은 용왕의 득병 때문이다. 경판본에서는 북해용왕 광택왕이 등장하며, 완판본에서는 남해용왕 광리왕이 등장한다. 한문필사본의 이본에는 북해용왕 광택왕, 남해용왕 광리왕, 동해용왕 광연왕이 두루 등장한다. 이러한 용왕의 왕명(王名)의 설정은 『전등신화』의 영향으로 보인다. 그리고 그에 앞서 『통전』의 기록에서 그 기원을 찾을 수 있다. 한편 <중산망월전>에서는 경하용왕(涇河龍王)이 비를 잘못 주어 옥황상제에게 참수된 뒤, 그의 아들인 용자(龍子)가 뒤를 잇는 것으로 작품이 시작된다. 이는 『서유기』 10회의 경하용왕(涇河龍王)의 모티프나 이를 개작한 <당태종전>에서 차용한 것으로 보인다. <토끼전>은 이본간의 편차가 크고 다양한 교섭양상을 보이는데, 때문에 주요인물로서 용왕의 면모도 각각 다르게 그려진다. 병을 얻는 용왕이 북해용왕이나 동해용왕으로 설정되어 있는 이본들은 대체로 용왕이 근엄한 모습으로 그려지는 반면에, 남해용왕 광리왕으로 설정되어 있는 이본들은 대체로 용왕이 우둔한 군주의 모습을 갖게 된다. 현전하는 판소리 <수궁가>에서도 남해용왕 광리왕이 작품의 주요인물로 설정되어 있는데, 남해용왕으로 설정되어 있는 소설의 이본들과 마찬가지로 우매한 군주의 모습으로 그려져 있는 경우가 대다수다.

남해용왕 광리왕이 작품에 등장하게 된 것은, 두우의 『통전』에서 사해용왕의 이름을 봉하는 데에서부터 등장하여, 배형의 『전기 傳奇』에 수록된 <장무파> 그리고 『전등신화』 소재 <수궁경회록>, <심청전>

판소리 오페라 <수궁가(Mr. Rabbit and the Dragon King)>에서 해학적으로 연출된 용왕

완판본, <토끼전>의 완판본을 중심으로 한 대다수의 이본에서 확인된다. 특히 현재확인되는 <토끼전>의 이본 중 득병하는 용왕을 남해용왕으로 설정한 작품이 과반을 넘는다. 그러한 이유는 이전 시대 중국과 우리의 작품에서 사해용왕 중 남해용왕인 광리왕을 꾸준히 주요인물로 다루어졌기 때문으로 생각된다. 그리고 그 중에서도 『전등신화』가 간행된 이후 아시아 전역으로 전파되면서, 『전등신화』에 수록된 <수궁경회록>이 널리 알려졌던 것이 크게 작용했던 것으로 판단된다. 『전등신화』의 영향을 받은 것으로 평가되는 베트남의 『전기만록(傳奇漫錄)』의 <용정대송록(龍庭對訟錄)>과 <남창여자록(南昌女子錄)>에서도 여선문(余善文)이 용왕의 초대를 받아 용궁에서 상량문을 지었다거나, 작중 인물이 스스로를 남해 광리왕의 부인이라고 고백하는 내용 등이 들어 있음은 앞서 언급한 바 있다.

한편 『전등신화』의 <수궁경회록>에 남해용왕의 신하로 별주부(鱉主簿)와 원참군(黿參軍)이, 남해용왕의 초대를 받고 찾아온 동해용왕의 신하로 적혼공(赤鯶公)이 등장한다. 이들 중에서도 특히 별주부는 <토끼전>에서 토끼와 함께 주연급의 역할을 한다는 점에서 주목된다. 하지만 용왕과 토끼는 <토끼전>과 아주 밀접한 관련이 있는 『삼국사기』 소재 <구토지설>에서 확인할 수 있지만, <구토지설>에서 별주부는 등장하지 않는다. 거북이 자리한다. 때문에 <토끼전>의 모든 이본에 별주부가 등장하며, 주인공이 된 데에는 <수궁경회록>의 영향이 크다 하겠다. <토끼전>의 이본 중에는 원참군과 적혼공이 적극적으로 자신의 주장을 펼치는 인물로 그려지는 경우가 있다. 그런데 주목되는 건, <토끼전>의 이본 중 남해용왕이 득병(得病)하는 것이 아니라, 동해용왕이나 북해용왕이 병에 든 것으로 설정된 작품에서 적혼공(赤鯶公)의 활약이 두드러진다는 것이다. 이들 이본에서 적혼공은 용한 의원을 모셔온다거나, 육지로 도주한 토끼를 잡기 위해 옥황상제에게 표문을 올리는 등의 적극적인 활약을 보여주는 인물로 그려진다. <수궁경회록>에서 적혼공은 남해용왕이 아닌, 동해용왕의 신하로 언급되었음을 상기해보면, <토끼전>의 이본 중 남해용왕 대신에, 동해용왕이나 북해용왕이 작품의 주요인물로 설정된 작품에서, 그들의 신하로 적혼공이 유독 두드러지게 서술되고 있음을 이해할 수 있게 된다.

국내의 문학 작품 속의 용왕 캐릭터는 중국의 영향을 적지 않게 받은 것으로 보인다. 물론 중국에서의 용왕 캐릭터 역시 인도로부터 영향을 받은 것이며, 그 이전에 중국과 우리에게도 나름의 용왕 캐릭터는 존재했던 것으로 보인다. 하지만 『삼국사기』와 『삼국유사』 소재 문헌설화에서부터 등장하는 용왕은 중국 당대(唐代)의 용왕과 유사점이 적지 않게 발견된다는 점에서 그 수수관계를 확인할 수 있다. 그 중에 가장 뚜렷한 지점은 용왕의 딸인 용녀(龍女)가 등장한다는 것이다. 그리고 용왕의 신하들의 등장하는 비중이 높아지는 것도 특징적인 경향이라고 할 수 있겠다. 중국의 소설 작품에서 용왕 캐릭터가 전형적인 면모를 갖추게 된 것은 『전등신화』의 <수궁경회록>이다. 여기에는 남해 광리왕이 불우한 선비인 여선문을 초청하여, 그의 문장을 치하하는 것으로 되어 있다. 이러한 내용은 우리의 고전소설인 『금오신화』 소재 <용궁부연록>, 『기재기이』 소재 <최생우진기>에 영향을 준다. 한편 『구운몽』에서는 동정용왕(洞庭龍王), 동정용녀(洞庭龍女) 백능파, 남해태자가 등장하면서, 용왕과 관련한 서사가 독창적으로 드러나며, 용족(龍族) 외 다양한 수중 인물들이 언급되기에 이른다. 판소리계 소설에서는 바다가 배경이 되는 장면에서 용왕이 등장하는데, 특히 <심청전>과 <토끼전>에서 용왕은 빈번하게 등장한다. <심청전>에서 용왕은 심청이 인당수에 뛰어든 뒤, 심청을 보호하고 심청이 범상치 않은 천상계의 인물이었음을 깨닫게 해준다. 그리고 육지로 무사히 돌아가게 해주는 역할을 한다. <토끼전>에서 용왕은 이본에 따라 북해, 동해, 남해용왕으로 등장하는데, 이러한 용왕의 설정에는 『전등신화』의 <수궁경회록>과 『서유기』가 일정부분 영향을 준 것으로 보인다. <토끼전>에서는 용왕이 어떻게 설정되느냐에 따라 작품의 방향에도 영향을 끼친다는 것을 알 수 있다.

5. 용왕 캐릭터의 문학사적 의미

지금까지 용왕 캐릭터의 연원(淵源)과 전변에 대해 살펴보았다. 현재 우리에게 전형화된 용왕 캐릭터는 인도의 힌두교에서 뱀신으로 추앙했던 '나가(Nāga)'의 우두머리인 '나가라자(Nāgaraja)'에서 기원했음을 알 수 있었다. 인도에서 불교가 생겨나면서 나가(Nāga)와 나가라자(Nāgaraja)는 각각 용과 용왕으로 형상화 되었다. 그런데 이들이 불교와 함께 중국에 전래되면서, 나가(Nāga)는 중국 고유의 용(龍)과, 나가라자(Nāgaraja)는 하백(河伯)과 같은 수신(水神)과 결합했던 것으로 보인다. 중국의 입장에서 보면, 불교는 외래의 종교였기 때문에 나가

(Nāga)와 나가라자(Nāgaraja)는 중국에서의 비슷한 속성을 가진 대상이 필요했다. 그것이 중국 고대 설화에서의 용과 수신(水神)이었다.

당나라에 이르러서는 용과 용왕이 분리되기 시작한다. 그 이유는 당나라 왕실에서 용을 왕실의 상징으로 삼았던 점이 하나의 주요한 요인으로 작용했던 것으로 보인다. 용은 왕과 동일시 되었지만, 용왕은 이미 지배자의 위상을 갖고 있었기에 불교와 민간에 남게 되었던 것으로 여겨진다. 그런데, 당나라 때에는 설화와 전기(傳奇)와 같은 문학 양식이 등장하게 되면서, 용왕은 다시금 부각되기 시작했다. 인도에서 전래된 불교 설화에는 이미 용왕의 딸인 용녀(龍女)의 이야기가 전해졌는데, 중국에서도 수신(水神)의 딸에 관한 설화가 마련되어 있었다. 용왕과 수신(水神)이 점차 바다의 용왕으로 결합과 그 딸인 용녀(龍女)의 이야기는 전기(傳奇)라는 문학 양식의 발달과 함께 크게 유행하게 되었다. 『태평광기』와 『전기(傳奇)』는 그러한 흔적을 고스란히 남긴 작품들이 전해지고 있다. 당나라 이후 원말명초에는 『전등신화』의 <수궁경회록>, <용당영회록>가 등장하였고, 명나라에는 『서유기』가 출현하게 되었는데, 여기서는 용왕이 입체적인 모습으로 그려지게 되었으며, 더불어 용왕뿐 아니라, 용녀를 비롯한 용족(龍族), 용왕의 신하인 수중세계의 인물들이 이전 시기에서보다 더욱 다양하게 출현하게 되었다. 이는 작품 내에서 용왕을 중심으로 한, 서사의 확장을 가져오게 되었다.

국내에서 용왕은 주로 신화나 왕실을 신성시 하는 데에 언급되기 시작한다. 물론 용왕은 중국에서처럼 불교와 관련한 설화에 주로 등장했다. 하지만 소설이라는 문학 장르가 본격적으로 발생하면서, 용왕은 설화를 건너 소설의 영역으로 들어오게 된다. 『금오신화』의 <용궁부연록>과 『기재기이』의 <최생우진기>는 불우한 문인이 용왕의 초대를 받는 것으로 되어 있다. 이는 중국의 『전등신화』 소재 <수궁경회록>, <용당영회록>의 영향을 받되, 독창적으로 설정한 것으로 평가할 수 있다. 하지만 용왕의 역할은 축소되는 경향을 보인다.

<구운몽>에서 용왕 캐릭터는 주인공 성진이 동정용왕(洞庭龍王)과의 만남을 갖게 되며, 동정용왕의 딸인 백능파와 결연하는 데에 드러난다. 성진이 인간으로 환생한 양소유는 백능파와 결연하는 장면에서는 남해태자(南海太子), 수족정병(水族精兵)이 주인공과 대립하면서 작품의 긴장도를 높이게 된다. <구운몽>에서의 이러한 장면들은 용왕과 관련한 서사의 다변화가 이루어진 것이라고 할 수 있겠다. 한편 <숙향전>에서도 용녀의 등장을 주목할 필요가 있다. 작품에서 숙향이 자결하려 할 때, 숙향의 부친에게 은혜 입은 바 있는 금거북 즉, 동해용녀(東海龍女)가 등장하여 숙향의 목숨을 구한다. 이는 <숙향전>이 창작되면서 중국과 우리에게 일반화된 용녀보은(龍女報恩) 모티프가 반영된 것으로 보인다.

판소리계 소설인 <심청전>과 <토끼전>에서도 용왕이 등장하여 작품에 두루 영향을 미친다. <심청전>에서 용왕은 심청이 인당수에 몸을 던진 후에 언급되는데, 수중에서 심청을 보호하고 심청이 본래 비범한 존재임을 알려주는 역할을 한다. <토끼전>에서 용왕은 남해 광리왕을 비롯한 북해, 동해용왕이 등장하는데, <토끼전>에서의 사해용왕의 설정과 역할은 『전등신화』의 <수궁경회록>과 『서유기』의 경하용왕(涇河龍王)에서 차용한 것으로 판단된다. <토끼전>에서는 수국(水國)의 다양한 인물들이 등장하는데, 일부는 <수궁경회록>에서, 다른 한편으로는 새롭게 창작된 캐릭터로 <토끼전>의 작품세계를 풍성하게 하는 역할을 한다. 주목되는 것은 <토끼전>의 다양한 이본 중 작품의 서두에 어떠한 용왕이 주요인물로 드러나느냐에 따라, 작품의 주제와 방향에도 영향을 준다는 점이다.

결론적으로 언급하자면, 용과 용왕은 옛 동양인의 신앙을 바탕으로 한, 미지의 존재에 대한 열망과 아득한 상상 속에서 등장한 캐릭터라고 할 수 있다. 하지만 용은 인간세상의 지배자인 왕을 상징하는 것으로 자리매김 하게 되면서, 용왕은 다른 길을 걷게 된다. 용왕은 점차 민간의 신앙과 문학 작품 속에 의인화된 모습으로 그려지게 되었다. 그렇기 때문에 용왕 캐릭터는 지배층보다는 피지배층인 민간에, 허구의 세계에서 주로 전승되는 쪽으로 자신의 영역을 넓혀 갔던 것이다.

지금까지 부족하나마 용왕 캐릭터의 연원(淵源)과 전변(轉變)을 살펴보았다. 대개 인도・중국・우리의 설화에, 그리고 당대(唐代) 이후 중국의 문학 작품, 『삼국사기』, 『삼국유사』 이래의 문헌 기록과 우리의 고전소설에 띄엄띄엄 언급되어 있는 용왕 캐릭터를 모아서 엮어본 것이라 할 수 있겠다. 용왕 캐릭터를 좀 더 면밀히 살피기 위해서는 씨줄과 날줄을 엮듯 무속과 같은 민간신앙, 회화(繪畫)에서 용왕 캐릭터의 면모를 더욱 읽어낼 필요가 있다고 생각한다. 이 글에서 아쉬움이 남는 점은 추후 보완하기로 약속하며, 미진한 글을 마치도록 한다.

4장
캐릭터의 현대적 수용

근대의 초상

– <심청전> 현대시화의 방법과 의미

이 창 민

「심청전」을 주된 제재나 소재로 삼은 현대시를 양자의 관련 양상을 중심으로 검토한다. 대상으로 삼는 시인은 네 명이고, 작품은 열다섯 편이다.[1] 분석의 초점은 해당 작품에 나타난 원전 수용 방식과 변형 방법을 구명하는 일과 시적 변용을 통해 형성된 의미와 구조를 추출하는 일에 맞춘다. 본론 기술은 주제와 구성의 연관에 따라 작품들을 두 유형으로 분류한 후 개별 작품의 내용과 형식을 논구하고, 작품 간 상관관계를 해명하는 방식을 취한다.

본고의 목적이 「심청전」을 고구하는 데 있는 것이 아니므로 그와 관계된 논급은 대체로 기존 연구 성과에 의거토록 한다. 원전의 경개나 사연에 대한 언급은 특별한 경우를 제외하고는 판본 간 차이에 대한 별도의 고려 없이 전체 이본이 공유하는 공통 단락을 중심으로 일반에 널리 알려진 내용을 따른다.[2]

1. 역사적 비유로서의 심청

박석수와 고은은 심청을 역사적 비유로 상정했다. 전자의 「심청을 위하여—쑥고개 1」 및 「현장—쑥고개 8」과 후자의 「인당수」에서 심청은 문학적 표현과 역사적 현실, 개인적 실존과 사회적 상황을 결합하는 기제로 이용된다. 역사적 비유로서의 심청을 통해 상호 이종적이고 독립적인 체계와 항목을 하나의 형상 속에 연결하려 한 것이다. 이 경우 작품의 중심 의미는 제재로 취한 「심청전」의 내역이나 문제로 삼은 역사적 현상에 대한 참신한 해석에서 유도되는 것이 아니고, 정신과 물질처럼 일반적으로 서로 무관하게 여겨지는 실재를 연계시키는 수사의 맥락에서 파생된다.

헐벗은 우리의 가슴에
한 잎 낙엽으로
떨어져 썩기 위하여

인당수보다 더 깊고 깊은
미군들의 털부숭이 가슴에
얼굴을 묻고 흐느끼는 누이야.

네 몸과 바꾼 15불의 화대로도
애비들의 눈은
띄어지지 않는다.

아름다운 연꽃은
끝끝내
피어나지 않는다.

내의 껴입을수록 더 추워지는
이 겨울을
맨 정신으로 살아내기 위하여,

눈 부릅뜰수록 더 어두워지는
이 세상을
좀 더 바로 보기 위하여

인당수보다 더 깊고 깊은
수렁 속에 던져진
우리들 마지막 기다림 하나.

– 박석수, 「심청을 위하여–쑥고개 1」

이 시의 의미 구조와 문장 구성은 역설에 바탕을 두고 있다. 희망은 비참한 현실을 초월해서는 달성할 수 없고 그것을 관통해야만 비로소 성취할 수 있다는 것이 역설의 궁극적 의미라 하겠다. 이것은 그 자체로는 현실을 개혁하기 위한 실제적인 방법이 되지는 못하나 문제를 해결하기 위한 적절한 태도를 설정하는 데에는 유효하다. 이 작품에 내포된 문제의 핵심에는 미국이 있다. '미군'은 미국의 환유인데, 여기서 미국은 특정한 나라 그 자체가 아니고 우리 사회에 실체로 존재하는 기호 표현이다. 예나 지금이나 한국과 미국의 관계는 명백하게 갈피 잡기 어려운 교착 상태에서 벗어나지 못하고 있다. 미국은 한국에 대해 억압의 실체이자 의존의 상대로 현존한다. 미국이 한국에 대해 행하는 압제는 미국에 대한 한국의 종속과 떼어서 생각할 수 없다. 전투적 반미 운동이 현실이라면 환상적 우호주의도 현실이다. 「심청전」에서 그녀가 목숨을 바쳐 풀어 보려 했던 문제가 시종 해결되지 못했던 것처럼 이 시가 제기한 문제도 끝내 미해결로 남는다.

남의 나라 군대에 자기 나라의 국방을 맡긴 국민에게 둘째 연에 묘사된 사태는 낯익은 것이나 볼 때마다 울분과 자괴가 뒤섞인 복잡한 심정을 불러일으킨다. 이런 감정은 자연스러운 것이나 현실의 맥락을 파악하는 데는 미약하다. 이 시에 정서 표현이 억제돼 있는 것은 이 때문이다. 미군의 가슴에 안긴 누이는 울고 있지만 화자는 울지 않는다. 어쩌면 가능할지도 모르는 해방의 토대를 마련하기 위해서는 비탄의 표출에 연연치도 기대의 보전에 급급치도 말고 명징한 정신으로 사태를 투시해 현실의 중층 구조 속에서 희망의 근거를 탐색해야 할 것이다. '맨 정신으로 바로 본다'는 말은 특정한 의식 형태에 의탁치 않고 문제를 풀겠다는 의지의 표현이다. 이런 자세를 견지할 때 역사적 현실의 피해자로서의 심청은 역설적이게도 미래의 실천적 목표를 가리키는 희망의 맹아가 된다. 「심청전」이 지니는 가치의 일면은 "현실적인 고난이라는 문제를 운명론의 전제 없이 제기했다는 점"에서 찾을 수 있는바[3] 이와 유사하게 이 시의 의의도 역사적 난제를 상투적 관념 체계에 의지하지 않고 제시했다는 점에서 찾을 수 있겠다.

현실 문제의 경험적 파악과 합당한 해결을 이끌기 위해 박석수는 원전에서 채용한 요소를 전부 합리적으로 이해될 수 있는 사건과 현상으로 치환하고, 그 후반부를 강하게 부정했다.[4] 심청의 매신(賣身)은 매음이고, 남경 선인은 미군이다. 미군이 "15불의 화대"로 누이를 산다는 진술은 남경 선인이 공양미 삼백 석으로 심청을 샀다는 화소의 변용이다. 인당수는 둘째 연에서는 '미군들의 가슴'에, 마지막 연에서는 '수렁'에 비교돼 있는데, 전자는 생존의 조건을, 후자는 현실 상황을 나타낸다. 「심청전」의 전반부는 실제 세상에서 접할 수 있는 상황을 재현한 것이고, 후반부는 불가능한 원망을 반영한 것이므로 심청의 재생과 심봉사의 개안은 결코 이뤄질 수 없는 일이다.[5] 이런 변형은 시인이 특별히 고안한 것이겠으나 이 작품에만 나타나는 독창적인 것은 아니다.

최인훈은 「심청전」을 패러디한 1979년 작 희곡 「달아달아 밝은 달아」에서 '용궁'을 중국의 청루 이름으로 설정해 심청의 희생을 신체의 훼손으로 해석한 바 있다. 이 작품의 결말에서 심청은 늙고 눈멀고 미쳤다고 놀림 받는 인물로 제시된다. 최인훈은 중국을 대국이라 했는데 현재 시점에서는 미국도 마찬가지다. 사실적 사고와 합리적 인식에 중점을 두어 「심청전」의 결말을 납득할 수 있는 내용으로 수정하는 일은 이미 이십세기 초에 이뤄졌다. 1916년에 나온 박문서관 본 「심청전」에서 심청은 구출돼 황후에 오르나 심봉사는 끝내 눈을 뜨지 못한다. 용궁 행은 꿈속의 일일 뿐이다.[6)]

이 시의 감응력은 탁월한 현실 인식이나 「심청전」의 개변 내용에 기인하지 않는다. 기실 이 작품에 내포된 시대 상황이나 현실 묘사는 생소하지 않고, 원전 변형 내역은 독특하지 않다. 역설로 제기된 주제도 각별하다고 하긴 어렵다. 이런 요소들을 개별적으로 분리해 놓으면 그 어떤 것도 독자의 감화를 불러일으키지 못할 것이다. 이 시의 효과는 익히 알고 있는 요소들을 단순치만 긴밀하게 융합하는 구성 방식에서 발생한다. 과거와 현재, 문학과 현실, 설화와 역사처럼 이질적으로 여겨지는 불연속적 실재가 교직돼 상호 연루된 세계로 재편되는데, 심청이라는 인물은 통합된 세계를 축조하는 계기이자 그것을 일별할 수 있게 해 주는 매개로 작용한다. 역사적 비유의 틀에 의해 형성된 일련의 통일체 속에서 정신의 영역과 물질의 영역은 서로를 보강한다. 문학 현상의 추상성은 사물화된 현실 세계로부터 구체성과 파동을 수용하고, 현실 세계의 우연성은 관념화된 문학 현상으로부터 필연성과 의의를 획득한다. 이 시는 질료로 육화된 정신과 형상으로 고양된 물질이 결속하는 접점을 포함하고 있다.

하지만 이런 시적 공간은 어디까지나 수사에 의해 조영되는 것이므로 구조 형성이나 의미 창출에서 상당한 제약을 가질 수밖에 없다. 심청이라는 역사적 비유를 투사할 수 있는 규모의 한계는 종합되는 대상의 성격 속에 내재돼 있다. 구성 이전의 재료 항목 안에 이미 통합의 밀도를 결정하는 인자가 함축돼 있다고 보아도 무방하다. 이 작품에서 비유의 힘은 서정시 특유의 간결하게 완결된 세계로 인해 가능한 지각의 순간성에서 나온다. 따라서 역사적 비유로서의 심청의 형상을 설화시나 관념시의 규모로 확대하기 위해서는 지각의 순간성을 대신할 수 있는 요인, 이를테면 현실에 대한 심층적인 분석이나 원전에 대한 획기적인 해석이 마련돼야 할 것이고, 작품성을 제고하기 위해서는 양자가 차지하는 비중 또한 비등하게 조율할 필요가 있을 것이다. 이 같은 작업이 미비할 경우 심청의 형상은 설화적 표현과 역사적 현실을 유기적으로 응집하는 기제가 되지 못하고 단순히 현실을 수식하는 유추적 비유나 관념을 치장하는 주관적 수사에 그치고 만다.

Ⅰ

우리네 좁은 논밭에 앞뜰에
밥상에 풀풀 묘한 화장지나 휘날리고
휘날려서 소녀의 꿈도 수줍음도
아름다움도 모두 다 덮고 덮어서
이제는 건너말 순자도 내 사랑 구멍가게집
큰딸도
미군들의 품 안에서 달러로 완성되었는지
말았는지.
모를 일이다.
우리네 지조를 흔드는
달러의 힘은 얼마나 위대하냐.

Ⅱ

에이프램 홀의 DJ로 일하다가

미 정보장교 앤더슨의 손목 잡고
물 건너간 명자야.
가서는 가당찮은 외신처럼 꼬박꼬박
동생들의 학비를 보내오는 심봉사의
딸들아,
나는 오늘도 술을 마신다.
구멍가게집 큰딸이 보고 싶어서.

Ⅲ
미군부대 하우스보이 재악아,
달러처럼 반짝이는
양키들의 구두를 닦다가 훔치다가
이제는 뚜럭잽이 별 네 개 달고
큰 집에 간 친구야.
밤마다 달러처럼 난폭하게 빛나는
너의 반생을 본다.
네 마누란 뭘 하는지 너는 모른다.

Ⅳ
전쟁이 쑥밭을 만든 쑥고개의 순결.
쑥고개를 씹고개로 발음하는 외지 친구야.
우린 모두 일용할 양식을 위해
알파벳 같은
펨프가 되고
양갈보도 되고
짜도 짜도
눈물 한 방울 흐르지 않는

이처럼 캄캄한 절망이 됐다.

– 박석수, 「현장–쑥고개 8」

이 시는 "일용할 양식을 위해" 펨프가 되고 양갈보가 된 우리네 이야기를 서술한 긴 설화시다. 박석수는 미군에게 몸을 파는 누이를 심청이라 지칭하고, 전쟁통에 생긴 기지촌을 배경으로 조성한 삽화를 구구절절이 나열했다. 여기서 심청은 "건너말 순자"를 비롯해 "구멍가게집 큰딸"과 "물 건너간 명자"와 "하우스보이 재악"의 사연을 모두 포괄하는 유추적 비유로 설정돼 있다. 그 결과 심청은 두 세계를 연결하는 장치로 기능치도 못할 뿐더러 역사 이해를 심화하는 상징으로도 작용치 못한다. 단일한 비유 형상이 부담해야 할 사건의 부피가 지나치게 크고, 묘사된 현실의 형태가 너무 단순한 까닭이다. 고은의 작품은 이와는 반대 방향에서 심청을 역사적 비유로 구축할 때 발생할 수 있는 한계를 노정한다.

흰 구름 달려가는 북소리 울려라
몽구미나루 세찬 물결
너와바윗장 뜯어내어라
이팔청춘 아가씨야
인당수 짙푸르더라
아비 눈 뜨는 공양미 삼백 석
그런 놈의 공양미 아니어라
목구멍 거미줄 걷어내고
하얀 이밥 한 그릇의 꿈이어라
매야 매야
성날수록 네 발톱 감추어라
아리따운 아가씨야

쌀 삼백 석에 몸 던진 아가씨야
네 몸이 저승이어라
네 몸이 용궁이어라
네 몸이 바다 위 연꽃이어라
네 몸이 매 떠오른 하늘이어라
네 몸이 아비의 눈이어라
새 세상 가득 찬 새 눈이어라
싸우는 아가씨야
몸 하나로 죽어서
쌀과 임금과 싸우는 아가씨야
치마폭 쓰고 해진 바다에
네 몸 던져
네 몸이 뭉구미나루 북소리여라
소용돌이치는 싸낙배기 물결이어라
그 물결 속의 끝없는 조기떼여라
온 백성 연장 들고 달려가는 싸움터여라
매야 매야
이팔청춘 물귀신 된 아가씨야
수령방백 모가지 할퀴는 아가씨야

– 고은, 「인당수」

주지하다시피 의존 화소의 결합 양상과 심청이라는 인물의 성격을 중심으로 볼 때 「심청전」의 미적 범주상의 특질은 비장에 있다. 비장은 당위와 현실이 갈등 관계를 이루면서, 당위로 현실을 부정하는 형상으로 규정된다. 비장은 삶의 부당한 제약을 거부하고, 숭고한 이념을 긍정하려는 투쟁으로, 어쩔 수 없이 패배로 귀결된다. 비장을 초래하는 객관적 상황은 좌절을 불가피하게 하는 강력한 장애로, 절대적인 좌절의 장벽과 완강한 이상의 욕구 사이의 해소될 수 없는 대립에서 비장의 경험은 성립한다.[7] 앞서 살핀 「심청을 위하여—쑥고개 1」이나 이 시는 각기 민족 모순과 계급 모순에서 야기된 비참한 현실과 그것을 수정하려는 의지의 대립을 포함하고 있어 비장한 듯 보이나 기실 전자는 비장에 미달되고 후자는 비장을 초과한다. 박석수의 시에는 고난에 맞서 싸우는 투지의 표현이 부족하고 이념적 정향이 불분명하며, 고은의 시에는 절망의 예감이 전무하고 욕구와 좌절 사이의 간극이 결여돼 있다.

고은은 원전이 조선 후기 민중의 궁핍한 삶의 양상을 사실적으로 반영하고 있고, 그 주제의 일단을 당대의 참담한 현실에 대한 항의에 두고 있다는 점에 주목했고,[8] 그런 견지에서 심청을 생존권을 전취하기 위해 지배층에 대해 전면 무장 투쟁을 감행하는 민중의 표상으로 정립했다. 이 시에서 심청은 범인이 아니라 영웅이다. 그녀는 "아비 눈 뜨는 공양미 삼백 석" 따위에는 관심이 없다. 겉모습은 아름답고 속마음은 매서우니 연꽃이자 매다. 투쟁의 목표가 선명하고, 이상이 확고하며, 성패가 분명하니 죽음도 두렵지 않다. 영웅의 개념은 역사적·집단적 표상으로서의 영웅과 실존적 개인으로서의 영웅으로 나눠 파악할 수 있는데, 여기에 등장하는 심청은 전자에 가깝다. 기존 질서를 인정치 않고 이를 혁파하는 데 과감했던 고대의 영웅처럼 그녀는 사회를 개혁하고 역사를 창조하기 위해 투쟁한다.[9]

「심청전」이 당대 민중의 간고한 삶의 실상을 절실히 드러낸 작품이고, 심청이 운명에 과감히 맞서 싸운 인물이며, 비범한 결의에도 불구하고 죽음을 두려워하며 삶의 애착을 끊지 못하는 범인으로서의 심청의 모습을 의연히 죽음에 임하는 장엄한 영웅의 풍모로 바꾼 전례도 있으니,[10] 고은의 생각이 전혀 무근한 것은 아니다. 하지만 심청을 진보적 사상의 구현자로 표방하는 데에는 납득하기 어려운 점이 있다. 고은은 이 시를 개작하면서 덧붙인 제사에서 "우리나라에서 가장 깊은 사상이 어디에 있느냐"고 묻고 "퇴계가 아니라 몽금포의 한 극빈 처녀 심청의 결단에 있다"고 답했다.[11)]

원전에 진보적 사상이 함축돼 있는 것은 사실이지만, 그것은 심청이라는 인물을 통해 표출되지 않는다. 심청의 투쟁은 기실 투쟁으로서의 의의를 무색케 할 정도로 불합리했다. 심청은 효행을 정언 명령으로 여겨 심봉사의 반대를 무시하고 장승상 부인의 제안을 거절했다. 그녀가 영웅이라면 도덕의 영웅이지 현실의 영웅은 아니다. 심청은 새롭게 제기된 문제를 낡은 방식에 의거해 처리했다. 보수적 관념론의 입장에서, 현실적인 고난을 종래의 유교 윤리에 입각해 해결하자고 주장하고 그대로 실행한 것이다. 심청이 제시한 중세적 관념론에 대립하는 주인물은 심봉사와 뺑덕어미다. 이들은 진보적 현실주의의 관점에서 사태의 추이를 파악하고 행동 방식을 결정한다. 요컨대 「심청전」은 비장과 골계로 갈라지는 두 유형의 인물을 통해 유교 윤리와 현실 구조 사이의 괴리를 시현한 작품이다. 양자는 어느 일방의 우위를 인정치 않는 표면적 주제와 이면적 주제로 팽팽하게 맞서 있다. 심청의 인식과 행위는 도덕적 당위에 근거하기 때문에 그것을 떠나서는 아무런 의의를 보장받지 못하는 주관적인 성격을 갖는다. 원전에서 진보적 사상을 구현하는 인물은 심청이 아니고 객관적 실재로서의 사회관계를 표현하는 주변 인물이다.[12)]

따라서 심청을 민중의 표상으로 규정하는 것은 작품의 효용을 증대하는 데에는 다소 유리할지 모르겠으나 인식의 지평을 확장하는 데에는 별로 소용이 없다. 무엇보다 그런 해석은 사실의 맥락에서 이탈한다. 고은은 심청의 형상과 판소리의 가락을 전면에 부각시켰으나 그것은 시인이 특정한 이념에 따라 조작한 개념에 불과하다. 심청의 사상은 실상 시인의 사상이다. 이 시에서 심청은 시인의 관념 형태를 분식하는 수사에 지나지 않는다.

2. 근대정신의 상징으로서의 심봉사

이건청과 오세영은 대조적인 방식으로 「심청전」을 근대 세계를 관류하는 이념을 적시하는 데 이용했다. 전자의 「심봉사전」과 후자의 「불 3」에서 「심청전」은 공히 근대정신의 내포를 형상화하는 매개로 작동하는데, 양자의 차이는 원전에 내재된 시대의 지형과 우리 시대의 현실 사이에 가로놓인 거리를 측정하는 방식에서 비롯한다. 이건청이 골계를 통해 표현된 이면적 주제를 주시해 양자의 동질성을 강조한 반면 오세영은 비장을 통해 표출된 표면적 주제에 주목해 이질성을 부각했다.

「심봉사전」은 열한 편으로 이뤄진 연작으로, 원전을 인유해 시인의 정신적 편력을 표현한 작품이다. 제목이 가리키는 대로 이 작품의 주인물은 심청을 찾아 헤매는 심봉사다. 판소리계 「심청전」은 차라리 '심학규전'이라 보는 편이 더 타당할지도 모른다는 의견이 있으니,[13] 기본 구도 설정은 원전을 따랐다 하겠다. 심봉사의 방황은 잃어버린 딸을 찾기 위한 것이고, 시인의 편력은 정신의 목표가 되는 당위를 찾기 위한 것이다. 이건청은 심청을 효라는 덕목뿐만 아니라 근대 세계에서 소멸된 보편타당한 가치 일반을 육화한 인물로 상정했다. 「심봉사전 3」에 나오는 "눈먼 아버지의 딸을 찾아서 하얀 종이위에 글을 쓴다"는 구절은 창작 의도를 표명한 것으로 볼 수 있다. 따라서 이 작품의 내용은 부정에서 긍정으로 발전하는 원전과는 전혀 다른 방향으로 진행될 수밖에 없다. 심봉사는 끊임없이 떠돌아다닐 뿐 딸을 찾지도 눈을 뜨지도 못하고, 시인은 부단히 부유할 뿐 그 어떤 가치도 발견치 못한다.

> 질긴 어둠을 헤치고
> 지팡이를 앞세운 사내가 간다.

바다를 향한
피나무 숲을
어둠이 지나간다.

어둠의 변경으로
불 꺼진 램프가 뒹굴고
떨어져 부서진 금관악기 위에
몇 마리 풀무치가 죽어 있다.

애비의 무명바지를 펄럭이는
청아, 네 흐느낌이
내가 건너는 이 난간 없는 다리에까지 몰려와
귓전을 스치고
오래 오래 출렁였다.
푸르게 망막을 두드리는
이 난파의 물결 속으로 내가 간다. 청아.
한 사내가 추락한 다리 위로
먼지를 날리며 바람이 한참 불었다.
지팡이만 남아 있었다.

– 이건청, 「심봉사전 1」

이 시에서 상황을 서술하고 내심을 기술하는 주체는 시인이나 '청이'를 부르는 대목에서는 시인과 심봉사의 음성이 겹쳐진다. 이 시의 화자는 이중적이고, 이런 화법은 작품 전체에 걸쳐 유지된다. 시인과 화자와 심봉사의 목소리가 완전히 일치해 단일한 어조를 형성하는 경우는 거의 없다. 화자의 중복과 더불어 전편에 두루 중요한 역할을 하는 형식 요소는 어휘의 반복이다. 어둠, 난파, 바람, 파도, 피 같은 낱말이 거듭 나와 사태의 성격을 표출하는데, 이 중 특히 주목해야 할 어사는 '어둠'이다. 작품 전체를 일관해 아홉 번이나 등장하는 이 말은 화자가 처한 현실 상황과 내면 사정을 동시에 표상하는 상징으로 작용한다. 나머지 단어는 어둠의 의미를 강화하는 유의어라 보아도 무방하다.

심봉사가 지팡이에 의지해 "어둠을 헤치고" 딸을 찾아 나선다. 시인의 시선은 심봉사의 뒤를 따른다. 심봉사를 인도해 줄 것은 아무것도 없다. 램프는 꺼지고 소리도 멎었다. 다리 위에 선 심봉사의 귀에 청이의 흐느낌이 들린다. 환청을 좇아 심봉사는 추락하고 시인의 시선은 지팡이에 멎는다. "난파의 물결"은 어둠과 상통하는 심상이고, 그 속으로 진입하는 화자는 심봉사와 시인을 중첩한 주체다.

> 멀리서 굽이치는 검은 파도를 향해서
> 새털이 바람에 애잔히 떨고 있다.
> 떨면서
> 청이의 흐느낌을, 몸부림을 찾아
> 황해의 소용돌이
> 그래, 사나운 세대에 앗긴
> 한 사내의 꿈을 찾아
> 어둠을 헤치며 내가 간다.
>
> 광막한 어둠 속에
> 해도, 달도, 별도 져버린
> 한 세대의 늪으로 간다.
>
> – 이건청, 「심봉사전 2」 부분

어둠의 상징적 의미는 여기서는 "사나운 세대"와 "한 세대의 늪", 다섯 번째 시에서는 "난파의 어둠", 일곱 번째 시에서는 "난세의 어둠"

이라는 비유를 통해 구체화된다. 세대나 난세라는 언사에서 짐작할 수 있듯이 어둠은 심봉사에게나 시인에게나 공히 당대의 현실을 의미한다. 심봉사의 꿈은 눈을 뜨고 딸을 찾는 것인데, 둘은 모순 관계를 이룬다. 눈이 해와 달과 별이라면 딸도 그렇다. 양자의 모순은 지양되지 못하고 파열된다. 심봉사는 눈도 뜨지 못하고 딸도 잃었다. 열 번째 시에서 말한 대로라면 눈먼 사내는 결국 흙 위에 쓰러져 울면서 잠들 것이다. 시인은 같은 시에서 "태어나지 않은 것들의 환희"에 대해 언급하고, 세 번째 시에서 심봉사의 전 생애를 들판에 날리는 담배 연기처럼 "허망한 일생"이라 요약했다.

심봉사의 삶을 파국으로 이끄는 어둠의 내포가 비교적 분명하게 나타나 있는 반면 시인의 정신을 관통하는 어둠의 의미는 상당히 모호하다. 이를 해명하기 위해서는 시대 간격에도 불구하고 양자에게 공통으로 작용하는 삶의 바탕을 추론해 보아야 한다. 신체의 불구나 자식의 희생은 전자에게만 해당하므로 시인의 의식을 규정하는 요인이 될 수 없다. 이건청은 심봉사의 생애와 시인의 정신을 동시대적으로 연결하는 요소로 경제 원리를 설정했다.

오늘 도심의 일각에 와 앉은
저 창백한 사내의 지팡이가 유난히 희다.
그의 손은
해운공사 앞 도로 변에 놓여 있다.
서울의 청이는 그에게 오지 않는다.
그의 손에 내리는 건 몇 장의 지폐다.
메마른 신경이 부스러져 내리는 먼지다.
운명을 점치는 그에게
도시가 던지는 그늘이다. 우울이다.

팔아버린 딸을 찾아 헤매는 사내들의
지팡이 소리가
밤마다 지축을 흔들고 있다.

아, 잃어버린 유년을 원통하게 떠나보낸
옛 언덕 위 밤나무 밑에 서서
마지막 나를 팔기 위하여

남경장사 뱃놈들을 기다리고 있다.

– 이건청, 「심봉사전 11」

상품 거래와 재화 교환은 우리 시대에 들어 특정 사물을 대상으로 하는 행위에 그치지 않고 존재 전체를 포괄하는 원리로 확장됐다. "인간은 경제적 인간의 역할을 수행하는 한에서만 존재하고, 경제적 인간의 역할을 통해서만 자기를 실현한다."[14] 이 세계에서는 사고팔지 못할 것이 없다. 사람도 예외가 아니다. 인간과 자연뿐만 아니라 인간과 인간이 상품으로 만나는 물화된 세계는 비유가 아니라 사실로 엄존한다. "인간은 본질적으로 제 본질의 위험을 무릅쓰고 화폐의 진동, 제가치의 통용 안에서 생활하고 있다. 인간은 이 부단한 교환인, 중개인의 사물 '상인'인 것이다. 인간은 끊임없이 달고 계량하지만 그러나 사물의 고유한 무게는 알지 못한다. 그는 또한 제 자신 안에서 무엇이 참으로 무게를 가지고 있는지, 또 무엇이 더 무게가 나가는지를 알지 못한다."[15] 우리 시대에 삶을 지배하는 것은 운명이 아니라 교환 가치다.

심봉사는 개별 이익과 보편 정신의 괴리가 심각한 문제로 제기되기 시작한 시대에 살았다. 「심청전」에는 사물이 재화로 변형되고, 노동이 용역으로 제공되며, 자본이 이윤을 창출하는 상품 경제적인 사회상에 대한 객관적 인식이 표현돼 있다.[16] 공동선의 파괴에 전혀 개의치 않고 이익 실현과 욕망 충족을 생활의 척도로 삼은 대표적인 인물은 뺑덕어미나 다른 인물도 금전적 이해관계를 초월하지는 못한다. 현철한 곽씨부인도 품을 팔아 돈을 모으고, 빚을 놓아 돈을 불릴 수밖에 없었다. 그렇게 마련한 돈은 "춘추시향 봉제사와, 앞 못 보는 가장 공경 시종이 여일"케 하는 데 쓰였다. 출천대효 심청도 "이효상효(以孝傷孝) 하는 줄은 모르는 배 아니로대" "아비 눈을 밝게 하여, 천생 연분 짝을 맞나 오복을 갖게 주어 수부다남자(壽富多男子)를 점지"토록 하기 위해서는 값을 받고 몸을 팔아야 했다. 심봉사는 "네 이 선인놈들아. 장사도 좋거니와 사람 사다 제수 넣는데 어디서 보았느냐"고 꾸짖긴 했어도 계약을 파기할 수는 없었다. 선인들은 자신의 과오를 "돈 삼백 냥 백미 백석 백목 마포 각 한 바리"를 더 들여 놓는 것으로 탕감했다.[17] 사정이 이러하니 심봉사의 인생을 결정한 것은 운명이 아니라 '지폐'라 할 만하다. 일곱 번째 시에서 이건청은 "완강한 투망에 묶인 흑발의 여인아"라는 구절로 심청의 희생 역시 견고한 교환 가치의 그물에 연루돼 있음을 시사했다.

"하나님의 어지심과 귀신의 밝은 마음, 앙화가 없을소냐"라는 선인에 대한 심봉사의 저주는 사회 현실에 반대하는 행동에 미치지 못하고 도리 규범을 문제 삼는 발언에 그친다. 심청은 부친을 존엄한 존재로 여겨 목숨을 바쳤지만, 심청의 희생 이후 심봉사는 뺑덕어미와 붙어 비천한 소행을 서슴지 않았다. 뺑덕어미와 심봉사의 행동은 현실과 유교 윤리의 괴리를 유교 이념을 부정하고 현실을 긍정함으로써 해결하자는 주장을 구현한다. 이들의 행위는 유교 윤리에 따라 현실을 개조코자 했던 심청의 투쟁에 대립한다는 점에서는 "진보적 현실주의"의 표출이라 규정될 수 있겠지만,[18] 사회 구조를 비판하지 못하고 현실 상황에 순응하기만 했다는 점에서는 사실적 풍속 묘사를 넘어 선다고 보기 어렵다.[19]

이건청은 심봉사의 현실 적응을 물신화의 과정으로 표현했다. "팔아

버린 딸을 찾아 헤매는 사내들" 또한 "남경장사 뱃놈들"에게라도 자신을 팔아 살아가지 않을 수 없다. 이건청은 이 시의 마지막 두 연을 네 번째 시에 이어 다시 반복했다. 실천의 척도를 가치의 개념이 아니라 경제의 개념에서 찾는 시대에는 누구라도 생활의 원리를 당위가 아니라 이익에서 찾을 수밖에 없다. 심봉사의 불운한 생애와 시인의 불안한 정신이 공유하는 삶의 조건이 이 어름에 있을 것이다.

딸을 팔아 버린 사내의 입에서 터져 나오는, 자기 자신을 팔겠다는 비통한 선언은 근대 사회의 금기에 정면으로 도전하는 발언이다. 자본주의 경제에서 구체적 노동은 상품으로서의 노동 생산물을 교환 가능하게 만드는 추상적 노동으로 변형된다.[20] 이에 근거해 노동자의 추상적 자유라는 가정이 성립한다. 노동력의 판매는 빈자의 자발적 선택에 기인하며, 비록 사용자에게 고용돼 노동할지라도 추상 개념으로서의 인격 자체는 사회적으로 유용한 기능으로부터 분리된 채 신성한 영역으로 보존, 계발해 나갈 수 있으리라는 것이다. 자본주의 체제에서는 피지배 계급의 용역이 인격을 통해 직접적으로 제공되지 않고 시장을 위한 잉여 가치 생산에 중개된 형태로 공급되므로, 인간을 직접적인 수단으로 사용하거나 피지배자의 육체를 쾌락의 원천으로 착취하는 일은 비인간적 행위로 간주된다. 하지만 이윤 창출을 위해 노동자의 육체와 지식을 이용하는 것은 자유를 촉진하는 당연한 활동으로 여겨진다.

이 같은 맥락에서 빈자가 노동을 위해 공장에 고용되는 것은 도덕적 의무가 되고, 신체를 쾌락의 수단으로 대여하는 것은 타락이나 매춘이 된다. 시장을 통해 육체를 쾌락의 도구로 판매하는 일뿐만 아니라 노동의 도구로 판매하는 일도 금지하는 것은 자본주의 사회 가부장적 이데올로기의 가장 중요한 사회적 · 심리적 기반이다. 물화는 체계의 사활을 좌우하는 확고부동한 한계를 여기에 두고 있다.[21] 자본주의는 인신 수취를 고대 사회의 기반으로 치부했다.

심봉사는 스스로를 장사꾼에게 내놓음으로써 의도적으로 금지를 위반한다. 자신을 상품화하는 심봉사의 행동은 습관적 지각 양식을 약화시켜 이데올로기의 은폐된 작용을 폭로한다. 자발적인 물화를 통해 이미 물화된 세계를 드러내는 것이다. 이런 형식은 그 자체로 정치적 각성을 조장하는 수단이 될 수 있을 터인데, 이건청은 이를 당위적 가치가 부재하는 현실 상황을 지적하는 방법으로 이용했다. 세 번째 시에는 "청아, 누구를 위해 몸을 팔아 내가 바다로 갈 것이냐"라는 물음이 제기돼 있는데, 다섯 번째 시에 나오는 심청이 "이 난파의 어둠을 이기며 질퍽이는 죽음을 밟고 돌아온다"는 구절을 그 대답으로 간주할 수 있을 듯하다. 교환 가치의 사슬에 묶여 있긴 했으나 심청에게 재물은 인륜을 실현하는 수단 그 이상도 그 이하도 아니었다. 금전의 효용을 무시하지는 못했지만 심청에게는 지상의 가치와 지고한 대상이 따로 있었다. 심청에게 재화는 도리를 다하는 데 소용되는 불가피한 도구에 지나지 않았다. 이건청은 이상의 존재와 당위의 실천이 물신의 전장으로부터 심청을 구했다고 생각했다. 여기서 「심봉사전」은 사회 구조에 대한 지적 분석을 중단하고 시대 윤리에 관한 시적 비판으로 선회한다. 도덕적 헌신의 목표를 찾지 못하는 한 심봉사는 딸을 찾지 못할 것이다.

현실 원리의 유사성을 토대로 심봉사의 생애와 시인의 의식을 연계해 근대정신의 내포를 표상한 이건청과 달리 오세영은 문화 의식의 상이성을 근거로 심청의 시대와 우리 시대를 구분해 근대 의식의 본성을 규정했다.

> 불빛을 바라보면서 우리들은
> 달려 나갔다.
> 전라도의 보리밭이 보이고, 황폐한 과거가
> 몇 개로 구획되었다.

먼, 황인종의 마을에서 개가 짖고
칸델라의 불빛이 경험으로 풀려 나가고
지나온 십구 세기가 토막토막 잘려
자막에 걸리고 있다.
렌즈를 열고 흰옷의 그가 나온다.
전라도 사투리로 판소리를 부르고,
돌아가신 어머니의 이름을 부르고, 끝끝내,
심청이를 불렀다.
도무지 갈채를 모르는 사람들의 눈에서
불이 꺼지고 헛간에 켜 둔 램프가
의식을 태운다.
낡아가는 한 시대의 필름.
어리석은 사내에게 몸을 맡긴 계집은
밤새워 지나가는 트럭 소리를 듣고 졸린 눈의
수학을 보았다, 결국
벗을 것인가 이 흰옷, 정지된 자막에
걸린 채 나는 벌거숭이 몸을 하고
손에 박힌 못들을 하나씩 뽑았다.
흔들리는 전라도의 논두길
그 불빛 속을 뛰었다.

– 오세영, 「불 3」

이 시에는 이건청의 「심봉사전」에서도 찾아볼 수 있는 어휘와 심상이 몇 개 들어 있다. '황인종'은 세 번째 작품과 일곱 번째 작품에서 되풀이되는 어휘이고, '흰옷'은 아홉 번째 작품에 나오는 낱말이다. 첫 번째 시에 나오는 '무명바지'와 세 번째 시에 나오는 '흰 적삼'은 흰옷의 유의어다. '개'는 세 번째, 다섯 번째, 여섯 번째, 아홉 번째 작품에 모두 등장한다. 아홉 번째 작품에는 '개가 짖는다'는 표현도 들어 있다. 이런 일치는 의도적인 것으로 보이지는 않고 작품 제재와 시인 의식의 균질성에 말미암은 우연이라 생각된다.

특이하게도 오세영은 영화 「심청전」을 소재로 이용했다. 「심청전」은 지금까지 누차에 걸쳐 영화로 만들어졌는데, 이 시에 나온 것은 시인의 생년이나 작품 발표 연도로 미뤄 보아 1956년에 개봉된 작품이 아닌가 한다.[22] 특별히 영화를 대상으로 삼은 데에는 시대의 추이를 강조하려는 의도가 개재해 있다. 영화는 기술의 결과이자 자본의 산물이고, 시장의 상품이자 대중의 문화다. 영화는 기계와 돈이 없으면 생산할 수 없고, 극장과 관객이 없으면 판매할 수 없다. 자본 축적과 기술 개발, 시장 조직과 대중 형성은 영화의 존립 근거다. 영화가 현대를 대표하는 예술인 이유가 여기에 있다. 판소리가 십구 세기의 예술이라면 영화는 이십 세기의 예술이다.

영화를 소재로 취한 작품답게 이 시의 영상은 선명하고 진행은 신속하다. 막이 열리면 멀리 보이는 불빛을 바라보며 달려가는 청년들이 등장한다. 이들 뒤로는 보리밭과 논둑길이 보인다. 청년들은 향촌의 야음을 기피하고 도회의 야광을 향해 뛰어가는 것이다. 이런 공간의 이동은 시간의 경과와 가치의 변화를 함축한다. 시골과 도시의 대립은 과거와 현재, 십구 세기와 이십 세기, 주술과 경험, 판소리와 영화, 윤리와 수학의 대립으로 전개된다. 이를 총칭해 전근대와 근대의 대립이라 할 수 있겠다. 이 같은 대립 구도는 작품의 구조를 결정하는 동시에 주제를 집약한다. 연작의 나머지 시편에서 오세영은 이 시에 제시한 항목을 정신과 물질, 무상과 실용, 인간과 기계, 신과 인간, 동양과 서양, 직관과 판단, 영혼과 이성의 모순으로 변주했다.[23]

청년들이 떠난 마을 헛간에 사람들이 모여 영화를 본다. 심청전은 이십 세기의 양식에 십구 세기의 사연을 담은 영화다. 여기서 심청이는 과거로부터 이어 내려오는 전통과 기율을 가리키는 환유다. 판소리의 본향 전라도에서도 사람들은 심청에게 갈채를 보내지 않는다. 첨단의 형식으로도 지나온 세기를 구제할 수 없는 것이다. 그것은 "황폐한 과거"를 담은 "낡아가는 한 시대의 필름"에 지나지 않는다. 시인은 연작의 다섯 번째 작품에서 이런 사정을 "발치엔 춘향뎐이 뒹굴고" "동양의 구슬들이 땅바닥에 쏟아진다"는 말로 표현했고, 저간의 사태가 야기된 기점을 1866년에 일어난 셔먼호 사건으로 설정했다.

과거를 구획하고 세기를 분할하는 것은 계몽주의의 관습이다. "근대를 시대개념으로 사용하기 시작한 것은 프랑스의 계몽주의자들이었다. 그들은 시대개념으로서 고대와 근대가 유사하다는 믿음을 강조하기 위하여 고대와 근대 사이에 낀 시기를 다소 경멸적인 어감이 들도록 중세라 불렀다."[24] 오세영은 합리적 시대 구분에 의해 비로소 탄생하는 근대라는 개념의 본성을 '수학'이라는 용어로 적시했다. "어리석은 사내에게 몸을 맡긴 계집"이 졸린 눈으로 바라보는 수학은 현명한 합리주의자와 영리한 자본가와 명석한 과학자가 공통으로 사용하는 보편언어다. "모더니즘은 수학이 자연과학의 언어로 확립됨으로써 귀결되는 사물 이해의 변화 과정에 기원을 둔다. 이 변화는 사물의 성질이 수학의 언어로 읽히는 것과 읽히지 않는 것으로 양분될 때, 그리고 수학적 성질이 사물의 객관적 실재의 구성 요소로 치부될 때 본격화되었다. 바로 그러한 양분화가 모더니즘 이전과 이후를 가르는 결정적 지각 변동이다."[25]

그러므로 이 시에 쓰인 수학은 근대성의 핵심을 이루는 이성과 기술과 과학의 동의어라 할 수 있다. 근대 사회의 진정한 주체는 바로 이들이고, 이들의 세계 지배는 결국 "일체의 존재자를 가공 가능한 것으로서 생산 과정에 진열할 뿐만 아니라, 생산의 제품을 시장을 통해 배달한다. 인간의 인간다움, 사물의 사물다움 따위는 자기 수행적 작성행위의 내부에서 시장의 계산된 교환 가치로 해소된다. 이 시장은 세계 시장으로서 지구상에 만연될 뿐만 아니라, 의지에의 의지로서 존재의 본질에 있어 상행위를 하고, 그리하여 모든 존재자를 계산이라는 행위 속으로 끌고 들어온다. 그리고 이 계산행위는 숫자를 필요치 않는 곳에서 가장 끈질기게 지배한다."[26] 계집이 듣는바 "밤새워 지나가는 트럭 소리"는 결코 꺼지지 않는 시장의 불빛을 암시한다.

이 시의 끝 부분에는 "결국 벗을 것인가 이 흰옷"이라는 자문과 "나는 벌거숭이 몸을 하고 손에 박힌 못들을 하나씩 뽑았다"는 자술이 병치돼 있다. 전자는 전근대적 규범에의 미련을 드러내고, 후자는 근대적 원리에의 동화를 나타낸다. 예수는 세상의 흐름에 거슬러 십자가에 못 박혀 죽음으로써 하느님을 섬겼지만 화자에게 전통은 그럴만한 가치도 그래야 할 이유도 찾기 어려운 회의의 대상이다. 시대의 추이가 전자를 거부하고, 화자의 행동이 후자를 수락하니 시인도 결국 흰옷을 벗고 양복을 입을 테지만, 그렇다고 문제가 해결된 것은 아니다. 자발적 순응을 표명함으로써 역설적으로 이 시는 그런 선택을 반성할 수 있는 계기를 제공한다. 직설로 현실을 비난하지 않고, 반어로 이념을 과시하지 않았다는 점에서 이 시의 주제는 문제적이다.

지금까지 「심청전」을 주된 제재로 삼은 현대시를 구조 원리에 입각해 두 부류로 나눠 검토했다. 구성과 주제의 견지에서 이들은 원전을 역사적 비유로 조성한 작품과 근대정신의 상징으로 구축한 작품으로 대별된다. 전자의 경우 '심청'은 역사적인 시대 상황과 개별적인 삶의 양태를 연결하는 비유로 작동한다. 여기서 심청은 추상적 수준에서 파악되는 사회 현실과 구체적 차원에서 경험하는 생활 실태를 단일한 시적 공간에서 일별할 수 있게 하는 수사의 맥락에서 산출된 형상으로 상정된다. 후자의 경우 원전은 근대 사회의 물적 토대와 이념을 적시하는 매개로 작용한다. 「심청전」의 시대와 우리 시대의 동질성에 중점을 둔 작품이건 이질성에 역점을 둔 작품이건 여기서는 원전이 근대의 정체를 비판하는 데 소용된다.

구성 방식이나 주제 내용 검토와는 별도로 분석 대상 작품 중 어느 것도 심청을 화자로 삼지 않았다는 점은 주목할 필요가 있는 문제로 여겨진다. 이는 원전을 단순한 소재나 비유로 취한 시에서도 마찬가지로 나타나는 현상으로, 「춘향전」에 관련된 작품과 대조된다. 사랑은 내발적 정서로 간주하고 효친은 외재적 덕목으로 취급하는 시대의 기조가 이런 상황을 야기한 것이 아닌가 싶다.

현대시에 나타난 '흥부'의 전형

– 가난의 전형과 행운의 상실

장 보 미

1. 사회 체제의 변화와 흥부를 바라보는 시선

조선 후기 상업의 발달과 관련한 신분 질서의 변화는 양반임에도 불구하고 부와 권력을 차지하지 못한 인물로 '흥부'의 이야기를 창출해낸다. 신분의 체통은 뒤로하고 가족 소수의 이익과 현실을 택한 놀부와 달리 양반으로서의 신분을 내려놓지 못하고 가족 구성원부터 기획되지 않은 운명을 수용한 흥부는 그 나름대로 가장으로서의 역할을 다하기 위해 고군분투한다. 그러나 상권의 발달에 따라 양반이라는 흥부의 신분은 절대적인 가치 아래 별다른 사회 효과를 거두지 못하게 된다. 혈통보다는 자본이 권력의 우위를 결정하게 되었기 때문이다. 자본이 여러 가치 가운데 절대적인 우위를 차지하기 전까지 조선사회를 지배했던 각 신분의 경계는 어느 한 순간 느슨해지다 못해 전복되기에 이른다. 사회 변동으로 인해 이전까지의 관념들이 오히려 불편한 상황이 되었음을 능동적으로 인지한 놀부는 현실에 적응하기로 한다. 양반으로서 갖추어야할 덕목들을 스스로 파기한 것이다. 놀부와 달리 바뀐 현실을 수동적으로 받아들인 흥부는 자본가로의 변신을 꾀하지 못하고 가난한 삶에 적응하기에 이른다. 여기에 놀부는 파기했지만 흥부는 그렇게 하지 못했던 양반의 덕복, 그 이면에는 사대부들의 집단 이익을 기반으로 한 유교적 강령이 자리한다. 당시 예의, 도덕이라는 개념은 다수를 효율적으로 통치하기 특정 계층의 이익과 의도를 더욱 공고히 했다. 놀부의 기회포착이나 흥부의 일관성에 대한 가치평가도 사회변동과 함께 달라지기 시작했다.

'흥부'라는 이름은 권선징악의 교훈이 지배하는 고전 캐릭터 가운데 가장 먼저 '선'의 자리를 대표하게 된다. 자본을 획득하기 위해 시시각각 물불을 가리지 않는 놀부의 역할에게 부여된 악의 이미지는 상대적으로 돈 모으기에 수동적인 흥부의 면모를 선한 쪽에 위치하게 한다. 물론 흥부전에서 흥부는 뱀으로부터 까치를 구한 대가, 그러니까 약한 대상을 보호하려는 측은지심을 발휘함으로써 질 좋은 박씨를 까치로부터 건네받는다. 놀부는 갑자기 부호가 된 흥부에게 얻은 정보를 수행하기 위해 까치의 다리를 자기 손으로 부러뜨리는 식으로 상황을 조작한다. 놀부에게 악한자의 이미지를 부여하는 것은 바로 이 지점 때문이다. 우연히 발생한 사건에 대해 자신의 성정과 부합하는 특정한 행동으로 대응하기보다 스스로 사건을 일으켜 목적을 달성하려 했다는 의도가 불순하다는 것이다. 놀부는 형제와의 관계에 있어서도 유교적인 의미의 도를 실현하지 않았다. 그는 가난한 동생과의 정서적인 유대를 철저히 차단한 개인적인 인물이었다. 놀부는 보다 유용한 정보를 캐기 위해 흥부에게 의도적으로 접근한다. 그러나 근대 이전의 사회가 바라는 인물은 단지 주어진 환경 안에서 자기 본분을 다하는 사람이었다. 이 시기의 관점에 따르면 놀부는 흥부에 반해 이상적인 인물일 수 없었던 것이다. 놀부는 우연한 기회에 유별나지 않은 행동으로 그동안의 고행을 보상받는 고전적 인물에 해당되지 않기 때문이다. 그렇다면 이 우연의 세계에서 놀부의 반대편에 자리하는 까닭에 선하다고 추앙받던 흥부가 현대의 세계에서는 어떻게 비춰지고 있는지 알아볼 필요가 있다.

이 글에서는 현대시가 수용하고 있는 '홍부'라는 이름을 각 시의 화자가 어떻게 수용하고 있는지를 밝히고, 그것이 홍부라는 캐릭터의 현대적 양상과 어떤 관련과 의미를 맺고 있는가를 파악하고자 한다. 이러한 목적을 위해 본문에서는 현대시 각각의 작품에서 제시하는 홍부의 양상이 원 서사텍스트의 인물 양상과 어떤 점이 유사한지 혹은 다른지에 대해 조명할 것이다. 특히 홍부전이 농경사회에서 산업사회로의 이행기이자 우연의 서사에서 필연의 서사로의 전환기를 반영하고 있다는 측면을 반영하여 시의 화자가 개인으로서의 홍부를 세계와 어떻게 대치시키는지에 대해서도 살펴볼 것이다.

2. 빈자의 전형으로서의 흥부

근대의 세계에서는 재산 축적과 능동적인 자아실현이 당연시 된다. 대부분의 사람들은 자기 능력을 세상에 발휘하고자 행동하고 그만큼의 보상을 받고자 노력한다. 특권을 가진 계층 대신 모든 개인의 인권 보장이 당연시되어야 한다는 보편적 가치판단이 대두된 것이다. 그 과정 속에서 자본의 위력은 고착화되고 혈통을 위시한 신분 대신 자본의 세습을 기반으로 했던 계층의 분화가 새롭게 형성된다.

농경사회에서 산업사회로의 이행기에 발생한 새로운 가치평가의 기준으로서 능력에 따른 부의 적재와 권력은 선천적인 것이 아니라 후천적인 것이었다. 『홍부전』의 이본(異本) 중에는 놀부의 경제적 자발성을 긍정적으로 생각하고 홍부의 날품팔이나 매맞기 등의 수동적인 경제관념을 비판하는 내용을 담은 것도 있다. 홍부는 가난을 운명으로 받아들이기만 했고, 사회적 선구자로서의 면모를 보여주지도 못했으며 가장으로서 가족을 잘 건사하지도 못했다는 것이다. 홍부전의 이본 중

「연의각」에서 홍부가 관아에 매품을 팔러 간 행동이나 식량을 동정하러 놀부의 집에서 뺨을 맞으며 들은 형수의 언술은 이러한 관점을 반영한다. 후천적으로 능력을 계발해야 한다는 가치가 도덕적 사회 이념이나 그것을 따라야 한다는 가치 보다 앞선 것이다. 그러나 후천적인 것이었던 자본의 배분은 그 양이 불어남에 따라 어느새 어느 한 곳에 쏠리게 된 후 고루 분포되지 않게 된다. 이에 따라 홍부와 놀부의 신분은 같은 양반에서 부유한 자와 가난한 자로 분화된다.

운명 수용적인 태도로 농경사회에 남기로 한 홍부는 산업사회의 주류를 따라 도시로 흘러간 놀부라는 거대한 자본의 세계로부터 유리된다. 홍부는 가난이라는 비극적 운명을 자본의 세계로부터 부여받아 매품이라도 해서 살아가야 하는 상황에 놓이게 된 것이다. 홍부가 직감하는 슬픈 운명은 근대의 보편적인 감정으로 연결된다. 현대시에서는 가난한 인물의 내면을 투시하는 내용으로서 서정성을 강조한 가난과 슬픔의 전형으로서의 홍부를 등장시킨다.

1) 서민 홍부의 가난과 그래도 행복한 운명

홍부는 가난하지만 가족과 함께 나름의 행복을 찾는 인물이다. 이야기에서 권장하는 권선징악을 그대로 믿고 따른다. 고전소설이 지향하는 서사 속 인물 갈등은 현대시에서 한 개인으로서의 자아와 세계의 갈등으로 변이된다. 이에 따라 홍부라는 개인과 반대되는 성격을 지닌 놀부는 선에 대응한 악, 홍부의 현실을 빈궁하게 만드는 세계로 표상된다. 그러나 여전히 홍부의 성정은 밝고 고요해서 빈궁에 대한 문제를 즉각적으로 해결하려 하기보다 주어진 것 내에서 최대한의 기쁨을 찾으려고 할 뿐이다.

홍부 부부가 박덩이를 사이 하고
가르기 전에 건넨 웃음살을 헤아려 보라.

금이 문제리,
황금 벼이삭이 문제리,
웃음의 물살이 반짝이며 정갈하던
그것이 확실히 문제다.

– 박재삼, 「홍부 부부상」(『춘향이 마음』, 신구문화사, 1962)

화자는 홍부에게 있어 가장 중요한 문제가 결코 빈궁에 관한 것이 아니라고 강조한다. 홍부 부부가 박을 타며 내용물을 기다리는 지금 이 순간에는 풍작을 거두지 못했다는 걱정이나 가족의 끼니를 단숨에 해결해 줄 화폐에 대한 우려 같은 것은 논외가 된다. 부부는 웃는 얼굴로 박 하나에 온 기대와 희망을 걸며, 만약이라는 비관적인 미래는 생각하지 못한다. 화자에게는 자신들을 둘러싼 비관적인 세계 체제에 대한 이해를 하려고도 하지 않는 홍부 부부의 천진난만함이 문제이다. 여기서 '문제'라는 언술은 인물의 아둔함을 비난하지 않는다. 계산적으로 생각하고 삶을 꾸려나가지 못하며 지나칠 정도로 단순한 태도로 지닌 사람들의 형상은 선함 그 자체로 미적이다. 화자는 이 시에서 「홍부전」에서 서술자가 홍부의 행동으로 보여주었던 선한 인물들의 아름다움을 재현한다.

한 뼘 뙈기 논밭이라 할 일도 없어, 홍부도 홍얼홍얼
문풍지 바르면 홍부네 문턱은 햇살이 한 말.
패랭이꽃 몇 송이 아무렇게 따서 문고리 문살에 무늬 놓으면
홍부네 몽당비 햇살이 열말.

– 박용래, 「소감」(『강아지풀』, 민음사, 1995)

농본주의의 사고방식을 고수하는 홍부는 날씨만 좋아도 행복한 감정을 획득한다. 햇살이 가득한 덕분에 집안농사도 논밭도 홍부가 본인의

분수에 알맞다고 생각할 만큼만 성행한다. 「홍부 부부상」과 마찬가지로 「소감」의 화자는 홍부가 여유롭게 가난의 삶을 넘기고 있는 것이라 생각하지 않는다. 오히려 논밭이 작기 때문에 할 일도 없어 자연과 함께 여유로울 수 있다는 해학적인 상황을 묘사한다. 그렇지만 역시나 홍부의 가정이 놀부라는 능동적이고 탐욕적인 세상에 반할 수 있는 까닭은 신과 같은 위치에서 고난을 겪고 있는 가족에게 한 말의 햇살로 희망을 암시하는 자연에 대한 믿음 때문이다. 이 시에서도 홍부의 환경 순응적 태도는 아름답지만 어딘가 슬퍼 보이는 하나의 풍경으로 나타난다.

홍부에게 행복은 가족과 함께 하는 것, 현재 자신이 처하게 된 상황을 불평하지 않고 받아들이는 것, 그것이 자신의 그릇이고 운명이라고 인식하는 데에 한정된다. 자신의 성격이나 환경을 뒤엎어 자본의 사회로 뛰어드는 일은 행복의 범주에 해당하지 않는다. 그러나 운명주의적인 홍부의 처사는 자기 능력에 따라 성공여부가 달라진다는 이데올로기 안에서는 지극히 게으르고 무능력한 인물로 판단되기 일쑤다.

2) 가난의 보편적인 이미지 구현

산업화 시대가 평가하는 홍부의 무능력은 세계 앞에 대립한 개인으로서 그의 내면을 고통스럽게 한다. 지금까지 살아온 자기 나름의 생활 방식을 고수하면 할수록 홍부의 삶은 궁핍하기 짝이 없다. 그럴수록 세계와의 대립이 심화되고, 결과적으로 홍부가 생각하는 행복한 미래란 존재할 수 없게 된다. 변해버린 세계를 마주한 개인은 내면의 강인함을 잃은 나약한 존재로 전락하게 된다. 개인의 외로운 이미지는 향토적 공간과 맞물려 인간 존재의 쓸쓸함을 부각시킨다.

막연히 농경사회에 적절한 인물로 대표되던 홍부의 가난한 이미지는 해당 인물이 자리한 배경의 부각을 통해 구체화 된다. 그에게 있어 기껏해야 한 뙈기나 되는 논밭은 현실적인 배고픔을 감당할 수 있는 크기의 자원이 되지 못한다. 산업화가 가져온 농촌과 도시의 격차는 홍부를 올린 이 무대에서도 자유로울 수 없다. 홍부가 사는 터전은 빨리, 쉽게, 풍족할 만큼의 식량이나 자본을 확보할 수 있는 곳이 아니다. 홍부는 가족을 부양하기 위해, 원초적인 삶을 이어나가기 위한 수단으로 길을 나선다. 홍부가 작은 마을에서 관청이 있는 주요 고을로 이동하는 지점에서 향토성과 부합된 외로움과 처절함이 묻어나온다.

홍부는 상주(尙州)골에
매품 팔러 가아고
상주골은 칠십 리
해저물어 오는데

박포기에 물은
누가 주우나
누가 주우나
숫제비가 한 모금
머금어다 주우고
암제비가 한 모금
머금어다 주운다

– 박목월, 「홍부와 제비」(『박목월 동시집』, 비룡소, 2006)

홍부에게 지금 당장 도달해야 하는 목적지란 일에 대한 보람과 성취감을 기대할 수 있는 공간이 아니다. 오히려 죄를 진 사람들도 가능하면 피하고자 하는 고통의 장소이다. 홍부는 남의 죄를 대신해 벌을 받아야 한다. 홍부의 가난은 죄의 원인도 모르고 벌을 받아야 한다는 점과 자신이 가난하기 때문에 앞으로의 고행을 견뎌야 한다는 점에서 원죄로 인식될 수 있다. 그가 생계를 위해 매품 팔러 가는 길은 저무는 해에 비친 그의 그림자만큼 이지러진 기분을 더해 유난히 멀게만 느껴진다. 제비는 그런 홍부의 사정을 알고 희망을 지키기 위한 움직임을 시작한다. 제비는 홍부의 서사에서 도덕적 선(善)을 유지하는 이념적 매개체라고 할 수 있다. 원 서사에서는 박씨를 제공하는 한 번의 도움으로 홍부의 삶에 긍정적인 변화를 일으킨다. 그러나 이 시에서 홍부가 견디는 가난의 정경이란 겨우 작은 제비 한 마리에 의지해야 할 정도로 여유롭지 못한 것이다. 홍부는 이야기를 이끌어나가는 주체가 아니라 이미 주어진 삶을 그대로 수행하는 인물로 전락하게 된다. 그의 외롭고 쓸쓸한 정서는 백석의 시 「흰 바람벽이 있어」에서 "나는 이 세상에서 가난하고 외롭고 높고 쓸쓸하니 살아가도록 태어났다"와 유사점을 확보한다.

이 시의 화자가 홍부라는 명칭을 다루는 방식은 관찰자적 면모로서 그의 삶을 조명하고 그의 감정이 어떠한 것인지, 홍부를 둘러싼 전경과 상황을 묘사함으로서 유추하게 한다. 홍부의 가난이라는 문제는 놀부가 활동하기에 적합한 자본주의 사회와 조화를 이루지 못하는 지점에서 개인의 외롭고 쓸쓸한 감정을 불러일으킨다.

> 천석(千石)꾼 만석(萬石)꾼의 재산 불어나는
> 그 기쁜 인생도
> 저 햇빛과 바람이 짜 올리는
> 씨와 날의 밝고 넘치는 것을
> 당할수야 없으리
>
> 하늘이여
> 저 햇빛과 바람이 짜내는 엄청난 재산을
> 누구나 골고루 갖게는 하되
> 욕심많은 놀부한테보다 더 많이

홍부한테는 눈물 섞어
그것을 갖게하는 곡절을
나는 오늘 비로소
마태복음에서 읽어낸 참이로다.

– 박재삼, 「홍부의 햇빛과 바람」(『햇빛 속에서』, 한국시인협회, 1970)

이 시에서 화자는 재산 축적이 인간에게 기쁨이 된다는 가치를 당연한 의미로 받아들인다. 그러나 화자가 이야기하듯 신이 인간에게 그러한 기쁨을 고루 누리게는 했으나 놀부와 같은 인물에게는 더 많은 부를, 홍부와 같은 인간에게는 가난과 슬픔이 주어지는 것이 애꿎은 운명과 같은 우리의 삶이다. 홍부는 원죄 취급을 받는 가난에 대한 이례적인 평가나 해결 방법을 얻지 못한다. 그저 홍부라는 나약한 인간에 대한 보살핌이 필요하다는 것이 이 시 화자의 입장이다.

마태복음은 예수의 수난에 대한 내용을 함의한다. 여기에 빗대어 홍부의 수난은 벗어날 수 없는 고된 현실의 삶과 죽음으로서의 얻게 되는 신의 구원을 암시한다. 햇빛과 바람과 같은 자연물들은 누구에게나 공평하지만 누구에게나 똑같은 삶을 살도록 운명을 부여해주지 않은 신의 입장을 대변한다. 홍부는 홍부전의 원 서사대로 자신의 신념과 가치관에 따라 자신에게 주어진 양만큼의 고통을 감내해야 한다는 것이다. 그의 외로움은 아무도 대신해줄 수 없는 고행과 같다. 개인이 자신의 손으로는 근본적인 해결을 얻을 수 없는 문제들에 대한 쓸쓸함, 외로움, 고통, 슬픔 등의 화자의 감정이 홍부의 어깨에 얹혀있다.

수수한 박나물로 한배 채우고
그러면 족한데요 제왕님!
부잣집 밥먹듯 굶은
이 부황(浮黃)은 내 얼굴에

천명(天命)으로 인(印)찍힌 것인데요.

이 일을 어쩔꼬, 홍부는
짓지도 않은 죄를 떠올리고
벼락 맞듯이 흠칫하였다.

그의 마당에 내려앉은 가을 하늘 한 자락
그것을 이어간 아득히
생시의 꿈,
공중에는 기러기 울음도 떴다.

– 박재삼, 「홍부의 가난」(『비 듣는 가을나무』, 동화출판공사, 1980)

마침내 홍부의 가난은 원죄로 여겨지기에 이른다. 산업화 이후 자본의 축적은 개인의 능력에 비례한다. 그런데 홍부는 능력을 길러 가족을 부양하고, 삶을 잘 영위할 갈망조차 하지 않는다. 오히려 가난한 상태에 머무르려 했다고 판단할 수 있을 정도다. 이점에서 홍부는 가난할 수밖에 없으며, 그러한 태도로 가난이라는 죄값을 치르고 있다는 관점이 부여된다. 홍부가 전에 삶을 갈아가던 생활방식과 몸에 익은 신분적 태도에 대한 가치평가가 하루아침에 전복되었기 때문이다.

홍부전의 전승양상 가운데 독서물화 된 판소리 사설의 초기 모습을 보여주는 「연의각」에서 놀부는 자신의 집에 식량을 꾸러 온 동생 홍부에게 세간과 재산을 나누어주는 등 악덕하지만은 않은 모습을 보여준다. 이 작품, 1912년 4월 29일부터 6월 7일까지 매일신보에 연재된 신소설 작가 이해조의 홍부전 개작에는 매를 맞았다고 거짓으로 고하고 매 삯을 받을까하고 갈등하는 홍부의 심리도 첨가된다. 이러한 서사의 기저에는 산업화 사회가 개인의 능력에 따른 정직한 보상과 자본주의를 옹호하는 논리 결합이 강조된다.

1966년 최인훈이 개작한 홍부와 놀부의 이야기 「놀부뎐」은 놀부의 시점에서 이야기가 기술된다. 이 서사에서 놀부는 성실하고 근면한 자세로 자본을 축재한다. 놀부에게 있어 재산 축적은 반사회적이지도 반윤리적이지도 않은 것이다. 그의 기준을 따르면 오히려 게으르고 허랑방탕한 태도로 형에게 빌붙을 생각만하며 심지어는 부모가 준 몸을 훼손하는 매품팔이까지 하는 홍부의 태도가 반윤리적이다. 물론 이 이야기에서는 원(原)서사에 없던 전라(全羅) 감사가 등장하고 그가 감춰두었던 보물을 놀부 형제가 우연히 찾았다가 돌려주는 과정에서 옥살이를 하고 죽음을 맞이한다는 서사의 첨가로 현대사회의 금전만능추구와 냉혹한 세상에 대한 풍자를 아끼지 않는다. 형제의 우애나 도덕적 관념보다 우위에 있는 절대 권력이 세상의 냉철함을 유지하게 한다는 것이다.

서사의 첨가 및 변이에도 불구하고 홍부는 빈곤한 양반의 역할을 담당하며 부자가 되기를 갈망하지 않는다. 가난을 자신이 감수해야 할 운명으로 인식하고, 그것으로 인해 생기는 부수적인 결과들을 선천적인 슬픔으로 이해한다.

홍부의 박은 다시 열리지 않는다
놀부의 성질이 고쳐진 것도 아니다
홍부 재산 가로채 부자가 되고 나자
왈짜패는 새삼 몰려들어 충성을 맹세하고
그가 탄 마지막 박에서 나온 개똥은
나라 곳곳에 즐비하다

홍부야, 곤장 품팔이 가는 홍부야
네 눈동자 속에 나타나 보인다
잔디밭에서 무참히 끌려간 친구의 얼굴이.

– 최두석, 「놀부전」(『대꽃』, 문학과지성사, 1984)

농사를 지을 땅도 집에서 허드렛일을 할 하인도 없는 흥부는 부자가 될 수 없다. 놀부라는 자본의 세계는 흥부가 잠시 기대했던 착한 사람들의 풍족한 세계를 짓밟아 놓는다. 놀부는 흥부에게 주어진 행운을 가로챘을 뿐만 아니라 자신의 박에서 나온 도적떼마저 자신의 수하로 들여놓는다. 박은 본래 신이 내려준 권선징악의 결과물이었으나 꿈속이 아니면 성취 불가능한 우연한 기회로 여겨지게 된다. 도덕적으로 착한 성품을 가진 흥부는 자신의 가치관 때문에 형이 자신의 재물을 앗아가는 장면을 눈뜨고 지켜보기만 한다. 놀부는 흥부의 우연한 기회를 빼앗아 절대 권력의 세력을 갖추고자 고군분투한다.

흥부에게 줄 수 있는 신의 선물도 더는 없다. 자본의 세계는 작물의 풍흉(豐凶)을 결정하는 신의 자연세계를 더 이상 중요하게 생각하지 않는다. 세계체제는 이미 만들어진 자본권력을 위시하며 그들을 통해 선악의 가치를 뒤바꾸어 놓은 것은 물론이고, 유신정권에서 민주주의와 자유를 부르짖다가 공권력에 끌려갔을 그 시기의 어떤 개인을 죄인으로 낙인찍을 수 있는 힘도 확보하게 된다. 흥부는 그 힘을 몸소 체험하며 여전히 자신을 둘러싸고 일어나는 상황의 변화를 운명이라고 받아들을 수밖에 없다.

3. 행운의 영원한 상실-체제에 대응하는 개인적 주체

이 분류의 시에서는 놀부로 대두되었던 자본의 세계가 더 거대해짐으로써 그것이 사람의 문제에서 이미 벗어난 존재임을 명기한다. 거대한 체제로서의 자본은 한낱 개인인 흥부와 놀부를 감싸고 있던 미묘한 계층의 불화를 꺼내어 아무것도 할 수 없는 지점으로 던져놓는다. 동일한 양반 신분임에도 불구하고 상업적인 성공을 거두어 부를 획득했던 놀부와 그렇지 못했던 흥부의 이미지는 체제라는 거대 담론 앞에서 무용지물이 된다. 두 인물 모두 똑같이 거대한 자본 앞에 선 미물이 되어 아무것도 능동적으로 기획할 수 없는 운명수용적인 위치에 머물러야만 하는 것이다. 화자는 흥부와 놀부의 개별 행동으로 말미암은 선과 악의 가치나 사회에 대한 수동적이거나 능동적인 태도 혹은 그에 따른 갈등, 개인의 감정에 집중하는 데서 벗어나 어쩔 수 없는 세계에 대한 비판과 현실의 절망을 나열한다. 흥부는 장삼이사(張三李四)라는 말과 같이 우리의 주변에서 쉽게 찾아볼 수 있는 인물에 지나지 않는다. 부자도 빈자도 다 같은 처지의 개인이며 비관적인 현실을 변화시킬 수도 그런 실마리를 잡을 수도 없는 상태에 놓이게 된다. 따라서 예기치 않은 행운은 영영 사라지게 된다.

권선징악의 세계에서 행해진 행운은 우연적인 기회를 만나 평소와 다를 바 없는 행동으로 덕을 쌓아 한꺼번에 보상받는 형태로 이루어진다. 그러나 주체의 능동성이 넘치는 필연적인 세계, 그리고 그것을 벗어난 세계로의 변화는 점차 행운과 같은 막연한 보상의 형태도 제시하지 못하기에 이른다. 산업화로 시작된 땅의 오염은 농경사회를 기반으로 하는 개인은 물론 그 땅에서 살아가는 생명들의 자연적이고 풍요로웠던 삶을 빼앗는다. 그러나 비단 비관적인 미래는 그들에게만 한정되는 사항이 아니다. 거대한 권력 앞에서 산업화된 개인은 환경오염으로 인해 다른 생물과 마찬가지로 생존 자체의 존립을 걱정해야 했다.

1) 담론의 침범과 생활의 파괴

자본주의 초기의 관점에서 흥부가 개인이라면 놀부는 흥부의 삶을 비참하게 만드는 사회의 양상이었다. 그것도 잠시, 자본의 층위가 더 커진 후 놀부라는 명칭은 다시 흥부와 같은 개인의 것으로 되돌아 오고 만다. 이 지점에서 흥부와 놀부는 똑같이 세계에 대응하지 못하고 주어진 삶을 살아가는 한낱 미물일 뿐이다. 세계는 그들의 손으로 바뀔 수 없고 그런 세계 속에 간신히 삶을 영위하는 존재로서 그들은 조선시대의 신분제가 엄격했던 시절과는 또 다른, 그들에게 새롭게 주어진 삶의 방식을 유지해야 하는 상태에 머무르게 된다.

> 번영이 버린 물
> 바다에 흘러 들어
> 고기 병신되어
> 벌레가 된 것을
> 어미가 물어다 먹인
> 새끼 제비가 죽은 것을 보고 놀라
> 갑자기 눈이 어두운 어미 제비도
> 전봇줄에 앉아 울다가
> 떨어져 죽었다
> 참새에게는 쌀을 주고
> 제비에겐 벌레를 준
> 하늘을 원망하여
> 바다는 고요했고
> 새는 곡했다
> 늦가을 강남 갈 제비도 없고
> 삼월 삼짇날 강남서 올 제비도 없으니
> 놀부 흥부는 제비 잘 사는 나라로
> 이민이나 가시지
>
> – 김광섭, 「번영의 폐수」(『성북동 비둘기』, 자유문학사, 1987)

가난은 개인의 문제나 단순한 집단들의 문제로 귀결되지 않는다. 자본의 문제는 산업혁명과 세계 경제 체제 형성 이후로 인간의 손을 벗어났다. 환경의 문제도 마찬가지다. 홍부에게는 부와 명예를, 놀부에게는 큰 벌의 씨를 전달해주었던 제비도 거대한 자본이 일으킨 환경오염에 피해를 입었다. 문제의 해결 불가능성과 더불어 더 이상 성실함이나 자기 가치관, 분수를 지키고자 하는 도덕적 이념이나 그것을 유지할 수 있는 믿음도 사라지게 되었다.

현대시에서 홍부와 놀부는 자기 분수를 지키며 살아갈 수 있는 환경을 부여받지 못한다. 화자는 자본주의 사회에 대한 비판을 위해 홍부전에 하나의 문제의식을 삽입한다. 홍부전의 서사가 생각하지 못했던 현대 자연 환경의 실상은 홍부와 놀부가 풍요롭게 누렸던 것과는 다른 형태를 띤다. 심지어 신의 뜻대로 각각 성품에 따라 상과 벌을 주는 매개체로서 제비가 사라졌으니 홍부와 놀부는 미래의 어떤 행운을 바랄 수도 없는 처지가 된다. 제비 잘 사는 나라로 이민이나 가라는 화자의 핀잔은 인간의 손이 닿을 수 없는 담론의 강압성과 그 담론이 세력을 펼치기 시작할 즈음에 강조되었던 봉건사회에 대한 부정과 희망적인 미래에 대한 풍자다.

박을 타세 박을 타세
스르릉 스르릉 톱질이야
주렁주렁 열린 미국 박을 타세.

첫째 박을 타니
호열자 균이 와르르르 쏟아져 나오고
둘째 박을 타니
온갖 잡신 양귀신이 데모를 벌이고
셋째 박을 타니
따발총 M1총이 꾸역꾸역 밀려 나오고

넷째 박을 타니
제트기 탱크 초상집 통곡소리 바글바글 끓고
여섯째 박을 타니
낯모를 외인부대 몽땅 쏟아져 나와
놀부집 안마당이 되어가는 소란한 난리
무수한 재앙이 꾸역꾸역 쏟아져 나왔네.

할일 없이 파산한 흥부와 놀부
집안 싸움 끝에 둘 다 망하고
흥부집에 열린 박
놀부집에 열린 박
박 속마다 재앙이 가득가득 들어있네.

– 문병란, 「박타령3」 부분(『호롱불의 역사』, 일월서각, 1978)

이 시의 화자는 고전서사의 착한 흥부에게 전달된 행운의 기운을 부정하며 이야기를 시작한다. 원 서사에서 흥부는 제비 다리를 고쳐준 착한 행동의 결과로 박씨를 얻어 그것으로 끼니나 때우고자 하는 생각에서 박을 수확하게 된다. 그러나 이 시에서 빈궁의 상황에서 뜻하지 않게 찾아온 행운이란 절대 실현가능한 것으로 연결되지 않는다. 오히려 과거의 행동이나 평소 행실에 대한 가치평가와 별개로 갑작스레 불행한 결말이 도래할 가능성만 내포한다.

화자는 흥부전의 박타는 대목을 들어 미국 중심의 세계 권력과 새로운 세력을 끌어들인 민주주의의 이면에 대한 풍자를 한다. 흥부는 신분제가 존재하지 않는 현대사회의 토양에서도 가난한 인물로서 더 구체적으로 '물 건너 온 박'에 대한 극적인 행운을 기대한다. 그러나 그 박의 정체는 행운이 아닌 패권국가의 이득을 위한 나라 정복에 있었다. 흥부와 놀부는 미국 박을 자신들을 구조해 줄 것이라 여겼던 보통의 서민들이다. 그들은 행운은커녕, 내일 갑자기 벌어질 일조차 예측할 수 없다.

위의 내용에서 세계 변화에 대한 홍부나 놀부의 대응 방식은 큰 차이를 보이지 못한다. 원 서사에서 보여준 산업화에 따른 놀부의 적극적인 대처 방안이나 신분에 얽매어 자본의 축적을 해내지 못한 홍부의 태도는 세계 체제 앞에 아주 미미한 것일 뿐이다. 두 인물은 맹목적으로 낙관적인 미래를 맹신하는 거대 담론 앞에 작은 개인으로만 여겨진다. 이 시는 김광섭의 시 「번영의 폐수」와 마찬가지로 자본의 비도적적이고 절대적인 속성에 대한 풍자를 통해 봉건사회의 담론들이 무너졌음을 암시한다.

2) 희미한 생의 힘과 보편적 삶의 위로

이 부분에 해당하는 시에서 화자는 세계 체제를 수용한 이후의 홍부가 보여주는 소소한 삶의 형태에 주목한다. 거대담론 하에서 보편적이라고 하는 개인은 그 이전의 삶에서 느꼈던 완전한 행복감 대신 세계와 갈등하는 자아를 지켜내 온 것에 만족하고 만다.

4

쓸쓸한 화령길
어려운 길 석천(石川)길
반야사(般若寺)는 초행길
황간(黃澗)지나 막눈길

돌다리 위에 뜬 어리숙한 달
(그 달?)
등지고
난간 위에 눈을 조금 쓸고

목숨 내려놓고

부처를 만나면 부처를 죽이고
루카치 만나면 루카칠
바슐라르 만나면 바슐라를
놀부를 만나면 홍부를……

이번엔 달을 내려놓고

– 황동규, 「풍장」 4(『풍장』, 나남, 1998)

황동규의 시 「풍장」 연작은 화자가 자신의 죽음 과정을 연상하면서 쓴 내용으로 홍부의 이름이 거론된 부분은 70편의 연작시 가운데 4번째 시에 해당한다. 이 시에서 화자는 전작 「풍장」 3에서 느낀 소회를 이어나간다. 3번째 연작시에서 느낀 소회란 영혼이 된 자아가 구천을 떠돌며 적은 세상에 대한 감상으로, 여기에는 지금까지 보아왔던 주변 공간으로서의 골목의 다른 모습이 묘사되어 있다. 골목들의 모습은 '타오르고 있는' 듯하다. 아무렇지 않게 보이던 대상이 육신의 무거움을 벗은 자신과는 다른 진정 살아 있다는 감각을 발현하고 있다는 것이다.

화자는 위의 시, 4번째 연작에서는 화자가 시냇가 돌다리 곁, 물 위에 비친 달을 보며 하늘에 위치해 있을 달을 생각한다. 두 개의 달을 생각하며 '내려놓는' 것이 무엇인지에 대해 생각한다. 그는 목숨을 내려놓으며 살면서 지키고자 했던 욕심과도 같은 무엇들을 내려놓고자 한다. 끝을 모르고 내달리던 욕망들을 이제는 가지런히 정리하려는 것이다. 화자의 이런 태도로 보아 이 시에서 홍부와 놀부는 단순히 혈연관계에 있는 형제를 의미하는 데 그치지 않는다. 부처가 부처를, 루카치가 루카치를, 바슐라르가 바슐라르를 죽이려는 듯 즉물적인 존재로서 개인의 내면에 자리한 타자의 면모를 말하는 듯하다.

부산역 분수 오후 다섯 시 방향 길게 물 내뿜는다 수련 비단잉어 개망초 달맞이꽃 어떻게 살아남았는지 뻔히 아는 이야기들 나만 몰랐나봐 나만 몰랐나봐 게으른 심성 꾸짖는 석류 세 알, 맨드라미가 수천 붉은 주걱 들고 하얀 쌀밥을 푼다 맨드라미 속 삼천궁녀 맨발로 뛰어 나온다 형수에게 뺨 맞고 왼뺨 내미는 홍보가 형수 주걱 손 잡고 깡충깡충 줄넘기한다 홍보 이 놈 내 마누라 내놓아라 놀보 수염 노을에 타고 있다 노을진 분수 다섯 가지 마법 물 풀어낸다 맨드라미가 붉은 혓바닥으로 엉킨 밥알 풀어낸다 나리꽃 상사화 꽈리를 살아남았다고, 이렇게 살아남았다고 절벽 밑에 우뚝 서 있다.

– 송진, 「나만 몰랐나봐」(『나만 몰랐나봐』, 북인, 2011)

홍부의 캐릭터는 이제야 비로소 화자의 내면으로 흡수되기 시작한다. 이 시의 화자는 끈질길 정도로 보편적인 삶을 지켜온 생물들을 언급하며 같은 위치에서 고전서사 속 인물로서 홍부의 특정한 상황을 묘사한다. 그 상황은 다름 아닌 홍부가 자신의 형인 놀부의 집에 찾아가 형수에게 주걱으로 뺨을 맞은 사건이다. 홍부는 주걱에 붙어있던 밥풀이 자신의 뺨에 달라붙자 더 때려달라고 보채다 형수의 손을 잡았고, 놀부는 그 광경을 보고 마누라 내놓으라고 안달을 한다. 화자가 언급했던 ‘뻔히 아는 이야기들’은 고전서사 속 홍부의 해프닝과 크게 다르지 않다. 그 당시에는 가장 긴급하고 아이러니하다고 생각되는 사건들도 지나고 나면 흔히 있었을 법한 일로만 여겨지는 보편적인 사건과 갈등들을 제시하기 위해 홍부의 서사가 묘사된 것이다.

홍부라는 인물은 보편적인 대상들에 대한 화자의 가치평가로 인해 긍정적인 인물로 제시된다. 화자는 이 시를 통해 인물의 고정적인 성격이나 가난에 대한 능동적이지 못한 태도 등의 문제를 상관하지 않고, 항상 존재했던 현실의 문제와 갈등으로부터 지금까지 버텨온 서민으로서의 홍부와 가장 보편적인 존재들에 대한 소소한 찬사를 보내고 있는 것이다. 홍부와 같이 홍부를 주걱으로 때리고 있는 놀부의 부인도, 부인의 손을 잡았다고 내어놓으라고 홍부를 쫓는 놀부도 어떤 특별한 권력을 쥐고 있는 사람이 아니라 홍부와 같은 층위의 인물로 판단된다. 산업화 이후 시대의 보편적 인물군상이란 가난하거나 그보다 좀 더 자본을 가지고 있거나 하는 문제와 상관없이 고난으로 가득 찬 세계를 견디고 살아온 한 뭉텅이의 인물과 다르지 않다. 화자의 시각으로 판단했을 때 무시무시한 세계체제담론에 의해 억압되어 있는 그들의 생활은 괴롭고 슬프기만 하지 않고 나름의 체계와 힘을 보유하고 있어 긍정적이다.

4. 흥부 이미지의 전승양상

지금까지 현대시에 나타난 고전소설 속 인물 '홍부'의 면모를 살펴보았다. 본 글은 현대시의 화자가 홍부라는 인물을 시에서 어떠한 방식으로 나타내고 있는지를 밝힘으로써 고전소설의 캐릭터가 실제로 현대적 텍스트에서 발현되고 있는 양상을 분류하고자 하였다. 현대시가 세계와 자아의 불일치를 내면화하고 있다는 측면을 염두에 두었을 때 홍부라는 개인은 먼저 놀부로 대표되는 자본의 세계에 부딪히게 된다. 이 부분에 해당하는 시에서 화자는 관찰자적 면모를 보이며 홍부의 개인적 삶을 묘사하고 그의 감정을 유추하기 위한 노력을 한다. 이 경향의 시에서 드러나는 홍부의 모습은 가족의 생계를 책임지는 가장으로서 가난이라는 눈에 보이지 않는 대상과 대치되며 인고(忍苦)의 삶을 살아간다. 홍부는 일상에 고통을 주는 가난의 문제를 비관적으로 판단하지 않고 막연한 미래의 행복만을 생각하며 현재의 고통을 감내한다. 개인과 세계의 관계에 있어 세계가 개인을 압도하는 경우에는 홍부의 감정이나 생활상보다 화자의 발언이 앞서게 된다. 이 부분에서는 홍부에게 가난을 안겨주는 산업화의 대표적 인물 놀부도 자기 형제와 다를 바 없는 상황에 처한다. 화자는 세계경제체제라는 거대한 대상 앞에 선 미미한 개인으로서 흥부와 놀부라는 보편적 인간상을 제시한 것이다.

자아와 세계의 불일치라는 점에서 흥부의 캐릭터는 그 어느 것이 우위를 차지한다고 해도 그 성격의 고정성을 완전히 탈피하지 못한다. 그는 세계의 압박이 더 심해졌음에도 불구하고 여전히 수동적이고 운명 수용적이다.

현대시의 흥부 캐릭터는 설화의 이입으로 '선(善)'의 이미지를 고수하려는 화자의 태도를 반영한 착하고 가난한 사람의 전형으로도, 거대담론을 강조하고자 하는 의도 하에 체제 앞에 그럴 수밖에 없는 존재로서 '운명 수용론자'로 시에 등장하기도 한다. 권선징악이라는 유교적 이념의 세계에서 선하고 평범한 사람인 흥부는 산업화라는 사회의 변화를 맞이하며 종전과 다른 가치를 잣대로 무능력한 이미지도 부여받는다. 그러나 자본이 이미 고착된 현대사회에서 여전히 운명을 변화시킬 능력을 확보하지 못한 상태에 있는 흥부는, 그리고 그런 상태에 놓일 수밖에 없는 놀부를 포함한 개인들은 보편적인 서민의 이미지로서 무지막지한 폭력적 세계에 대항하며 삶을 영위하는 존재로 그려진다. 이 과정을 통해 흥부의 캐릭터는 담론의 중심으로부터 주변부로 내려오게 된다. 화자의 관점과 그것이 반영된 상황을 뒷받침하는 서사적 요소로서 인물의 성격과 가치를 달리 평가받게 된다는 것이다.

<한중록>에 나타난 혜경궁 홍씨의 어휘 특징

장 은 하

1. 혜경궁홍씨의 어휘에 주목해야 하는 이유

작품에 나타난 저자의 어휘 선택과 문체는 그 작품의 내용을 뒷받침하는 형식적인 부분이라고 할 수도 있지만, 작가만의 어휘와 그 어휘가 바탕이 된 문체를 통하여 작가가 말하고자 하는 바가 독자들에게 더 명시적으로 전달될 수 있다고 생각한다. 이글에서는 한중록에 나타난 어휘 의미를 개인의 상징성을 바탕으로한 은유와 어휘 분절구조이론의 중화현상으로 보고자 한다.

아리스토텔레스의 수사학에서 시작된 은유는 문체론이나 시의 기법에서 다루어져 왔고, 참스키 중심의 변형생성문법에서는 은유의 논리적 또는 문법적 일탈성으로 인하여 은유가 선택제약에 위배되는 탈문법적 표현으로 취급되었다. 하지만 1980년대를 기점으로 인지언어학에서는 은유에 대한 종래의 사고방식에 커다란 인식의 변화를 가지고 왔다. 우리가 생각하는데 있어서 우리의 일상적 개념 체계는 그 본질에 있어 근본적으로 은유적이라는 것으로[1)] 은유의 위치는 언어에 있는 것이 아니라 정신영역을 다른 정신 영역에 의하여 개념화하는 것이다. 이러한 점에서 '은유'는 다의어가 되기 전의 단계라 할 수 있으며, 언어체계가 분절구조의 이해를 바탕으로한 대립의 층위라고 할 때, 은유 현상은 각 단어의 분절구조에 있어서 언어적 대립 기능의 유표성을 상실하는 중화현상의 예가 되는 것이다. 중화의 원리란 말하는 것에서 언어적 대립의 기능 작용의 한 중요한 예외를 만드는 것으로, 이 원리는 한 언어 안에 존재하는 대립이 말하는 것에서 무조건 항상 기능하는 것은 아니라는 사실을 의미한다.[2)]

인간은 어떤 사물을 바라보고 표현할 때, '은유(Metaphor)'라는 매우 자연스럽고 정상적인 기제에 의한 인지구조를 가지고 있는 것으로, 각 단어의 분절구조에 있어서 유사성(similarity), 사상(mapping), 유추(analogy)에 의하여, 그 대립현상을 상실하는 중화 현상을 일으키게 된다. 일반화된 은유, 대중화된 은유(사은유)뿐만 아니라 문학적인 은유도 이러한 현상으로 설명이 가능할 것이다.

한중록은 혜경궁의 세차례에 걸친 회고가 합쳐진 것으로 작자와 창작 시기를 정확히 알 수 있는 몇 안되는 작품이다. 1975년에 쓰여진 첫 번째 글은 자신의 일생은 회고한 것이고, 잘 알려진 두 번째 글은 임오화변 경과에 대한 서술이고, 세번째 글은 친정의 무죄에 대한 항변으로 나누어진다.[3)4)] 이러한 점에서 한중록에 쓰여진 어휘의미를 현시점의 어휘의미와 비교한다면 어휘분절구조 안에서 그 표제어가 어떻게 언어적 대립의 기능을 상실하는 지 살펴볼 수 있을 것이다. 이 글에서는 2장, 3장에서는 은유의 전반적인 흐름과 개념에 대하여 살펴볼 것이고, 4장에서는 어휘 대립의 중화현상, 5장에서는 한중록에 나타난 혜경궁홍씨의 어휘 의미에 대하여 구체적으로 살펴보고자 한다.

2. 어휘분절구조이론과 인지언어학

19C의 훔볼트는 모든 화자의 마음 속에 내재적으로 존재하는 창조

적인 언어 자체의 활동에 초점을 맞추고, 언어는 단지 문법가의 분석에 의한 죽어있는 성과물(Ergon, Werk, Erzeugtes)이라기 보다는 언어 자체의 창조적인 활동(Energeia, Tätigkeit, Erzeugung)이라고 말하고 있으며, 또한 이러한 언어 자체의 창조적인 활동은 각 민족마다의 의미적, 문법적 구조인 내적언어형식에 기반을 두고 유기체로서 변화하게 된다고 말하고 있다.[5] 훔볼트에 시작된 이러한 언어 연구의 흐름은 제자인 바이스게르버에게도 전해지는데 바이스게르버는 언어의 보편적 생산기능에만 국한하지 않고 언어가 지니는 제2의 본질적 양상으로서 역사와 사회까지도 끌어들이고 있다.

어휘분절구조이론은 바이스게르버(L. Weisgerber)의 동적언어이론 중 내용중심의 고찰을 어휘 차원에서 연구한 것이 '어휘분절구조 이론'(Wortfeld-Theorie)이다.[6] 그의 이론의 핵심은 '에네르게이아'(energeia), '내적 언어형식'(innere Sprachform), '세계관'(Weltansicht)이라는 용어에 잘 나타나고 있다. 모국어 공동체의 각 개인은 언어가 인간에게 제공해주는 대로 태어날 때부터 지각하고 행동하게 되며, 모국어 속에 내포되어 있는 지닌 세계에 대한 사전 이해(Vorverständnis)를 통하여 사물을 포착해내는 방식을 터득한다.[7] 바이스게르버에 의하면 인간의 내면세계와 외부세계의 사물 사이에 '중간세계'라는 것이 설정되고, 언어공동체의 각 구성원은 이러한 중간세계를 통해서 만이 객관세계를 관조할 수 있다고 한다. 동적 일정한 세계관을 가진다는 것은 언어공동체와 외부세계의 사물사이의 중간세계를 설정한다는 것이며, 이러한 중간세계는 언어공동체와 민족이 주체가 되어 개개인의 의식과 외부세계를 연결짓는 통로자의 역할을 하고 있다는 것이다. 중간세계의 설정은 동일한 객관세계에 대한 언어화가 여러 나라마다 다르다는 점과 동일한 언어라 할지라도 인간생활에 있어서의 친근감의 정도에 따라 분절방식이 상이하다는 것으로 증명이 될 수 있을 것이다. 중화의 원리도 이 중간세계에서 이루어지는데 중화의 원리란 말하는 것에서 언어적 대립의 기능 작용의 한 중요한 예외를 만드는 것이다. 이러한 훔볼트, 바이스게르버의 동적언어로서의 '에네르게이아'의 개념, 모국어적 언어공동체를 바탕으로한 중간세계의 개념, 중화의 원리는 문화적 요소를 바탕으로 언어 체계 안에서 언어의 역할의 다양성을 강조하였다.

20세기에 등장한 인간의 인지과정을 바탕으로한 인지의미론은 언어 체계 안에서의 언어의 역할 뿐만 아니라 인간 개개인의 신체화와 상상력을 바탕으로 인간의 주체적인 인지 책략에 대하여 다루고자 하였다. 언어 표현의 의미는 인간의 마음의 산물이고, 언어 표현의 의미는 인지체계 안에서 개념적 내용의 조직을 범주화하며, 언어의 많은 부분은 사람의 신체적 경험을 바탕으로 개념화된다는 이 원리는 동적언어이론의 문화적 요소를 바탕으로한 언어 공동체를 통한 중간세계의 개념, 중화의 원리는 언어체계 안에서만 언어의 의미를 파악하지 않고 언어 외적인 면에서 언어의 의미를 찾고자 했다는 점에서 공통점이 있다. 특히 전체 분절구조 안에서 대립의 의미를 상실하는 중화의 의미는 인지의미론에서 어떤 낱말의 의미를 다른 의미의 개념도구를 이해하는 방식인 은유와 같은 사고방식의 한 예라고 할 수 있다.

바이스게르버는 별자리 '오리온'을 보기로 제시하면서 정신적 중간세계의 본질에 대해 해명한 바 있다. 즉 하늘에는 실제로 무수한 수의 별들만이 존재하고 어떠한 질서나 어떠한 별자리도 존재하지 않지만, 우리 인간의 의식 속에서 정신적인 대상물로 별자리가 인식되어 오리온 별자리가 존재한다고 말하고 있다. 이러한 점은 인간의 신체화된 여러 가지 경험을 바탕으로 하여 수 많은 대상물들이 인지된다는 것을 말하는 것으로 우리의 일상 언어가 직간접적인 경험, 문화적 세뇌, 상상화에 의한 표현 의미를 내포한다고 할 수 있다. 이러한 점은 인지의미론과 동적언어이론이 어느 정도 공통점을 가지고 있다. 하지만 인지의미론에서는 인간의 뇌에 의한, 언어 사용자의 인지작용에 더 초점을 두어 언어표현을 파악하고 있고, 동적언어이론에서는 언어사용자에 의해 반영된 언어 체계에 더 많은 역할과 비중을 두었기 때문에 방법론적인 면에서 차이가 있다고 하겠다. 체험주의와 경험주의를 바탕으로 한 원형이론, 범주화, 개념화는 인간의 인지작용의 핵심으로 언어체계 밖의 인간의 지각, 인지, 추론등에 대하여 기존의 이론들이 설명할 수 없었던 부분에 대하여 더 객관적이고 논리적으로 접근하였다. Fillmore의 틀의미론, Langacker의 인지문법, 레이코프의 ICMs에 바탕을 둔 은유와 환유이론등은 우리의 뇌의 이상적 인지모형을 제시한 것이라 할 수 있다. 이러한 예들은 동적언어이론의 중간세계를 통하여 그 나라 언어공동체의 고유하고 독자적인 언어형태로 나타나고 있다.

바이스게르버는 이러한 중간세계 이론을 바탕으로 언어의 전 영역을 포괄할 수 있는 언어 연구의 4단계를 설정하였다. 즉, 바이스게르버는 언어연구를 일차적으로 문법적 조작의 정적인 고찰과 언어학적 조작의 동적 고찰로 크게 나누고 있다. 문법적 조작의 정적인 고찰은 다시 '기능'과 '의미'(Funktion, Beudeutung)를 그 주된 개념으로 하는 형태중심의(gestaltbezogen) 고찰과 '내용'(Inhalt)을 그 주된 개념으로 하는 내용중심의(inhaltbezogen) 고찰, 언어학적 조작의 동적 고찰은 '포착'(Zugriff)을 그 주된 개념으로 하는 직능중심의(leistungbezogen) 고찰과 '타당성(Geltung)'을 그 주된 개념으로 하는 작용중심의(wirkungbozogen) 고찰로 각각 분류함으로써 궁극적으로 4단계 연구과정을 설정하고 있다.[8] 형태중심 고찰의 주요 대상은 언어의 음성적 및 감각적인 측면으로 '내용' 측면에 대한 형태 중심의 전망을 하게 되며 이러한 전망은 관계 개념인 의미(Beudeutung)로써 나타나게 된다. 내용중심의 고찰에서는 언어의 정신적인 측면(geistig), 즉 내용을 내용 자체의 관점에서 해명하고 있는데, 바이스게르버는 언어 요소의 내용을 단순히 음성 측면과 대립하는 것으로서가 아니라, 인간과 객관세계 사이에 설정될 수 있는 정신적인 중간층의 사유 구성체(Gedankengebilde)로서 간주하고 있다.[9] 직능중심의 고찰에서는 민족마다의 고유한 정신을 언어 자체에

끌어들이게 됨으로써 세계를 언어화하는 '포착'(Zugriff)의 과정을 거치게되며, 작용중심의 고찰에서는 이러한 포착된 결과물의 타당성이 모국어 공동체에 의하여 검증을 받게 된다. 여기서 형태중심의 고찰을 제외한 내용중심의 고찰, 직능 중심의 고찰, 작용중심의 고찰은 발화자의 정신의 영역을 배제하고서는 다룰 수 없는 부분이므로 인간의 인지작용의 과정을 부분적으로 보여준 예라고 할 수 있으며, 그 구체화된 내용이 인지의미론의 여러가지 인지모형에 의하여 나타난 개념화 방식이라고 할 수 있다.

3. 은유의 개념과 종류

고대 그리스 시대부터 은유(metaphor)에 대한 견해는 어떤 의견에 대하여 찬성하거나 반대하는 데 있어서 청자에게 영향을 미치거나 행동을 취하도록 영향을 주는 말의 기술인 수사법의 한 종류로 받아들여졌다. 흔히 처음으로 은유를 분석한 사람을 아리스토텔레스(Aristotle)라고 알고 있지만, 사실 소크라테스(Socrates)나 플라톤(Plato)은 오늘날까지 언어에 대한 우리의 생각을 지배해 온 수사적(rethoric)인 견해를 가지고 있었다. 소크라테스(Socrates)는 수사적인 발화나 문체적인 발화를 토론에서 이기고자 할 때에 어떤 현명함으로 보았지 진정한 지식으로는 보지 않았다.[10)]

전통적인 철학에서 가장 영향을 많이 미친 학자는 아리스토텔레스(Aristotle)인데, 그는 그의 저서 시학(Poetics)에서 은유에 대하여 최초로 자세하게 분석하였다. 아리스토텔레스(Aristotle)는 은유는 한 사물에서 다른 어떤 것에 적절하게 명칭을 부여하는 것으로 구성된다고 하면서 전의(transference)는 (i) 속(genus)에서 종(species)으로 또는 (ii) 종(species)에서 속(genus)으로 또는 (iii) 종(species)에서 종(species)으로 또는(ⅳ) 유추(analogy)를 통해서 이루어진다고 하고 있다.[11] A.Darmesteter는 1885년 제2학기가 끝날 무렵 소르본느에서 행한 다섯 번에 걸친 강의를 토대로 해서 단어의 의미론적 연구에 관한 '낱말의 상태(LA VIE DES MOTS)'라는 책을 간행하였다. 그는 낱말의 여러 가지 의미변화의 유형으로 은유를 설명하고 또 은유의 발전과정에 대하여 설명하고 있는데, 은유는 두 대상이 서로 비교될 수 있는 공통 특질에 대해서 한 쪽의 이름이 다른 쪽에 적용되는 비유법의 하나라고 보고 있으며, 은유의 발전과정을 두 가지 시기로 나누었다. 첫째 시기는 은유가 아직도 생생하여 낱말이 비록 둘째 것을 가리킬 지라도 아직 첫째 것의 이미지를 눈에 선하게 불러일으킬 수 있는 단계라고 하고, 두 번째 단계는 이미 첫째 것의 이미지를 거의 잊어버리게 되어 낱말은 둘째 것을 불러일으키는 것만으로 끝나게 되는 단계라고 하고 있다.[12]

20세기에 들어 논리실증주의자들 역시 언어를 반드시 문자적인 것이라고 바라보았는데, 논리실증주의자들은 언어의 목적은 실재(reality)를 문자적으로 기술하는 것이며, 테스트할 수 있어야 하고 또한 증명될 수 있어야 한다고 하였다. 모호한 지시체를 가지고 두 개의 참 가치를 가진 은유는 논리외적인 상태로 간주되었기 때문에 적어도 과학이나 철학의 관점에서는 의미가 없다고 하였다. 즉, 언어가 처음 연구되어진 이후로 은유의 정확한 성질은 언어학자와 철학자들 사이에서 흥미의 대상이 되어 왔지만, 은유는 언어의 고유 영역에서 벗어나 대부분 주변적인 위치를 차지하였으며, 대부분의 사람들에게 있어서 은유는 단순히 시나 문학에서 상상의 구에 사용되는 부차적인 현상으로 받아들여졌다. 하지만 20세기 이후에는 언어의 상징성에 대한 연구가 지속적으로 이루어졌는데 은유에 대하여 일탈이나 단순히 장식적인 것으로만 보지 않고, 언어의 사용에 존재하는 원리이며 은유 없이는 평범한 담론의 세 문장도 거칠 수 없다고 본 것이다. 은유에 대한 연구는 한 단어 사용에서의 변화라는 것에 그치지 않고 한 단어나 구에 의해

지지받거나 활동적인 개별 사물의 두 사고간의 상호작용이라고 여겨 은유의 영역을 단어에서 문장, 단락, 텍스트까지 확장하였다. 인간의 인지는 기본적으로 문자적이라기 보다 은유적이며, 이러한 것을 사고의 상호작용으로부터 파생되어 나왔다고 할 수 있다.[13)]

1960년대 이래로 생성언어학에서는 일상언어에 나타나는 은유에 주목하였으나, 그것은 "낱말의 의미는 필요충분 자질들의 집합으로 표시된다."는 고전범주화의 원리에 위배되는 것이기에 일탈된 표현으로 간주하였으며, Searle은 은유에 대한 화용론적 접근을 하였다. 즉, 의미론과 화용론이 구별되어야 함을 전제로, 주어진 발화가 일단 대화적으로 맞지 않는다고 인정될 경우에 이 발화를 일련의 화용론적 해석규칙에 적용하려고 하였다. 그리고 인지문법이 발달한 이후 은유에 대한 보다 많은 논의가 이루어졌다. Miller는 은유를 명사은유(nominal metaphor), 술어은유(predicate metaphor), 문장은유(sentential metaphor)의 셋으로 나누어 이에 따르는 각각의 규칙을 설정하였다. 이런 심리학적 모형은 전통이론의 비교이론(comparison theory)을 구체화한 것이다. Lakoff & Johnson(1980)에서는 은유를 경험의 한 영역, 즉 '근원영역'에서부터 다른 경험의 영역, 즉 '목표영역'으로의 체계적인 인지사상(cognitive mapping)이라고 규정하고, 이를 '개념적 은유(conceptual metaphors)'라고 하였다. 개념적 은유의 속성은 고정된 대응관계를 가지고 있으며, 이것은 또 공통의 경험에 의해서 이해되며 언어 속에 널리 관습화되어 있다고 하고 있다. 또 근원영역과 목표영역은 존재론적-인식론적 대응관계를 가지고 있는데, 근원영역에서의 함의는 목표영역을 추리하는데 사용된다고 하고 있다.[14)] 그리고 그 이후에 Ronald Langacker(1987), George Lakoff(1993), E. C. Way(1991), Andrew Goatly(1997) 등에 의하여 은유에 대한 연구가 이루어졌다.

지금까지 고대 그리스시대부터 생성언어학의 시대를 거쳐, 인지언어학에서 은유에 대한 관점을 살펴볼 때 인간은 은유적인 개념체계를 분명히 가지고 있으며, 일상언어에서 쓰이는 은유뿐만 아니라 문학적인 은유까지도 일탈된 표현이 아니라 매우 자연스럽고 정상적인 기제라고 받아들여진다. 레이코프에 의하여 제안된 이상적 인지모형(ICMs)의 대표적인 예인 은유는 개념적 은유이론, 영상도식이론, 개념적 혼성 이론으로 구분되어질 수 있다.[15)]

1) 개념적 은유이론[16)]

① 구조적 은유(structual metaphor)

한 개념이 다른 개념의 관점에서 은유적으로 구조화되는 경우를 말하는 것으로 예를들면 '논쟁은 전쟁(argument is war)'의 경우 '논쟁'은 '전쟁'의 관점에서 부분적으로 구조화되고 이해되어 지는 것이다.

예) · 너의 주장은 방어될 수 없다.(Your claims are indefensible)
· 그는 나의 논증의 모든 약점을 공격했다.(He attacked every weak point in my argument)
· 나는 그의 주장을 분쇄했다.(I demolished his argument)

② 지향적 은유(orientational metaphor)

어떤 개념을 다른 개념의 관점에서 구조화하는 것이 아니라 오히려 상호 관련 속에서 개념들의 전체 체계를 조직하는 은유적 개념으로 이 은유의 대부분의 개념은 위-아래, 안-밖, 앞-뒤, 접촉-분리, 깊음-얕음, 중심-주변 등의 공간적 지향성과 관련이 있다. 예를 들어 행복이 위(up)라는 공간적 지향성을 갖는 다는 것은 'I am feeling up today' 같은 영어표현을 생성한다.

예) · 행복은 위이다. 슬픔은 아래이다.(Sad is down)

· 나의 사기가 올랐다. (My spirits rose)

· 나는 의욕이 떨어졌다.(My spirits sanks)

③ **존재론적 은유(ontological metaphor)**

개체은유, 물질은유, 그릇은유를 들 수 있는데, 우리는 물건과 물질의 관점에서 우리의 경험을 이해함으로써 경험의 부분들을 선택하고 그것을 동일한 종류의 분리된 물건이나 물질로서 다룰 수 있게 된다. 일단 우리의 경험을 물건이나 물질로서 식별할 수 있다면 우리는 그것을 지시할 수 있고, 범주화할 수 있고 무리지을 수 있으며 양화할 수 있다. 그리고 이 방법으로 그것들에 대하여 사유할 수 있다. 존재론적 은유의 범위는 광범위한 것으로 지시, 양화, 양상식별, 원인식별, 목표설정 및 행동의 동기부여 등으로 나타난다. 그릇 은유는 땅영역, 시야, 사건, 행동, 활동, 상태 등으로 나타나고 있다.

예) · 인플레이션은 개체이다.(Inflation is entity)

· 나는 인플레이션이 지긋지긋하다.(Inflation makes me sick)

· 그것은 멋진 포구였다.(That was a beautiful catch)

· 너는 마음속에 너무 많은 적개심을 담고 있다.(You have got too much hostility in you)

· 그는 내 시야 안에 있다.(I have him in sight)

· 그는 사랑에 빠져 있다.(He is in love)

2) 영상도식 이론

① 그릇도식

그릇도식은 '안', '경계', '밖'의 구조로 이루어진 영상도식으로 우리는 몸을 하나의 그릇으로 경험하기도 하고 그릇 속에 있는 사물로 경험하기도 한다.

예) 정신이 나갔다.
정신이 {들었다/돌아왔다}
열린 사고
닫힌 사고[17)]

② 연결도식

연결도식은 두 개체의 연결 구조에 의한 영상도식으로 어머니와 탯줄로 연결되어 있었던 우리의 신체적 경험으로부터 시작된다. 이 도식에서 주로 연결은 긍정적 가치를 분리는 부정적 가치를 지닌다. 예) 문우들이 하나 둘 흩어지고 세상을 버리게 되자 그들의 글을 찾아 모아 총서로 엮어내기도 했다.(경향신문 2007년 8월 4일)[18)]

3) 개념적 혼성이론

개념적 혼성이론은 기존의 개념적 결합을 극복하기 위하여 나온 것으로 이종열(2002)에서는 혼성 공간을 통한 개념적 혼성 작용을 강조하고 있으며, 또한 이 모형에서는 두 개의 정신 공간을 입력 공간으로 해서 발생하는 인지작용에 대하여 언급하고 있다.[19)]

예) This surgeon is butcher.
저 의사는 백정이야.

4. 어휘대립의 중화현상

분절구조의 이해는 관점의 발견을 의미하게 되고, 일반적으로 관점은 어휘의 대립이라는 양상으로 구체화되는 것으로, 코세리우(E. Coseriu)는 음운구조에서 어휘구조를 유추하여 '어휘분절구조(Wortfeld)'[20]는 음운론에 있어서 자음 또는 모음의 체계에 대응하고 있으며, 그것들과 마찬가지로 변별적 특징으로 분석될 수 있다고 하고 있다.

코세리우(E. Coseriu)와 나이다(E. A. Nida)에 의한 대립항 사이의 관계에 의한 대립의 유형과 언어적 대립의 기능의 한 예외를 만드는 '중화'현상을 배해수(1994)와 임지룡(1987)을 중심으로 살펴보면 다음과 같다.

1) 상하대립

원어휘소가 그것이 포함하는 어휘소와의 사이에서 성립되는 대립으로 이것은 상위의 관점과 하위의 관점 사이의 관계에 근거한다. 즉, 원어휘소에 비하여, 어휘소에는 하나 이상의 관점이 더 개입되어 있는 것이다. 예를들면, [집짐승]이라는 원어휘소와 그것이 포함하는 [고, 개, 돼지, ……] 등의 어휘소 사이에서, 그리고 원어휘소 [탈것]과 그것에 포함되는 어휘소인 [자동차, 배, 비행기, 기차, ……] 등의 사이에서 상하대립이 성립된다.

2) 단계적 대립(계단대립)

음운에 있어 단계적 대립이란 '대립 항이 어떤 동일한 성질의 정도의 상이 또는 등급에 의해서 특징지워진다'고 하고 있는데, 이에 유추하여 코세리우는 온도를 표시하는 형용사의 분절구조를 표시하고 있다. 거기서 각각의 형용사는 온도라는 동일한 성질에 관해서 정도의 상이 또는 등급을 표시하고 있고 내용적으로는 단계적 대립을 이루고 있다. 배해수(1994)에 나타난 국어의 예에서는 온도어에서 '뜨겁다(덥다), 따뜻하다, 미지근하다, 시원하다, 서늘하다, 차다, (춥다)' 사이의 대립이나 친척 명칭의 '아들, 손자, 증손자, …' 사이의 대립이 있다.

3) 등치적 대립

등치적 대립이란 '개개의 항 사이에는 어떠한 서열도 인정되지 않고, … 여러 가지 항이 논리적으로 동등하다'라는 관계를 나타내는 것으로 예를들면 빛깔형용사에 있어서 '붉은, 오렌지빛의, 누른, 푸른, 파란등'의 각각의 형용사는 등치적 대립을 이루고 있다. 배해수(1994)에 나타난 국어의 예를 살펴보면 '집짐승' 아래에 포함되는 '개', '소', '돼지'들 사이의 대립이나, <어버이 항렬 친척> 아래에 포함되는 '시어머니, 장모, 이모'들 사이의 대립이 이에 해당한다.

4) 유무적 대립

음운에 있어서 유무적 대립이란 '대립 항의 한 쪽은 어떤 특징의 존재에 있어서 특색 지워지고 다른 쪽은 그 특징의 존재하지 않는 것에 의해서 특색 지워진다'는 것으로 국어의 예를 살펴보면 <존재>라는 관점을 축으로 하여 성립되는 '있다/없다'의 대립, <성>이라는 관점을 축으로 하여 성립되는 '남자/여자, 형제/자매, 아버지/어머니'의 대립이 이에 해당한다.

5) 중화(neutralization)

중화는 일정한 관점에 따라 서로 대립하던 어휘소들이 특정한 환경에서 그 대립의 기능을 상실하는 경우에 해당하는 것으로 예를들면 [형제]와 [자매]는 <성>이라는 관점을 근거로 서로 대립하지만, 전자가 자매들 사이에서 사용될 때는 [자매]와의 대립적인 기능을 상실하게 되는 경우를 말한다. 이러한 어휘소는 내용의 범위가 더 넓은 낱말로, 또 경우에 따라서는 원어휘소에 위치하는 낱말로 이해될 수 있다.

중화실현성의 기준이란 정도반의어에서 중화가 실현된 쪽을 무표항, 대립이 유지되고있는 상태를 유표항으로 보는 입장으로서, 적극적인 쪽을 무표항과 유표항으로, 소극적인 쪽을 유표항으로 규정하고 있다.

5. 한중록에 나타난 어휘와 중화현상

한중록에 나타난 저자의 어휘 선택과 문체는 그 작품만의 고유한 가치를 뒷받침하는 부분이며, 작가의 개인 상징성을 바탕으로한 어휘 선택을 통하여 작가가 말하고자 하는 바가 독자들에게 더 명시적으로 전달될 수 있다고 생각한다. 한중록에 나타난 혜경궁 홍씨의 임오화변에 대한 회고와 친정에 대한 뼈저린 아픔은 이 작품의 어휘 선택과 문체에 상당한 영향을 준 것으로 추정되어진다.

전문을 통하여 나타나는 '원통코 원통토다', '원통원통한 바는', '원통원통할 뿐이로다', '원통원통이로다', '망극망극하니라', '망극망극 차마 거들지 못할 말이 많고', '망극망극하니', '망극망극하더니', '망극망극한 병환으로', '흉한 모함이 망극망극하였느니라', '서럽고 서럽도다, '통곡통곡이로다', '통곡통곡할 뿐이로다', '섧고 섧던', '설움이 극진하신지라', '섧고 섧도다', '지극한 아픔', '독물', '일물', '모년' 등의 표현은 인지의미론적 관점에서 볼 때 개인상징을 바탕으로한 은유적인 표현이라고 할 수 있으며, 더 나아가 이러한 표현은 어휘가 다의어화되기 전 단계인 중화의 단계라고 추정할 수 있다. 즉 혜경궁 홍씨는 본인의 말로 표현할 수 없을 정도의 슬픈 감정, 회한 등을 부정적인 어휘 선택의 지속적인 반복, 상반된 내용을 함의하고 있는 어휘 선택의 결합, 반어법, 감탄체를 통하여 나타내고 있는 것이다. 그 구체적인 내용을 살펴보면 다음과 같다.

① 세상에 나 같은 사람이 어이 있으리오. 원통코 원통토다.[21)]

② 영조께서 그 아드님의 병환은 모르시고, 다 불효한 것으로만 들리시니, 원통원통할 뿐이로다.[22)]

③ 다만 원통원통한 바는 의대 병환으로 무수히 옷을 갈아입으시다가 어찌어찌하여 생무명 옷 한 벌을 입으시니, 그 날도 생무명 의대를 입고

계신지라.[23]

④ 그런데 이제 어디 가야 정조의 한 글자 서신이나 얻으리오. 원통원통이로다.[24]

⑤ 이 바람에 때가 지나도록 발상과 거애를 못 하니 더욱 망극망극하니라.[25]

⑥ 경모궁께서 저어체에게 '잘 안 해준다'하고 편지를 써 보내신 것 가운데 망극망극 차마 거들지 못할 말이 많고[26]

⑦ 영조께서 휘령전에 좌정하시고 칼을 안고 두드리시며 그 처분을 하시니라. 이 모습이 차 마 망극망극하니 내 어찌 기록하리오.[27]

⑧ 본집으로 나온 후 아버지도 뵙지 못하고 망극망극하더니, 그 이 날 아버지께서 영조의 하교를 받아 집으로 나오시니라.[28]

⑨ 경모궁께서도 망극망극한 병환으로 인하여 만만 어쩔 수 없는 일을 당하신 것이라.[29]

⑩ 대저 1760년과 1761년부터 나라에 큰 변괴가 나고 내 집에는 흉한 모함이 망극망극하였느니라.[30]

⑪ 모르는 이는 세자를 잘 보필하지 못했다 책망하나, 누구에게 구구한 변명을 하리오, 그 저 겪으신 일이 험하다 할 뿐이니, 서럽고 서럽도다.[31]

⑫ 우리집 문호가 지극히 성하니 저물주의 꺼림인지 귀신의 노함인지, 1755년 겨울 작은 아버지의 실언 한마디로 집안이 망하기에 이르니, 이 어떤 하늘이뇨. 통곡통곡이로다.[32]

⑬ 삼십년 동안 나를 무겁게 짓누른 망극한 일을 저희들은 그저 다른 사람을 해치는 계교로 삼고 함정에 빠뜨리는 수단으로 삼으려 할 뿐이니, 통곡통곡할 뿐이로다.[33]

⑭ 내 섧고 섧던 마음을 손자에게 붙여 만세 동안 태평하기를 기약하였더니, 국운이 불행하 여 1786년 문효세자가 죽으니 주상이 다시 외로워지고 국세의 위태함이 새로운지라.[34]

⑮ 섧고 섧도다. 1764년 세손인 정조를 효장세자의 양자로 만드신 일이야

차마 어찌 일컬으리오.[35)]

①부터 ⑮까지는 부정어를 반복 사용함으로써 본인의 감정을 최대한 강조하려하고 있다. 이러한 어휘의 사용은 혜경궁 홍씨만의 독특한 어휘선택과 문장표현이라고 할 수 있는데 책의 전반에 걸쳐 이러한 표현은 지속적으로 자주 등장하고 있다. 인지의미론적 관점에서 볼 때 이러한 표현은 개인의 고유한 직간접접인 경험을 바탕으로 저자의 고유한 사고를 개념화하는 과정이라고 할 수 있으며, 그러한 상징의미는 어휘분절구조의 중화를 바탕으로한 은유적인 표현이라고 말할 수 있다.

⑯ 경모궁께서 답답함은 더욱 성하고 설움이 또 극진하신지라.[36)]

⑰ 하지만 지극한 아픔은 마음에 있고 집안의 화색은 천만 가지로 박두하니, 내 가슴을 어루만져 애통하며 죽어 보지 말고자 하니라.[37)]

⑯의 '설움이 또 극진하신지라'라는 표현은 현대국어에서 일반적으로 '설움이 북받치다, 설움이 극에 달하다'와 같은 표현으로 나타내어지지만 저자는 부정어와 긍정어의 결합을 통하여 '설움이 북받쳐오르다'는 표현을 강조하고 있는 것으로 보여진다. ⑰의 '지극한 아픔' 또한 '지극한 정성' 같은 표현으로 쓰여져야 하나 혜경궁 홍씨만의 어휘선택으로 인하여 각각의 어휘분절구조에 있어서 그 의미가 중화되는 은유적인 표현이라고 할 수 있다.

인간은 어떤 사물을 바라보고 표현할 때, '은유(Metaphor)'라는 매우 자연스럽고 정상적인 기제에 의한 인지구조를 가지고 있는 것으로, 관용어의 표현에 나타나는 함의적인 방식을 벗어나게 되면 이것은 각각의 낱말의 어휘분절구조에서 대립의 가치를 상실하는 중화라고 할 수 있을 것이다.

⑱ 후겸이는 어려서부터 괴상한 독물이라.[38]

⑲ 어린 것이 오죽하리오마는, 조금도 두려운 빛 없이 당돌히 구니, 그 일을 생각하면 유별 한 독물이 아니면 어찌 그리하리오.[39]

⑳ 종수는 일생 동안 임금께 직언 한 번 한 일 없고,그른 일 바르게 한 일 없으며, 한다는 일이라고는 우리 집 치기와 옥사 내기뿐이라. 이 일에만 소매를 걷어붙이고 달려드니, 만고에 이런 뱀 같고 전갈 같은 독물이 다시 어이 있으리오.[40]

⑱~⑳의 '독물'은 대상에 대한 감정의 분노가 집약적으로 나타난 어휘 선택이라고 할 수 있으며, 저자만의 인지구조와 책략에 의하여 구조화된 개인적 상징이며 은유적 표현이라고 할 수 있다. 이러한 표현은 혜경궁 홍씨의 분노가 어느 정도인지 이 문장에 나타난 어휘 선택과 문체를 통하여 추정할 수 있다. 이러한 표현은 '독물'이라는 표현이 인간의 개념화 과정에서 물건에서 사람으로 다의어화되기 전의 과정을 보여주고 있다.

㉑ 너희가 말한 일물이 도대체 무엇이냐[41]

'일물'은 사도세자가 갇혀 죽은 뒤주를 언급하는 것으,로 저자가 아닌 정조에 의해 언급된 부분을 인용하고 있지만 임오화변의 일을 일반화시켜 언급할 수 없음이 이 표현에 잘 나타나 있으며 이러한 점은 사물을 바라보는 개념적 은유의 한 예라고 할 수 있다.

㉒ 대저 모년 일을 시방 사람이 뉘 나같이 알며 설움이 뉘 나와 선왕 같은 이 있으며, 경모 궁께 사이 없는 정성이 뉘 나 같은 이 있으리오.[42]

'모년'은 영조38년(1762)에 사도세자가 화를 당한 일을 나타내는 것으로, 그 해에 대한 언급을 꺼려함이 이 어휘 선택에 나타나 있다. 이것은 '일물'과 함께 그 시대의 사람들이 임오화변과 관련된 일, 이러한 표현은 중화현상 즉, 은유의 대표적인 예라고 할 수 있다. 즉, 객관세계를 어떠한 방식으로 관조하는지 나타내고 있다.

지금까지 한중록에 나타난 어휘 의미를 개인의 상징성을 바탕으로한 은유와 어휘 분절구조이론의 중화현상으로 보고자 하였다. 전문을 통하여 나타나는 반복적으로 나타나는 '슬픔', '한'에 관련한 어휘는 혜경궁 홍씨만의 어휘선택의 특징으로 볼 수 있으며, 이러한 관점은 개인의 직접적인 경험과 간접적인 경험, 더 나아가 혜경궁 홍씨의 내재적 심리 상태에 기반한 인지구조가 반영된 것이라 할 수 있다. 남편을 잃은 슬픔, 지아비를 잃은 슬픔, 더 나아가 친정의 고난의 과정을 통하여 혜경궁 홍씨는 상징적인 어휘를 바탕으로 글을 쓰지 않을 수 없었던 것으로 추정할 수 있다.

원통코 원통토다', '원통원통한 비는', '원통원통할 뿐이로다', '원통원통이로다', '망극망극하니라', '망극망극 차마 거들지 못할 말이 많고', '망극망극하니', '망극망극하더니', '망극망극한 병환으로', '흉한 모함이 망극망극하였느니라', '서럽고 서럽도다, '통곡통곡이로다', '통곡통곡할 뿐이로다', '섧고 섧던', '설움이 극진하신지라', '섧고 섧도다', '지극한 아픔', '독물', '일물', '모년' 등의 표현은 작품에 나타난 작가의 정신세계와 중간세계를 엿볼 수 있는 중요한 단서가 될 수 있을 것이며, 더 나아가 수사법이 아닌 작가만의 정신세계를 나타낸 은유적인 표현이며, 다의어화 되기 전의 단계인 중화의 표현이라고 할 수 있다.

지방자치단체의 고전 캐릭터 활용 현황

안 남 일

1. 캐릭터(Character)에 대한 이해

지방자치제의 시행 이후 지방자치단체는 스스로의 아이덴티티를 구축하기 위해 많은 예산을 투입해서 자치단체의 이미지와 지역의 생산품 및 특산품을 홍보하는 데 노력을 기울여 왔다. 단순히 지역이미지 구축이라는 측면을 벗어나 보다 구체적으로 다른 지역과의 차별성을 부각시키기 위해 CI(Corporate Identity), BI(Brand Identity), 브랜드 슬로건(Brand Slogan), 캐릭터(Character), 마스코트(Mascot), 마크(Mark) 등의 형태로 제작하였다. 이 중에서도 특히 '캐릭터'는 지역의 이미지 제고와 경제 활성화 방안으로 적극 추진하고 있는 실정인데, 다른 어떤 것 보다도 캐릭터는 지역에 대한 관심과 함께 현지 주민들의 적극적인 참여 의식, 그리고 지역 문화 증진에 도움을 준다고 하겠다. 이러한 맥락에서 지방자치단체의 캐릭터 중 고전 캐릭터가 어떻게 구성되어 활용되고 있는지를 살펴보고자 한다.

우선 캐릭터에 대한 일반적인 정의를 살펴보자. 캐릭터는 일반적으로 어떤 대상물의 보편적 속성에 강한 개성을 불어넣어 특징적인 속성을 지닌 새로운 개체로 표현된 것을 말한다.

캐릭터는 분야에 따라 다양하게 활용되는만큼 그 분류방법도 다양하다. 기본적으로는 사용목적별 캐릭터와 캐릭터를 개발하게 되는 소재별 캐릭터로 나눌 수 있는데, 이를 표로 정리하면 다음과 같다. 하지만 목적별 분류든 소재별 분류든 그 구분에 있어 경계가 명확하게 구획되는 것은 아니다. 다만 캐릭터에 대한 기본적 이해를 위해 대략적인 경계 구분을 한 것으로 이해해야 한다.

1) 목적별 분류

구분	내 용
기업 단체 캐릭터	기업이나 지자체 및 각종 단체가 상징으로서 사용하는 캐릭터
브랜드 캐릭터	한 제품 또는 제품군의 독특한 이미지를 형성하기 위해 사용되는 캐릭터
이벤트 캐릭터	각종 행사, 체육대회, 박람회 등에 사용되는 엠블렘이나 마스코트 등의 캐릭터
스타 캐릭터	연예인 스포츠맨 등 대중적 인지도가 높은 인물 캐릭터
광고(프로모션) 캐릭터	마케팅 전략의 일환으로 광고나 프로모션을 위해 개발된 캐릭터
팬시 캐릭터	독자적인 제품푼의 주인으로서 활용하는 캐릭터. 전문 캐릭터 을 통한 유통말이 발달
캠페인 캐릭터	사회 계몽과 공익 광고의 전달자 역할을 담당하는 캐릭터
게임 캐릭터	프로그램 캐릭터라고도 하며, 최근 게임 매니아들이 급속도로 늘어나면서 등장한 캐릭터
사이버 캐릭터	인터넷과 사이버공간에서 활약하는 캐릭터

2) 소재별 분류

구분	내 용
인물 캐릭터	실존하는 사람, 유명인과 같은 엔터테이너와 스포츠 스타의 인물 캐릭터
동물 캐릭터	캐릭터의 소재 중 인물과 더불어 폭넓게 쓰여지는 캐릭터
자연물 캐릭터	흔히 아동용 동화나 애니메이션에서 찾아볼 수 있는 캐릭터

역사 전통 캐릭터	신화, 민담, 전설 등의 이야기나 역사 속에 등장하는 캐릭터
인공물 캐릭터	자연물과 대비되는, 인위적으로 가공한 캐릭터
상품 캐릭터	상품이나 물건 자체를 의인화한 캐릭터
복합적 캐릭터	여러 가지 소재가 복합적으로 구성된 캐릭터

다음으로 캐릭터의 기본적인 구성요소를 살펴보자.

정종헌의 「축제 이벤트 캐릭터 이미지에 대한 이벤트 태도 및 참여 의도에 관한 연구」(홍익대학교 대학원 석사학위논문, 2006)에 따르면 기본적인 캐릭터 구성요소는 첫째, 제품 및 그 이미지를 파악하고 인식할 수 있는 최소한의 요소를 갖추고 있어야 하고, 둘째, 상징성으로 특정한 의미를 상징하여야 하며, 셋째, 일관성 있는 성격을 지녀야 한다고 하였다. 바로 '일관된 성격의 상징된 이미지 표현'이 캐릭터를 구성하는 요소라는 것이다.

2. 지방자치단체와 캐릭터

그렇다면 지방자치단체에서 캐릭터를 도입하고자 하는 이유는 무엇일까. 여러 가지 측면에서 살펴볼 수 있겠지만, 크게 지방자치단체의 경제적 측면과 지역민에 대한 문화복지 서비스 그리고 국내외 교류 및 관광개발 등으로 구분할 수 있다. 손복수는 「지방자치단체의 캐릭터 활용에 관한 연구」(계명대학교 대학원 석사학위논문, 1999)에서 지방자치단체가 캐릭터를 도입하는 이유에 대해 다음과 같이 정리하고 있다.

(1) 산업진흥 (2) 생활환경개선 (3) 문화촉진 (4) 복지향상
(5) 관광개발 (6) 정보사회의 대응 (7) 국제교류추진

이는 캐릭터가 지방자치단체들로부터 주목을 받을 만한 아이템이라는 것인데, 이에 대해서는 박현정이 「전국에 나타난 지방자치단체의

캐릭터디자인에 관한 연구」(조선대학교 대학원 석사학위논문, 2001)에서 여섯 가지로 정리하고 있다.

첫째는 국가가 모든 지방자치단체에 일률적으로 적용할 수 있는 지역진흥정책을 제시하는 것이 어렵게 되고, 각 지방자치단체가 각각 독자적으로 지역진흥정책, 지역활성화정책을 수립해야 할 필요가 생기는 등의 지방자치단체의 역할변화를 들 수 있다.

둘째는 지방자치단체의 새로운 이념의 필요성의 대두이다. 광범위한 영역에 걸친 각종 대책을 정비하기 위해 전체의 방향을 제시하고, 소위 지역 경영의 이념이라고 하는 것이 점점 필요하게 되었다. 지방자치단체가 이러한 이념을 정립하기 위해 자신의 특성(Identity)을 정확하게 인식시킬 수 있는 지역 이미지 전략이 요청되고 있기 때문이다.

셋째는 기업환경의 변화에 대응하는 사명의 변경, 이미지 상승을 고려한 CI 및 캐릭터의 변경 등으로 기업이 여러 매체를 통한 이미지 향상에 성공하고 있는데 이런 성공은 지방자치단체가 조직의 활성화와 지역의 이미지 상승을 위해 지역 캐릭터를 도입하는 계기가 된다는 점이다.

넷째는 지방자치단체를 둘러싼 사회 경제적 변화를 들 수 있다. 국제화, 개방화, 정보화 고령화 등 주변 환경의 급격한 변화에 신속, 정확하게 대응함과 동시에 새로운 분야에 적극적으로 진출하는 것이 요구되고 있는데 기존의 구태의연하고 피동적인 행정 조직과 구성원을 이런 변화에 대응할 수 있도록 의식을 개혁하고 전체 조직을 재정비하여 활성화해야만 한다는 요청이 점점 강해져 가고 있다는 점이다.

다섯째는 국제화, 세계화의 물결이 정치, 사회, 경제, 문화 등 전반적으로 확산됨에 따라 지방자치단체 또한 자신들의 역할과 나아갈 방향에 대해 다시 한번 생각하게 되는 계기가 되고 있다는 점이다.

여섯째는 캐릭터를 도입함으로써 시각적 통일화 작업이 이루어지고 지방자치단체의 이미지를 적극적으로 홍보하는 데 중요한 역할을 수행하고 지역주민의 지역에 대한 관심과 적극적인 참여를 유도할 수 있다는 점이다. 아울러 지역의 특성에 맞는 사업을 기획하고 고유한 향토 문화를 문화사업으로 개발하여 지역경제와 문화를 활성화시키고 더 나아가 지역재정을 튼튼히 하여 지역발전과 주민복지증진의 계기가 된다는 점이다.

3. 지방자치단체 캐릭터의 활용현황

지방자치단체의 캐릭터는 다양한 활용양상을 보이고 있는데, 인터넷, 브랜드, 패키지, 팬시/문구/완구, 관광 상품, 이벤트 등등 그 활용양상이 광범이하다.(이원아, 「지방자치단체 캐릭터의 활성화에 관한 연구」, 경북대학교 석사학위논문, 2005)

현재의 시점에서 고전캐릭터를 활용하고 있는 서울, 경기도, 경상남도, 경상북도, 충청남도, 충청북도, 전라남도, 전라북도, 제주도의 지방자치단체의 캐릭터들을 살펴보면 다음과 같다. 캐릭터의 활용현황은 각 지방자치단체의 홈페이지에서 자료를 가져왔음을 밝힌다.

1) 서울

	[**서울특별시**] • **캐릭터명 : 해치** '시비와 선악을 판단하는 상상 속의 동물' 해태를 형상화한 캐릭터. 캐릭터의 이름 '해치'는 현재 우리가 흔히 쓰는 해태의 원말. 은행노란색과 꽃담황토색을 사용 및 조화와 화합의 전통 태극문양을 모티브로 한 나선문양 활용. 해치석상은 경기도 홍릉과 유릉을 제외한 다른 지방에는 거의 없고 서울에 집중적으로 분포되어 있어 서울만의 특별한 상징으로 쓰이기 적합함.

2) 경기도

[경기도]

• **캐릭터명 : 효행이**

경기도 캐릭터 '효행이'는 정조대왕의 어린시절을 모티브로 삼아 효(孝)를 행(行)하는 경기도의 모범적인 캐릭터를 상징.

'효행이'는 전통적인 복장과 모범적인 행동을 선행함으로써 그 느낌이 배가 되며 경기도민의 올바른 '효(孝)' 문화를 선도.

[시흥시]

• **캐릭터명 : 토로와 해로**

수륙양면의 다산동물로 풍요를 상징하는 '거북이'를 모티브. 21세기 서해안 중심도시로 부상하는 시흥시의 이미지를 대내외로 전파하는 역할.

캐릭터 이름은 시흥시의 녹지와 바다를 상징하며, 자연과 함께 발전하는 교통요충지로서의 시흥을 의미.

[안성시]

• **캐릭터명 : 바우덕이**

기존의 풍물놀이로 대표되던 바우덕이를 줄타는 이미지로 변화를 줌. 바우덕이 축제에 대한 관심을 높이는 수단으로서 활용가치가 충분하고, 디자인에서 많은 장식적인 요소들을 과감한 라인으로 정리, 단순화 함.

[**평택시**]

• **캐릭터명 : 무동이**

평택시의 자랑이자 중요무형문화재 제 11호로 지정된 평택농악을 소재로 함. 놀이마당 중 가장 큰 특징인 무동놀이를 인용 '무동이'라 정하고 우리나라 전통문화를 대표하는 농악이 곧 세계적인 문화 이미지임을 의미.

• **캐릭터명 : 평택어사**

평택시 진위 면에서 태어나고, 조선후기의 대표적 명신인 박문수어사를 소재로 함. '평택어사'라 정하고 정직하고 깨끗한 평택사람들을 의미.

[**남양주시**]

• **캐릭터명 : 다산**

다산 선생님의 고향으로서 실학도시의 정체성을 구축하기 위하여 다산 선생님의 곧은 성품과 실천적인 지성인의 모습을 깔끔하면서 간결하게 형상화. 전통적인 부분을 현대적이며 미래지향적으로 표현하여 친근감이 들도록 함.

[**포천시**]

• **캐릭터명 : 오성과 한음**

오성(이항복)은 가산면에 묘소와 신도비가 있고, 화산서원에서 제향되고 있으며, 한음(이덕형)은 포천읍 자작리에서 출생하여 신북면 소재 용연서원에서 제향되고 있는 우리시의 명현.

맑고 큰 눈을 가지고 재치가 넘치는 어린 도령의 모습을 통하여 어린이에게는 미래의 꿈과 희망을 주고, 어른에게는 향수를 불러일으켜 친근하게 다가갈 수 있음을 의미함.

[의정부시]

• **캐릭터명 : 의돌이**

의정부라는 지명의 유래를 표현하기 위해 조선시대 정승의 모습을 어린아이의 형상으로 만들어 귀엽고 친근한 이미지를 표현.

유달리 큰 귀는 시정에 시민들의 의견을 잘 경청하겠다는 의지를 담고 있으며 엄지를 치켜든 모습은 살기 좋은 도시, 경기북부지역 수부도시를 상징.

3) 경상남도

[김해시]

• **캐릭터명 : 해동이**

옛 가락국 소년의 해맑은 모습에 거북 등을 첨가, 거북 소년의 모습을 상징화.

[밀양시]

• **캐릭터명 : 밀양아리랑**

아리랑 춤을 추는 모습과 색동 소매를 결합한 유동적인 형태로 구성해서 둥글둥글한 성향과 원만한 이미지를 표현함.

[진주시]

• **캐릭터명 : 논개**

호국 충절의 상징이자 진주정신의 표상으로 논개를 모티브로 한 캐릭터.

진주시 지역 특산품 공동 브랜드 상표로 활용.

[**거창군**]

• **캐릭터명 : 아림이와 아름이**

둔마리 고분벽화의 피리부는 여인상을 모티프로 삼고, "아름답고 늠름하며 거창하다"는 거창군민의 기상을 표현함.

아림(娥林)이는 여인의 눈썹처럼 아름다운 숲이라는 의미를, 아름(娥凜)이는 늠름하고도 멋진 거창의 남성으로 전진과 도약을 의미함.

[**의령군**]

• **캐릭터명 : 홍의장군**

홍의장군 곽재우를 형상화, 의연하며 사려가 깊고 지혜와 용기를 겸비한 장군의 모습을 상징함.

기본형은 선비복을 입고 의병으로 활약하는 모습으로, 모든 행사의 홍보 및 군 행정에 있어서의 안내자 역할 등 다양하게 활용함.

4) 경상북도

[**대구광역시**]

• **캐릭터명 : 패션이**

한국의 전통적인 비천상(飛天像) 문양의 미적 감각을 21세기 세계적 섬유패션도시로 발전하고자 하는 대구시의 이미지와 조화되게 형상화한 것. 섬유패션도시를 상징.

[**경주시**]

• **캐릭터명 : 왕과 여왕**

신라의 역사적 의미와 문화적 우수성을 대표하는 왕과 여왕을 캐릭터 소재로 선택. 이들 캐릭터는 신라왕조의 위엄과 지혜, 예술혼 뿐 아니라 현재 경주 시민들의 기상과 진취성도 담아냄.

찬란한 문화를 꽃 피우고 풍요로운 시대를 이끌었던 왕과 왕비의 모습에서 경주시의 어제와 오늘, 그리고 미래를 느낄 수 있음.

캐릭터의 의상은 귀족적인 무게와 우아함, 그만의 독특한 아름다움을 나타냄. 캐릭터의 빛나는 눈빛에서는 신라인의 총명함과 뛰어난 예술적 감각이 엿보임.

자색과 비색의 조화를 통하여 신라 문화의 귀족적 우아함과 섬세함을 표현.

[**구미시**]

• **캐릭터명 : 토미**

구미의 지역명에서 유래된 캐릭터. 거북이를 상징하는 Tortoise와 새천년, 황금시대의 Millennium 지성, 감성, 첨단정보기술의 Intelligence의 합성어로 “TOMI(토미)”라 명명.

심볼을 함께 사용하여 전자의 스피드와 거북이의 총명함을 대변하였으며, 넥타이는 예절과 인간성의 상징으로써 첨단 기술과 인간이 조화로운 도시임을 상징.

[**상주시**]

• **캐릭터명 : 감돌이, 감순이**

상주의 특산물인 곶감을 소재로 표현. 편안하고 해학적인 느낌을 주는 이름으로 감이 유명한 상주시를 간접적으로 표현.

감돌이-남성 캐릭터로서의 '돌이'는 편안하게 접할 수 있는 이름으로 친숙하며, 귀여운 느낌으로 상주시민에게 쉽게 다가가기에 적합한 표현.

감순이-여성 캐릭터로서의 '순이'는 옛부터 쉽게 접할 수 있는 이름으로 친근감이 있으며, 깜찍한 느낌으로 상주시민에게 가까이 다가가기에 적합한 표현.

[**안동시**]

• **캐릭터명 : 양반**

소년 시절의 양반, 홀어머니와 형제들 사이에서 가난을 이겨내고 안동의 사표로 성공한 인물, 교육과 학문의 도시 안동의 이미지를 대표함, 안동 문화의 핵심인 유교정신을 배경으로 함.

• **캐릭터명 : 연이낭자**

정부인 안동장씨와 제비원 연이낭자를 모티브한 인물. 뛰어난 눈썰미와 요리솜씨, 당당하면서도 자비로운 마음씨를 갖고 현실을 개척하는 소녀. 안동 불교문화의 자비정신을 바탕에 둔 설정. 반가음식의 전통을 갖고 있는 맛의 도시 이미지 형상화.

• **캐릭터명 : 또기**

안동의 시조(市鳥). 반가운 소식을 알려주는 우체부(메신저)역. 안동 서민의 소박한 소망을 전달하는 민속신앙배경. 무뚝뚝한 안동인의 이미지를 보완해주는 장난꾸러기 익살꾼. 안동의 해학을 형상화.

• **캐릭터명 : 어진할배**

처사문학을 대표한 문학자이자 정치가인 농암 이현보의 모티브 노인. 조언자(helper), 풍류시인의 풍모를 보여주는 안동 처사의 이미지 형상화. 신명 나는 문화도시 이미지

[**문경시**]

• **캐릭터명 : 출사동이**

과거에 급제한 후 임금님이 내려준 어사화를 꽂고 환하게 웃는 선비의 모습을 현대적 감각으로 표현하여, 기쁜 소식을 듣는 고장, 희망에 찬 문경의 모습을 상징함.

[**영주시**]

• **캐릭터명 : 영주도령**

선비의 고장인 영주시를 상징할 수 있는 선비의 모습을 남녀노소 모두가 친근하게 느낄 수 있는 도령의 모습으로 디자인. 미래의 희망이며 앞으로 영주시를 새롭게 만들어 갈 영주의 도령은 활력이 넘치고 희망이 가득한 영주시를 상징. 과거의 정신을 바탕으로 밝은 미래가 있는 영주시로 거듭나겠다는 영주시의 의지를 담고 있음.

[군위군]

• **캐릭터명 : 장군이**

군위군의 각 지역명칭과 부합시켜 설정되었으며, 진취적인 기상과 패기 넘치는 인물로서 군위군민의 꿈과 희망을 주는 메시지를 담고 있고 군민의 열정과 미래에 대한 도전정신을 대변.

[고령군]

• **캐릭터명 : 가야돌이**

대가야를 상징하는 가야고분, 왕관, 가야금의 이미지를 살린 캐릭터와 어울리도록 '가야'로 정함. 귀엽고 슬기롭다는 뜻의 '돌이'란 이름을 합성.

[영양군]

• **캐릭터명 : 해도령, 달낭자**

우리나라 내륙에서 가장 먼저 해와 달을 맞이하는 경북의 영산 일월산의 일자봉과 월자봉의 해와 달(日月)을 토속적이고 전통적인 이미지로 표현하여 보다 친근한 형태로 의인화.

• **캐릭터명 : 남이장군**

선바위의 전설을 주 그래픽 모티브로 선정하여 남이장군을 귀여운 형태로 디자인.

[**영천군**]

• **캐릭터명 : 한이와 탕이**

전체적으로 사람의 모습을 하고 있지만 약첩과 약탕기의 모습을 최대한 살려 한약축제의 캐릭터임을 한눈에 인식할 수 있음.

친근감을 주어 축제의 활기찬 분위기와 한국적인 의상으로 신비스럽고 무게 있는 영약의 이미지를 나타냄

[**예천군**]

• **캐릭터명 : 효동이, 효심이**

예천을 대표하는 상징물로서 군민뿐만 아니라 전국에 우리지역을 알리는 촉매제 역할을 하며 각종 캠페인, 관광안내, 관광상품 마스코트로 활용. 명심보감에 올라있는 지역 출신 도효자를 형상화.

[**청송군**]

• **캐릭터명 : 솔초롱, 솔할배**

신선을 상징하는 솔할배와 선녀를 상징하는 솔초롱. 아름다운 자연환경을 보전하고 전통문화를 전승하여 신선세계와 같이 아름답고 살기 좋은 복지사회로 발전시키고자 하는 뜻을 담고 있음.

5) 충청남도

[계룡시]

• **캐릭터명 : 용도령(MR 용)**

계룡의 지형이 비룡승천(飛龍昇天), 비룡농주(飛龍弄珠), 회룡고조(回龍顧朝)형국으로 용(龍)은 계룡을 대표하는 상징으로 인식되어옴. 용을 모티브로 위엄과 권위적 이미지에서 탈피한 친근하고 다정하며 진취적인 모습으로 변신하여 새롭게 도약하는 계룡시를 상징적으로 표현함.

[천안시]

• **캐릭터명 : 횃불낭자**

천안의 생명 원천인 충절사상의 핵심인 유관순 열사의 정신과 사상을 기본으로 천안시가 지닌 정체성을 높였고, 그 표현은 우리나라의 보편적 얼굴형을 지닌 용기와 당당함이 깃든 낭자의 모습을 기본 형상으로 함. 건강하고 친근감 있는 표정을 통해 미래로 뻗어나가는 21세기 지역의 특성이 강한 천안의 이미지가 전달되도록 표현함.

[아산시]

• **캐릭터명 : 보라미**

'보라미(BORAMI)'는 "하늘을 나는 소년 이순신"이라 칭해지기도하는데, 용감하고, 창의적이며, 지도력 있는 아산의 새천년을 이끌 슬기로운 어린이를 상징함.

[공주시]

• **캐릭터명 : 효돌이**

공주의 옛지명 웅진의 전설에 나오는 곰을 친근하고 개성있게 시각화한 것으로 시행정기관과 시민과의 관계를 친숙하게 연결해주는 역할을 함.

현재 대시민 고지사항, 계몽활동, 시 사업내용 등의 구체적 메시지를 보다 친밀하고 이해하기 쉽게 전달하는 보조적 커뮤니케이션 수단으로 활용됨.

[예산군]

• **캐릭터명 : 의좋은 형제**

예산의 유명 인물인 의좋은 형제를 모티프로 해서 효의 고장 예산을 부각시키고자 함.

6) 충청북도

[충청북도]

• **캐릭터명 : 고드미, 바르미**

"고드미"와 "바르미"는 21C 주역이 될 남녀 어린이를 항상 웃음을 잃지 않는 친근한 모습으로 형상화하여 충북과 충북인을 새롭게 표현한 것임. 예로부터 중원문화의 발상지요, 애국충절의 고장인 우리 충북 전래의 선비 정신과 기상을 바탕으로 21C 새 시대를 "올곧고, 바르게" 개척해 나가자는 의미를 담고 있음.

캐릭터의 한복은 '선비의 고장' 정체성을 표현한 것이고, 선비정신을 남자만으로 보는 것은 아님.

[**영동군**]

• **캐릭터명 : 우리소리(국악캐릭터)**

국악을 친근감있고 순수한 우리말로 쉽게 표현할 수 있는 '우리소리'로 명명.

국악이 본 고장임을 상징(난계 박연의 출생지 : 영동군 신천면 고당리)하며, 국악을 대중화 해 나가자는 의미. 21세기 주역이 될 어린이를 국악의 고장에 맞게 형상화하여 친근한 모습으로 표현.

[**괴산군**]

• **캐릭터명 : 꺽정이, 운총이**

괴산군의 마스코트 임꺽정은 괴산군의 상징이며 부정과 부패에 맞서 항상 민중의 편에 섰던 친근감 있고 당당하며 강력한 이미지를 느낄 수 있도록 형상화.

1999년에 임꺽정 캐릭터 하나만 있었으나 2005년에 거친 이미지 개선을 위해서 이쁜 모양으로 변경하고 '운총이'를 추가해서 꺽정이랑 운총이 구 캐릭터를 같이 배치해서 혼자 있는 것보다 자연스러움을 의도.

[**진천군**]

• **캐릭터명 : 원화랑과 원낭자**

21C주역이 될 남녀어린이를 용맹스럽고 날쌔며 온후한 모습으로 형상화하여 진천인의 기상을 새롭게 표현 진천은 예로부터 화랑정신의 발원지요, 군전역이 삼국통일의 주역이었던 화랑들의 터전이었음에 기인하여 진천인은 진취적이고 미래지향적인 의미를 담고 있음.

"원화랑"과 "원낭자"는 화랑과 낭자중의 으뜸이라는 데에서 따온 이름.

[단양군]

• **캐릭터명 : 온달, 평강**

단양군의 상징으로, 고구려의 기상을 물려받은 강하고 충직한 온달과 현대여성으로서 역할을 제시하는 평강을 주인공으로 한 캐릭터.

[제천시]

'박달이'와 '금봉이'라는 캐릭터에서 '꼬마신선 박달', '꼬마선녀 금봉'이로 바뀜.

• **캐릭터명 : 꼬마신선 박달**

청풍명월 브랜드의 대표 캐릭터로써 이승에서 금봉이와의 사랑을 이루기 위해 천신님께 건강사과를 바쳐 건강을 되찾아주는 건강의 신선.

• **캐릭터명 : 꼬마선녀 금봉**

박달신선의 사랑을 받고 이승으로 내려와 선녀가 되어 10경을 다스리며, 세상 사람들에게 건강한 사랑을 전해주는 사랑의 선녀.

[음성군]

• **캐릭터명 : 거돌이**

음성군 전통민속놀이인 거북놀이의 거북을 의인화한 푸른 색깔의 거북이 모습을 통해 청정 고장의 이미지를 표현한 기본형 캐릭터.

7) 전라남도

[여수시]

• **캐릭터명 : 구니와 구키**

'구니'(Guni)는 한자의 거북 구(龜)자와 여성스런 호칭의 '니'를 합한 이름.

'구키'(Guki)는 한자의 거북 구(龜)자와 어린이의 영어 표현인 키드(kid)를 합하여 남성 이미지로서 지은 이름. 두 마리의 거북이는 한마음, 한뜻으로 노력하는 여수시민을 나타내며, 귀여우면서도 친근함이 떠오르는 어린이의 이미지를 통해 성장과 발전의 도시, 여수를 표현함.

[순천시]

• **캐릭터명 : 학동이**

남녀로 표현하고 있는 순천시 캐릭터 '학동이'는 순천시의 문화와 전통을 계승 발전 시키려는 의지와 순천시가 교육의 고장임을 상징하는 것이며, 공부하는 모습으로 순천시의 무한한 잠재력을 바탕으로 21세기 지식기반 사회를 이끌어가는 예의 바른 미래의 주인공인 우리시 소년 소녀들의 모습임.

[곡성군]

• 캐릭터명 : 심청

만고효녀 심청(沈淸) 캐릭터를 통해 심청의 효심을 선양하고 희미해져 가는 효자상을 선양함과 동시에 각종 홍보수단을 활용하여 널리 알림으로써 지역이미지 개선은 물론 지역 경제 활성화에 기여할 수 있는 캐릭터. 우리나라 효의 대표문화 캐릭터인 심청. 관음사 연기설화 및 그 시대 의복상, 미녀상을 반영. 서민적이며 가난하였던 그녀, 그런 환경에서도 언제나 선한 마음을 잃지 않고 효행하였던 만고효녀 심청 표현. 맑은 눈망울과 단아한 복식으로 캐릭터를 부각시킴.

[완도군]

• 캐릭터명 : 소년 장보고

캐릭터의 기본형은 완도군의 상징인 장보고를 역사적 문헌을 토대로 완도인의 기상과 미래지향적인 이미지 구축에 주력하였으며, 장보고의 사상과 업적을 느낄 수 있는 지혜롭고 총명한 모습의 소년 장보고를 표현함. 또한 어린시절 장보고의 여자친구를 등장시켜 훼밀리 캐릭터로서 친근함을 표현함.

8) 전라북도

[익산시]

• 캐릭터명 : 선화공주와 서동

익산시의 대표적인 우화 서동요의 서동과 선화공주를 모티브로 하여 의인화 시킨 캐릭터이며 전통과 문화의 도시 익산시를 나타낼 수 있도록 하였고, 익산시의 명쾌한 이미지를 캐릭터가 더욱 부각시키도록 귀여움와 총명한 이미지를 기본으로 삼음.

[**남원시**]

- **캐릭터명 : 성춘향과 이몽룡**
- **캐릭터명 : 흥부와 흥부부인, 놀부와 놀부부인**
- **캐릭터명 : 강쇠와 옹녀**

사랑의 남원을 포괄적으로 상징하면서 남원의 자연과 전통문화에 대한 사랑의 이미지를 함축한 얼굴이자 상징물.

지리산 중심의 환경사랑, 춘향전과 동편제 및 흥부전 중심의 전통 사랑, 다양한 문화유적과 남원의 생활 문화중심의 문화사랑을 시각적으로 표현함.

[**진안군**]

- **캐릭터명 : 마이 용**(Mai Yong)

진안군의 이미지를 용의 생기발랄한 표정과 진취적인 동작으로 표현하였으며 자신 있게 들어올린 왼손은 21세기 미래비전을 시각적으로 형상화 함.

메인 컬러인 파랑은 맑고 깨끗한 용담호의 이미지를 나타냈으며 서브 컬러인 노랑은 활력있는 진안군의 희망을 표현함.

[**장수군**]

- **캐릭터명 : 논개**

충절의 상징인 논개를 모티브로 하여 제작된 논개 캐릭터는 표정에서 충절의 이미지를 나타내고자 단아함과 그 이면에는 역동적이고 진취적인 여성상을 표현함.

9) 강원도

[강원도]

• **캐릭터명 : 반비(Ban-B)**

반비는 강원도를 대표하는 캐릭터로서 강원도의 상징 동물인 반달곰을 의인화 하여 믿음직스러우며 다정다감한 이미지로 형상화 함.

반비 이름은 미래로, 세계로, 통일로 비상하는 반달곰의 의미를 담고 있음.

[강릉시]

• **캐릭터명 : 홍길동**

홍길동전의 작가 허균의 고향이라는 점을 부곽시키며, 사회적 폐쇄성과 부패에 대항한 정의로움과 용맹함의 이미지로 의로운 도적으로 백성들을 위한 의로운 도적이 된 홍길동 모티프를 통해 진취적 기상과 강인함을 표현함.

[삼척시]

• **캐릭터명 : 삼척동자**

삼척시의 해일현상을 어린아이도 안다는 삼척동자(三尺童子)의 어원에서 따옴.

옛 삼척은 조수가 심하고 홍수 때는 오십 천이 범람하여 피해가 극심함. 정라진 앞 만리도에 척주 동해비를 세우니 바다가 얌전해 짐. 해일이 몰려오는 개벽의 현상을 어린 동자들도 안다 하여 삼척동자도 안다는 말이 유래됨.

이상에서 살펴본 바, 지방자치단체에서 활용한 고전 캐릭터들을 크게 동물, 인물, 상징으로 구분해서 활용되고 있는데, 그 세부 내용은 다음과 같다.

분류	캐릭터 명	수량	비고
동물	해치 토로/해로, 해동이, 토미, 구니/쿠니, 거돌이 용도령, 마이용 효돌이, 반비	10	해태 거북이 용 곰
인물	효행이, 바우덕이, 무동이, 평택어사, 다산, 오성과 한음, 의돌이, 장군이, 남이장군, 왕과 여왕, 효동이/효심이, 솔초롱/솔할배, 논개(진주시,장수군), 아림이/아름이, 홍의장군, 출사동이, 양반, 연이낭자, 어진할배, 영주도령, 햇불낭자, 보라미, 의좋은 형제, 고드미/바르미, 우리소리, 꺽정이/운총이, 원화랑/원낭자, 온달/평강, 꼬마신사 박달/꼬마선녀 금봉, 학동이, 소년 장보고, 심청, 선화공주/서동, 성춘향/이몽룡, 홍부와 홍부부인, 놀부와 놀부부인, 강쇠와 옹녀, 홍길동, 삼척동자	39	
상징	가야돌이, 해도령/달낭자, 한이와 탕이, 밀양아리랑, 패션이, 감돌이/감순이, 또기	7	

지방자치단체에서 가장 많이 사용하고 있는 캐릭터는 그 지역의 역사성을 바탕으로 한 인물 중심의 캐릭터를 사용하였음을 알 수 있다. 그리고 그 지역의 상징성이 강한 자연물(태양, 산)이나 농산물(감), 지역의 중점 산업(섬유, 패션), 지역을 대표하는 것(한약, 아리랑)을 상징화 한 캐릭터를 확인할 수 있었다. 동물로는 해태, 거북이, 용, 곰 등 신화나 전설, 민담에 빈번하게 나타나는 동물을 중심으로 캐릭터화 하고 있음도 알 수 있었다.

4. 캐릭터의 활용에 관한 재고

이상에서 지방자치단체에서 사용하고 있는 캐릭터에 대해 살펴보았다. 대체적으로 지역 정서에 맞는 독창적 캐릭터를 개발하고자 노력하고 있는 점, 캐릭터 디자인 전략을 마련하고자 노력하고 있다는 점 등 긍정적인 부분이 있음을 알 수 있었다.

그러나 캐릭터에 대한 뚜렷한 목적성과 그 효과에 대해서는 확인되고 있지 않다. 지방자치단체의 상징적 측면이나 홍보적 측면이 명확하게 드러나고 있지 않은 점, 그리고 캐릭터 산업의 활성화를 위한 노력 등은 아직 미흡한 수준이다.

따라서 지방자치단체에서는 캐릭터의 인지도를 제고시키기 위한 방안을 강구해야 하며 보다 적극적인 홍보전략을 수립할 필요가 있다. 또한 지역을 상징하는 이미지와 부합하지 못하고 있는 캐릭터나 다른 지역과 중복되는 캐릭터 등은 개선의 필요성을 가지고 있다고 하겠다. 아울러 캐릭터의 상품화 및 조직적인 토탈 마케팅 전략 등 캐릭터의 산업적 측면에서 보다 적극적인 노력이 필요하다고 생각한다.

결론적으로 지역 인지도 및 활성화의 측면에서 캐릭터의 중요성이 확인된다면 많은 사람들이 흥미를 느끼고 공감하기 위해서는 캐릭터의 스토리텔링이 본격적으로 진행되어야 할 것이다. 단순히 지역과 캐릭터의 일대일 방식의 캐릭터 창출이 아니라 지역에 산재된 여러가지 스토리와 함께 상징적 캐릭터를 창출해 낼 때 생명력 있는 캐릭터가 만들어 질 수 있는 것이다.

패러디 광고의 고전 캐릭터로 본 현대인의 욕망

안병섭 · 박대아

1. 광고, 왜 사회 · 문화적 현상을 반영하는가?

광고를 흔히 자본주의의 꽃이라고 한다. 이 말은 자본주의 경제체제에서 광고가 담당하는 역할과 광고의 상업적 특성을 잘 드러낸다. 광고의 목적은 제품 정보를 소비자에게 제공하고 해당 제품을 구매하도록 소비자를 설득하는 데 있다. 광고는 이런 과정을 통해 소비를 촉진하고 경제를 활성화하는 데 기여한다. 이런 점들을 생각하면 광고는 자본주의의 꽃이라 불릴 만하다.

반면에 광고를 15초의 미학이라고도 일컫는다. 광고가 상업적 목적 이상의 의의를 담고 있음을 드러낸 말이다. 제품 정보 제공과 구매 설득을 목적으로 하던 광고는 20세기 후반에 영상 예술과 접목되면서 정보 전달의 울타리를 벗어나 종합 예술로 변모하였다. 어찌 되었든 현대의 광고는 상업적 특성과 종합 예술적 특성을 함께 지니고 있는 것이 분명하다.

그런데 최근에는 광고가 당대의 문화를 반영하고 때로는 문화를 이끄는 문화 장르의 하나로까지 인정받는 추세이다. 성공한 광고가 방송

프로그램이나 사이버 공간에서 각종 패러디로 재생산되며 사회적 담론을 형성하는 예를 드물지 않게 볼 수 있다. 이는 현대의 광고가 경제적 산물을 넘어서 문화적 산물로까지 확장, 편입되었음을 의미한다. 광고가 문화적 산물이라면 광고는 당대의 사회문화적 흔적을 담아내야 한다. 광고를 통해 사회학적 역사의 흔적을 추적하게 될지도 모른다고 예견한 켈킨스(Earnest Elmo Calkins)[1]의 말은 현대에 이르러 그대로 실현되었다.

'열심히 일한 당신, 떠나라!'라는 헤드카피를 내세우며 지난 2000년대 초에 방영된 모 카드회사 광고를 떠올려 보자.[2] 광고 속 배우는 일상에서 열심히 일하는 직장인이다. 광고 속 인물은 일주일 근무를 마친 주말에 자동차를 타고 교외로 나가며 차창 밖으로 손을 내민다. 일상에서 벗어나 여유를 만끽하고 자연의 상쾌함을 느끼는 듯하다. 하지만 차창 밖으로 뻗은 손바닥에는 이러한 여유를 가능케 하는 카드 한 장이 있다. 해당 카드 회사는 당시에 일고 있던 생활 패턴과 소비 패턴의 변화를 포착하고 '열심히 일한 당신 떠나라'라는 광고 문안을 창안한 것이다. 이 광고는 광고가 방영될 당시에 직장인들로부터 많은 공감을 얻었다고 한다.

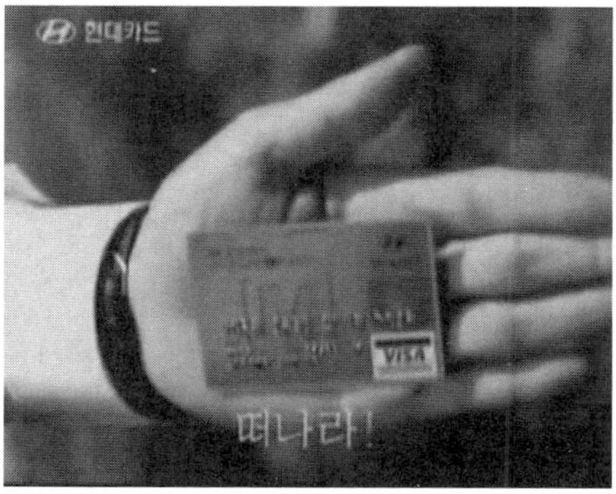

<현대카드 떠나라 편, 2002>

오늘의 우리가 이 광고를 이해하기 위해서는 광고가 제작된 당시의 사회상을 이해할 필요가 있다. 2000년대 초반은 주 5일 근무제가 시행되면서 여가 활동에 대한 소비가 증대되는 경향이 뚜렷해지던 시기였다. 아래에 제시하는 2003년의 뉴스를 보면 당시의 여가 문화, 주말의 생활 패턴, 소비 패턴 등이 주 5일제 시행으로 인해 크게 변화되었음

을 확인할 수 있다.

> (전략) 금요일이 주말로 자리잡게 되면서 여가 생활의 폭이 넓어진다는 점이 주 5일제 시행에 따른 가장 큰 변화입니다. (중략) 직장 중심의 음주 문화 등 단조로운 여가 패턴에서 벗어나 가족 단위의 스포츠나 문화 활동으로 가족 간 친밀감 증대는 물론 건전한 소비 풍토 정착도 기대할 수 있습니다. (후략)
>
> YTN, 2003. 8. 21 기사

크게 보면 광고의 기능은 정보 제공과 설득이다. 하지만 정보를 제공하는 목적도 상품을 구매하거나 서비스를 이용하도록 소비자를 설득하는 것이다. 이런 점에서 광고의 궁극적인 목적은 소비자에게 소비 동기를 부여하는 것이라 할 수 있다. 그런데 광고가 소비자에게 구매 동기를 성공적으로 부여하기는 쉽지 않다. 광고 제작자들이 머리를 싸매고 다양한 전략들을 창출하는 이유가 여기에 있다. 소비자들은 광고 내용에 충분히 공감하지 않으면 마음을 움직이지 않기 때문이다. 앞에서 본 카드 회사의 광고는 당시의 사회・문화적 현상을 정확하게 파악하여 메시지화함으로써 소비자의 공감을 얻을 수 있었다. 그리고 일상에 지친 소비자에게 주말 여가 생활에 대한 욕구, 또는 카드 사용에 대한 동기를 불러일으킬 수 있었던 것이다.

문화는 시대를 반영할 수밖에 없다. 그렇기 때문에 특별한 노력을 하지 않는 이상 시대를 관통하여 계승되는 문화 양식이 동질성을 유지하는 예는 찾아보기 어렵다. 옛 문화에는 옛 시대의 가치가 깃들어 있고, 오늘날의 문화에는 오늘날의 시대 상황이 담긴다. 전래된 문화라도 그대로 계승되는 것이 아니라 시대 상황이 담기기를 원하는 문화 수요자의 요구에 따라 적절하게 변용된다. 광고 또한 마찬가지이다. 광고도 문화 장르의 하나이며, 다양한 방법으로 현대인의 삶의 모습과 욕망을 담기에 분주하다.

최근 광고계에 패러디 광고가 많아진 점이 눈에 띈다. 소설, 그림, 영화, 방송 프로그램 등을 패러디하는 것을 넘어서서 다른 광고까지 패러디한다. 패러디 광고는 광고 내용을 소비자에게 설득하는 과정에서 여러 장점을 지니기 때문이다. 우선 패러디 광고는 원전의 친숙함으로 인해 소비자의 주의를 끌기가 용이하다. 그리고 소비자가 기대하던 서사 구조를 뒤집는 참신한 아이디어로 소비자를 웃게 하는 유머의 힘을 간직하고 있다. 다시 말해, 광고의 패러디 기법은 광고 메시지가 소비자에게 효율적으로 전달되는 과정에 윤활유 역할을 하는 셈이다.

최근 텔레비전 광고에서 고전을 패러디한 작품이 시청자들로부터 호응을 얻고 있다. 고전 패러디 광고는 원텍스트의 서사를 비틀면서 소비자의 기대에 벗어난 엉뚱한 서사 전략으로 웃음을 유도하는 것을 특징으로 한다. 패러디 광고가 호응을 얻는 것은 단순히 친숙함과 유머 때문만은 아니다. 패러디 광고에서 보여준 원텍스트의 변용 과정이 소비자의 욕구나 공감을 적절하게 담아냈기 때문이다.

그런데 패러디 광고의 비틀기 대상은 서사 구조에서 머물지 않는다. 특정한 세부 장면, 등장인물, 특정 대사 등 다양하다. 이 가운데 우리는 패러디 광고의 캐릭터 비틀기가 갖는 의미를 이해하고, 그 변용 과정을 통해 현대를 살아가는 사람들의 감춰진, 그리고 드러내고 싶지 않은 욕망을 읽어 보려 한다

2. 광고 캐릭터, 현대인의 욕망을 읽을 수 있는가?

서사 구조를 갖춘 고전 패러디 광고는 서사의 비틀기를 넘어서 캐릭터의 비틀기를 수반한다. 이때 패러디 광고의 캐릭터 성격은 해당 광고의 핵심 메시지와 연결성을 지닌 채 창출된다. 소비자들은 그들이

알고 있는 내용에 근거해 광고 속 캐릭터의 성격과 특징을 예상한다. 하지만 패러디 광고는 그러한 소비자의 기대나 예상을 저버린다. 오히려 소비자의 기억과 불일치하는 캐릭터를 등장시켜 광고 메시지를 부각시키거나 메시지를 효율적으로 각인시키는 효과를 거두는 셈이다.

광고 캐릭터는 일정한 욕구를 지닌 소비자들을 대변하는 경우가 많다. 상품을 구매하고 사용하게 되면 소비자의 욕망이 충족된다는 암묵적 메시지를 캐릭터를 통해 전달하기 위해서이다. 일차적으로, 패러디 광고의 캐릭터는 소비자가 감춰 둔 심리 저변의 욕망을 들춰낸다. 그리고 그러한 소비자의 욕망을 광고 속에서 캐릭터를 통해 충족시킨다. 즉 광고 캐릭터는 소비자의 욕망을 대변하고 소비자를 대리만족시키기 위해 창조된 존재인 셈이다. 따라서 패러디 광고의 캐릭터를 분석해 내는 일은 소비자들이 갖고 있는 욕구를 확인하는 작업과 연결된다.

지금부터 우리의 고전을 패러디한 광고 가운데 판소리나 판소리계 소설을 패러디한 몇 편의 광고를 살펴볼 것이다. 우선 패러디 광고에서 광고 메시지를 산출하기 위해 고전 캐릭터를 어떠한 방식으로 변용했는지 확인해 보자. 그리고 패러디된 캐릭터들을 통해 현대 사회를 살아가는 소비자들의 감추어진 욕망을 읽어 보자. 나아가 패러디 광고에 담긴 이 사회의 불편한 단면과 직면해 보자.

1) 효녀이지만 경제적으로 결핍된 심청

『심청전』은 당대의 주요 가치관인 효를 주제로 한 작품으로, 문학이나 연극, 영화, 창극, 만화 등의 다양한 장르로 변용될 만큼 우리들에게 친숙한 작품이다. 『심청전』이나 이후의 변용된 작품들 속에서 심청은 대체로 효성 지극한 효녀로 그려진다. 심청은 눈먼 아버지 심학규의 눈을 뜨게 하기 위해 인당수에 자신의 몸을 던진다. 심청은 아버지를 위해서라면 자신의 목숨마저도 아까워하지 않는데, 이는 그녀의 지극한 효심에서 비롯된 행동이다.

최근에 『심청전』을 패러디한 몇 편의 텔레비전 광고가 눈에 띈다. 이들 광고에서도 심청은 여전히 효녀 캐릭터로 그려진다. 그런데 효녀 캐릭터 이면에는 오히려 '경제적으로 결핍'된 특성이 도드라진다.

패러디 광고 속에서도 심청은 기본적으로 지극한 효심을 지닌 인물로 표현된다. 대표적인 것이 2007년 방영된 <대우캐피탈 내게론> 광고와 2002년에 방영된 <맥도널드 후렌치후라이> 광고이다.[3)4)] 전자에 등장하는 심청은 아버지를 위해 뱃머리에 서 있으며, 후자에 등장하는 심청은 아버지에게 무슨 음식을 드릴 수 있을지 고민한다. 하지만 두 광고에서 새로 그려진 심청의 변용 방식에는 공통점이 있다. 심청이 보인 '효심'의 무게가 덜어지는 대신 심청의 '경제적 결핍'이 광고 스토리를 이끄는 중요한 장치로 작동한다는 점이다. 심청이 아버지를 위해 인당수에 몸을 던질 수밖에 없었던 '궁핍'과 늘 끼니를 걱정해야 하는 '궁핍'이 두 광고가 전달하고자 하는 메시지를 형성하는 열쇠가 된다.

<대우캐피탈 내게론> 광고는 심청이 인당수에 빠지려고 하는 흑백 화면으로 시작한다. 뱃머리에 선 심청이 선뜻 바다로 뛰어들지 못하고 한참을 망설이고 있다. 이때 '돈이 뭐길래'라는 여성 성우의 음성이 들리고 화면 중앙에 자막이 등장한다. 그리고 흑백 화면에 파란 색으로 강조된 '심청이에게 내게론이 있었다면'이라는 자막이 이어진다. 다음 화면은 천연색으로 바뀌며 수영복을 입은 현대의 심청이 등장한다. 그리고 화면 중앙에 '인생은 달라졌을 겁니다'라는 자막이 등장한다. 이후 장면에서 심청은 스쿠버다이빙을 즐기고, 요트 위에서 선탠을 한다.

CM : 심청이 인당수에 빠질까 말까, 빠질까 말까
여, 자막 : 돈이 뭐길래~
CM : 아이고 아버지~
자막 : 심청이에게 내게론이 있었다면 인생은 달라졌을 겁니다
NA : 돈 이야기는 대우캐피탈 내게론에서 합시다
자막 : 신용대출은 내게론/인터넷대출은 I내게론
연이율 7%~39.9, 연체이자율 25%~44.9%
자막 : 1688-0070
NA : 대우캐피탈

『심청전』에서 심청이 인당수에 빠져야만 하는 인과 관계는 '아버지의 눈을 뜨게 하기 위해 공양미 삼백 석을 시주할 결심을 함 → 공양미 삼백 석을 마련할 돈이 없어 중국 상인들에게 몸이 팔림 → 인당수에 빠짐'으로 설명될 수 있다. 결국 심청이 인당수에 빠져야 하는 근원적인 이유는 아버지의 눈을 뜨게 하기 위한 효성에서 비롯된 것이다. 그런데 이 광고에서는 아버지의 눈을 뜨게 하기 위해서라는 근원적인 목적이 가려지고, 심청이가 가난하기 때문에 인당수에 빠질 수밖에 없었다는 서사 구조로 왜곡된다. 결국 『심청전』의 '가난하지만 효성이 지극한 심청'이란 캐릭터가 광고에서는 '효성은 지극하지만 가난한 심청'이란 캐릭터로 변질된 것이다.

여1 : 효녀 심청, 가진 건 달랑 500원뿐이로구나 남 : 방이요~
자막 : 맥도날드 후렌치후라이가 단돈 500원
여2 : 아버님~
CMsong : 심봉사 그 맛에 눈이 번쩍 뜨이는구나~ 맥도날드
자막 : 올림픽 공식지정 레스토랑
NA : 스티커를 벗기면 행운이 와르르르~

'효성은 지극하지만 가난한 심청'을 서사의 출발점으로 설정한 예는 <맥도널드 후렌치후라이> 광고에서도 확인할 수 있다. '*孝女 沈淸傳*'이라는 커다란 자막과 함께, 화면에서는 보이지 않는 심봉사에게 어린 심청이 큰절을 올리는 장면으로 광고는 시작된다. 다음 장면에서 심청은 손에 달랑 500원을 들고 길에 주저앉아 있다. 500원으로는 아버지의 끼니를 해결할 수 없다는 심청의 낭패감을 드러내기 위한 장치로 추정된다. 그런데 포졸이 등장해서 맥도날드 후렌치후라이가 단돈 500원이라는 방을 붙이고 사라진다. 결국 심청은 500원으로 후렌치후라이를 사서 심봉사를 봉양한다. 500원밖에 하지 않지만 맛있는 후렌치후라이를 먹은 심봉사는 그 맛에 눈을 번쩍 뜨게 된다는 서사 구조이다.

<맥도널드 후렌치후라이> 광고에서 심청의 가난한 경제력을 부각시킨 점은 <대우캐피탈 내게론> 광고와 동일하다. 두 광고 모두 '효심이 지극한 심청'보다는 '가난한 심청'이라는 캐릭터를 기반으로 이야기가 진행되고 있다. 하지만 우리는 여기에서 두 광고가 지향하고 있는 다른 점에 주목해야 한다. <대우캐피탈 내게론>에서는 풍요로운

인생을 살아가는 데 무엇보다 경제력이 중요하다는 점을 강조하고 있다. 반면에 <맥도널드 후렌치후라이>에서는 당장의 끼니를 해결할 수 없을 정도로 경제적 문제를 안고 있는 캐릭터를 내세워 주머니 사정이 여의치 않은 당시의 청소년층을 공략하고 있다.

두 광고에서 광고주가 메시지를 전달하기 위해 선택한 광고 전략을 이해하기 위해서는 두 광고가 제작되고 방영되던 당시의 시대상을 이해할 필요가 있다. <맥도널드 후렌치후라이>는 2000년에 방영되었고, <대우캐피탈 내게론>은 2007년에 방영되었다. 2000년은 우리 경제가 1990년대 후반의 IMF 경제 위기로 인하여 사람마다 주머니 사정이 예전 같지 않았던 시기라는 점을 눈여겨 보아야 한다. 그야말로 당시는 소비자들이 '보다 싼 것'을 찾았던 시기이다. 또한 각 가정마다 경제 문제가 가장 우선되는 시대였다. 그야말로 경제적 문제가 개인, 가정, 사회 문제의 대부분을 지배했던 시기였다. 누구나 행복한 삶을 꿈꾸지만, '경제적 결핍'으로 인해 그런 삶을 살지 못하게 되었다는 생각이 지배적이었던 시대였다. 두 광고의 캐릭터 변용 양상은 시대 상황으로 인해 경제적 결핍에 직면했던 당대의 소비자들을 겨냥한 것이라 할 수 있다.

2) 외모 때문에 사랑을 배신한 춘향과 몽룡

『춘향전』에서 춘향은 미모와 함께 지조를 겸비한 여인으로 그려진다. 그리고 춘향이 몽룡과의 사랑을 지키며 변학도와의 위기를 극복한다는 것이 춘향전의 기본 서사이다. 그런데 2007년 낙농자조금관리위원회에서 우유 소비 촉진 캠페인으로 제작한 광고 <신춘향전 1, 2편>에서는 춘향전의 이러한 두 요소를 비틀어 시청자들의 상식적인 기대감을 저버리고 웃음을 유발한다.[5)]

자막 : …. 마셨느냐?
NA : 신 춘향전
여1 : 아씨, 우유 드세유~ 여2 : 됐거든?
여1 : 아씨, 우유 여2 : 안 먹어
자막 : 몇 년 후…
남1 : 춘향아 여2 : 몽룡 오빠 여1 : 지는 향단인데유
NA : 마신대로 거두리라
여3 : Close to you
자막 : 늘 당신 가까이 낙농자조금관리위원회

<신춘향전 1편>은 크게 전반부와 후반부로 구분되는 서사 구조를 갖추고 있다. 광고의 전반부에서, 몽룡을 서울로 떠나보낸 춘향은 한가한 나날을 보낸다. 이런 춘향에게 향단은 날마다 우유를 건네지만 춘향은 이를 거절하고 마시지 않는다. 광고의 후반부에서는 몇 년이 지나 몽룡이 돌아오는 장면이 그려진다. 그런데 몽룡은 춘향을 지나쳐 향단에게 달려간다. 춘향이 거절한 우유를 몇 년째 마신 향단의 외모가 몰라보게 예뻐졌기 때문이다. 몽룡은 향단의 외모에 반해 춘향을 배신하고 향단과 새로운 사랑을 시작한다. 광고 말미에는 미모를 상실한 자신의 외모 때문에 사랑의 배신을 겪은 춘향이 그제서야 우유를 마시기 위해 젖소를 쫓아다니는 야마컷(재미컷)[6]으로 마무리된다.

얼짱, 몸짱, 동안과 같은 신조어가 유행할 만큼 현대 사회에서 외모에 대한 관심은 지대하다. 특히 청소년과 청년층이 외모에 보이는 관

심은 가히 열풍이라 할 만하다. 이 광고는 미모를 상실한 춘향과 외모를 따지는 몽룡을 출현시킴으로써 현대 사회의 이러한 현상을 광고 안에 담아냈다.

광고의 메시지 산출을 위해 외모를 키워드로 한 특징은 낙농자조금관리위원회의 <신춘향전 2편>에서도 그대로 유지된다. 다만 <신춘향전 1편>에서는 우유를 마시고 외모가 예뻐진 향단이 몽룡과의 사랑을 이루었다면 <신춘향전 2편>에서는 우유를 마시고 외모가 출중해진 변학도가 춘향의 마음을 빼앗는 데 성공한다는 점이 다를 뿐이다.

『춘향전』에서 춘향이 겪는 최대의 위기는 변학도의 수청을 거절하는 상황이다. <신춘향전 2편>에서는 이 상황을 담고 있다. 광고의 첫 화면은 '신춘향전 2편'이라는 자막과 함께 화면 중앙에 칼을 쓴 춘향이가 배치되고, 좌하단에 우유 잔을 들고 있는 변학도가 배치되어 있다. 그리고 변학도의 상단에는 '…마시면 되겠느냐?'라는 자막이 등장한다. 이야기는 동헌 마당에서 시작된다. 변학도는 수청을 명하고, 칼을 쓴 춘향은 변학도를 보지도 않은 채 안 된다는 말만 되풀이하고 있다. 춘향이 수청을 거부하자 변학도는 우유를 마시면서 춘향에게 접근한다. 그리고 다시 수청 들기를 명한다. 이때 춘향은 고개를 들어 우유를 마시는 변학도를 보는데, 그만 변학도의 잘생긴 외모에 반하고 만다. 결국 춘향은 변학도의 수청을 받아들이고, 둘은 동헌 마당에서 손을 잡고 춤을 춘다. 이후 둘이 동헌 마루에서 즐겁게 우유를 마시는 장면이 전개되는데, '마신대로 거두리라'라는 자막과 함께 성우 음성이 들린다. 광고 마지막 장면에서는 어사 마패를 든 몽룡이 담을 넘으며 춘향을 부르지만 춘향은 처음 보는 사람처럼 짐짓 모른 척하는 야마컷으로 마무리된다.

자막 : 新춘향전 2편 … 마시면 되겠느냐?
NA : 신춘향전
남1 : 수청을 들라~
남1 : 수청
남1 : 정녕… 아니 되겠느냐?
NA : 마신대로 거두리라
하얀 우유
자막 : 늘 당신 가까이 Close to you
낙농자조금관리위원회

여 : 아니 되오
여 : 아니… 헉… 어머… 대박 대박!
여 : 아니… 돼요, 돼요, 돼요~

과거의 우유 광고는 아동·청소년을 대상으로 하여 균형적인 성장이나 성장 촉진을 주 메시지로 하였다. 칼슘과 영양소가 풍부하게 첨가된 우유, DHA가 함유돼 두뇌 발달에 좋은 우유, 살찔 것이 걱정되는 사람을 위한 저지방 우유 등을 내세운 광고들이 그 예이다. 그러나 이 광고에서 우유는 건강보다 외모를 키워드로 선택했다. 당시 소비자들은 건강에도 관심을 가졌지만 우유를 주로 마시는 10대와 20대는 건강보다는 외모에 더 큰 관심을 가지고 있기 때문이다. 광고에서 우유가 어떻게 외모 개선에 도움이 되는지 광고에서 설명된 바는 없다. 하지만 우유를 마시지 않으면 미모를 상실하게 된다는, 광고 제작자에 의해 유도된 추론을 소비자는 경험하게 된다.

『춘향전』에 그려진 춘향은 아름답기도 하지만 끝까지 절개를 지키는 인물이다. 이몽룡 역시 과거에 급제하여 출세했음에도 불구하고 춘향을 찾아 돌아오는 인물로 그려진다. 하지만 두 광고는 몽룡과 춘향의 캐릭터를 변질시켜 광고주의 의도를 살리고 있다. <신춘향전 1편>에서는 향단의 외모 때문에 춘향을 버리고 향단을 선택하는 몽룡을 내세우고, <신춘향전 2편>에서는 잘생긴 변학도 때문에 이몽룡을 배신하는 춘향을 배치했다. 원전에서 강조된 절개나 지조와 같은 인물 이미지는 광고 속에서 더 이상 유효하지 않다. 광고 속에 등장하는 몽룡과 춘향은 이제 외모 때문에 서로의 사랑을 배신하고 다른 사랑을 선택하는 캐릭터로 변질되어 있다.

우리의 기대와는 달리 외모 때문에 사랑을 배신하는 춘향과 몽룡의 캐릭터는 외모에 지대한 관심을 갖고 외모를 중요시하는 이 시대 소비자들과 다르지 않다. 변질된 캐릭터들은 외모를 중요한 판단 기준으로 삼는 소비자들로 하여금 광고 속 이야기에 동의하게 하고 광고 속 캐릭터에 공감하게 한다. 이 광고는 소비자에게 결코 위협적이지 않은 위협, 소비자를 웃게 만드는 위협을 가해 소비자들의 시선을 잡는다. 또한 이 시대 개인을 판단하는 데 중요한 요소로 자리잡은 외모를 강조하여 외모에 관심이 많은 젊은 소비자층에게 '우유를 마시면 예뻐진다'라는 메시지를 호소하고 있다.

3) 세상사와 피로에 지쳐 간이 손상된 토끼

한국 야쿠르트의 <쿠퍼스>광고 1, 2편은 영약(靈藥)인 간을 지닌 토끼 대신 피로에 지친 현대인을 등장시킴으로써 『수궁가』를 패러디했다.[7] 『수궁가』의 한 대목이 들리면서 토끼를 대신하는 현대인이 자라에게 인도되어 용궁 안으로 들어간다. 용왕 앞에 선 현대인은 세상사에 지쳐 성한 구석이 없다고 이야기한다. 헝크러진 머리와 덥수룩한 수염, 피로에 지친 현대인의 모습이 그대로 드러난다. 용왕은 그런 현대인을 보면서 자신보다 더 걱정이라며 현대인을 물리친다. 마지막 화면에서 자라를 나무라는 용왕의 장면이 등장하며 해당 상품이 노출된다.

남1(창) : 그러면 토끼를 빨리 잡아들이렸다
예~ 이~
용왕 : 어디 한번 보자
배우 : 보나 마납니다
세상사에 지쳐 어디 성한구석이 있겠습니까? 아이, 척보면 알아야지
용왕 : 개! 나보다 니가 더 걱정이다
NA : 당신이 걱정됩니다. 쿠퍼스
자막 : 쿠퍼스는 발효유입니다
JINGLE : 야쿠르트

이 광고는 '건강한 토끼 → 삶에 찌든 현대인'이라는 캐릭터 변용을 통해 광고의 메시지를 소비자에게 전달한다. 『수궁가』에서 토끼는 용왕의 병을 낫게 해 줄 영약(靈藥)인 간을 지닌 존재이다. 또한 위기 상황에서도 꾀를 내어 자신의 목숨을 구하는 지혜와 억척스러움을 지닌 캐릭터로 그려진다. 그러나 패러디 광고에 등장하는 현대인은 비틀어진 토끼의 모습을 하고 토끼를 대신한다. 『수궁가』의 토끼가 용왕의 병을 낫게 해 줄 건강의 아이콘이라면 광고 속 현대인은 "세상사에 지쳐 성한 구석이 없"어 용왕에게는 전혀 도움이 되지 않는다. 오히려 용왕이 걱정해 주어야 할 정도다. 게다가 『수궁가』의 토끼는 긴박한 위기 상황에서 어떻게든 탈출하기 위해 바둥거리지만 광고 속 현대인은 이미 '삶에 찌들어' 인생에 별 미련이 없는 것처럼 보인다.

이 광고는 바쁜 일상으로 인한 현대인들의 피로감, 피로 해소와 건강에 대한 현대인들의 관심과 욕구 등을 보여주고 있다. 이를 위해 『수궁가』의 토끼가 현대인으로 변용된 광고적 장치에 대한 공감대를 형성한다. 토끼의 신선한 간을 찾던 용왕이 자신의 건강보다 현대인의 건강을 더 걱정한다는 서사 구조에 현대인들은 고개를 끄덕이게 된다. 비틀어진 서사 구조는 재미를 던져주고, 피로에 쌓여 있는 현대인으로 등장한 토끼는 소비자로 하여금 강한 공감대를 느끼게 한다. 소비자는 서사 구조 비틀기 기법에 웃게 되고, 광고에 등장한 현대인에 공감하게 되면서 자연스럽게 해당 광고의 메시지를 호의적으로 받아들이고, 논리적 절차를 생략한 채 제품 기능에 대해 긍정적으로 판단하게 된다.

4) 사업가로 성공한 심봉사와 암행어사가 된 방자

공익광고협의회의 <공정한 기회>는 전반부에서 현대 사회에 존재하는 여러 불공정한 상황들을 고전 캐릭터를 통해 드러내고, 후반부에서는 이들에게 공정한 기회가 주어진다면 고전 캐릭터들이 전혀 다른 삶을 살게 될 것임을 보여준다.[8)]

광고 전반부에서 세 명의 고전 캐릭터는 그들이 처한 시대 조건을 극복하지 못하고 자신의 삶을 주도적으로 개척하지 못한 인물로 그려진다. 이 공익광고에 등장하는 고전 캐릭터는 심청의 아버지 심봉사, 『콩쥐팥쥐전』의 콩쥐, 『춘향가』의 방자이다. 캐릭터들은 모두 불공정하거나 그들을 배려하지 않은 사회 구조와의 갈등 관계에서 패배한 것으로 형상화된다. 심봉사는 상인들에게 팔려 가는 딸을 울면서 보낼 수밖에 없는 인물로, 콩쥐는 새어머니와 팥쥐 대신 종일 일만 하는 인물로, 방자는 과거를 보러 가는 도련님에게 꾸짖음을 당하는 인물로 묘사된다.

광고는 세 명의 고전 캐릭터를 통해 현대 사회에 내재한 불공정한 사회 구조의 단면을 드러낸다. 심봉사 편에서는 '심봉사가 직업을 가질 기회가 있었다면'이라는 자막을 통해 현대 사회의 장애인들에게 직업

남 : 청아~ 　　여 : 아버지~~!
자막 : 심봉사가 직업을 가질 기회가 있었다면
여2 : 하루 종일 물만 길거냐?
자막 : 콩쥐가 재능을 펼칠 기회가 있었다면
남2 : 방자야, 서두르지 못 하겠느냐 　　남3 : 네, 도련님
자막 : 방자가 과거시험을 볼 기회가 있었다면
Na : 모두에게 공정한 기회가 있었다면…
자막 : 암행어사 | 방자
여3 : 이게 올봄에 유행할거야 　　자막 : 꽃신 디자이너 | 콩쥐 　　여4 : 대박!!
자막 : 심청상회 대표 | 심학규
NA : 모두가 행복한 사회 공정한 기회에서 시작됩니다.

을 가질 기회가 마땅치 않음을 보여 준다. 콩쥐 편에서는 '콩쥐가 재능을 펼칠 기회가 있었다면'이라는 자막을 통해 재능을 펼칠 기회가 공정하게 주어지지 않는 현대 사회의 모습을 대변한다. 방자 편에서는 '방자가 과거시험을 볼 기회가 있었다면'이라는 자막을 통해 교육의 기회가 공정하게 주어지지 않는 현대 사회의 불편한 진실을 말하고 있다.

광고 후반부에서, 방자는 암행어사로, 콩쥐는 꽃신 디자이너로, 심봉사는 심청상회 대표로 등장한다. 원전과 달리 광고 속의 인물들은 주도적이고 성공적인 인생을 살고 있다. 방자는 이몽룡에게 명령을 내리는 암행어사가 되어 탐관오리를 심판하고, 심봉사는 성공한 사업가로 변신해 딸과 함께 장사를 한다.

이 광고에서도 캐릭터 변용이라는 장치가 광고의 메시지를 전달하는

데 중요한 역할을 담당한다. 광고 속에서 인물들이 성공할 수 있었던 이유는 이들이 '공정한 기회'를 누릴 수 있었기 때문이다. 광고에서 전달하고자 하는 중요 메시지인 '공정한 기회' 덕분에 세 명의 인물들은 각자의 분야에서 성공한 캐릭터로 변화할 수 있었다. 다시 말해 '공정한 기회'라는 메시지의 중요성을 효과적으로 전달하기 위해 캐릭터들의 성공한 모습을 전면에 내세운 것이다.

하지만 희망을 이야기하고, 우리 사회가 지향해야 할 모습을 이야기한 이 광고에서 우리는 우리 사회의 또 다른 불편한 단면을 만날 수 있다. 현대인들은 모두 성공을 꿈꾼다. 한편 현대인들은 우리 사회에서 기회가 공정하게 주어지지 않고 있다는 점을 대체로 인식하고 있다. 그런 사회를 원망의 눈으로 또는 냉소적 시각으로 바라보는 현대인들에게 광고 속의 변용된 고전 캐릭터들의 성공은 고무적이다. 이 광고를 접한 소비자들은 우리 사회가 결코 공정하지 않다는 점에 공감했을 것이다. 그리고 한번쯤 '나도 공정한 기회를 가질 수 있다면…'이라고 생각했을 것이다. 그리고는 저마다 성공을 상상한다. 이 광고는 '공정한 기회를 얻지 못해 성공하지 못하고 있다'고 생각하는 광고 소비자들의 불만과 욕구에 호소한다. 공정한 기회만 주어진다면 당신도 광고 속 심봉사처럼 성공할 수 있다고, 공정한 기회만 주어진다면 당신도 방자처럼 성공할 수 있을 것이라고 말하고 있다. 이 광고는 '공정한 기회'의 필요성을 말하면서도 '사회적 성공'을 지향하는 현대인들의 욕망을 은연 중에 들춰내고 만 셈이다.

3. 캐릭터는 어떻게 살아남는가?

지난날 고전에서 활약하던 캐릭터들은 현대 광고에서도 그 역할을 다하고 있다. 그러나 우리에게 친숙한 심청, 이몽룡, 성춘향, 토끼, 방자, 심봉사 등은 우리가 익히 알던 캐릭터의 모습으로 존재하지는 않는다. 그들은 효심보다 가난한 현실에 집중하며, 더 예쁘고 더 잘생긴 이성을 차지하기 위해 사랑의 맹세쯤은 쉽게 던져 버린다. 자신의 건강조차 돌보지 못할 정도로 삶에 대한 의욕을 상실한 채로 살아가기도 한다. 한편으로는 자신에게 주어진 기회를 활용하여 성공한 사업가로서, 탐관오리를 심판하는 암행어사로서 성공한 인생을 살아가기도 한다.

광고를 접하는 현대인들, 즉 소비자들은 욕구와 불만으로 채워져 있다. 소비자들의 욕구나 불만은 사회·문화적 분위기나 경향이 만들어지는 데 영향을 미친다. 광고는 목적을 달성하기 위해 사회·문화적 분위기나 경향을 분석하고 이를 광고에 반영하며 다양한 기제를 활용해 소비자에게 호소한다.

패러디 광고는 소비자들에게 메시지를 전달하기 좋은 수단이다. 패러디 광고가 가진 친숙함과 유머는 소비자들의 방어 심리를 무디게 한다. 익히 알고 있는 등장인물과 서사 구조는 부담 없이 광고를 즐길 수 있게 해 주며, 기대와는 다른 이야기 전개는 소비자들에게 웃음을 유발한다. 또한 패러디 광고에 등장하는 캐릭터들은 소비자의 욕구나 불만을 효과적으로 담아낸다. 소비자의 욕망이나 불만에 맞게 변용된 캐릭터들은 소비자와의 공감대를 형성하는 데 기여한다.

광고를 만드는 사람들은 고전을 패러디하고 캐릭터를 변용함으로써 광고의 메시지를 효과적으로 전달하려 한다. 광고를 소비하는 사람들은 패러디 광고의 비틀어진 캐릭터들에게서 자신의 욕구와 불만을 발견한다. 사회·문화적 변화를 반영하고 있는 캐릭터들은 소비자들과 쉽게 공감대를 형성한다. 우리의 욕구가 변화하고 사회·문화적 변화가 지속되는 한, 광고 속 캐릭터들은 또 다른 변신을 준비하고 있다.

미주

조선의 이상, 공자와 <대관재기몽>

1) 엄기영, 「<대관재기몽>의 창작 방법 연구」, 『고소설연구』 제18집, 고소설학회, 2004.
2) 최애영, 「심의의 「대관재기몽」에 대한 현대적 읽기의 한 시도」, 『우리어문연구』 37집, 우리어문학회, 2010.
3) 양언석, 「몽유록 소설의 서사유형 연구」, 명지대 박사학위논문, 1993.
4) 양언석, 「大觀齋의 『記夢』 研究」, 『명지어문학』 제21집, 명지어문학회, 1994.
5) 장덕순, 「몽유록 소고」, 『동방학지』 제4집, 연세대 동방학연구소, 1959.
6) 전형대, 「대관재몽유록」, 『한국고전소설 작품론』, 집문당, 1990, 109면.
7) 이원주, 「대관재 몽기, 몽사 자연지고」, 『한국학논문집』 제5집, 계명대 한국학연구소, 1978.
8) 이규호, 「시화적 측면에서 본 <대관재기몽>」, 『한국한문학연구』 5집, 한국한문학연구소, 1981.
9) 차용주, 『몽유록계 구조의 분석적 연구』, 창학사, 1979.
10) 양언석, 「몽유록 소설의 서사유형 연구」, 명지대 박사학위논문, 1993, 26면.
11) 김정녀, 「夢遊錄의 現實對應 樣相과 그 의미」, 고려대 석사학위논문, 1997, 10면.
12) 차용주, 『몽유록계구조의 분석적 연구』, 창학사, 1985, 48면.
13) 김형석, 「<大觀齋夢遊錄>에 반영된 沈義의 現實認識 研究」, 『한남어문학』 제27집, 한남대학교 한남어문학회, 2003, 69면.
14) 조동일, 『한국문화사상사시론』, 지식산업사, 1982, 49면.

콩쥐팥쥐 캐릭터와 불교적 이상

1) 작품은 1928년 태화서관에서 간행한 구활자본 <콩쥐팥쥐전>으로 하였다. 이후에는 작품의 해당 면수만 표시한다. <긔담쇼셜 콩쥐팟쥐젼>, 『구활자본 고소설 전집』 16, 인천대 민족문화연구소, 1983.
2) 달마대사가 중국의 양무제에 의해 죽음을 당한 이후 그의 무덤을 파헤치니 신발 한짝이 남아 있었다고 한다. 야나기 세미잔, 김성환 역, 『달마』, 민족사, 1992, 20-21면.
3) 남정희, 「신 한 짝의 상징적 의미」, 『반교어문연구』 27, 반교어문학회, 2009, 314-323면.
4) 풍도지옥은 도시왕이 다스리는 9번째의 지옥이며 관련내용은 장천(藏天)의 『예수시왕생칠경(豫修十王生七經)』 등에 기록되어 있다. 한국종교학회편, 「저승, 이승의 투사물로서의 공간」, 『죽음이란 무엇인가』, 창, 2009, 43-72면.
5) 오윤선, 「<콩쥐팥쥐전> 연구의 반성과 앞으로서의 과제」, 『고소설연구사』, 월인, 2002, 533면.

곽씨부인과 뺑덕어미

1) <심청가>의 전개를 형성기(18세기초), 성장기(18세기에서 19세기 전반), 변모기(19세기 중반에서 현재까지)로 구획지어 논의의 단초로 삼기로 한다. '형성기 심청가'는 서사내용이 일관된 지향으로 노래되는 데 대하여, '성장기 심청가'의 양상은 기왕의 민중기반의 판소리와 양반층의 지향이 한데 얼려 길항하는 모습을 보여준다는 점이 중요한 차이점이다. '성장기 심청가'의 존재양상이 훨씬 다양하게 변주될 수 있다는 맥락에서 '적강화소'·'심봉사의 신분상승' 문제 등이 온당하게 해석될 수 있다.
2) 허홍식 창본에 대한 검토는 다음의 두 논문에서 집약적으로 다룬 바 있다.
김석배, 「허홍식 소장본 <심청가>의 성격과 가치」, 『구비문학연구』 8, 한국구비문학회, 1999.
박기윤, 「허홍식 소장 창본 심청가 연구」, 경희대학교 교육대학원 석사학위논문, 1999.
3) 정출헌, 「판소리에 나타난 하층여성의 삶과 그 문학적 형상-<변강쇠가>의 여주인공 '옹녀'를 중심으로」, 『구비문학과 여성』, 박이정, 2000, 176면 참조.
4) 뺑덕어미가 갖고있는 악인형으로서의 특징은 정하영이 제대로 지적한 바 있다. 뺑덕어미는 악처나, 골계를 위한 조역의 측면이 해명되었다. 정하영, 「심청전에 나타난 악인상」, 『국어국문학』 97, 국어국문학회, 1987.
5) 정출헌, 「심청전의 민중정서와 그 형상화 방식」, 최동현 외 편, 『심청전 연구』, 태학사, 1999, 326면 참조. 정출헌 교수는 신재효 개작 <박타령>을 분석하면서, 신재효본에서 "독한 여인의 전형으로 받아들여지고 있는 놀부처가" 다른 이본에서는 "인정을 두지 않는 놀부 몰래 밥과 밀가루를 퍼주던 착한 심성의 인물로 그려지"고 있었을 가능성을 역설적으로 추측해내고 있다. 정출헌, 앞의 논문, 174~175면 참조. 이른바 악인형의 인물이 더늠화해가는 과정을 설명할 수 있는 단초가 되리라 생각한다.

박제상 이야기를 바라보는 두 시선

1) 지금까지 알려진 바로는 '김제상(金提上)'이라고 기록된 문헌은 『삼국유사』뿐이라고 한다. 그러므로 이 글에서는 편의상 '박제상'으로 일괄하여 호칭하기로 한다.
2) 홍순창, 「金提上說話에 대한 일고찰」, 『한국전통문화연구』 2, 효성여대한국전통문화연구소 1986; 주보돈, 「박제상과 5세기 초 신라의 정치 동향」, 『경북사학』, 경북사학회, 1988; 신현웅, 「박제상의 出自와 신분 문제」, 『신라문화』 27, 동국대신라문화연구소, 2006; 신현웅, 「박제상의 出自와 신분 문제(續)」, 『신라문화』 28, 동국대신라문화연구소, 2006; 조이옥, 「신라 눌지왕대 박제상의 정치적 위상」, 『동양고전연구』 33, 동양고전학회, 2008. 등이 대표적인 연구 논문이다.
3) 권영호, 「박제상 전승의 양상과 의미」, 『어문학』 75, 한국어문학회, 2000; 엄기영, 「삼국사기, 삼국유사 소재 박제상 이야기의 비교고찰」, 『한국문학이론과 비평』 21, 한국문학이론과비평학회, 2003; 엄기영, 「박제상 이야기의 수용양상과 그 의미」, 『민족문화연구』 39, 고대민족문화연구소, 2003; 이수봉, 「치술령 신모와 박제상 설화」, 『개신어문』 22, 개신어문학회, 2004; 손정인, 「박제상전의 설화적 구성과

그 역사적 맥락」, 『대동한문학』 29, 2008 등이 대표적인 논의이다.
4) 주보돈, 앞의 논문, 1998. 본고에서 박제상을 중앙세력으로 진입하려는 욕구가 강한 인물로 파악하는 데에는 이 논문에서 착안한 바가 크다.
5) 변사로서의 박제상의 면모를 부각시킨 선행 논의가 있었으며, 이 절의 내용은 그 논의를 수용하는 바탕 위에서 서술되었음을 밝혀둔다.
엄기영, 「삼국사기, 삼국유사 소재 박제상 이야기의 비교 고찰」, 『한국문학이론과 비평』 19, 한국문학이론과비평학회, 2003, 304~311면 참조.

조선의 판타지 영웅, 전우치

1) 경판 37장본의 작품명은 <전운치전>으로 한국학중앙연구원에 소장되어 있으며, 『이야기, 책, 이야기』(이창헌, 보고사, 2003, 313~388쪽)에 영인, 수록되어 있다. 이 글에서는 김현양 교수가 경판 37장본을 현대어로 옮긴 『홍길동전, 전우치전』(문학동네, 2010)의 <전우치전>(71~140쪽)을 인용한다. 다만 작품명 <전운치전>과 주인공 '전우치'는 독자들에게 잘 알려진 명칭인 <전우치전>과 '전우치'로 바꾸었음을 밝혀둔다.
2) 여기서 '판타지'는 '초현실적'이거나 '비일상적'인 이야기를 뜻하는 말로써 뒤에 각주 3)의 '환상(幻想, Fantasy)' 개념과 같은 의미로 쓰인 것이다.
3) 최기숙 지음, 『환상』, 연세대학교출판부, 2007, 19~20쪽.

왈자 집단의 구성과 성격

1) 이와 관련된 자료의 양이 적은 것은 아니다. 왈자 집단의 구성과 그 다양한 성격을 보여주는 자료는 선행연구를 통해 상당히 소개되었으며, 이에 이 글은 기왕의 소개된 자료들에 대한 재음미의 수준을 넘지 못할 수도 있음을 미리 고백한다. 특히 이우성・임형택(『李朝漢文短篇集』 上・中・下, 一潮閣, 1973), 김종철(『「무숙이타령」과 19세기 서울 시정』, 『판소리의 정서와 미학』, 역사비평사, 1996), 강명관(『조선의 뒷골목 풍경』, 푸른역사, 2003) 등의 성과에서 풍부한 자료들을 확인할 수 있었으며, 이 자리를 빌어 선학들의 노고와 시사에 감사드린다.
2) 李俊九, 『朝鮮後期身分職域變動研究』, 一潮閣, 1993, 93쪽 참조.
3) 이러한 방식은, 각자의 기예를 뽐내고 있는 연희자들을 모두 하나의 화폭에 담아내는 연희풍속화의 기법과도 비슷한 것이다.
4) 김화진, 『한국의 풍토와 인물』, 을유문화사, 1973, 292쪽(강명관, 「조선후기 서울의 중간계층과 유흥의 발달」, 『조선시대 문학 예술의 생성 공간』, 소명출판, 1999, 173쪽에서 재인용).
5) 출신(出身)은 대체로 문무과(文武科)나 잡과(雜科), 특히 무과를 급제하고 아직 관직에 나아가지 않은 사람을 이르는 명칭이다. 여기에서의 '소연 츌신'은 어려서 출신이 되었다는 의미인 듯하다.
6) <남원고사>, 金東旭 外, 『春香傳比較研究』, 三英社, 1979, 306~324쪽. (강조, 줄바꿈 생략, 현대어 전환 - 필자)
인용문의 한자 표기는 이 책의 저자들이 한글필사본을 활자화하여 소개하면서 독해를 돕기 위해 원문에 없는 것을 병기한 것이며, '왈자'가 '曰字'로 표기된 것도 특별히 '日者'와 다른 의미인 것은 아니다. 원문 영인본은 '김동욱 外 編, 『춘향전 사본선집』 1, 명지대학 출판부, 1977'에 수록되어 있다.

7) <남원고사>에 나열된 왈자들은 '한숙이 티숙이 무숙이 티평이 걸보 쎄듕이 도질이 부듸치기 군집이 펄풍헌 쥰반이 회근이'이다.

8) 최경봉, 「말에도 계급이 있다」, 『한국어의 탐구와 이해』, 박이정, 2002, 44쪽.

9) 박희병, 「조선후기 民間의 遊俠崇尙과 遊俠傳의 성립」, 『한국한문학연구』 9・10합집, 한국한문학회, 1987, 309~313쪽 참조. 유협의 개념과 미덕에 대한 언급으로 사마천의 다음의 글이 있다.

과감하여 이미 허락한 일에는 꼭 誠을 다한다. 자신의 몸을 아끼지 않고 나의 阨困에 달려가 生死存亡의 사이를 넘나들면서도 그 재능을 뽐내지 않으며, 그 덕을 자랑하는 것을 부끄러이 여기니, 족히 칭찬할 만한 점이 있다." 司馬遷, 『史記』 164, 「遊俠列傳」 第64(박희병, 같은 논문, 301~302쪽에서 재인용).

10) 이우성・임형택 편역, 앞의 책(中), 217쪽.

11) <유우춘전>에 등장하는 왈자들의 모습은 일부의 예에 해당할 것이며, 왈자 집단은 여전히 조선 후기 문화・예술의 주도세력으로 간주되기 때문이다.

근대의 초상

1) ① 박석수, 「심청을 위하여－쑥고개 1」, 「현장－쑥고개 8」, 『쑥고개』(문학사상사, 1987) ② 고은, 「인당수」, 『새벽길』(창작과비평사, 1978) ③ 이건청, 「심봉사전」, 1~11, 『목마른 자는 잠들고』(조광출판사, 1975) ④ 오세영, 「불 3」, 『모순의 흙』(고려원, 1985)

2) 전 이본에 공통으로 포함된 내용 단락에 관해서는 최운식, 『심청전연구』(집문당, 1982), 111~112쪽에 나오는 조사 결과를 참고했다.

3) 조동일, 「심청전에 나타난 비장과 골계」, 『계명논총』 제7집, 1971, 11쪽.

4) 유영대는 『심청전연구』(문학아카데미, 1989), 30쪽에서 「심청가」의 기본 단락을 넷으로 나누었다. ① 가난한 봉사와 어린 딸이 동냥을 하며 살았다. ② 공양미 삼백 석이 필요해 상인에게 몸이 팔렸다. ③ 물에 빠진 심청이 구출돼 왕비가 된다. ④ 맹인잔치를 열어 부녀가 상봉하고 아비가 눈을 뜬다. 앞의 둘을 전반부, 뒤의 둘을 후반부라 칭한다.

5) 유영대, 『심청전연구』, 164쪽 참조.

6) 최운식, 『심청전연구』, 83~85쪽 및 유영대, 『심청전연구』, 214~215쪽 참조.

7) 이상은 조동일, 「심청전에 나타난 비장과 골계」, 1~4쪽과 조동일, 『문학연구방법』(지식산업사, 1980), 178~179쪽 및 김흥규, 「판소리에 있어서의 비장」, 『구비문학』, 3(1980), 1~5쪽에 제시된 논의를 종합한 것이다.

8) 유영대, 『심청전연구』, 4, 164, 196쪽 참조.

9) 영웅의 개념에 대해서는 조동일, 「심청전에 나타난 비장과 골계」, 6~7쪽을 참조했다.

10) 신재효가 그렇게 했다. 김흥규, 「판소리에 있어서의 비장」, 11~14쪽 참조.

11) 고은, 『고은시전집』 2권, 민음사, 1993, 598쪽.

12) 이 단락의 논의는 조동일의 「심청전에 나타난 비장과 골계」에 의거했다.

13) 성현경, 「판소리 문학으로서의 심청전-소설과의 관계를 중심으로」, 『동아연구』 5, 1985, 206쪽.
14) 김인환, 『한국문학이론의 연구』, 을유문화사, 1986, 69쪽.
15) M. Heidegger, 소광희 역, 『시와 철학-횔덜린과 릴케의 시세계』, 박영사, 1975, 266쪽.
16) 조동일, 「심청전에 나타난 비장과 골계」, 11～12쪽 참조.
17) 여기에 적은 원전 대목은 전규태 편, 『한국고전문학대전집』 1권, 세종출판공사, 1970에서 옮겼다.
18) 조동일, 「심청전에 나타난 비장과 골계」, 18쪽 참조.
19) 유영대는 『심청전연구』, 172쪽에서 「심청전」의 주제가 현실의 여러 문제를 풍속화풍으로 보여주는 데 있다고 했고, 박희병은 「판소리에 나타난 현실인식-연구사에 대한 방법론적 검토」, 성산장덕순선생정년퇴임기념논총 간행위원회 편, 『한국문학사의 쟁점』(집문당, 1986), 485쪽에서 「심청전」이 효라는 유교 이념이 조선후기 사회에서 파탄되고 해체돼 나가는 문제를 심청, 심봉사, 뺑덕어미의 인물 설정과 이야기 전개를 통해 풍속의 차원에서 묘출해 보인 작품이라 했다.
20) H. Marcuse, "The Affirmative Character of Culture," Negations－Essays in Critical Theory, trans. Jeremy J. Schapiro(Boston: Beacon Press, 1968), p. 106.
21) H. Marcuse, "The Affirmative Character of Culture," pp.115～116.
22) 1925년 이경손, 1937년 안석영, 1956년 이규환이 「심청전」을 영화로 만들었다. (최운식, 『심청전연구』, 20쪽) 오세영은 1942년생이고, 이 시를 처음으로 수록한 시집 『반란하는 빛』은 1970년 현대시학사에서 나왔다.
23) 오세영, 『반란하는 빛』, 152～163쪽.
24) 김인환, 「신채호의 근대성 인식」, 『민족문화연구』 제30호, 1997, 107쪽.
25) 김상환, 「모더니즘이란 무엇인가」, 『해체론 시대의 철학』, 문학과지성사, 1996, 360쪽.
26) M. Heidegger, 『시와 철학』, 238쪽.

<한중록>에 나타난 혜경궁 홍씨의 어휘 특징

1) Lakoff, G. and Johnson, M.(1980), Metaphors We Live By, Chicago, p.3.
2) E. 코세리우, 허발 엮어 옮김, 「현대 의미론의 이해」, p.376.
3) 혜경궁 홍씨, 정병설 옮김(2010), 「한중록」, p.458.
4) 한중록을 세 차례에 결친 회고록과 네 차례에 걸친 회고록을 모은 것이라는 관점이 나누어지지만 글의 내용의 연관성을 중요시여겨 이 글에서는 3가지 회고록이 합쳐진 것으로 본다.
5) R. H. Robins(1992), A Short History of Linguistics, Longman inc, New York., pp.192-196.
6) 배해수(1998), 「한국어와 동적언어이론」, 고려대학교 출판부, p.162.
7) Wilhelm Luther(1954), Weltansicht und Geistesleben, Göttingen. Vandenhoeck & Ruprecht. p.10.

8) 정시호(1994), 「어휘장이론연구」, 경북대학교 출판부, pp.56-64.
9) 김재영(1996), 「성능중심 어휘론」, 국학자료원, pp.4-6.
10) E. C. Way(1991), knowledge representation and metaphor, kluwer academic publishers, p.2.
11) Aristotle(1963), Poetics, p.36.
12) A. Darmesteter는 의미변화의 유형으로 네 가지 구별을 두었는데 提喩(synecdoque), 換喩(métonymie), 隱喩(métaphore), 轉化(catachrése)를 두고 있다. 이에 대해서는 A.Darmesteter, La Vie des mot étudiée dans leurs significations(Paris, 1946판). (최석규 옮김, 대한교과서주식회사, 1963:36 참조).
13) Richard. I. A(1936), The philosophy od Rhetoric, pp.93-94.
14) 임지룡(1997), 「인지의미론」, pp.173-177.
15) 심지연(2009), "국어 관용어의 인지의미론적 연구", 고려대 국어국문학과 박사학위논문, 52-63쪽.
16) G. 레이코프, M. 존슨(1980), 노양진, 나익주 옮김, 「삶으로서의 은유」, 서광사.
17) 임지룡(1997), 「인지의미론」, p.177.
18) 심지연, "국어관용어의 인지의미론적 연구", 고려대 박사학위논문, 61쪽.
19) 이종열, "국어 비유적 의미의 인지과정에 대한 연구", 경북대 박사학위논문, 63쪽.
20) '어휘분절구조'(Wordfeld)라는 용어는 지금까지 통용되고 있는 '낱말밭, 의미장, 개념장, 어휘장, 언어장, 語野, 文野, 語場' 등으로 불리워오고 있는 용어에 대한 대안으로 마련된 것이다. 이에 대하여는, 배해수(1998).「한국어와 동적언어이론」 188쪽 참조.
21) 혜경궁 홍씨(1795～1806), (2010), 정병설 옮김, 「한중록」, 문학동네, p.21.
22) 같은 책, 142쪽.
23) 같은 책, 132쪽.
24) 같은 책, 298쪽.
25) 같은 책, 72쪽.
26) 같은 책, 122쪽.
27) 같은 책, 132쪽.
28) 같은 책, 139쪽.
29) 같은 책, 153쪽.
30) 같은 책, 421쪽.
31) 같은 책, 102쪽, 132쪽.
32) 같은 책, 233쪽.
33) 같은 책, 323쪽.
34) 같은 책, 247쪽.
35) 같은 책, 299쪽.
36) 같은 책, 94쪽.
37) 같은 책, 233쪽.
38) 같은 책, 357쪽.
39) 같은 책, 370쪽.
40) 같은 책, 399쪽.

41) 같은 책, 343쪽.
42) 혜경궁 홍씨(1795~1806), (2008), 정은임 교주, 「한중록」, 이회, 314쪽, 316쪽.

패러디 광고의 고전 캐릭터로 본 현대인의 욕망

1) 켈킨스는 '우리는 광고를 통해서 사회학적 역사의 흔적을 추적하게 될지도 모른다. 유행과 열광의 일어남과 스러짐을, 음식과 의복 분야에서 관심과 기호의 변화를, 오락과 악습을, 도한 당대 삶의 파노라마를 들여다볼 수 있게 될지도 모른다.'고 일설했다.(마정미: 2004, 재인용)
2) <현대카드 떠나라편>, 최초 방영일: 2002년 4월 20일, 광고주: 현대카드, 광고대행사: 웰콤
3) <대우캐피탈 내게론>, 최초 방영일자: 2007년 10월 19일, 광고주: 대우캐피탈, 광고 대행사: 웰콤
4) <후렌치후라이드>, 최초 방영일자: 2000년 2월 1일, 광고주: 맥도날드, 광고 대행사: 레오버넷
5) <신춘향전 1, 2편>, 최초 방영일자: 2007년 7월 1일, 광고주: 낙농자조금관리위원회, 광고대행사: 코마코
6) 일반적으로 광고는 마지막 화면에 광고주와 상품명이 제시되고 마무리된다. 그런데 이 마지막 화면 이후에 광고 내의 스토리 이후 장면을 한 컷으로 구성한 것이 '야마컷'이다. 야마컷은 주로 웃음을 유발할 수 있는 장면으로 구성된다.
7) <쿠퍼스 용궁편 1>, 최초 방영일: 2005년 3월 26일, 광고주: 한국야쿠르트, 광고대행사: 코마코
   <쿠퍼스 용궁편 2>, 최초 방영일: 2005년 9월 14일, 광고주: 한국야쿠르트, 광고대행사: 코마코
8) <공익광고 공정한 기회편>, 최초 방영일: 2012년 4월 12일, 광고주: 공익광고협의회, 광고대행사: 한국방송공사

참고문헌

1장 캐릭터의 이상적 원형

한국의 이상적 인간상 : 대인(大人)

설중환, 「단군신화의 순환구조에 대한 역학적 고찰」, 『인문대논집』 13, 고려대학교 인문대학, 1995.

설중환, 「한사상으로 본 단군신화」, 『설화문학연구』 하, 단국대출판부, 1998.

설중환, 「한국의 이상적인 승려상」, 『어문논집』 41, 안암어문학회, 2000.

설중환, 「홍길동전으로 본 한국의 영웅상」, 『한국학연구』 12, 고려대 한국학연구소, 2000.

설중환, 「건국신화의 순환구조에 대한 역학적 고찰」, 『어문론총』 38, 한국문학언어학회, 2003.

설중환, 「전우치전의 한사상적 연구」, 『어문연구』 55, 어문연구학회, 2007.

설중환, 「단군신화에 나타난 한국의 이상적인 인간관」, 『국학연구논총』 5, 택민국학연구원, 2010.

조선의 이상, 공자와 <대관재기몽>

『論語』

『孟子』

구인환, 『몽유록』, 신원문화사, 2004.

김영두, 「문묘 · 문묘종사」, 『선비문화』 제19호, 2011.

김정녀, 「夢遊錄의 現實對應 樣相과 그 의미」, 고려대 석사학위논문, 1997.

김형석, 「<大觀齋夢遊錄>에 반영된 沈義의 現實認識 硏究」, 『한남어문학』 제27집, 한남대학교 한남어문학회, 2003.

리링, 『논어, 세 번 찢다』, 글항아리, 2010.
사마천, 「공자세가」, 『사기』, 민음사, 2011.
서경덕, 김희주 역, 『화담집』, 마을글방, 1992.
成俔, 『慵齋叢話』 卷九: 『국역대동야승』 1, 민족문화추진회, 1985.
안핑친, 『공자평전』, 돌배개, 2010.
양언석, 「몽유록 소설의 서사유형 연구」, 명지대 박사학위논문, 1993.
______, 「大觀齋의 『記夢』 硏究」, 『명지어문학』 제21집, 명지어문학회, 1994.
엄기영, 「<대관재기몽>의 창작 방법 연구」, 『고소설연구』 제18집, 고소설학회, 2004.
이규호, 「시화적 측면에서 본 <대관재기몽>」, 『한국한문학연구』 5집, 한국한문학연구소, 1981.
이원주, 「대관재 몽기, 몽사 자연지고」, 『한국학논문집』 제5집, 계명대 한국학연구소, 1978.
이유원 저, 「문헌지장」, 『林下筆記』 卷二十四: 김동현 역, 『임하필기』 5, 민족문화추진회, 1999.
장덕순, 「몽유록 소고」, 『동방학지』 제4집, 연세대학교 동방학연구소, 1959.
장효현 외, 「대관재기몽」, 『校勘本 韓國漢文小說, 夢遊錄』, 고려대학교 민족문화연구원, 2007.
전형대, 「대관재몽유록」, 『한국고전소설 작품론』, 집문당, 1990.
조동일, 『한국문화사상사시론』, 지식산업사, 1982.
차용주, 『몽유록계 구조의 분석적 연구』, 창학사, 1979.
최애영, 「심의의 「대관재기몽」에 대한 현대적 읽기의 한 시도」, 『우리어문연구』 37집, 우리어문학회, 2010.

콩쥐팥쥐 캐릭터와 불교적 이상

<긔담쇼셜 콩쥐팟쥐젼>, 『구활자본 고소설 전집』 16, 인천대 민족문화연구소, 1983.
김환희, 「비교문학적 시각에서 본 <콩쥐팥쥐>의 기원과 특성」, 『옛이야기의 발견』, 우리교육, 2007.

나카자와 신이치, 김옥희 옮김, 「신발 한 짝의 수수께끼」, 『신화, 인류 최고의 철학』, 동아시아, 2002.

남정희, 「헌 한 짝의 상징적 의미」, 『반교어문연구』 27, 반교어문학회, 2009.

노제운, 「한국 전래동화의 원형과 변용에 관한 연구」, 『어문논집』 59, 민족어문학회, 2009.

안옥선, 『불교의 선악론』, 살림, 2006.

야나기 세미잔, 김성환 역, 『달마』, 민족사, 1992.

오윤선, 「<콩쥐팥쥐전> 연구의 반성과 앞으로서의 과제」, 『고소설연구사』, 월인, 2002.

최남선, 「조선의 콩쥐 팥쥐는 서양의 신데렐라 이야기」, 『지괴』 2호, 1929. (『육당 최남선전집』 9, 현암사, 1974)

최운식, 「서사작품에 나타난 신발의 성격과 의미」, 『한국고소설연구』, 보고사, 2004.

한국종교학회편, 「저승, 이승의 투사물로서의 공간」, 『죽음이란 무엇인가』, 창, 2009.

2장 캐릭터의 현실적 변주

곽씨부인과 뺑덕어미 - <심청전>의 여성 형상

김석배, 「허홍식 소장본 <심청가>의 성격과 가치」, 『구비문학연구』 8, 한국구비문학회, 1999.

박기윤, 「허홍식 소장 창본 심청가 연구」, 경희대학교 교육대학원 석사학위논문, 1999.

유영대, 『심청전 연구』, 문학아카데미, 1989.

정출헌, 「심청전의 민중정서와 그 형상화 방식」, 최동현 외 편, 『심청전 연구』, 태학사, 1999.

정출헌, 「판소리에 나타난 하층여성의 삶과 그 문학적 형상-<변강쇠가>의 여주인공 '옹녀' 를 중심으로」, 한국구비문학회 편, 『구비문학과 여성』, 박이정, 2000.

정하영, 「심청전에 나타난 악인상」, 『국어국문학』 97, 국어국문학회, 1987.

박제상 이야기를 바라보는 두 시선

『삼국사기』
『삼국유사』
『동국통감』

권영호, 「삼국사기・삼국유사 비교 소론-박제상전과 내물왕 김제상을 중심으로」, 『신라학연구』 5, 위덕대부설신라학연구소, 2001.
권영호, 「박제상 전승의 양상과 의미」, 『어문학』 75, 한국어문학회, 2002.
손정인, 「박제상전의 설화적 구성과 그 역사적 맥락」, 『대동한문학』 29, 대동한문학회, 2008.
신현웅, 「박제상의 出自와 신분 문제」, 『신라문화』 27, 동국대신라문화연구소, 2006.
신현웅, 「박제상의 出自와 신분 문제(續)」, 『신라문화』 28, 동국대신라문화연구소, 2006.
이수봉, 「치술령 신모와 박제상 설화」, 『개신어문』 22, 개신어문학회, 2004.
조이옥, 「신라 눌지왕대 박제상의 정치적 위상」, 『동양고전연구』 33, 동양고전학회, 2008.
주보돈, 「박제상과 5세기 초 신라의 정치 동향」, 『경북사학』 21, 경북사학회, 1988.
엄기영, 「삼국사기・삼국유사 소재 박제상 이야기의 비교고찰」, 『한국문학이론과 비평』 21, 한국문학이론과비평학회, 2003.
엄기영, 「박제상 이야기의 수용양상과 그 의미」, 『민족문화연구』 39, 고려대민족문화연구소, 2003.
홍순창, 「金堤上說話에 대한 일고찰」, 『한국전통문화연구』 2, 효성여대한국전통문화연구소 1986.

조선의 판타지 영웅, 전우치

김현양 옮김, <전우치전>, 『한국고전문학전집』 7, 문학동네, 2010.
김일렬 역주, <전우치전>, 『한국고전문학전집』 25, 고려대학교 민족문화연구소, 1993.
조동일, 『전우치전』, 시인사, 1983.
김현룡, 『신선과 국문학』, 평민사, 1978.
박일용, 「전우치전과 전우치 설화」, 『영웅소설의 소설사적 변주』, 월인, 2003.
방대수, 「전우치전 작품군의 작품구조 연구」, 서울대학교 석사학위논문, 1988.
변우복, 「전우치전 연구」, 한국교원대학교 박사학위논문, 1998.
설중환, 「전우치전의 한사상적 연구」, 『한국고전산문의 이해』, 집문당, 2011.
이상구, 「광양 태인도의 전우치 전설 연구」, 『국어교육연구』 44, 국어교육학회, 2009.
이창헌, 『이야기, 책, 이야기』, 보고사, 2003.
정환국, 「전우치 전승의 굴절과 반향」, 『민족문학사연구』 41, 민족문학사학회, 2009.
조혜란, 「민중적 환상성의 한 유형」, 『고소설연구』 15, 한국고소설학회, 2003.
최기숙, 『환상』, 연세대학교출판부, 2007.
최삼룡, 「전우치전」, 『한국고전소설작품론』, 집문당, 1990.

3장 캐릭터의 문화적 저변

고전소설에 나타난 장애인상

강한영 교주, 『한국판소리전집』, 서문당, 1973.
김태옥, 「조선시대 시가를 통해 본 장애에 대한 인식」, 『관악어문연구』 30, 서울대 국어국문학과, 2005.
박희병, 「'병신' 에의 시선」, 『고전문학연구』 24, 한국고전문학회, 2003.
신해진, 『조선후기 가정소설선』, 월인, 2000.

신해진, 『조선후기 세태소설선』, 월인, 1999.
심승구, 「조선시대 장애의 유형과 몸 인식」, 『한국스포츠인류학회 학술대회』 2, 2006.
유현재, 「조선후기 장애인에 대한 시선의 변화」, 『시대와 인물, 그리고 사회변화』, 태학사, 2009.
정병욱, 『시조문학사전』, 청구문화사, 1982.
정창권, 『세상에 버릴 사람은 아무도 없다』, 문학동네, 2005.
정창권, 『역사 속 장애인은 어떻게 살았을까』, 글항아리, 2011.
최래옥, 「구비문학에 나타나 장애자 문제」, 『한양국어교육논문집』 4·5합집, 한양대학교 사범대학 국어교육학회, 1991.

● 기녀 캐릭터의 문화적 특징

具滋均 校註譯者, <烈女春香守節歌>, 『韓國古典文學大界』 10, 民衆書館, 1976.
김진영, 김현주, 손길원, 진은진, 김희찬 편저, <남원고사>, 『춘향전 전집』 5, 박이정, 1997.
신재효 작, 강한영 교주, <春香歌>, 『韓國 판소리 全集』, 서문당, 1973.
국립중앙박물관 편저, 『朝鮮時代 風俗畵』, 한국박물관회, 2002.
조풍연 해설, 『사진으로 보는 朝鮮時代-생활과 풍속』, 서문당, 1986.
김동욱, 『증보 춘향전 연구』, 연세대출판부, 1976.
설성경, 『춘향전의 통시적 연구』, 서광학술자료사, 1994.
신영훈, 『한국의 살림집』(상), 열화당, 1986.
안길정, 『관아를 통해 본 조선시대 생활사』 상·하, 사계절, 2000.
이경복, 『고려시대 기녀연구』, 민족문화문고간행회, 1986.
이능화 지음, 이재곤 옮김, 『조선해어화사』, 동문선, 1992.
전경욱, 『춘향전의 사설형성원리』, 고대민족문화연구소 출판부, 1990.
최숙경·하현강 공저, 『한국여성사』, 이화여자대학교출판부, 1972.
한국정신문화연구원, 『한국민족문화대백과사전』, 1992.
석인경, 「조선조 기녀복식고-의례용 복식을 중심으로」, 이화여자대학교 대학원 석사학위논문, 1985.
윤종선, 「<春香傳>에 나타난 妓女文化>, 고려대 교육대학원 석사학위논문, 2001.

이규리, 「≪邑誌≫로 본 朝鮮時代 官妓運用의 ≪實狀≫, 『韓國史研究』 130, 한국사연구회, 2005.
조정희, 「기녀복식고」, 『동대논총』 8. 동덕여대, 1978.
장사훈, 「이조의 여악」, 『아세아여성연구』 9, 숙명여대 아세아여성문제연구소, 1970.

왈자 집단의 구성과 성격

<게우사>, 『필사본고전소설전집』 1, 월촌문헌연구소, 1986, 438~439쪽.
<南原古詞>, 金東旭・金泰俊・薛盛璟, 『春香傳比較研究』, 三英社, 1979.
<漢陽歌>, 민창문화사 영인, 1994.
<홍부전> 경판 25장본, 김동욱 편, 『景印古小說板刻本全集』 3, 연세대출판부, 1973.
김진영 외 編, 『춘향전 전집』 6, 박이정, 1997.
朴趾源, <髮僧菴記>, ≪燕巖集≫, 경희출판사 영인, 1966.
宋申用 교주, 『漢陽歌』, 정음사, 1949.
실시학사 고전문학연구회 역주, 『이옥전집』 2, 소명출판, 2001.
李奎象, <張大將傳>, ≪一夢先生文集≫ 3, 한국역대문집총서 570, 경인문화사, 1993.
이우성・임형택 역편, 『李朝漢文短篇集』 上・中・下, 一潮閣, 1973.
李翼成 역, 朴齊炯, 『朝鮮政監』, 한길사, 1992.

강명관, 「조선후기 서울의 중간계층과 유흥의 발달」, 『조선시대 문학 예술의 생성 공간』, 소명출판, 1999.
강명관, 『조선의 뒷골목 풍경』, 푸른역사, 2003.
김석배, 「춘향전 이본의 생성과 변모 양상 연구」, 경북대 박사학위논문, 1992.
김종철, 「<남원고사>의 골계적 정신에 대한 연구」, 『판소리연구』 8, 판소리학회, 1997.
김종철, 「「무숙이타령」과 19세기 서울 시정」, 『판소리의 정서와 미학』, 역사비평사, 1996.
박희병, 「조선후기 民間의 遊俠崇尙과 遊俠傳의 성립」, 『한국한문학연구』 9・10합집, 한국한문학회, 1987.
延世大 國學硏究院 편,『韓國 近代移行期 中人硏究』, 新書苑, 1999.
이문성,「경판 춘향전 연구」, 고려대 석사학위논문, 1999.
李俊九,『朝鮮後期身分職域變動硏究』, 一潮閣, 1993.
이태화,「新文館 간행 판소리계 소설의 개작 양상」, 고려대 석사학위논문, 2003.
이혜구,「송만재의 관우희」,『판소리연구』 1, 1989.
인권환,『판소리 唱者와 失傳 辭說 硏究』, 집문당, 2002.
정병욱,「왈자타령」,『한국고전시가론』, 신구문화사, 1977.
최경봉,「말에도 계급이 있다」,『한국어의 탐구와 이해』, 박이정, 2002.
한국한문학회,『한국한문학연구』 17, 한국한문학회, 1994.

용왕 캐릭터의 연원과 전변

구우(瞿佑), 이병혁 역주,『전등신화(剪燈新話)』, 태학사, 2002.
김동건,『토끼전 연구』, 민속원, 2003.
김방룡,「불교 속에 나타난 용왕신앙」,『신종교연구』 11, 한국신종교학회, 2004.
김부식, 이강래 역,『삼국사기』, 한길사, 1998.
두우(杜佑),「禮典」,『통전(通典)』(영인본), 新興書局(台北), 1959.
박혜경,『법화경 이야기』, 범우사, 1999.
배형(裵鉶), 최진아 역,『전기(傳奇)』, 푸른숲, 2006.
불교성전편찬회 편,『불교용어사전』, 문예마당, 2007.
서영대 외,『용, 그 신화와 문화-세계편』, 민속원, 2002.
서영대 외,『용, 그 신화와 문화-한국편』, 민속원, 2002.
설중환,『금오신화 연구』, 고려대 민족문화연구소, 1983.
설중환,『꿈꾸는 춘향: 판소리 여섯마당 뜯어보기』, 나남출판, 2000.
오승은, 임홍빈 역,『서유기』 1, 10, 문학과지성사, 2003.
완서, 박희병 역,『베트남의 기이한 이야기-전기만록』, 돌베개, 2000.
유영대,『심청전 연구』, 문학아카데미, 1989.
윤열수,『용, 불멸의 신화』, 대원사, 1999.
이방 외, 김장환 외 역,『태평광기』 17, 학고방, 2004.

이어령 편, 『십이지신 용』, 생각의 나무, 2010.
이진오, 「경판 <토승젼>의 형성과 소설사적 의미」, 고려대학교 석사학위논문, 2007.
인권환, 『토끼전・수궁가 연구』, 고려대 민족문화연구원, 2001.
인권환, 『한국문학의 불교적 탐구』, 월인, 2011.
일연, 이가원・허경진 역, 『삼국유사』, 한길사, 2006.
장정해, 「≪불경≫ 속의 龍」, 『중어중문학』 22, 한국중어중문학회, 1998.
장정해, 「唐代以前의 신화소설에 나타난 용의 형상 고찰」, 『중국학연구』 8・9, 숙명여대 중국연구소, 1994.
장정해, 「唐人 소설 속의 龍宮世界」, 『중국어문학지』 12, 중국학연구회, 1994.
정규복・진경환 역주, 「구운몽」, 『한국고전문학전집』 27, 고려대 민족문화연구소, 1996.
정순모, 「唐 후반기 기우 제사와 龍神 숭배」, 『중국학보』 64, 한국중국학회, 2011.
카마타 시게오(鎌田茂雄), 장휘옥 역, 『화엄경 이야기』, 장승, 1992.
홍성초, 「≪西遊記≫의 形成科程 硏究」, 고려대 석사학위논문, 2004.

4장 캐릭터의 현대적 수용

<한중록>에 나타난 혜경궁 홍씨의 어휘 특징

김민수 외(1996). 「금성판 국어대사전」, 금성출판사.
김재영(1996). 「성능중심 어휘론」, 국학자료원.
박영순(1994). 「한국어 의미론」, 고려대출판부.
_____(2007). 「한국어 은유 연구」, 고려대학교 출판부.
배해수.(1995). "동적언어이론의 이해", 「한국어내용론」 3, 한국어내용학회, 국학자료원.
_____(1998). 「한국어와 동적언어이론」, 고려대학교 출판부.
_____(1998). "시점 <전후> 명칭에 대한 고찰", 「한글」 240・241, 한글학회.
심지연(2009). "국어 관용어의 인지의미론적 연구", 고려대 박사학위논문.

이동혁(2004). "국어 연어관계 연구", 고려대 박사학위논문.

이익환(1995). 「의미론개론」, 한신문화사.

이종열(2002). "국어 비유적 의미의 인지과정에 대한 연구", 경북대 박사학위논문.

임지룡(1997). 「인지의미론」, 탑출판사.

_____(1987). "어휘대립의 중화현상", 「국어교육연구」 19.

장은하(1998). "<손부위> 명칭에 대한 고찰", 고려대 석사학위논문.

_____(2004). "현대국어의 <신체> 명칭 분절구조에 대한 연구, 고려대 박사학 위논문.

정시호(1994). 「어휘장이론 연구」, 경북대학교 출판부.

한글학회(1992). 「우리말 큰사전」, 어문각.

혜경궁홍씨(1795-1806), (2010), 정병설 옮김, 「한중록」, 문학동네.

혜경궁홍씨(1795-1806), (2008), 정은임 교주, 「한중록」, 이회.

L. weisgerber(1928). Muttersprache und Geistesbildung)」, 문예출판사(허발 역 1993.

E. Coseriu(1967). "Lexikalische Solidaritäten", Poetica 1(허발 역(1997), 「현대의미론의 이해」. 국학자료원).

Andrew Goatly(1997). *THE LANGUAGE OF METAPHORS*, ROUTLEDGE London and New York.

Aristole(1963). *Poetics*, Traslated by john Warrington in Aristotle' Poetics and Rehtoric, J. M. Dent and Sont Ltd, London.

A. Darmesteter(1946). *La Vie des mot étudiée dans leurs significations*(최석규 역, 1963. 대한교과서주식회사).

E. A. NIda(1975). *Componential Analysis of Meaning*, Mouton Publisher, The Hague.

E. C. Way(1991). *KNOWLEDGE REPRESENTATION AND METAPHOR*, KLUWER ACADEMIC PUBLISHERS.

G. 레이코프, M. 존슨(1980). Metaphors *We Live By*, The University of Chicaco Press.(노양진, 나익주 옮김, 1995. 「삶으로서의 은유」, 서광사)

G. Lakoff & M. Jonson(1980). *Metaphors We Live By*, The University of Chicaco Press.

Richards. I. A.(1936). *The philosophy of Rhetoric*, Oxford University Press, London.

R. H. Robins(1992). A short History of Linguistics,Longman inc, New York.

Willhelm Luther(1954). *Weltansicht und Geistesleben*, Göttingen. Vandenhoeck & Ruprecht.

지방자치단체의 고전 캐릭터 활용 현황

박소연, 『캐릭터마케팅』, 소담출판사, 2003.

서대석, 『우리 고전 캐릭터의 모든 것』 2, 휴머니스트, 2008.

편집부, 『캐릭터산업백서 2005』, 한국문화콘텐츠진흥원, 2005.

한국문화콘텐츠진흥원, 『2011 캐릭터산업백서』, 한국문화콘텐츠진흥원, 2012.

한국문화콘텐츠진흥원, 『캐릭터비지니스』, 한국문화콘텐츠진흥원, 2004.

박현정, 「전국에 나타난 지방자치단체의 캐릭터디자인에 관한 연구」, 조선대 석사학위논문, 2001.

손복수, 「지방자치단체의 캐릭터 활용에 관한 연구」, 계명대 석사학위논문, 1999.

이원아, 「지방자치단체 캐릭터의 활성화에 관한 연구」, 경북대 석사학위논문, 2005.

정종헌, 「축제 이벤트 캐릭터 이미지에 대한 이벤트 태도 및 참여의도에 관한 연구」, 홍익대 석사학위논문, 2006.

서울특별시청 http://www.seoul.go.kr/

부산광역시청 http://www.busan.go.kr/

대구광역시청 http://www.daegu.go.kr/

인천광역시청 http://www.incheon.go.kr/

광주광역시청 http://www.gwangju.go.kr/

대전광역시청 http://www.daejeon.go.kr/

울상광역시청 http://www.ulsan.go.kr/

경기도청 http://www.gg.go.kr/

강원도청 http://www.provin.gangwon.kr/

경상남도청 http://www.gsnd.net/

경상북도청 http://www.gyeongbuk.go.kr/

충청남도청 http://www.chungnam.net/

충청북도청 http://www.cb21.go.kr/

전라남도청 http://www.jeonnam.go.kr/

전라북도청 http://www.jeonbuk.go.kr/

제주특별자치도청 http://www.jeju.go.kr/

패러디 광고의 고전 캐릭터로 본 현대인의 욕망

김완석, 『광고심리학』, 학지사, 2000.

마정미, 『광고로 읽는 한국 사회문화사』, 개마고원, 2004.

박영준 · 김정우 · 안병섭 · 송민규, 『광고언어론』, 커뮤니케이션북스, 2006.

엄창호, 『광고의 레토릭』, 한울아카데미, 2004.

이현우 · 김병희, 『광고 발상과 전략의 텍스트』, 북코리아, 2002.

이현우 외, 『방송광고 장르론』, 커뮤니케이션북스, 2007.

· 광고자료

<대우캐피탈 내게론> 2007.

<맥도날드 후렌치후라이> 2000.

<우유소비촉진 캠페인, 신춘향전 1편> 낙농자조금관리위원회, 2007.

<우유소비촉진 캠페인, 신춘향전 2편> 낙농자조금관리위원회, 2007.

<쿠퍼스 용궁편> 한국야쿠르트, 2005.

<공정한 기회> 공익광고협의회, 2012.